浙江省“双高计划”航海技术专业群系列教材

# 船舶管理（二/三副）

主　编 / 占阿永　朱国君
主　审 / 戴耀存

大连海事大学出版社

图书在版编目(CIP)数据
船舶管理 ：二/三副 / 占阿永,朱国君主编 .
大连 ：大连海事大学出版社, 2024. 12 — ISBN 978-7
-5632-4564-2
Ⅰ. U692
中国国家版本馆 CIP 数据核字第 2024EM9494 号

大连海事大学出版社出版
地址:大连市黄浦路523号 邮编:116026 电话:0411-84729665(营销部) 84729480(总编室)
http://press. dlmu. edu. cn　E-mail:dmupress@ dlmu. edu. cn

| | |
|---|---|
| 大连天骄彩色印刷有限公司印装 | 大连海事大学出版社发行 |
| 2024 年 12 月第 1 版 | 2024 年 12 月第 1 次印刷 |
| 幅面尺寸:184 mm×260 mm | 印张:17. 75 |
| 字数:438 千 | 印数:1~1200 册 |

出版人:刘明凯

| | |
|---|---|
| 责任编辑:史云霞 | 责任校对:刘宝龙 |
| 封面设计:解瑶瑶 | 版式设计:解瑶瑶 |

ISBN 978-7-5632-4564-2　定价:50. 00 元

# 前　言

根据《中华人民共和国海船船员适任考试和发证规则(2020)》《海船船员培训大纲(2021版)》《海船船员考试大纲(2022版)》,浙江省“双高计划”航海技术专业群组织在船舶运输领域有着丰富教学、培训及企业实践经验的人员编写了本教材,并组织实践经验丰富的海事管理专家和船公司的指导船长对教材进行了审定。

“船舶管理”是航海技术专业的核心课程,是航海技术专业学生考取三副适任证书的重要考试课程。本教材系统地介绍船舶管理和船员管理及海洋环境管理,内容涉及船舶资源的合理利用、船舶安全管理体系的基础知识、与海运有关的国际公约和国内法规、海洋环境保护的国际公约和国内防污染法规,以及船舶的应急应变措施。本教材的教学内容满足《STCW 78/10公约》和交通运输部海事局对船员培训、考试和发证法规的要求。为满足E-navigation的宗旨,本教材融入了新形态等互联网内容,在形式上和内容上都有所创新,适合新时代下的航海操作级船员适任考试培训使用,也可供航运企业内部培训使用,还可作为大、中专航海类院校航海技术专业或同类专业的教学参考书。

本教材由浙江交通职业技术学院占阿永、朱国君主编,由浙江交通职业技术学院戴耀存教授主审,浙海海运有限公司孙升贤船长、宁波天一海运有限公司海务经理施向阳船长参与了本教材的编写,全书由占阿永统稿。

由于编者水平有限,书中错误和不当之处在所难免,欢迎广大读者和专家批评指正。

编　者

2024年2月

# 目　录

# 项目一
# 领导力与团队工作技能

☞［学习目标］

根据《海船船员培训大纲(2021版)》的规定,需要了解:

1. 船上人员的管理和培训的实用知识;
2. 有效资源管理的知识;
3. 运用决策技能的知识;
4. 任务和工作量管理的知识。

本章内容适用于500总吨及以上海船的三副。

# 单元一 船上人员的管理和培训的实用知识

## 一、船舶组织、管理架构和责任

### （一）船舶组织

1. 船舶组织的定义

船舶组织是指船舶管理者对船舶内部人员的工作安排与协调。船舶组织的突出表现在于通过对船舶内部人员的合理调配，达到船舶安全营运的目的。船舶组织的工作越统一、协调，工作效率就越高。船舶组织是船舶工作的重要部分。

2. 船舶组织的设计步骤

（1）确定完成组织目标必做的工作

任何组织都是围绕某些目的而建立的，驾驶台团队的目的是保证船舶安全和高效的营运。不同的目的需要用不同的手段去实现。因此，为实现组织的最终目标，整个组织必须首先明确需要完成的各种任务。

（2）将各种工作合理地划分为具有可行性的个人行为

创建组织的原因是组织拟完成的工作无法由个人完成。因此，这些工作应合理地划分给各个组织成员。合理在这里包括两层含义：首先，组织成员不应被指派去完成不适合他完成的工作；其次，工作的强度不宜过大，也不宜过小。过大的工作强度会导致工作无法及时准确完成，而过小的工作强度则会造成时间的浪费、效率的降低及不必要的开支。更为重要的是，疲劳可能导致事故的发生，进而造成更大的损失。

（3）将组织机制设计成便于协调组织成员工作的统一和谐的整体

组织设计可分为两大类：传统的组织设计和现代的组织设计。船上的工作环境更适合于传统的组织设计。

3. 传统的组织设计的要素

传统的组织设计包括以下五个要素：

（1）划分工作；

（2）确定从属关系；

（3）确定职责和责任；

（4）划分管理层次；

（5）划分部门。

4. 传统组织结构的优点和缺点

大部分的传统组织结构都非常复杂，管理人员常用组织结构图的形式将组织结构中的功能、部门、职位及其之间的相互关系展示出来。传统组织结构亦有它的优点，比如从属关系清晰、责任明确以及专门化带来低成本等，但同时也存在着以下四个缺点：

（1）下级单纯依赖上级；

(2)追求部门目标而影响整体目标;

(3)不同部门之间存在隔阂;

(4)资源重复配置导致浪费。

## (二)船舶管理架构及驾驶台组织架构

1. 船舶管理架构

船舶管理架构的形式随船舶科技的进步而演化,并因船舶种类和公司具体规定而异,但现代大型货船上船员的分工以及船员的职能大致相同。目前,船舶管理架构一般分为甲板部、轮机部和事务部,客船还有客运部等。

在现代大型货船上,负责驾驶船舶和客货运输的甲板部以及负责船舶动力和机电设备的轮机部是船上最重要的两个部门。此外,事务部负责全船人员的伙食、公共场所的卫生、卧具、来客招待,主管船舶财务,如配医生,应负责全船医务。客船的大型化需要专司旅客事务的客运部。

2. 驾驶台组织架构

驾驶台组织架构即驾驶台团队,成员包括船长、驾驶员、值班水手和在船引航员。

(1)驾驶台团队在不同条件下的工作特点

由于海上航行环境的特殊性,对于不同的航行环境有不同的工作特点,比如大洋航行、沿岸航行、受限水域航行、能见度不良时的航行、恶劣天气航行、靠离码头操作、锚泊作业、其他特殊作业时需要结合当时的工作特点,才能有效发挥团队管理的作用。

(2)驾驶台组织的作用

①消除由于个人失误而可能造成灾难性局面的危险性;

②强调保持良好视觉瞭望的必要性和执行避碰规则的必要性;

③鼓励利用所有确定船位的方法,以便在一种方法失效的情况下其他方法立即可用;

④认识到船舶安全不应该仅仅依赖某个人的决定,每位成员应仔细检查所有决定和命令的正确性,并监督其执行。

(3)驾驶台组织的原则

①驾驶台的主要功能是确定合适的航路;

②根据任务和环境配置合适的人员;

③委派驾驶员合适的任务;

④驾驶台团队的成员应尽职尽责、相互支持;

⑤接纳引航员作为重要的一员加入驾驶台班组;

⑥充分利用驾驶台所有资源;

⑦消除成员中任何一人可能引起严重后果的失误。

## (三)驾驶台团队的责任

1. 值班驾驶员

值班驾驶员应对安全航行各个方面负责,应执行船长下达的常规命令或特殊命令,以便船长对按照公司及其要求的安全值班充满信心。值班驾驶员若是唯一的瞭望人员,当由于某种原因而不能保持正规的瞭望时,应该毫不犹豫地要求得到支持,支持人员应立即到驾驶台予以协助。

2. 瞭望人员

瞭望人员单独值班的状态可能在瞬间有所改变。值班驾驶员如果忙于履行其他职责,而不能瞭望,必须呼叫瞭望人员协助瞭望。这是团队合作的最重要要素。

3. 操舵人员

除瞭望人员外,值班驾驶员还可能要求一个人操舵。值班驾驶员有责任保证船舶安全而有效地航行。

值班驾驶员负有值班职责,有责任使瞭望人员和操舵人员(如有)了解各自职责并提高他们值班的有效性。

4. 船长

在某些情况下,值班驾驶员觉得有必要呼叫船长上驾驶台。这也许是因为事先计划要求船长上驾驶台,或船长常规命令或夜航命令已指明,或值班驾驶员意识到需要船长的知识和经验。

呼叫船长上驾驶台并不是将船舶操纵职责由驾驶员转交给船长,除非船长明确表示接管操纵任务。在船长到驾驶台之前,值班人员仍应履行其职责。一旦船长承担操纵职责,应将此记入航海日志。此后驾驶员履行支持职责,但仍有责任采取值班人员的行动。

确定每位团队成员的职责是有必要的。很明显,这在很大程度上有赖于相关人员及本船的实际情况。除非所有相关人员都理解各自的职责,否则有些职责会相互重叠,或者有些职责被忽视了。在此情况下,驾驶台团队合作有赖于以下几点:

(1)船长根据航路规则和推荐的航路要求控制船舶运行,规定航向及航速,监控船舶的安全航行,协调并监控所有值班成员。

(2)值班驾驶员负责驾驶船舶并向船长报告有关信息,保证这些信息得到确认。他须确定船位,向船长提供船位和其他信息;须监视操舵和车钟命令的执行;还应协调内部或外部的通信联系,将相应的要求记入航海日志,并履行船长要求的其他职责。

5. 辅助驾驶员

在某些情况下,船长认为有必要得到两位航行驾驶员的支持时,其中一位为值班驾驶员,另一位为辅助驾驶员。船长的职责如前所述,但这两位驾驶员的职责应分工明确。

显然,需要两位驾驶员协助船长的情况表明船舶处于非常危险中,造成这种危险的原因可能是:

(1)安全界限要求船舶谨慎地保持在航线上;

(2)龙骨下富余水深减小;

(3)交通繁忙;

(4)能见度不良或类似的情况。

在正常航行的前提下,值班驾驶员依然履行前面所确定的职责。辅助驾驶员的职责是向船长提供基于雷达的交通信息,在海图作业方面给予值班驾驶员支持。这包括按要求提供有航行信息的海图,确定重要的航行决策,处理内部和外部的一般通信联系。

在驾驶台团队任务分配方面的硬性规定是比较难指定的。它有赖于相关人员的能力和素质,有赖于要求辅助驾驶人员参与的环境和驾驶台布局。应铭记在心的是每位团队成员应清楚自己应履行的职责和其他成员的职责。

6. 在船引航员

引航员自到达驾驶台开始直至离开驾驶台，将作为驾驶台团队的一名主要成员，参与驾驶台团队工作。引航员在船是为了协助船上驾驶台班组在受限水域航行、进出港口以及靠离泊作业。在引航员缺乏经验或判断有误的情况下，船长有责任、权利和义务行使船舶的指挥权。

引航员在船时，船长和其他驾驶员需要清楚引航员的意图，必要的话，在航行的过程中询问引航员的意图。在这种情况下，驾驶台团队间必须相互交换信息，包括：

(1)船长、驾驶员应了解引航水域的特性、引航的困难程度和当地的相关规定；

(2)引航员应了解船舶的操纵性能；

(3)引航员应熟悉船舶的设备使用；

(4)引航员应了解驾驶台人员的相关情况。

不管是否有引航员在驾驶台，船长都必须对船舶的安全负责。正常情况下，在引航期间，船长应留在驾驶台。一旦引航的时间比较长，船长离开驾驶台时，必须记住将他的权利转交给值班驾驶员，就像在海上航行时一样。

## 二、文化意识和态度

### (一)文化和文化意识

1. 文化的定义

(1)广义上的文化

广义上的文化是指人类社会历史实践过程中所创造的物质财富和精神财富的总和。

(2)狭义上的文化

狭义上的文化是指社会的意识形态以及与之相适应的制度和组织结构。

文化是人们在相互交往中获得知识、技能、体验、观念、信仰和情操的过程。文化只有在社会结构发挥功能时才能显现出来，如果离开社会结构体系，就观察不到文化。

(3)文化的地域性

文化具有明显的地域性，不同的国家、民族、人种具有不同的生活和工作模式，每一种文化模式都有自己的价值体系和行为准则，并与造成这种差异的特定社会环境相联系。各种文化模式的特点可以通过属于各文化的成员的行为、信仰、习惯和社会组织形式表现出来。一般的特点可以表现在服装、饮食和语言中；比较复杂的特点则表现在人们的信仰、价值观、思维方式和言行举止中。这种文化习惯和价值观念会自觉或不自觉地反作用于人所处的社会环境，并对周围的人产生影响。

航运业是国际化的行业，船舶团队接触的人群是全世界范围的。船员有可能来自世界各地，也有可能来自国内。即使船员都来自国内，也是大多来自全国不同地区，语言存在着很大差异，风俗习惯也各不相同，因此有时会存在交流障碍、相处困难等问题，从而影响安全。在这种情况下，船员只有了解各地文化和习俗，才能避免误会和尴尬，更有助于船上工作和生活，避免危险，保证安全。

通过了解更多不同地区的文化，反省自己的态度，换位思考，寻求简单易行的解决途径，使得沟通清晰明了，确保船舶安全。

2. 内在特性和文化差异

要达到管理的最佳效果，需利用好一切资源，在诸多资源中，人力资源是最重要的因素。设备的使用可以通过说明书学习，掌握其性能。但人是没有说明书的，每个人的性格及特点都不尽相同，要管理好人、使其发挥最大效能，我们就得研究人的内在特质。

决定人的差异的主要因素就是文化的差异。决定文化差异的背景因素包括：宗教、教育、艺术、运动、兴趣爱好、身体健康状况、饮食习惯、职业、家庭、社会和经济背景、朋友关系等。

3. 文化差异的表现

(1)语言差异

语言是指生物同类之间由于沟通需要而制定的具有统一编码解码标准的声音信号。造成语言差异的原因包括文化背景差异、环境和传统有所不同、工业和技术发展的水平有差异、政治制度和社会制度不一样等。

(2)认识差异

不同文化背景下的人们通过自己独特的视野来看待与自己相关的事情，例如信仰、爱好，这必然给沟通带来障碍。

(3)生活和工作方式的差异

平时的饮食习惯与食物种类、工作时间与方法等都属于生活和工作方式的差异。

(4)民族的文化差异

国家之间的差异主要是民族文化的差异，可以将以下几个方面的价值判断作为基本标准对比分析不同民族的文化差异。

①等级观念

就船舶管理而言，适度的等级差有助于船舶管理。我们的通常做法是在进行重大作业前，先开工前会，领导先提出一套方案，然后征求意见，看还有没有更好的方案，最后统一意见。在都没有绝对把握的情况下，听领导的。原因有两个：一是领导对工作负有责任；二是领导的知识、经验要比其他人全面。原则就是先民主，后集中。坚决杜绝事前不说，行动时不按计划行动，事后马后炮的情况。

②群体性和个体性

群体性和个体性是指对待同样的问题的处理方式上的不同。群体性是指将保持融洽、避免不和谐看得很重要，常常隐瞒坏消息，犯错误就意味着个人和整体团队都没面子。而个体性是指说话大胆，真诚坦率，犯错误就意味着内疚和降低自尊。

对于船舶管理，应注重群体性的培养，从安全角度来说，只有整个船舶安全了，每一个人才能安全，要真正做到同舟共济。从港口国监督的角度来说，缺陷是以船舶为单位，不分甲板与机舱，也不会标明是哪一个人的缺陷；从船东评价来说，评价一条船也是从整体来说，星级评定是按总体得分来评定。

③女性化和男性化

女性化和男性化是根据社会普遍态度而分。

女性化社会，假设人们是谦让的。其表现为生活的本质是平等团结，关心他人是重要的，等级关系是不重要的。具有平和性的国家与人员在社会处事中非常尊重和关心其他国家与人员，十分崇尚关系与合作、友好氛围和注重下属职业安全方面的问题。

男性化社会，假设人们是坚强的。其表现为英雄主义，权力、等级关系是重要的。张扬是一种精神，一种信念，在某种意义上代表着活力，也代表着积极进取。但从更多的情况来看，在处事方面自大，不把其他国家和人员放在眼里，往往过于相信自己，到处标榜和推行自己的观点与做法，并要尽可能地将其他国家和人员置于他的控制之下。

船员 24 小时共同生活和工作在船舶的特定氛围中，处理好张扬与平和之间的关系尤为重要，要相互理解、相互谦让，才能和谐相处。自我诊断一下自己属于哪种性格，扬长避短，处理好船员之间的良好的人际关系。

### （二）跨文化交流

1. 认识文化差异

在不同的文化里知道什么可以做，什么是禁忌，才能避免误会。比如：我们大多数人点头表示同意，摇头表示反对，但有些国家正好与我们相反，摇头表示同意。

2. 尊重其他文化

每个人都会认为自己的文化是最好的。其实文化只有不同，没有好与坏之分。要想和睦相处，就得互相尊重。

3. 协同文化差异

只有认识文化差异和尊重其他文化，才能协同文化差异，达到默契程度。

### （三）工作态度

1. 工作态度的基本概念

工作态度是个体在一定环境中对工作做出积极或消极反应的心理倾向。工作态度与责任心紧密相关，一个人的责任心如何，决定着他在工作中的态度。有了责任心，才会认真主动、积极勤奋地工作；才会以工作为重，主动承担责任，努力克服困难；才会积极思维，缜密考虑，避免失误和差错，主动寻找方法，为实现既定目标，做好自己的工作。如果没有责任心，即使很有才能，也不一定能做好工作；如果没有责任心，就不可能认真地对待工作，在工作中就极易出现疏忽、过失和差错。

2. 工作态度的作用与分类

一个人的工作态度决定了他对某些人或事物的行为。

“态度决定一切”主要是指态度的积极与否、健康与否都会直接影响事物的最终结果。管理者所关注的态度是工作的满意度，是直接影响工作情绪的高低和生产率的高低，影响工作的投入程度，是否认同自己的工作、能否积极参与工作、把工作绩效看成个人价值的体现程度。

工作态度大致可以分为：积极与消极、安全与危险的工作态度。通过表 1-1 所示的对比，我们可以看出其差异。

3. 态度与行为的一致性

态度与行为的一致性受虚荣心、自尊心、外界压力、现实利益等因素的影响。如果态度之间或态度与行为之间发生不一致，就称为认识失调。认识失调会令人感到不舒服，因此人们在工作中需要寻求态度之间的一致性，以及态度与行为之间的一致性。

表 1-1　不同态度的表现

| 积极 | 消极 | 安全 | 危险 |
| --- | --- | --- | --- |
| 这个工作很重要 | 必须完成这个工作吗 | 为什么不试一试 | 我能干 |
| 这是我的本职工作 | 其他人也应对此负责 | 这种事可能会发生在我身上 | 这种事不会发生在我身上 |
| 应该做得更好 | 这样已经不错了 | 按规章办事 | 用不着告诉我怎么做 |
| 再试一下 | 已经没办法了 | 到我们改变的时候了 | 我们经常就这么干 |

## 三、船上非正式社会结构

### （一）船上非正式社会结构的概念

为了满足个人从组织中得不到的需要，具有相似的社会背景、文化素养、兴趣爱好的组织成员自觉自愿形成非正式群体。

船员在日常工作中经常性地联系可能会加深相互之间的了解，并在此基础上产生感情沟通，进而形成非正式关系。因此，非正式关系可能会与正式的工作关系结为一体，在这种情况下，船员之间处理工作问题时有可能会采取超出正式规定的方式。

### （二）船上非正式社会结构的作用

1. 正向功能

非正式社会结构在一定条件下对正式社会结构起着一定的补充作用，换言之，它对正式结构有着正向功能，表现为：

（1）能缓冲正式结构所带来的压力；

（2）能提供正式结构以外的丰富的控制和沟通形式；

（3）能够成为推动组织改革、维护组织成员合理利益的有效力量。

2. 负向功能

非正式社会结构也有一些负向功能。特别是当组织中的非正式结构与组织的正式结构目标相互抵触时，这种消极作用就体现得更加明显。这种负向功能表现为：

（1）非正式结构的过分整合往往会削弱组织权威系统的有效性，影响组织目标的实现；

（2）有意利用非正式结构拉帮结伙、分裂组织、谋取个人和小团体利益的行为会造成组织精力内耗；

（3）以非正式结构代替正式结构，工作程序发生混乱，会破坏组织的正常运行；

（4）过多的非正式沟通联络容易导致机密泄露、谣言四起，进而造成人心涣散。

## 四、人为失误和情境意识

### (一)人为失误

1. 人为失误的定义与种类

(1)人为失误的定义

人为失误是指在某一特定系统中的操作人员在完成任务的过程中因意识、判断或行为等出现疏忽，从而不能根据当时环境和情况进行适当的操作，最终致使其无法正确处理面临的情况而使系统运行失常。

(2)人为失误的种类

人为失误可以发生在正常工作或出现特殊情况的不同情境下。船舶事故通常包括以下两种：一是由船舶的技术性故障引起的事故；二是完全由人为失误造成的事故。而人为失误按照造成失误的原因又可分为内部失误和外部失误。

内部失误可分为：

①由厌倦导致的疏忽；

②非常规事件；

③由疲劳导致的失误；

④知识缺乏带来的失误；

⑤过于自信导致的失误。

外部失误可分为：

①基于技术原因的失误；

②基于信息原因的失误；

③基于气象条件的失误。

2. 失误的原因

80%以上的水上交通事故是由人为失误造成的，这已成为海运界的共识。船舶管理人员必须对人为失误产生的原因和特点保持清醒的认识。人类不同于机器，人类擅长的是利用自己的知识和经验对所处的局面进行评估，并灵活解决工作过程中所遇到的问题。人类不擅长的是长时间从事重复性的工作，在精力高度集中、长时间得不到休息的情况下，人为失误最易发生。

失误的原因主要包括两类：一类是技术性失误；另一类是人为失误，如图 1-1 所示。

(1)技术性失误

技术性失误目前主要涉及影响船舶运动的三个主要技术系统发生的故障，包括动力系统、操舵系统和导航系统。这些系统产生的故障可能是完全性故障或间歇性故障，但是它们在船舶航行过程中所导致的后果都是非常严重的。

(2)人为失误

虽然人擅长于应用知识来分析局面、解决问题，但是人不擅长长时间进行重复工作和长期不间歇地保持精神高度集中，容易因厌恶、疲劳和枯燥而产生迟钝，所以在船舶航行的过程中可能发生船长或引航员下达了错误的指令，或值班驾驶员摇错车钟，或舵工操错舵角或航向

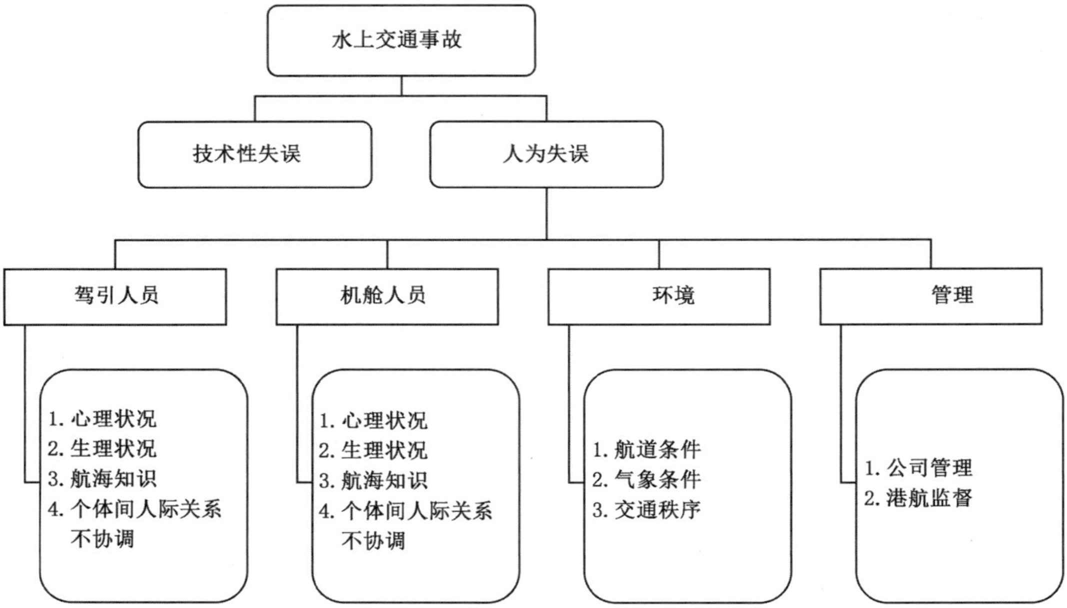


图 1-1　船舶事故原因分析图

等。在海上，人为失误主要表现如下。

①基于疏忽和差错

由于疏忽和差错而导致的失误是最为常见的。它们的产生往往是与人本身对待工作的态度和自己在工作所处环境中的实际情况密切相关的。例如，由于自己对工作掉以轻心而引起注意力分散，或是对船舶的安全工作重视不够而未能保持高度警惕，或是在实际工作中因工作压力太大或过度疲劳等造成对正常可预见环境的变化不能采取适当而有效的行动而导致失误的发生。

另外，注意力的不稳定和分配不当也会造成疏忽和差错。

②基于知识的失误

基于知识的失误主要是指因本身的无知而犯错，即由于作业人员缺乏足够的相关知识，或错误理解了船舶航行和作业中的一些关键性原则，不能正确应对或处理相关的局面或情况而导致的失误。这种失误在当今受过良好教育的船舶驾驶人员中并不多见，但客观上由自己对工作的知识理解不深和运用不当导致的错误还是存在的。即使具备基本的知识，在考试中能够获得良好成绩，但从知识到技能、从经历到经验还有相当的距离，仍需要通过实践中的操作去完成这种转化和升华。

③基于法规的失误

基于法规的失误主要是指因本身没有正确或充分考虑相应的法规而草率决定并采取行动，或是没有注意到法规的适用性而错误地执行了法规，或是凭主观意念错误地应用被“简化”的法规而导致的失误。这也包括由于对相关法规的内容不明确而犯错的现象。从现有的一些船舶事故来看，这类失误在客观上是经常发生和存在的，它与船舶事故有着非常密切的联系。

④基于技能的失误

基于技能的失误主要是指因本身缺乏从事本职工作的操作技能而导致在实际工作中发生的失误。它往往是由于缺乏足够的训练或缺少实际工作的实践经验而发生的，当然这也和自己与同事间相互交流经验过少有关。这类失误在一些担任驾驶工作时间不长或工作经历还不多的船舶驾驶人员中还是屡有发生的，并与船舶事故有着非常密切的联系。

⑤基于文化制约的失误

基于文化制约的失误主要是指因本身工作环境中的团队人员文化意识与背景的不同而产生的局限性所引发的失误。它包括团队人员中由于不同语言的使用与理解，或缺乏上下级人员之间的交流与质询，或可能对意图的误解和毫无疑问地服从等具体原因而造成的失误。由于船舶驾驶人员所涉及工作环境的特殊性，如在国外港口经常需与不同国家或地区的引航员组成新的驾驶台团队，所以这类涉及不同文化制约所导致的失误也是常有发生的。

⑥基于违反安全惯例的失误

基于违反安全惯例的失误是指本身因未能严格遵守实际工作中形成的通常的安全习惯做法所引发的失误。这类失误的发生常与自己的过于自信或自满、对工作中良好的通常习惯做法与安全之间的关系不够重视、喜欢凭个人经验办事、不注重团队工作的作用、忽视别人的建议、查阅的书或出版物有误以及背离原定的计划航线有关。因以上原因而发生的失误，在目前船舶驾驶人员的实际工作中也是客观存在的，并在所有的失误中占有一定的比重。

3. 人为失误的预防措施

船舶航行安全是船舶安全工作的最重要的组成内容之一。由于近年来全世界船舶交通流量的大幅度增加，通航的环境与条件日趋复杂，船舶航行的难度日益增大，致使船舶航行安全工作面临更为严峻的局面。为了确保船舶航行的安全，船舶驾驶人员必须正确认识上述新形势下的特点，全面认识人为因素与船舶安全航行之间的重要关系，并切实采取一些有效的措施来做好预防船舶事故发生的工作。

(1)全面认识人为因素与船舶事故的关系

为了预防船舶事故的发生，船舶驾驶人员必须结合自己的行为模式，充分考虑在实际工作中对信息处理、决策和操作过程中可能产生的失误及其对本职工作的影响，从思想上全面认识人为失误与船舶事故之间的密切关系。

(2)认真分析船舶事故中涉及人的综合影响因素

为了降低航行风险，保证航行安全，除了应全面认识人为因素与船舶事故的关系外，还应对船舶事故的综合因素加以认真分析，以有利于制订有效的措施来消除或减少人为失误。

(3)注意调节生理与心理状态

①保持良好的生理状态

人的生理状态与自己的感知和反应有着非常密切的关系。人在身体疲倦时和在精力充沛时对周围事物的认知有很大差异。

船舶驾驶人员在生病的情况下继续坚持工作，往往会因自身生理问题而对外界情况观测不全面，或因反应不灵敏而误判断、误动作，或操作不到位，从而发生事故。因此，除了保持身体健康外，还必须注意外界不同因素对自己工作的影响，在可能的情况下应采取必要的措施来减少或消除这些影响。

②避免不正常的心理状态

心理状态是人的心理活动在某一段时间内的特征，如分心、疲劳、激情、镇定、紧张、松弛、克制、欲望等。在船舶航行过程中，船舶驾驶人员由于受到不正常的心理状态的影响而引发的事故也屡有发生。因此，为了确保船舶航行的安全，不但应保持良好的生理状态，还必须避免一些不正常的心理状态。

（4）及时识别和破断安全工作中的失误链与事故链

为了能及时发现失误链与事故链的存在及其发展过程，船舶驾驶人员必须要保持高度的情境意识，了解自己船舶内外部的实际情况，知晓和掌握周围局面对本船将产生的影响，从而在发现失误链与事故链的存在后及时采取相应的措施来中止它们的发展。实践证明，一旦船舶驾驶人员丧失了情境意识，失误链与事故链将客观形成，并不断发展并可能导致事故的发生。由此可见，保持高度的情境意识是及时发现和中断失误链与事故链发展的基本保证。

在及时识别失误链与事故链，果断采取措施将其破断的过程中，必须做好一些具体的细节性工作。实际上，在船舶航行中只要能注意好一些细节问题，就能做好失误链与事故链的识别与破断工作，甚至有时只要有一个细节真正做到位，就能破断失误链与事故链，也就可能避免事故的发生。

## （二）情境意识

1. 情境意识的基本概念

情境意识（Situation Awareness）有的译作“局面意识”“警惕性”等，是指在一个特定的时间对影响船舶的因素和条件的准确感知。它是人们对事故发生的一种预知和警惕，属于思维和思想活动的范畴。

情境意识不是一种特定的行为，而是工作态度和思维的产物，它决定着人的行为与动作。同时，情境意识具体指由理解力、注意力、判断力和适应性所组合而成的一种表现。良好的情境意识如图 1-2 所示。

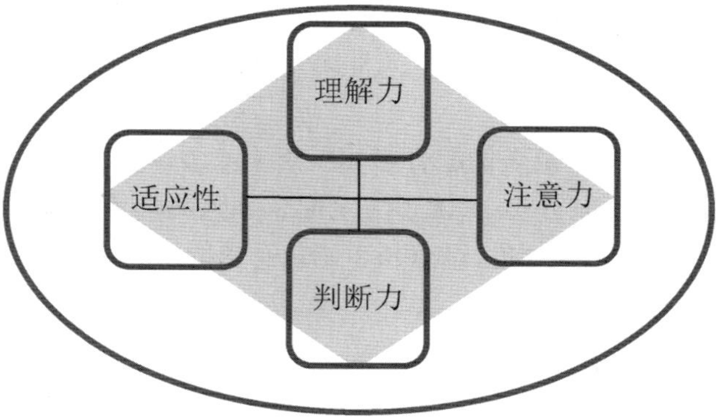


图 1-2　良好的情境意识

良好的情境意识表现为：

（1）能正确地感知船舶实际状态与变化趋势的理解力；

（2）能敏捷地察觉船舶周围的实际情况与变化趋势的注意力；

（3）能全面地了解周围情况变化对船舶的影响的判断力；

(4)能正确地预测船舶即将面临的局面和安全状况的适应性。

2. 情境意识的构成

为了充分理解情境意识在安全方面所起的作用,认识情境意识的构成要素是十分必要的。为保障船舶安全,从各个构成要素着手是船舶驾引人员培养情境意识的有效手段。而情境意识的构成涉及很多因素,其中主要表现为经验与训练、操纵与操作技能、健康与心理状态、适应与熟悉程度、驾驶台领导与管理技能,如图 1-3 所示。

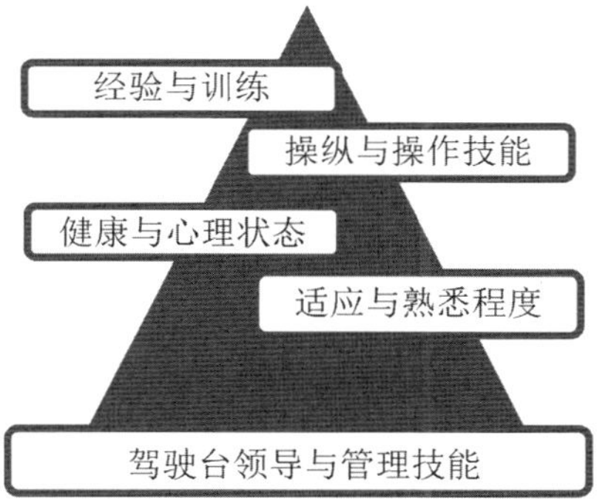


图 1-3 情境意识构成

(1)经验与训练

情境意识最基本的影响因素是经验与训练。经验与训练是获取知识的重要途径。知识越丰富,理解力、判断力和适应性越强,情境意识自然越高。

尽管不同的船舶级别要求船员知识的深度和广度会有差别,但为了使船舶安全营运所必需的知识是不可缺少的。而船舶越复杂,自动化程度越高,所要求的知识水平就越高。船舶驾引人员日常工作中的传统习惯和经常性的做法,即运用船舶作业人员所对应职责应具有的知识、经验、技能和在各种情况下所要求的戒备以避免危险的习惯做法,都可以作为成功应付不同条件和局面的经验,而这些经验可以认为是情境意识的基本内容之一。驾驶员和引航员总结出以下船舶在航行时的经验:

①在航船让锚泊船;

②操纵能力良好的船主动避让操纵有困难的船;

③通常不穿越他船船首前方;

④尾随他船应保持适当距离;

⑤熟悉本船操纵性能,注意浅水影响及船间效应;

⑥避免在弯曲水道相遇;

⑦避免在交通繁忙水域或航道附近锚泊;

⑧强风中锚泊应远离他船,备车松长锚链;

⑨发现他船走锚危及本船时应及时采取备车、备好碰垫和松链等措施。

(2)操纵与操作技能

技能是构成情境意识的重要因素。操纵与操作技能越强,理解力和适应性也越强,情境意识越高。

技能与知识虽有密切关系,但在本质上却各有其特殊的内容与要求。即使读书破万卷,但没有从事船舶航行的实际经验，也是不能安全驾驶船舶的。当然，只有一些实际技能而无足够的理论知识，也具有极大的局限性。技能是通过实际技术训练才能获得的能力，特别是船舶实际操纵技术，必须能够适应经常不断变化的外界条件的要求，还要能够及时跟上不断更新的技术与设备的发展。因此，除了通过一定数量的切身体验来掌握实际技能之外，难有其他捷径。

(3)健康与心理状态

构成情境意识的一个非常重要的因素是健康状况，它是充分运用自己知识和技能的基本条件。很难想象一位健康状况不良的船员会有足够的精力和体力去学习和灵活应用自己的知识和技能，会适应海上多变的自然条件以及紧张工作的要求，保持良好的情境意识。健康状况不良，会降低各感官的功能，容易出现疲劳，甚至无精打采。航海中许多因误操作而引发严重的海上交通事故，其重要原因之一就在于此。

情境意识的构成因素也包括心理状态。极高的政治责任心、极强的安全意识、极高的道德水准、顽强的战胜困难的意志与毅力、忠于职守的热忱与执着、模范的工作习惯以及临危不惧的应变能力等，都是应有的心理状态。在这种状态下，船舶驾引人员的注意力非常集中，情境意识高。没有上述心理状态，丰富的技术知识、熟练的技能和健康的体魄则失去了发挥的基础，情境意识更是无从谈起，心理上的“不注意”就有可能酿成海事。分析许多海事的成因，凡是与“不注意”有关的，大都在情境意识上存在重大缺欠。

(4)适应与熟悉程度

人在认识客观世界的过程中，从对客观事物的感知到对客观世界的改造，包含两个心理过程：一个是认识过程；另一个是意向过程。

认识过程主要包括人的感知和思维过程。外部世界的客观事物作用于人的感官时，会在人的头脑中产生对事物的映像，这种映像就是人们所获得的对客观事物的感知认识。在感知认识的基础上，通过大脑进行思考、分析和判断，从而形成知觉。这是人们认识客观事物的首要心理活动过程。意向过程是人们在对待和改造客观事物时的心理活动过程。这种活动过程包括人们的喜怒哀乐、克服困难的态度、全神贯注和聚精会神地进行工作的能力等。对情况的熟悉程度越高，认识过程中对局面和条件的感知越容易，在思考、分析和判断上越容易达成与实际情况相一致的结论，情境意识自然也越高。从某种意义上来讲，船员不断地改变服务船舶种类、不断地改变服务船舶航线，对团队情境意识是一个负面的影响，所以船舶管理人员应时刻对本船的团队情境意识和综合能力有一个清醒的认识。

(5)驾驶台领导与管理技能

船舶作业是多部门、多人员相协同的工作。就驾驶台来讲，船长、引航员、驾驶员、舵工是常见的一种工作组合。单凭个人的力量是不可能保持高水平的情境意识的。要想得到良好的情境意识，充分发挥每一成员的作用与功能和相互之间的支持与监督是十分必要的。

安全管理工作的具体目的就是要消除物的不安全状态和人的不安全行为。从物的因素来看，即本质安全化，绝对安全是不可能的。就现代科学技术水平来说，任何一艘船舶，要做到绝对安全，消除物的不安全状态是很难办到的。此外，由于船舶生产规模不定型，运输作业相对不稳定，所以不安全因素总是客观存在的。从人为因素来看，要绝对安全也是不可能的。人在生产活动中最活跃、最富有创造性，即具有主观能动性。许多事故的发生，可以说明这一点，无论物的不安全状态怎样，只要发挥人的主观能动性，主动地去认真检查，物的不安全状态就可消除。而人的行为是受思想所支配的，是不易控制的，也是会出现不安全行为的。因此，安全管理中，在注意物的不安全状态的同时，要密切注意人的不安全行为。正因为如此，驾驶台领导与管理技能的高低与驾驶台团队成员所形成的情境意识有着密切的联系。

### （三）主动意识

主动意识，是指做更多努力来改进自我，如熟练掌握设备的使用或主动做些额外的工作的意识。真正的主动意识意味着在工作范围之外，提出一些有益于同事和整个组织的大胆的、建设性的建议。

### （四）自满和倦怠

船员的自满和倦怠是船员个体不能顺利应对工作压力的一种表现，是情感、态度和行为的表现。自满是对事和对人都有不逊的看法，以自己为中心，觉得除了自己，其他人都不行，觉得自己什么都懂，再学习或听取别人的建议都是多余的。产生自满的原因主要是做事以自我为中心。为避免自满，船员应多看看别人的长处，再看看自己有什么缺点，每个人身上都有值得自己学习的地方。船员出现职业倦怠的主要原因有工作环境的原因、人际关系的原因、价值观方面的原因和家庭的原因等。

## 五、领导力和团队合作

### （一）领导力

组织的领导者，必须通过正确发挥自己在工作中的计划、组织、指挥、控制、协调的职能和作用，积极鼓励和调动下属人员的工作积极性，才能带领他们共同实现预定的目标。

1. 领导的基本概念

所谓领导，就是指设定目标，率领和引导组织或个人在一定的时间内，按照一定的计划或方法实现该目标的行为过程。它也可以解释为："指挥、带领、引导和鼓励部下为实现目标而努力的过程。"

2. 领导者应具备的基本条件和素质

为了能保证领导的正确性和有效性，领导者应具备一些特定的基本条件和素质。作为一名领导者，要想带领下级去完成本部门的既定目标，必须建立起自己的领导权威。权威就是权力与威信的统一，是由领导者的素质及其行为所形成的，它标志着一名领导者的能力是否被他人所认可。一名优秀的领导者，能团结与其共同工作的同事和下属，充分调动他们的工作积极性，并通过自己的良好素质与魅力来创建威信。这些良好的素质包括高尚的品德、高深的专业知识、丰富的工作经验、敏锐的观察能力、冷静的思考判断能力、巧妙的沟通影响能力、充沛的精神活力、坚定的意志和公正的立场等。

3. 领导者的类型与风格

领导者在实际工作中都会根据具体的要求，结合自己领导工作的经验和风格而从事具体的领导工作，他们会因工作要求和具体实施方式的不同而产生以下多种领导者的类型和风格。

（1）领导者的类型

①民主型

民主型的领导者也可以称为对话型领导者。这种类型的领导者在工作中常采用民主协商的方式，听取下属的意见，并鼓励他们积极发表意见，从而提升自己在组织管理上的灵活性和职工本身的责任感。

②激励型

激励型的领导者往往注重职工个人情感，运用物质激励的管理方式，营造职工积极向上的氛围，不轻易对职工按照自己的工作方式完成任务进行不必要的责难，以最有效地调动他们的积极性。

③制度型

制度型的领导者要求职工一切按规则做，即要求职工以任务为中心工作，通过制度来约束自己的行动。其布置任务也均以制度措施为依据，要求下属职工必须严格按照规章制度加以执行。

④教育型

教育型的领导者要求由我来教你怎么做，采用以人为中心的领导方式，帮助职工制订实现目标的计划，并给予大量的指导和反馈，启迪职工的思想，促使他们自觉采取符合领导者意图的行为。这种类型的领导者在改善工作氛围以及实际成效方面有显著的正面作用。

⑤榜样型

榜样型的领导者通过自己以身作则、率先示范的行动来树立自己的权威，依靠个人的人格魅力影响和职位上的优势来领导和带动下属职工，引导他们仿而效之。榜样型领导者具有引导性与感染性，往往能通过自己的榜样作用来达到自己所期望的效果。

⑥专制型

专制型的领导者独断专行，通过下达命令来要求下属绝对服从。这种类型的领导者可能具有一定的工作能力与魄力，敢于承担责任。这种类型的领导者在面临困境时或者危急关头时往往非常果断，常能发挥速战速决的作用。

⑦放任型

放任型的领导者一般会将工作任务与问题交付下属处理，自己不愿多加过问，也不想多担负工作的责任。这种类型的领导者可能自己的工作能力与魄力不够高，遇到问题时喜欢由他人来帮助解决。

（2）领导者的风格

鉴于以上不同类型领导者在实际工作中的特点，他们各自的领导风格也会各不相同。这些不同的领导风格主要包括以下几种。

①命令型

具有命令型领导风格的领导者往往采用下达命令的方式来要求下属必须完成工作任务。他们会给出明确的指令，包括要求他们做什么、如何做、在何时与何地做等细节。

②指示型

具有指示型领导风格的领导者往往采用发出指示的方式来布置具体的工作任务。他们会向下属提供框架性的指示和要求，并要求下属通过自己的努力去完成相关的任务。

③参与型

具有参与型领导风格的领导者往往能在发出指示和布置具体工作任务的同时，自己主动地和下属一起共同参与讨论和决定完成工作任务与解决问题的最佳方案。

④委托型

具有委托型领导风格的领导者往往只是向下属发出指示和布置具体工作任务，他们很少向下属提供如何完成工作任务或解决问题的具体指导和人员支持，也不愿多承担责任和义务。

以上这些不同类型领导风格与不同类型领导者本身的性格与特点是密切相关的。但是，这些具有不同性格与特点的领导者在从事他们的具体实际工作中，也不完全是采用单一的领导风格来办事的。在不同的场合和情况下，他们也会根据实际情况调整或采用混合型的领导风格来适应或满足需要。不过从他们总体工作中的实际行动来看，一般每个领导者都具有自己独特的领导风格。

4. 提高领导影响力的途径

(1)正确行使手中的权力

每一位领导者的手中都或多或少、或大或小地掌握着一定的权力。如何对待手中的权力，怎样掌好权、用好权，是对领导者的严峻考验，也是能否提升领导影响力的重要环节。正确行使手中的权力的方法体现在以下几点。

①要树立正确的权力观

权力是用来为人民群众的公共事务服务的，绝不允许用权力来谋取私利。

②要遵循权力行使的原则

必须依照正当、民主、公正的原则来行使权力，不能滥用权力。

③要能科学地运用权力

科学运用权力的一个正确的方法就是能科学授权，必须明确授权的原则。一般来说，授权应该坚持以下几项基本原则，即合法授权、视能力授权、权责统一、有效控制、信任支持。

道德品质是构成领导影响力的最重要因素。因此，领导者要提升领导影响力，必须培养自身高尚的道德品质。除了经常自警、自励，见贤思齐之外，更重要的是做到以下三点：

①要时刻注意自重自省

自重，就是尊重自己的人格，珍惜自己的名誉，固守自己的高尚情操，不为身外之物低下自己高贵的头。自省，就是要经常反省和检查自己的言行，看一看自己是否有道德上的过错，找出自己的不足，并采取措施加以克服和纠正。

②要慎独自律

慎独自律是要求领导者有高度的责任感和自觉性。无论是在公众面前还是单独处事，都要严于律己，做到表里如一、言行如一，做一个真正的道德高尚者。

③要从小节做起

人们品德的高尚与低下，既体现在对大是大非问题的把握和处理上，也体现在对生活小事的把握和处理上。因此，领导者要注意从大处着眼，从小处着手，“积小节而成伟大”。

(2)培养健全的心理素质

领导者培养健全的心理素质最主要的就是培养自己开阔的胸襟和坚强的意志。领导者培养健全的心理素质最重要的是树立正确的人生观、价值观、权力观、利益观。

（3）进一步提升领导能力

领导能力是领导者履行职责的重要的主观条件，它决定着领导工作的成败。领导者提升领导能力要注意以下几点：第一，科学正确的决策能力。决策是领导者确定方针、策略的活动，是整个领导工作的关键和核心。因此领导者要提升领导影响力，必须科学正确地进行决策。要科学正确地进行决策，必须坚持科学决策的原则，并做到决策的程序化和决策的科学化。第二，知人善任的用人能力。要做到知人善任，必须处理好四种关系：一是亲与贤的关系；二是德与才的关系；三是长与短的关系；四是职与能的关系。第三，开拓进取的创新能力。领导者提升开拓创新能力，最重要的是要掌握创新思维方法。常见的创新思维方法主要有以下几种：一是逆向思维，它是指人们在思考问题时，跳出常规，改变思考对象的空间排列顺序，从反方向寻找解决问题的办法；二是发散思维，就是从一个信息源中导出多种不同结果的思维方法；三是转向思维，它是指人们在思考问题时，若思路在一个方向上受阻，便马上转向另一个方向。

（4）构建合理的知识结构

领导者不仅要有广博的知识，更要建立合理的知识结构。领导者合理的知识结构包括以下内容：第一，深厚的政治理论知识。第二，精深的专业业务知识。领导者要确保自己成为真正的内行领导，就必须认真学习和掌握精深的专业业务知识。第三，娴熟的领导专业知识。领导专业知识的核心是领导科学。其外围是预测科学、决策科学、人才科学和管理科学。领导者只有掌握以领导科学为核心的领导专业知识，才能更好地把握领导规律和领导方法，提升领导能力和领导水平。第四，广博的科学文化知识。领导活动是一项具有复杂性、综合性特点的社会实践活动，决定了领导者必须具有广博的自然科学和社会科学的知识，才能有效地、成功地驾驭领导工作。

*5. 如何有效地激励船员*

（1）满足船员的合理需求

与其他群体不同，船员的需要有许多特殊性。首先，生活的需求难以保障，他们经常受到缺乏淡水、新鲜蔬菜和水果的困扰；他们生活在狭小的空间里，需要长时间远离自己的亲人；他们可能会遭遇恶劣天气、经历危险作业，甚至受到海盗的攻击。其次，晋升的空间不大，一名出色的水手可以晋升为水手长，但无论如何，他不能再一次晋升，因为对于支持级船员而言，水手长和机工长是最高职位。因此，结合船舶实际情况，尽量满足船员的合理要求，是营造团结高效团队氛围、激励船员努力工作的重要前提。它包括强化安全操作规程、合理安排饮食、提高福利待遇、明确考核和晋升制度等。

（2）结合船员特点分配工作

不同的态度和人格的船员在从事不同性质工作时能够产出不同的工作绩效。一个责任意识强的船员如果在团队协作中被指派负责某部分工作，他将会以更高的工作满意度去完成工作。一个性格内向但领悟能力强的人更适合于从事复杂的故障分析和烦琐的设备拆解工作。可能对他们而言，及时找出故障或将设备恢复正常工作就是最大的满足。

（3）合理运用目标激励

目标激励是用提高目标吸引力的方法调动船员的积极性。目标是人们期望达到的成就和结果。它的吸引力越大，就越能产生强烈的情感，进而转化为积极的动机。与此同时，目标应该是具体的和可行的，并且符合船员的需要。比如许多船公司都制定了持续的“百日无事故”的目标，并承诺每次实现目标后都给相关人员一定的奖励。这种活动对保证船舶安全和提高营运效益可起到积极的促进作用。

(4)检查体制是否公平

体制是否公平不仅体现在工资上,也体现在其他福利待遇上。一名水手通常不会抱怨船长的工资比他高好几倍,因为他承认船长工作的难度远远不是他努力工作就能够胜任的。但如果船长在分配扫舱费时也按照职务工资的比例分发,恐怕普通船员就无法接受了,因为即使船长也参与了扫舱劳动,他的贡献也不会超过水手几倍。他们可能不会直接对这种分配提出异议,但他们在其他工作上的积极性会受到打击。

(5)奖励与绩效挂钩

对于表现良好的船员应该给予相应的奖励。奖励的方法不仅仅局限于金钱、及时晋升职务、提供上船和离船时的方便,也可以是口头的表扬。适当的奖励不仅满足了表现良好的船员的需要,而且也为其他船员树立了目标,使所有的人都朝着有利于团队高效运作的方向努力。

6. 领导者的影响力

影响力一般是指人在人际交往中影响和改变他人心理与行为的能力。领导影响力就是领导者在领导过程中,有效改变和影响他人心理和行为的一种能力或力量。构成领导影响力的基础有两大方面:一是权力性影响力:二是非权力性影响力。

权力性影响力又称为强制性影响力,它主要源于法律、职位、习惯和武力等。权力性影响力对人的影响带有强迫性、不可抗拒性,它通过外力的推动方式发挥其作用。在这种方式的作用下,权力性影响力对人的心理和行为的激励是有限的。

非权力性影响力也称非强制性影响力,它主要来源于领导者个人的人格魅力,来源于领导者与被领导者之间的相互感召和相互信赖。构成非权力性影响力的因素主要有品格、才能、知识、情感等因素。

## (二)团队合作

1. 团队

团队是由两个或两个以上的人组成的,通过人们彼此之间的相互影响、相互作用,在行为上有共同规范的一种组织形态。通俗地说,团队是由一起工作以完成共同任务的个体组成的一个群体。

从管理的角度来说,“团队就是力量”。一个人构不成团队,两个以上的人的集合体也未必是团队。如车站、码头的乘客,电影院里的观众。通俗地说,它是由一起工作以完成共同任务的个体组成的一个群体。其重要特点是团队内成员间在心理上有一定联系,彼此之间相互影响。

2. 团队的特点

(1)团队成员有着共同的目标,为了完成这一目标,成员之间彼此合作,这是构成和维持团队的基本条件。团队成员之间有着和谐、成熟的人际关系,相互理解,具有一致的想法和情感,大家彼此信任、相互支持。

(2)团队成员之间分工不同,但每个人又都为了实现共同的目标而承担着一定的责任。

(3)团队成员具备实现目标所必需的技术和能力,而且相互之间有能够良好合作的个性品质,从而能够出色完成任务。

3. 船舶团队的管理

（1）船舶团队

船舶团队是指在同一艘船上工作的，由船舶驾驶人员、机舱管理人员以及为团队服务的支持人员组成的实现团队共同目标的一个群体。通过团队的合作、监督、提醒、支持，并发挥每一成员的主观能动性，实现船舶、货物、人员和环境安全的共同目标。

（2）船舶团队合作

①船舶管理人员应当将船上所有人员看作一个有共同目标的团队，不断强化船员的团队意识。每个成员在工作中经常会需要其他队员所拥有的经验和技能，成员之间必须相互协作、相互支持才能更好地完成船长确定的工作目标。

②船舶团队应当能够很好地与临时加入的第三方进行合作。例如，与引航员、拖船、码头工人、装卸工人等的合作。

③应防止船上任何人员孤立地工作。即使在人员紧张的情况下，也应保证单独工作的船员能够随时与其他队员进行有效的沟通，并随时可以得到相应的支持。

④如果条件允许，船长在确定工作目标时应与自己的团队共同讨论，使相关人员能够充分地表明自己的观点，在此基础上制订详细的计划。

⑤团队领导者应当坚定，但又不失灵活和友好。应当尽力避免形成过于专制的领导方式，同时也应当避免放任不管的领导方式。

⑥团队中每一队员都有自己明确的职责并恪尽职守，这样船长就有更多的时间来监控船舶的安全。团队每一成员都应随时留心周围发生的一切，以便及早地发现失误并避免事故链的形成。

⑦团队管理者要意识到每个成员的贡献都是有价值的，这会对团队产生强烈的激励作用。

⑧团队工作应当始终按规定的标准操作程序进行。船上任何决定的做出都要依据事实，而不是个人偏见和主观臆断。

⑨船舶团队长期工作在复杂多变的环境中，他们的工作可以说是在压力下承担责任。因此，船舶团队成员应当做到：保持不间断的警觉；加强情境意识；对于重要事件预先予以考虑；做事应当分清轻重缓急，警惕对小问题纠缠不清，避免因小失大；保持良好的联络与沟通；建立质询和回应的机制，工作中有疑虑时及时澄清；习惯性地进行相互检查；保持身心健康。

⑩船舶团队成员要警惕以下倾向：过分依赖无线电助航设备和自动系统；不愿寻求帮助；不愿指出上级犯的错误；因小问题分心而忽视了需优先考虑的大问题。

4. 船上团队工作的特点

（1）船上人员是一个有共同目的的团队，船上人员的共同目的就是将货物或旅客从一个港口安全地运抵另一个港口，所有船员都是为了这一目的而努力工作。

（2）要能够临时与第三方进行合作。船上人员要与包括引航员、拖船、码头工人、装卸工人等在内的第三方进行良好合作。

（3）要防止任何人孤立工作，由于船上工作环境的特殊性，要完成共同的目标必须相互协作、相互支持。

（4）每一成员都需要充分利用自己的才能和技巧来完成既定的共同目标。船长确定目标，团队成员共同讨论制订详细计划，使用沟通、质询和监督等方法实施规定的计划。

5. 船上良好的团队协同方法

(1)团队领导力坚定,但又不失灵活和友好。团队应具有良好的管理风格,掌握权威与自信的平衡,同时使用沟通和质询等工具。

(2)各司其职,船长需要随时监督航行和避让行动的有效性。培养良好的情境意识,决策时要基于事实,而不能凭个人主观臆断。

(3)团队应能正确地应对各种紧急情况和环境的任何突然变化。

(4)团队应能顺利地接纳新成员,新成员也能立即融入团队。

(5)团队成员间要相互支持,共同执行船长的决策。

## 六、船上计划

### (一)计划的定义

计划是事先制订的为进行某事或制作某物的一些详细的方法。合理的计划可以确保组织按照需要分配资源,组织成员按照规定的程序开展自己的工作,监测工作进程是否达到组织目标,以便在未能达到上述要求时及时采取改进措施。

### (二)计划的制订

制订计划的基本过程可分为四个阶段:确立远景目标、分析当前形势、分析影响远景目标实现的有利和不利因素以及制订实现远景目标的方案。

1. 确立远景目标

远景目标为组织的行为规定了基本方向。它由组织的目的、任务、目标和战略四部分组成。

组织的目的是指在其行为过程中由社会为其划定的基本地位,因此,它不仅是某一特定组织,而且也是社会中所有同类型组织的基本目标。组织的任务是指能使其与同类组织区分开来的主要的和特有的目标。它是组织为自己确定的最基本的目标。组织的目标是指为完成任务所必须达到的各种指标。组织的战略是指达到组织目标和完成组织任务的基本原则。

以驾驶台团队为例,团队的目的是保证船舶安全和高效营运,而它的任务是按照计划航线操纵船舶。航线上的每一航段都有各自应达到的目标,包括既定的航速、最大许可偏航距离和预计到达转向点的时间等。为保证团队实现上述目标,还应该制订下列相应的战略:

(1)开航前应该搜集哪些信息;

(2)应使用哪种定位方式;

(3)怎样改善船舶的操纵性能等。

2. 分析当前形势

这部分内容包括确定个体与远景目标间的差距,为实现远景目标应准备的资源,以及妨碍目标实现的自身局限性。管理者需要搜集各种数据来分析当前形势,没有这些数据,规划也就无从谈起。这也是管理者需要保持所有沟通渠道畅通的主要原因。如果必要,他们还应该建立正式的信息系统来搜集相关数据。任何目标都不可能是一个空中楼阁。组织的远景目标也是如此。也就是说,未来发展方向一旦确定,管理者就应该去分析当前局势。

以一艘计划抵港的巴拿马型满载散货船为例，该船最大操纵速度是12节，其位置距引航站60海里。它几乎没有可能在5小时内抵达引航站，因为船舶的航速通常会由于浅水效应的影响而下降。除此之外，船舶还需要主动降低主机转速使航速降低至满足引航员安全登船要求的程度（比如5节）。因此，在确定预计抵达引航站的时间时，至少需要增加半小时，增加1小时更切合实际。

在规划过程中将前面两个阶段机械地分隔开也是很困难的，因为远景目标在确定后还可能根据环境的改变而调整。

3. 分析影响远景目标实现的有利因素和不利因素

管理者一旦确定了自己的远景目标，就必须确定环境中哪些因素有助于组织实现其远景目标，哪些因素起妨碍作用。它还包括对未来可能出现的因素及当前因素在未来可能发生的变化的预测。

通常，组织的财政、设备和人力资源是管理人员的主要辅助手段；相反，这些组织资源的匮乏将成为组织实现其远景目标的障碍。有时，这些妨碍实现远景目标的障碍存在于组织内部，但多数情况是这种障碍存在于组织之外。

相对而言，确定已存在的与实现远景目标相关的有利因素和不利因素较为容易。预测未来可能出现的相关因素则是更为艰巨且又无法确定的任务。从规划的定义上看，它和未来有密切联系，如果规划不考虑未来的情况，那么制订出的计划也就没有任何实际意义。从这个角度而言，预测在规划过程中起着举足轻重的作用。

众所周知，影响船舶运动的因素很多，包括风、流、水域的深度和宽度、能见度及通航密度等。在制订航行计划时，所有因素都应该充分考虑，包括其未来的可能变化。以潮汐为例，潮汐的影响随着时间、位置、船舶的航速和航向，甚至风向和风力的变化而变化。在船长和引航员看来，准确预报潮汐的影响几乎是不可能的事，他们所能做到的是在安全范围内消除上述影响。

4. 制订实现远景目标的方案

计划工作的最后一步是制订若干种实现既定远景目标的方案以供选择，通过对这些方案的评估和筛选，最后从中确定一个能实现目标的最佳方案。如果原有计划已经引领组织去实现其既定远景目标，则管理者通常应仔细观察该计划的进展情况，随时准备在出现特殊情况时采取应变措施。但在绝大部分情况下，他们将重新进行，因为当前的环境和条件已经不能适应远景目标的变化情况。因此，在新的计划中通常包括下列元素：

（1）达到目标所需要的主要措施；

（2）个人和组织在上述措施中的职责；

（3）上述措施开始实施和预计完成的时间。

## 七、个人能力和行为特征

人的行为是复杂和动态的，它具有计划性、多样性、目的性、可塑性，并受个人安全意识水平的调节，也受到理智、情感、意志等心理活动的支配；同时，它还受到道德观、人生观和世界观的影响。人们的工作态度、意识、认知等往往决定了人的安全行为水平，因而人的安全行为水平表现出差异性，不同的船舶驾驶人员，由于上述人文素质的不同，会表现出不同的安全行为水平。同一个单位或生产环境,同样是船长、驾驶员或引航员,由于责任、认识等因素的影响,会表现出对安全的不同态度、认识,从而表现出不同的安全行为。为了达到抑制不安全行为的目的,船员有必要掌握影响人的行为的因素,并从安全行为科学的角度来认识和解决这一问题。

## (一)影响个人的安全行为的因素

1. 个性心理因素的影响

情绪是每个人都有的,受个人气质和性格的影响,是受客观事物影响的一种外在表现。这种表现是体验又是反应,是冲动又是行为。从安全行为的角度看,当情绪处于兴奋状态时,人的思维与动作则非常敏捷;处于抑制状态时,思维与动作显得迟缓;处于一定的紧急局面时,往往会产生反常的举动,这种情绪可能导致思维与行动不协调、动作不连贯,所以这是不安全的行为的一种反映。

2. 安全行为自觉性方面的影响

这种影响表现在从事安全行为的目的性或盲目性、自动性或依赖性、纪律性或散漫性。在安全行为的自制方面,表现为自制能力的强弱、约束或放任、主动或被动等。安全行为果断性方面的特征表现在长期的工作过程中:安全行为是坚持不懈还是半途而废,是严谨还是松散,是意志坚强还是意志薄弱。

3. 社会心理因素的影响

(1)知觉对人的行为的影响

知觉是眼前客观刺激物的整体属性在人脑中的反映。客观刺激物既包括物,也包括人。人在对别人感知时,不只停留在被感知的面部表情、身体姿态和外部行为上,而且要根据这些外部特征来了解他的内部动机、目的、意图、观点、意见等。

(2)价值观对人的行为的影响

价值观是人的行为的重要心理基础,它决定着个人对人和事的接近或回避、喜爱或厌恶、积极或消极。因此,要使相应的人员具有合理的安全行为,首先要使他们具有正确的安全价值观念。

(3)角色对人的行为的影响

在生活与工作中,每个人都在扮演着不同的角色。每一种角色都有一套行为规范。人们只有按照自己角色的行为规范行事,社会生活才能有条不紊地进行,否则就会发生混乱。从某种程度上讲,这也是工作中是否和谐的一种体现。角色实现的过程,就是个人适应环境的过程。在角色实现过程中,常常会发生角色行为的偏差,使个人行为与外部环境发生矛盾。在安全管理中,需要利用人的这种角色作用来为安全服务。

(4)环境与物质对人的行为的影响

个人的安全行为除了内因的作用和影响外,还有外因的作用和影响。环境、物质的状况对劳动生产过程中的人也有很大的影响。环境变化会刺激人的心理,影响人的情绪,甚至打乱人的正常行动。物的运行失常及布置不当,可影响人的识别与操作,造成混乱和差错,打乱人的正常活动。

## (二)个人行为与安全

除了以上所述的影响因素外,还必须考虑到从事不同工作的人员在生理或心理方面的局限性，如警惕性、注意力、适应性和其他与这些局限性相关的各种因素。船长、驾驶员、引航员和其他有关人员是根据STCW公约适任评估体系而被任命的。由于船舶是在动态的环境中运行，船舶航行的时间也受到进港、装卸货物、离港时间和潮汐等因素的制约。这种由工作环境和条件决定的、没有固定时间规律的工作与生活方式，很可能增加船舶驾驶人员产生人为失误的风险。

必须强调的是，有两个非常重要的因素也可能影响船舶驾驶人员的行为：第一，由工作性质和连续的工作时间造成的精神疲劳；第二，由生理规律的打乱和不连续的睡眠，尤其是在夜间值班所引起的警惕性的降低。

作业中的不安全行为主要是指违章作业、违章指挥。违章行为又分为有意违章和无意违章。究其原因有：社会因素、环境因素、生理因素和心理因素等。其中心理因素包括：侥幸心理，冒险心理，贪便宜、走捷径心理，逆反心理，从众心理，自私心理。

## 八、国际公约中与人员管理相关的内容

国际海事组织（IMO）在1995年修订的《1978年海员培训、发证和值班标准国际公约》（STCW 78/95）的B-Ⅷ 2部分中强调了船舶驾驶人员团队工作的重要性，并指出："参加驾驶台团队工作的人员必须由足够的、称职的、不同职级的航海人员组成，他们必须分工明确、任务到人，人与人之间的对话与联系应明确无误，集中精力工作，能随时对环境与局面的变化及时反应和采取有效的措施。"

2010年6月，国际海事组织在马尼拉召开STCW公约缔约国大会，通过了STCW公约马尼拉修正案，该修正案在2012年1月1日开始生效。在马尼拉修正案中，首次将驾驶台资源管理和机舱资源管理课程列为强制性适任标准，并在修正案的A-Ⅱ/1和A-Ⅱ/2中，分别对操作级和管理级驾驶员提出《领导和团队工作技能的运用》和《领导力和管理技能的运用》的适任要求。

对管理级和操作级驾驶员的适任要求包括以下内容：

（1）船上人员管理和培训的知识。

（2）国际海事公约和建议以及相关国内立法的知识。

（3）运用任务及工作量管理的能力，包括：计划和协调；人员分配；时间和资源的限制和优先排序。

（4）运用有效资源管理的知识和能力，包括：资源的分配、分派和优先排序；船上和岸上的有效沟通；决策反映出团队的经验；决断力和领导力，包括激励；具有并保持情境意识。

（5）运用决策技能的知识和能力，包括：局面和风险评估；确定并形成选项；选择行动方案和评价结果的有效性。

与STCW 78/95公约相比，在STCW公约马尼拉修正案中，关于驾驶台资源管理的要求，新增加了船上人员管理、任务和工作量管理、有效资源运用的管理以及决策技能的运用等方面的知识和能力。

# 单元二 有效资源管理的知识

## 一、船上、岸上有效交流

通信与沟通是人与人之间在日常生活和工作中主要的交流方式。尤其在工作环境里，通信与沟通是否通畅和有效，决定着工作双方能否完成理解对方的想法，并采取相应的措施，以保障工作正常、有序进行。在船舶上，与他船、岸上、船员间有效的交流是船舶航行安全的重要保障。

### (一)通信

1. 在建立通信前发送方首先应明确或确定5个“W”

(1)Why：为什么要发送信息，即发送信息的原因。

(2)Who：向谁发送信息，即明确通信的对象。

(3)What：发送什么样的信息。应当考虑按接受者易于理解的方式来安排发送信息的内容。

(4)When：在什么时间发送信息。应当考虑选择适宜的时机，不要在充满压力的时候发送信息。

(5)Where：在哪里发送信息。应当考虑选择适宜发送信息的地点，尽量避开环境干扰。

2. 完整的通信过程

(1)需求：发送方希望向接收方发送信息。

(2)发送：选择合适的方式和手段有效传送信息。

(3)接收：接收方接收并准确理解信息，如有任何疑问，应当要求发送方做进一步澄清。

(4)反馈：接收方确认收到的信息，并根据情况及时向发送方反馈。

(5)完成：通信完成并终止。

3. 准确通信的“4C”原则

(1)完整性(Completeness)。

(2)连贯性(Coherence)。

(3)简洁性(Conciseness)。

(4)准确性(Correction)。

### (二)船舶通信和沟通的重要性

由于船上的许多操作是关键性操作，甚至是临界操作，每项操作都需要团队成员清楚地知道各自在不同操作阶段的职责。驾驶台通信与沟通过程中出现任何障碍，都可能导致不可估量的后果。事实证明，在处理船舶的紧迫局面事件中，对外通信和船员直接的沟通能力始终是决定这些事件结局的关键因素。

1. 沟通的形式及特点

在团队中，沟通的形式是多样化的，按照不同的分类标准，沟通可分为不同的类别并具有相同的特征。

（1）按沟通的表现形式来分：口头沟通，书面沟通，非语言沟通。

（2）按沟通的方向来分：

①上行沟通：可以是一层层传递，也可以是越级反映。

②下行沟通：决策、计划、指挥、协调、控制等管理职能信息的传递都是通过下行沟通的方式达成的。下行沟通常用于团队领导者向团队成员分配工作任务、做出工作指示、说明工作程序等。

③平行沟通：团队中最普遍的沟通形式，有利于节省时间和协调成员关系。

（3）按组织的结构特征来分：

①正式沟通

正式沟通是依据一定的组织原则所进行的信息传递与交流。其优点是，沟通效果好，比较严肃，约束力强，易于保密，可以使信息沟通保持权威性。其缺点是，由于依靠组织系统层层的传递，所以比较刻板，沟通速度慢。

②非正式沟通

非正式沟通的优点是，沟通形式不拘，直接明了，速度快，能提供大量的通过正式渠道难以获得的信息，真实地反映员工的思想、态度和动机。其缺点在于，非正式沟通难以控制、传递的信息有时不确切，易于失真、曲解，而且它可能导致形成小集团、小圈子，影响人心稳定和团队的凝聚力。

2. 船上重要的沟通

（1）船舶安全工作会议中的沟通；

（2）船舶驾驶台与机舱的沟通；

（3）船舶驾驶台与船首尾部的沟通（靠离码头、抛起锚、狭窄水道航行等）；

（4）船长航行（夜航）命令；

（5）船长及驾驶台团队与引航员的沟通；

（6）船舶驾驶台与引航站、VTS 及港调等管理部门的沟通等。

### （三）船上沟通的技巧

良好的沟通可以消除误解，增加团队的凝聚力；可以提高船舶指挥人员的情境意识和工作效率，保证船舶命令型的结构系统正常运作，减少人为事故的发生。因此，船舶指挥人员应当掌握一定的沟通技巧。

1. 沟通途径和工具的选择

根据需要选择最佳的沟通途径和工具，以期达到最佳的沟通效果。

2. 沟通中的注意事项

（1）应当遵守标准的沟通程序，如车钟令、舵令等；

（2）保证信息交流准确、清晰、简洁并切中要点；

（3）发送者尽量减少和限制那些多余的、没必要的信息传送；

（4）接受者要学会耐心聆听，以准确理解发送者的意图，如有任何疑问，应及时要求澄清；

（5）应当使用标准的专业术语和 IMO 标准航海通信用语；

（6）对有些复杂的口头沟通最好先做书面准备。

### (四)船上人员的沟通

1. 船长和驾驶员的沟通与交流

(1)为了和驾驶员建立有效的沟通与交流,船长应组织航前准备会。船长应向驾驶员介绍航线计划;与驾驶员进行相互交流;对驾驶员提出相关要求;向驾驶员指出航线中可能存在的控制薄弱的航区。

(2)船长应:

①告知驾驶员有责任通报各自情况以及协调其中的具体操作;

②在驾驶台建立一种开放的、互动的、闭环的交流与沟通方式;

③航行中向驾驶员传达遇到的具有重要意义的情报;

④鼓励所有驾驶员勇于质询和给出相应的回应;

⑤航行中或航次结束后尽快会同驾驶员总结航行中遇到的重要情况。

(3)在航次结束后召开总结会,在总结会上船长应带领驾驶员总结正、反两方面的情况。总结会上不要对个人进行指责,应让大家通过总结会积极地学习并总结经验教训。

2. 驾驶员与引航员的沟通与交流

(1)引航员上驾驶台后应与驾驶员进行充分的沟通和交流,引航员应尽可能多地让驾驶员清楚自己的操作计划。

(2)引航员应向驾驶员简述当地的环境和交通规则,并将任何通航、天气、能见度、流的改变或预期改变的情况告知船长和驾驶员。

(3)驾驶员应将自己通过正规瞭望获得的信息及时告知引航员。对引航员的指令或行为或意图如有任何疑问,应向引航员求证或要求澄清,必要时应立即报告船长。

(4)如果引航员没有对详尽情况进行介绍以及充分交流,在不影响权威的前提下,值班驾驶员应该用恰当的方式加以指出。

3. 驾驶员之间的沟通

交接班的驾驶员之间应熟知以下有关情况:

(1)船长对船舶航行有关的常规命令和其他特别指示;

(2)船位、航向、航速和船舶吃水;

(3)当时和预报的潮汐、海流、气象、能见度等因素及其对航向和航速的影响;

(4)当主机在驾驶台控制时,操纵主机的程序;

(5)航行局面。

### (五)与船舶交管站和港口当局的沟通

船舶进出港口时应使用通信设备,按照规定向 VTS 报告。在报告与交流中,须注意以下方面:保持交流简短准确,将有关船舶的主要信息(包括进港、出港、过境;船名、国籍、总长度、总吨位、吃水、最大高度;始发港、目的港、预计靠泊泊位或锚位、预抵时间;载货种类与数量和旅客人数)给予报告,而其他多余的情况尽量减少。在报告前先写好信息对减少报告时间是有帮助的。

## 二、资源的分配、布置和优先化

### （一）船舶资源管理

船舶资源管理是指通过协调和利用船上人员的技能、知识、经验和船舶内外的相关资源，以实现保障船舶安全生产和提高船舶营运效益的目标。

通过船舶资源管理这一手段，充分发挥船舶团队成员对驾驶台、机舱等船舶工作场所及工作环境内各种可供利用的资源的控制、协调和组织的管理艺术和技能，以实现船舶团队工作的预期目标：保障人命安全、船舶安全、货物安全、财产安全、海洋环境安全、船舶保安，以及船舶营运生产的效益最大化。

### （二）船舶资源的构成及特点、分配与排序

1. 船舶资源的构成及特点

船舶资源分为内部资源和外部资源，包括船舶人员、在船引航员、船舶设备、各种信息等。决定驾驶台资源的优先排序是一个很难判断的工作，作为船长和驾驶员应该因地制宜，根据不同的情况，做出不同的排列顺序。驾驶台资源的优先排序的决定是否合适，也是考核船长和驾驶员的决策能力、判断能力的一项重要指标。

在驾驶台团队的因素之外，驾驶台资源中的设备、仪器资源，如驾驶台的导航仪器、无线电系统，机舱的所有主副机系统、操纵系统，以及保证以上这些仪器设备和机械正常运行所必需的备件和保养工具等都是为船舶提供必要的安全保证的。因此，船舶设备、仪器资源也是驾驶台资源中不可缺少的重要资源。

船舶相关人员保证能及时获得对安全提供保障的航行和操作所需信息和资料，航海通告、航行警告、天气预报、制订的航次计划、应急预案、AIS 和 VHF 提供的动态信息、所有航海仪器的说明书和操作手册、港口信息、公司提供的信息等为安全提供保障的信息，能对船舶人员正确决策和避免安全隐患提供帮助。所以，来自驾驶台内、外的信息资源也是驾驶台资源的重要组成部分。

2. 船舶资源的分配与排序

（1）船员资源

船员资源，包括船长、引航员、驾驶台和机舱值班人员，属于人力资源，是船舶资源中最为重要的资源，在船舶资源的分配与排序时应放在首位考虑。

（2）硬件资源

硬件资源，包括为保证船舶正常航行和操作所需的设备、仪器、工具、备件、物品等，属于物质资源，是确保船舶正常航行和操作的基本资源，在船舶资源的分配与排序时应予以重点考虑。

（3）软件资源

软件资源，包括来自电子海图、AIS、命令簿、手册、指导书、指南、海图、计划、规范、航次计划、航海出版物等的信息，属于信息资源，是确保船舶正常航行和操作的必要资源，在船舶资源的分配与排序时应予以特别考虑。

(4)其他资源

其他资源,包括为保证船舶正常航行和操作所需的时间、空间、技能、经验,以及与有关部门合作和获得支持等。其他资源有助于船舶资源管理的组织目标实现,在船舶资源的分配与排序时不能忽视。

### (三)船舶资源的利用与协调

人与软件界面是船舶安全管理系统中最容易出现问题的界面,保证软件的完备、充足、可靠和可操作是人与软件界面关系的核心。船员应重视配备、保持、更新各种航海图书资料、航行指导文件、船舶与设备操作文件,同时应重视从软件中获得的信息,避免由于软件方面存在的问题和忽视从软件中获得的信息而导致事故的发生。

### (四)船舶资源管理的作用与目的

(1)分析人为失误和船舶事故的发生与预防之间的关系;
(2)注意多元文化意识对船舶安全工作的影响;
(3)强调情境意识对船舶航行安全的作用;
(4)强调船舶通信和人员交流沟通在航行安全中的重要性;
(5)明确团队以及团队工作在船舶航行中的必要性;
(6)探讨船舶航行中的决策与领导工作的改进;
(7)掌握正确处理船舶航行中的工作压力和消除疲劳的方法;
(8)规范化执行规章制度和操作规程;
(9)提高船舶应急处理的技能。

## 三、决策的制定

### (一)决策的概念

决策就是为了实现某一特定目标,借助于一定的科学决策程序,在分析、评价、比较的基础上,从两个或两个以上的可行方案中选择一个最优方案的全部过程。

### (二)决策的内涵

决策的内涵包括:决策的主体是人,决策有明确的目标性;决策是人心理活动的反映;决策是人思维活动的最终成果;在决策过程中,人的思维活动起着关键性作用;决策是对方案分析、比较和选择的过程。

### (三)决策的类型

1. 紧急情况下的决策

当面对意外而又紧迫的局面或问题时,为了能及时处置和应对,在这种没有太多的时间做谨慎的考虑的情况下做出的决策,称为紧急情况下的决策。

2. 一般情况下的决策

原定的计划或安排因为生产或工作的变化而无法继续实施,或是遇到一些新的问题,必须做出一些新的决策,在这种情况并不紧急,可以有一定的时间来考虑的情况下所做的决策,称为一般情况下的决策。

3. 日常工作中的决策

在平时工作中，根据计划、任务、进度或操作规程，做出的常规性的决策，称为日常工作中的决策。

### （四）决策的方式

决策的方式包括个体决策和群体决策。

1. 个体决策

个体决策是指管理者根据自己所掌握的知识做出决策，然后向群体解释并使其接受。其优点一是快速；二是职责清晰，谁决策谁负责。

2. 群体决策

群体决策是指对组织中的重大问题，在领导的主持下通过集体讨论做出最合理的决定的过程。其优点在于通过集思广益，能够提供更加丰富的信息和知识，增加观点的多样性，因而就会有更多的方法和选择。其缺点是浪费时间，有从众压力，责任不清。

### （五）决策过程

决策过程包括以下步骤：

（1）确认决策的必要性；

（2）明确决策的目的；

（3）收集决策所需资料；

（4）拟订决策的方案；

（5）选择最终的对策；

（6）实施应对方案。

### （六）决策的要点

1. 决策前

（1）明确决策的目的，有的放矢；

（2）调动成员的工作积极性，集思广益；

（3）收集资料，获取信息。

2. 决策时

（1）根据问题的轻重缓急进行决策；

（2）对搜集到的信息和资料加以分析、研究和判断，确保资料和信息的真实性；

（3）做出相应决定的同时，应当认真考虑其后可能发生的情况，做好最坏情况的打算，并制订好替代性方案。

3. 决策后

（1）决策一旦付诸实施，就应当及时和连续地监督其实际进展情况，并不断核实所采取的决定和方法能否发挥预期的效果。

（2）在监督决策的实施和查核其有效性的过程中，还应当对其进行评估。如果发现新的情况与所做决策有冲突，不要急于假设决策或情况有误，而要再次认真地考虑和分析局面。

(3)通过对决策方案的查核和评估,结合经验和所收集到的信息,在必要时对决策方案加以改进和完善,以便能真正充分利用好所有的资源。

### (七)驾驶台团队决策

船舶航行过程中,需要做出决策的驾驶台团队成员包括船长、驾驶员和引航员。

## 四、决策和领导者的影响力

### (一)决策

管理者在决策或决断的时候会面对三种条件:确定性、风险性和不确定性。

1. 确定性

对于决策来说,理想的情况是确定性条件,在这种条件下,管理者可以制订出精确的决策,因为每一种方案的结果是已知的。

2. 风险性

更一般的情况是风险性条件,在这种条件下,决策者能够估计出每一种备选方案的可能性或者结果。在危险性条件下,管理者所具有的历史数据使他们能够给不同的决策方案分配概率。掌握的信息越多,就越能评估风险,从而就能做出更慎重的决策。尽管不能消除所有与承担风险有关的负面影响,但是至少能够知道这些风险是什么。

3. 不确定性

如果要制订一项决策,但不能肯定它的结果,以及不能对概率做出合理的估计,这一情况称为不确定性。管理者都会面对不确定性情况下的决策,在不确定性情况下,决策方案的选择受到决策者能够获得的有限信息的影响。

在不确定性情况下,影响决策结果的另一个因素是决策者的心理定位。乐观的决策者将会遵循最大选择(最大化和最大可能的收益);悲观的决策者将遵循最大最小选择(最大化和最小可能的收益);对于期望最小化和最大"遗憾"的管理者来说,将会选择最小最大选择。

一般来说,不确定性驱使人们更依赖于直觉、创造性、预感和本能的"感觉"。实际上,无论决策的条件如何,每一个管理者都有他自己的决策风格。

### (二)领导者的影响力

影响力一般是指人在人际交往中影响和改变他人心理与行为的能力。领导者的影响力就是领导者在领导过程中,有效改变和影响他人心理和行为的一种能力或力量。构成领导者的影响力(或者说权力)的基础有两大方面:一是权力性影响力;二是非权力性影响力。

权力性影响力又称为强制性影响力,它主要来源于法律、职位、习惯和武力等。权力性影响力对人的影响带有强迫性、不可抗拒性,它通过外推力的方式发挥其作用。在这种方式的作用下,权力性影响力对人的心理和行为的激励是有限的。

非权力性影响力也称非强制性影响力,它主要来源于领导者个人的人格魅力,来源于领导者与被领导者之间的相互感召和相互信赖。构成非权力性影响力的因素主要有品格、才能、知识、情感等因素。

## 五、情境意识的获取和维持

情境意识是指在特定的时间段内对影响船舶的因素和条件的准确感知，是人们对于事故发生的一种预知和警惕。情境意识不是一种特定的行为，而是工作态度的产物，属于思维和思想活动的范畴，它决定着人的行为与动作。

船舶运动充满了复杂性和偶然性，这就要求我们对船舶所处环境和条件的复杂性与偶然性有更加全面的、综合的和动态的了解。为保证船舶的航行安全，保持对船舶运动的情境意识是十分必要的。

### （一）情境意识丧失的迹象

情境意识丧失的迹象包括：不确定性；注意力分散；感知不全面或混乱；通信中断；指挥不当（对环境和局面不能做出正确的感知）；偏离计划航线；违反已建立的规则或程序；自满（过于自信）。

### （二）情境意识的获得和维持

为了获得和维持良好的情境意识，及时发现情境意识丧失迹象和中止事故链，以达到船舶航行安全的目的，驾驶台团队成员应当：

（1）培养和提高个人的情境意识；

（2）提前做好周密详尽的计划和准备；

（3）在平时工作中养成安全的做法和习惯；

（4）灵活地把握注意力的转移和集中；

（5）避免由个人的错觉以及主观臆断造成的失误；

（6）充分认识和发挥其他驾驶台团队成员的作用；

（7）重视通信、交流与沟通中的反馈；

（8）相互进行有效检查和监督；

（9）对航行风险等级进行预见性评估，并制订与风险等级对应的戒备措施。

### （三）情境意识与船舶安全

如果船舶团队成员丧失情境意识，表明事故链正在形成，事故正在逼近。因此，船舶团队成员的情境意识越好，发生事故的概率就越小；反之，情境意识越差，发生事故的概率就越大。为了保持船舶的航行安全，要求船舶团队成员具有和保持良好的情境意识。

## 六、工作表现的评估

### （一）评估的含义与目的

工作表现的评估是按照一定的标准，采用科学的方法，检查和评定船舶团队成员对职位所规定的职责的履行程度，以确定其工作成绩的管理方法。

其目的主要在于通过对船员全面综合的评估，判断他们是否称职、是否适任，并以此作为有效船舶资源管理的基本依据,切实保证船员的报酬、晋升、调动、激励、辞退等工作的科学性。同时,也可以检查船舶、船员管理的各项政策和人员配置、船员培训等方面是否有失误。

## (二)评估的内容

由于工作表现评估的对象、目的和范围复杂多样,因此工作表现评估的内容也比较复杂,但基本上主要包括德、能、勤、绩四个方面的内容。

1. 德

德是指政治思想和职业道德的表现评估。德的这部分评价是较为重要的评估部分,并且也是其他评估内容的前提和基础。

2. 能

能是指人的能力素质,即职责适任的能力。当然,能力不是静态、孤立存在的,对能力的评估应在素质考查的基础上,结合其在实际工作中的具体表现来判断。能力一般包括动手操作能力、认识能力、思维能力、表达能力、研究能力、组织指挥能力、协调能力、决策能力等。对不同的职位,在评估过程中应各有侧重,区别对待。

评估内容主要包括:

(1)基本知识、技能:是否具有扎实的专业技术和丰富的实践经验,并在日常工作中充分发挥、运用。

(2)执行能力:能否理解工作要求,动手、实际操作能力强、处理灵活,独立承担本职工作范围内的工作任务。

(3)学习能力:勤奋好学,努力学习各项与工作相关的工作技能,更好地完成工作任务。

(4)沟通能力:能否根据对方的心理,抓住重点,巧妙地使人接受意见,交流无间。

3. 勤

勤是指一种工作态度,它主要体现在员工日常工作表现上,如工作的积极性、主动性、创造性、努力程度以及出勤率。对勤的评估不仅要有对量的衡量,如出勤率,也要有质的评估,即是否以满腔的热情,积极、主动地投入工作。

评估内容主要包括:

(1)积极性:热爱本职工作,有高标准做好职务范围内业务工作的热情。

(2)纪律性:遵守公司各项规章制度及上级指示,忠于自己的职务,表里一致地进行工作。

(3)工作意识:有主人翁精神,工作积极认真,有责任感,具有基本的职业道德。

(4)责任感:自觉把握在组织中的角色,执行任务时,遇到困难有不屈不挠完成工作的意志,对自己的工作行为表示负责的态度。

4. 绩

绩是指员工的工作业绩,包括完成工作的数量、质量、经济效益。在企业中岗位、责任不同的人,其工作业绩的评估重点也有侧重。对绩的考评是对船员工作评估的核心。

评估内容主要包括:

(1)工作目标完工程度:是否出色完成领导交代的工作,达到目标(精准、彻底),得到认可。

(2)工作效率:是否能及时按计划完成各项工作任务,时效性高。

(3)工作创新:分析现有工作,提出合理化建议并取得良好效果。

## 七、策略

### (一)短期策略(Short Term Strategy, STS)

1. 短期策略的定义

短期策略就是发挥集体力量去解决突发问题的策略。其实这个策略并不陌生,我们在实际工作中经常遇到,也在不知不觉中使用。比如:在起锚过程中,锚起不来,绞不动。我们首先需要找到问题所在。是锚机本身的问题,液压达不到功率,液压油少了;还是液压管路的问题;还是电机的问题;还是水深超过起锚深度;还是锚被挂住了?这时我们经常将三管轮、电机员、大副、水手长、木匠喊到一起,查找原因,最终解决问题。在我们传统的思维里,对于这种情况,对于处理突发问题好的船长,我们经常会这样评价:有组织能力,经验丰富,业务好,应变能力强。当然,一艘船管理得好坏,与船长的综合素质是分不开的。能否充分调动全体船员的积极性,发挥集体力量来保证船舶安全生产,是评价一个船长工作能力的重要标准。

2. 短期策略的必要性

每一个人都有自己的知识点和不同的经验,同时又有盲点,通过短期策略可以优势互补,将集体智慧集于一身,可以减少盲点,减小失误概率,从而降低风险。

3. 短期策略的五个步骤

(1)找出问题所在:动用一切资源,找出问题的根源。

(2)制订计划:每个人都根据自己的知识和经验提供解决方案。

(3)完善计划:其中包括计划的比较,充分讨论,周密考虑,是否还有遗漏,取长补短,通过论证,统一意见,最后形成一个完美的计划。

(4)概括总结:根据以上的讨论,执行已确定的计划,将计划进行简报,让甲板部、轮机部及所有相关的人知道全部计划,并全力配合。

(5)监督执行:按预定方针,船长监督每一个环节的进展,根据情况随时调整监督重点。

4. 过程中的技巧和工具

在使用短期策略的过程中,注意运用好沟通技巧和质询回应工具。

5. 总结

在突发事件时,每个人都参与,每个人都在为解决同一个问题而干着不同的工作。

### (二)长期策略

长期策略是指比较全面、长期的发展策略计划。其实要区分长期和短期取决于策略目标,因为长期策略是规划一段时间,而策略的实施是逐步推进的,因此就有长短期策略之分。

长期策略是个大的方向,因此要长远。但是目标不是一蹴而就的,因此船舶团队必须一个目标一个目标地实现,直至达成最终目标,特别是应对一些应急事件和偶发事件。因此短期策略显得尤为重要。在船舶管理中,要坚持科学发展观,坚持可持续性发展的战略,从长远利益出发。在本任期内,根据人力、物力和船舶的现状,首先制订长期计划,确定从哪里下手,最终达到一个什么样的目标。再根据具体情况,分清优先次序,即轻重缓急,将长期计划逐步层层分解成短期目标,分步落实。

# 单元三 运用决策技能的知识

## 一、情景和风险评估

情景和风险评估是指通过分析未来可能发生的各种情景，以及各种情景可能产生的影响来分析风险的一类方法。换句话说：情景分析是类似“如果—怎样”的分析方法。未来总是不确定的，而情景和风险评估分析使我们能够“预见”未来，对未来的不确定性有一个直观的认识。用情景和风险评估法来进行预测，不仅能得出具体的预测结果，而且还能分析出未来不同发展情景的可行性以及提出需要采取的技术和安全保障措施，为管理者的决策提供依据。

## 二、生成选项的确定和考虑

一旦管理者确定了他需要关注的问题，对于解决问题来说，确认决策标准就非常重要了。也就是说，无论决策标准是否被清晰地陈述，每一个决策者都会有某些标准来指导他的决策。在这个步骤上需要注意的是：什么不作为标准和什么作为标准同样重要。

确认了的决策标准并非都是同等重要的，故决策者必须为每一项标准分配权重，以便正确地规定它们的优先顺序。怎么给决策标准分配权重呢？一种简单的方法是给予最重要的标准10分的权重，然后参照这一权重为其他标准分配权重。要领是采用你个人的偏好来排列已确认指标的优先顺序。

## 三、功能课程选择

功能课程选择要求决策者列出可供选择的决策方案，这些方案要能够解决决策面临的问题，无须对这一步所列出的方案进行评估，只需要列出即可。

### （一）分析备选方案

一旦确认了备选方案，决策者必须认真地分析每一种方案。对每一种方案的评价就是将其与决策标准进行比较。通过比较，每一种备选方案的优点和缺点就显而易见了。

### （二）选择备选方案

从所有备选方案中选择最佳方案很重要。已经确定了所有相关的标准、各自的权重，以及确认和分析了各种备选方案，现在仅需要从备选方案中做出选择（选择得分最高的）即可。

### （三）实施备选方案

实施包含了将决策传送给有关的人员和部门，并要求他们对实施结果做出承诺。群体或团队能够帮助管理者做出承诺。如果即将执行决策的员工参与了决策的制定过程，那么他们更可能热情地支持决策的执行，以及取得效果。相比较而言，对于那些仅被告知要怎么做的员工来说，他们的热情将小得多。

### (四)评估决策结果

决策过程的最后一步是评估决策结果,看看问题是否得到了解决,上两步选择的方案和实施的结果是否达到了期望的效果等。

## 四、决策制订和问题解决技巧

决策产生过程:首先收集所有信息,有些信息容易得到,有些信息需要寻找;其次对信息进行筛选,选出有价值的信息,形成完整的信息库;然后对信息进行处理,与团队讨论分析;最后做出决定。

例如,船在海上航行,未来几天内航线附近有台风形成,我们对通过各种渠道得到的气象信息进行分析,量后估计出未来移动路线,这个过程就是判断;然后根据判断,确定我船将采取什么样的行动,这就是决定。

## 五、权威和决断

### (一)权威

权威是权力在人的头脑中的主观反映,是对权力的一种自愿的服从和支持。对权力安排的服从可能有被迫的成分,但是对权威安排的服从则属于认同。

### (二)船长的权威

船长的权威就是权力与威信的统一,是由领导者的素质及其行为所形成的,它标志着一个船长的能力是否被他人所承认。具体体现在:能团结与其共同工作的同事和下属,充分调动他们的工作积极性,并通过自己的良好素质与魅力来树立其威信。这些良好的素质包括:

(1)高尚的品德;

(2)高深的专业知识;

(3)丰富的工作经验;

(4)敏锐的观察能力;

(5)冷静的思考判断;

(6)巧妙的沟通影响;

(7)充沛的精神活力;

(8)坚定的意志目标;

(9)公正的立场和评判。

### (三)决断

船长的决断,即坚信自己是正确的,要有即使自己判断失误也要执行完毕,然后重来的魄力。很多事情,在没有做完之前,是无法评判对错的,只有做完才有机会认清对错。对此,首先要有清醒的认识,在没有明确的信息表明所做的决策是错误的情况下,要坚持自己的判断,不要随便动摇,并有为自己行为承担后果的觉悟。这是建立在有足够的眼界和知识储备的前提下的。虽然要有足够的自信,但是绝不是盲目自信,妄下判断。必须在有足够高的素养和眼界时,才能做出更准确的判断。

## 六、判定

决策的判定可以由群体做出,也可以由个体做出。一般组织都是采用委员会、特别行动小组、评估小组或其他各类团队做出的决策。与个体决策相比,群体决策具有如下优势和劣势。

### (一)群体决策的优势

1. 提供更全面、更完整的信息

在决策过程中群体带来了各个方面的经验和观点,这是单独个体做不到的。

2. 产生更多的备选方案

由于群体中信息更多也更全面,因而能够比个体产生更多的备选方案。当然群体成员来自不同的专业技术领域时,这种优势尤其明显。

3. 增加解决方案的可接受性

很多决策是在做出最终选择之后失败的,因为人们根本不接受这种解决方案。但是,群体成员不愿意攻击或破坏在他们亲自帮助下做出的决策。

4. 增强合理性

群体决策的过程与民主化思想相一致,由群体做出的决策会被认为比个人单方面做出的决策更合乎逻辑。

### (二)群体决策的劣势

1. 花费时间

在群体内做任何决策时,都需要花费时间将群体组织在一起。其结果导致群体在确定解决方案时,几乎总是花费更多的时间。

2. 少数人控制局面

群体成员永远不可能绝对平等。他们在组织级别、过去经验、对问题的了解、对其他成员的影响力、言语表达能力、决断性等方面都有差异。这种差异制造了由一个或几个人更多控制其他人的机会。一群具有影响力且积极活跃的少数人通常对最终决策拥有更大的影响力。

3. 遵从压力

群体中存在着遵从压力,这会引发一种群体思维的现象,即群体成员为了达到表面上的统一而隐藏分歧意见或不受欢迎的观点。群体思维破坏了群体中严谨务实的思维风格,并最终会损害到决策的质量。

4. 责任不明

群体成员共担责任,但是最终结果由谁来承担呢?在个体决策中,谁来承担责任显而易见。但在群体决策中,任何群体成员的责任都被分散了。

很明显,群体制订的决策源于有效的观点,所以是好的决策,而且,这种决策多次表明人们更愿意完成自己深思熟虑的想法。他们会比完成他人强加的想法更加努力而积极地工作来实现自己的想法。

## 七、应急和人群管理

### （一）紧急情况下的领导

任何时候都需要领导，在紧急情况下领导更起到核心作用。我们可能都有体会，平时遇到问题时可能大伙都参与讨论，因为时间可能不怎么紧迫，即使错了，后果也不会多严重。一旦出现紧急情况，大伙反而鸦雀无声，这时就看船长的了，船长说什么是什么，反而没有质询。

在紧急情况下，所有人都知道一旦指挥失误，就会出现事故，自己又没有绝对把握，从船舶资源管理角度，处于震惊期的时候，一时还反应不过来，所以只能保持沉默。这时就需要船长有较强的应急反应能力。另一种情况，就是船长在集中精力关注某一方面时，可能忽略其他因素，如果这时你关注到了，一定要及时给予提醒，如果有好的建议，也不能保留。

### （二）紧急情况的分类

紧急情况大致可以分为以下类型：有准备的，如封闭舱室作业、临近战争危险；无准备的，如爆炸和碰撞。可预见的，如冰况可以提前收到航警；不可预见的，如设备故障。允许慢速做出反应的；需要快速做出反应的。

显而易见，有准备的、可预见的、允许慢速做出反应的，要比无准备的、不可预见的、需要快速做出反应的容易处理。

### （三）船舶资源管理的理念

将难以处理的转化为相对容易处理的，即将无准备的转化为有准备的；将不可预见的转化为可预见的；将需要快速做出反应的转化为允许慢速做出反应的。

任何事情只有做好充分的心理准备，才能做到遇事不惊、沉着应对。体系只是一个原则，不可能考虑得面面俱到。这就需要我们在体系的基础上根据自己船舶的具体情况，对每一种可能发生的紧急情况都做出详细预案。

### （四）保持应有的警惕，时刻为可能发生的紧急情况做好准备

在做好预案的基础上，在不同的阶段，还有许多具体情况需要具体考虑，在大脑中对各种可能发生的紧急情况进行预演。例如：航行在狭水道，一旦出现主机故障或舵机故障，应怎么办？根据当时的环境想出具体对策，如提前选择出紧急锚地，向哪里转向，做好人力、物力准备，备锚并安排瞭头，如何向 VTS、周围船舶发出报警等。

### （五）训练反应速度

紧急情况下，时间就是一切，有计划、有方案后，就需要练习，增加熟练度和协调度，以提高反应速度。这就是演习演练的必要性。

紧急情况下，可能没有时间考虑短期策略，也没有时间考虑领导风格。但在平时，一个好的领导应该注意训练技能、加强学习、运用好资源管理工具。

技能来自理论水平和实践，不管做哪一项工作，都包含技能水平。如航行中同处一样的局面，技能好就可能化险为夷，技能不好就可能出事故；而理论知识的获得，依赖于平时的学习和

积累。要将每个人的技能发挥到极限,必须运用好船舶资源管理的工具。

领导方法有许多种,但好的领导者应做到以下几点:

(1)紧急情况下,靠第一反应来体现领导。也就是面对紧急情况,你采取的第一个行动,就体现出你对情况负全责。如船舶遇到紧迫局面,从喊出第一个舵令开始,表明船长行使指挥权,或及时给出建议。

(2)为下属做出表率,要求领导注意自己的言行,否则你无法高标准要求下属。但同时注意,不要让下属感觉到你完美无缺、遥不可及,他们永远也无法达到,那样就会导致没人跟随。

(3)要充分利用简报和总结,使下属理解自己的意图,确保每一个下属都在跟随。

(4)领导要建立明确的目标,如计划达到什么样的水平和质量,并朝着这个目标努力。

(5)了解并尊重下属,并肩作战。

(6)一个好的船长,应该了解每一个下属,包括其家庭情况、学历情况和以前的经历、技术状态、精神状态;并充分尊重他们,以便于更好地沟通,更好地融入他们,达到同甘共苦的默契。

### (六)使用分派和鼓励的方式合理控制紧急情况

无论在紧急情况下还是日常工作中,船长不可能自己独立做好一切工作,必须在了解的基础上做好分派,利用好所有资源,通过团队力量完成工作。如果你认为某人可以担当,但他却没有信心,这时就需要鼓励。

### (七)紧急情况下队员应该做的事情

(1)应充分理解领导者肩负的责任,无论多有涵养的领导者,在特定环境中,由于责任重大,紧急情况时都可能出现态度、行为、言语不周之处,这时就需要下属给予充分理解,不要斤斤计较。

(2)提供支持,尽自己最大努力来支持领导者,包括工作方面和心理方面。

(3)必要时,发挥领导者的功能,但不能对领导者的权威形成威胁。在领导者授权监督下,做一些船长的工作。

总结:船长与驾驶员相比,除了技术和经验之外,最大的区别就是心理素质(也可以叫抗压指数)比驾驶员好。在同等紧急情况下,一个好的船长能够迅速做出反应,采取最有效的措施挽救局面,避免事故的发生或将损失降低到最小。许多驾驶员往往在面对紧急情况时感到束手无策。原因就在于驾驶员只注意正常情况下的操作,而船长则偏重于非正常情况下怎么处理,一直考虑各种可能发生的异常情况,并将应急预案在大脑里不停地进行演示。

### (八)危机与人群管理

无论我们如何运用船舶资源管理,灾难事故都不可能绝对避免。航海本身是一个高风险职业,决定着事故的必然性,但通过偶然性表现出来。我们的任何努力,只能减小偶然性,而不能根除必然性。绝对禁止、杜绝任何事故的发生,诸如此类的观点不符合客观规律。

1. 危机情况下的指挥

作为危机中的指挥者,必须随时掌握队员们的精神反应阶段,并随时调整管理风格。危机发生时,队员们的精神反应分三个阶段:

(1)震惊期:船员由于不确定而紧张,头脑往往一片空白,依赖于领导者的指导,每一个人都需要被明确地告知应该做什么。

船长应该指出明确方向，对情况、风险及可用时间做出初始评估，要体现出权威，行动要迅速，否则队员们可能处于缺乏领导而无所适从的状态，这个时期宜采用强硬风格。

（2）情绪激动期：处于危机高峰阶段，船员们急于制订计划和核查计划。在这个阶段，船员表现为情绪冲突、高度紧张、高度抵触，领导者或队员表现出急躁或发生口角，新队员可能成为发泄的目标。

这个阶段在争议结束后通过总结简报最终统一意见，危机没有结束，计划统一后焦虑等级降低。船长应该做到，当队员开始争吵时，进入情绪激动期，给他们时间争吵，并应仔细聆听，对他们所关心的问题给予关注，支持他们，重复目标，采用关心型风格。但不要表现出与他们一样的焦虑，不要参与争吵，否则无法结束这个阶段。

（3）行动期：计划在监督下实施，在精神上最后一个阶段，个人冲突消失，协调度会增加，团队体现出集体性，队员们变得更加易于管理。

船长应该给他们支持和指导，这时队员们知道干什么，并且信心大增。

2. 领导船员危急管理中的注意事项

（1）摆脱危机，指导者要分派工作，但不要超负荷；

（2）监控自己和他人的紧张程度，关注极端行为；

（3）给予支持并鼓励，沟通简报之后继续按计划行动，情况变化后要以闭环形式通过核查搞清楚；

（4）进行简报，形成闭环；

（5）抓住重点，避免只关注细节；

（6）监控时间，控制进展，搜集信息，避免遗漏，根据变化快速调整计划。

3. 危急过后的善后工作

（1）公司、主管机关和保险公司会对事故进行技术调查。

（2）主要是人员方面，防止创伤后应急障碍，进行重大事件后缓解压力总结。

4. 危急人群管理

发布警告的技巧：

（1）用“我”代替“我们”，我决定，我确信，在危机时人们需要有能力的领导者。

（2）避免用刺激性语言，如紧急、危险、失火等。

（3）不要用否定语句，如没有危险、不要惊慌、不需撤离。

（4）疏散过程中需要注意的事项：

①要经常用肯定语气给出明确指令；

②在人群中树立领导权威；

③身着制服；

④“帮助人群”可能指导“惊呆人群”；

⑤那些“英雄”们大多没有经过专业培训，需在指导下帮助他人。

# 单元四　任务和工作量管理的知识

## 一、计划和协调

为了合理利用船舶资源，负责船舶航行和机舱管理的人员应该掌握现代管理的基础知识与技能，通过对管理本身的计划、组织、指挥、控制和协调五大功能的运用，做到事先进行周密的计划，现场组织和实施有效的控制，正确地操纵与指挥，并合理协调相关各方之间的关系及工作，以保证各项活动不发生矛盾、重叠和冲突，从而顺利地完成船舶资源管理的组织目标——船舶安全、货物安全、人员（包括旅客）安全和防止海洋环境污染。

## 二、人事安排

船上的人事安排是船公司按照国际、国内有关规定，根据船舶的种类、等级、航区等情况，为每艘船舶配备合格、持证并健康的船员。前提是配员首先应满足最低安全配员证书的要求，船员的资格应完全符合 STCW 公约所规定的强制性最低要求或可供选择的发证标准，使其资格与其担任的职责相适应。另外还要充分考虑正常情况下船员职责的履行，防止船员疲劳值守，船舶紧急情况时的需要，救生艇筏操纵的需要，急救和医护的需要，船员之间、船员与旅客之间以及船员与外界的语言交流能力等。这就需要船上人员完成一些常规工作和偶发、应急事件的委派和安排。

1. 委派和安排的原则

委派工作制订好计划后，管理者就要保证工作按照计划有条不紊地进行委派和分配。在这个过程中，管理者需要注意以下几方面的内容：

（1）需要完成的目标；

（2）完成的期限；

（3）可以评估的、衡量的标准；

（4）委派的权力、资源的大小。

2. 委派工作的沟通交流

在委派之前，管理者需要事先和下属做一些沟通，如告诉下属由他承担这项工作的原因，这时要多强调积极因素，比如对他的肯定、欣赏、关注、信任和重视等。

3. 委派沟通的原则

在委派工作的时候，管理者要遵循三个原则：简单、准确、高效。

在委派工作的时候，管理者要多花一点时间跟下属沟通，告知下属应该做的事情，帮助经验不足的下属分析工作，为他们提供技能培训，一定要简洁明了地告诉员工委派工作所需的必要条件、必要结果、必需的效果及衡量标准。

如果管理者事先不说明，只是简单地下达一个命令，下属的配合性和主动性就会相应降低。

4. 委派沟通的步骤

沟通的核心是上、下级交流，委派能否成功与沟通交流的效果有关，良好的沟通效果是下属做出承诺、上级确信下属能够达成最终目标。由此可见，委派不仅仅是将工作交给下属，还是一个磋商和安排工作的过程。

委派沟通的步骤如下：

(1) 尽可能地描述该工作的目标任务和全部信息，以及预期的结果；

(2) 确保绩效标准和完成时间达成一致，共同制订一个进度表；

(3) 确认需要哪些帮助和技能培训，明确何时提供这些培训；

(4) 界定各种参数和资源以及预算；

(5) 明确告诉下属自己期望的结果，如反馈信息、反馈方式、反馈频率和反馈通路；

(6) 明确告诉下属所委派职权的大小，将委派工作通报相关人员，同时告诉下属如果遇到困难，在不同情形下可以寻求哪些人的帮助。

5. 进行必要的技能训练

管理者在委派工作时，要根据计划安排多种方案，将关键环节和要点整理出来，对下属没有把握的、感到难度较大的环节做训练。

这里需要明确一点，教育不等于训练。教育传达的是基础知识、基本理论和基本概念，不涉及技能。应知需要的是教育，而应会需要的是训练，两者是不同的概念。

6. 检查、反馈下属的工作

检查委派工作的进展需要讲究技巧，检查得太多会浪费时间，不检查也会有问题。因此，对于不同的工作，检查制度、检查计划也要有所不同。

(1) 检查下属的工作进展

检查工作进展是为了帮助下属解决可能出现的问题，为了达到这个目的，一般情况下，一周检查一次即可，对于特别重要的工作，也可以一到两天检查一次。

检查工作时，管理者可以让下属做简单汇报，也可以鼓励下属在有问题的时候随时寻求管理者给予帮助，当然，管理者还要让下属懂得善于自己解决问题。

(2) 评价下属的工作进展

管理者评价下属的工作进展的方法要明确，主要针对以下内容：

①要求下属报告目前的工作进度，以及工作中遇见的问题；

②要向下属明确工作完成的期限，做提醒行动的方案；

③严肃对待工作问题的态度，否则会让下属以为工作问题无关紧要。

(3) 反馈下属的工作进展

管理者要及时反馈下属的工作进展情况，无论是正面的还是负面的，都要提供准确而客观的信息，对其进行绩效评估。管理者的反馈要有针对性，即评估标准要客观、细化，能够及时反映问题。这个反馈很有针对性，比泛泛而谈的“这个报告做得不理想，还没有达到应有的水平，要改一下更好”要可取得多。

管理者反馈下属工作时，也要听取下属的自我评价和自我剖析，但要注意一点，就是“要为成功找理由，莫为失败找借口”，不允许员工推卸责任。

(4)评估完善委派系统

在委派的工作任务完成以后,管理者还要对委派系统做一个评估和总结。这时可以组成评估小组,用书面形式从以下几个方面做评价:

①委派工作有没有按期完成;

②工作目标有没有达到;

③有没有创新的方法;

④有没有学到新东西。

评价过程中要论功行赏,这时很多管理者容易犯一个普遍性的错误——“鞭打快牛”,即总是将任务分给能干的下属,于是下属越优秀,就会接到越多、越繁重的任务,导致下属不敢展露自己的才华,最终反而会使工作效率下降。

## 三、人力局限

关于资源中人的运用,受到其他因素的制约,特别是周围环境的不确定性。具体表现在人—人、人—硬件、人—环境、人—软件四个方面。

### (一)人—人界面

管理者应重视人—人界面活动,团队的管理,人与人之间的有效交流、协调依赖于人—人界面活动,人—人界面活动也是提高管理绩效、降低危险的界面。

### (二)人—硬件界面

船舶硬件设备的设计、安装、放置应便于人员对其进行管理、维护、使用和操作,并考虑使用者的便利、高效和安全;船员则要尽可能了解和适应船舶硬件设备,并能安全和有效地管理、使用和操作它们。

### (三)人—环境界面

船员必须了解和适应自然环境和社会环境的变化,避免因自然环境发生感知上的差错和受到社会环境的负面影响而导致事故的发生。

### (四)人—软件界面

船员应重视配备、保持、更新各种航海图书资料、航行指导文件、船与设备操作文件,同时应重视从软件中获得的信息,避免由于软件方面存在的问题和忽视从软件中获得的信息而导致事故的发生。

## 四、人员能力

公司和船舶的管理应当保证与其安全管理体系有关的所有人员充分理解相关法规、规定、规则和指南。应当建立和遵守有关程序,以使船上人员能够获得以一种工作语言或他们懂得的其他语言和书面方式获得有关安全管理体系的信息,并保证船上人员在履行其涉及安全管理体系的职责时能够有效地交流。为达到上述目标,公司应制订一些涉及船员聘用、培训、考核、健康检查以及船员调配等方面的程序，以保证船舶人员能力的具备。

## 五、时间和资源局限

时间资源是对时机性的把握，是完成任务所需的时间跨度，是船舶的重要资源之一。同时，时间使得资源具有以下局限性。

### （一）无法开源

时间的供给量是固定不变的，在任何情况下都不会增加，也不会减少，不管你是谁，都是一样的，每天都是24小时。所以我们无法开源，也就是资源只有在一定的时间内才存在着价值，及时利用资源是保证资源有效性的前提。

### （二）无法节流

时间不像人力、财力、物力和技术那样可以被积蓄储藏。不论愿不愿意，我们都必须消费时间，所以我们无法节流。在有效利用资源的过程中，时间不会因为情况的紧急和特殊而中断，一旦存在时间，应在固定时间内有效利用资源。节约时间就是对时间的合理、充分利用，就是对资源的珍惜。

### （三）不可取代

任何一项资源的利用都有赖于时间的积累，这就是说，时间是任何操作所不可缺少的基本资源。因此，时间是不可取代的，也是不可复制的。

### （四）不可再生

时间一旦丧失，则会永远丧失。消耗了某些其他资源，时间允许的话，尚可再生，但倘若错过了恰当的时间，任何资源都无法失而复得。

## 六、优先化

安全工作中人所处的特定系统界面，确定了事故中人为因素的基本要素及其各要素之间的相互关系，并且给出界面形象图形。通过分析可以发现，事故是因组织因素、不安全监督、不安全行为的前提、不安全行为的系列过程而产生，很难决定某单纯因素为事故主因。在人、机和环境众多因素中，决定优先排序是一个很难的工作，需要提升管理技能，以提高资源排序的决策能力。

## 七、疲劳

疲劳又称疲乏，是主观上一种疲乏无力的不适感觉，是一种人的保护性生理反应。疲劳是由于工作时间过长、劳动强度过高、心理压力过大以及得不到足够的休息和睡眠而导致精疲力竭、学习或工作效率下降的一种现象。

## (一)疲劳的分类

### 1. 生理疲劳

生理疲劳即肌肉疲劳,人在连续从事体力活动一定时间后就会产生生理疲劳,这时在人体内发生了生理活动变化,分解代谢和合成代谢难以维持,肌肉收缩变弱,中枢神经系统产生抑制作用,全身感到精疲力竭,渴望休息或睡眠。

### 2. 心理疲劳

心理疲劳即精神疲劳,引起心理疲劳的主要原因有工作单调、缺乏兴趣、困难较多、技能不熟练、劳动条件较差、心里不舒服、人际关系紧张、精神负担重、不愉快、工作压力过大等。

## (二)疲劳的症状

(1)身体和头脑反应迟钝,缺少必要的警觉,易于忘事,不能很好地做出判断,难于决策。

(2)变得脾气暴躁、喜怒无常。

(3)注意力分散,意志力减弱,缺少积极性,对身边的事无动于衷。

(4)处理信息缓慢,动作不标准,甚至出现失误。

## (三)疲劳导致的后果

(1)注意力不能集中,不能组织有效的活动。

(2)记忆力下降,遗忘某一项任务或任务的某一个部分,忽略连贯性工作程序中的一些步骤。

(3)决策能力降低,错误的判断,为了节省精力常会选择一些具有高风险的工作策略。

(4)对非正常或紧急情况的反应迟钝,需要更长的时间对变化进行感知和反应。

(5)活动失去控制,不能保持清醒和自制,语言发生障碍。

(6)态度和行为改变,沉默寡言,沮丧,易发怒。

## (四)减少船员疲劳的措施

(1)减少船员疲劳的最有效的方法是保证船员获得高质量、足够和有效的睡眠。

(2)睡眠是解决疲劳的最有效的策略。一个有效的睡眠必须同时具有以下三个条件:

①适当的持续时间;

②高质量的睡眠;

③较好的连续性,睡眠不应被打断。

(3)除了睡眠以外,对于维持人体机能来说,休息或小睡是必需的。研究表明,短暂的小睡作为短时间的缓解措施可以帮助在较长时间的清醒中保持身体机能。小睡最有效的时间是20分钟。但是小睡也有一些缺点,一个潜在的危险是小睡如果长于30分钟,将会导致睡眠惯性,而情境意识将会受到影响,醒来之后的20分钟内将会头昏眼花和迷失方向。小睡也可能会干扰后来的睡眠,在应该睡眠时可能感觉不困。

(4)根据人体生理规律,夜间工作可能会使人更加疲劳,此外,人在白天睡觉不踏实,容易受到噪声、温度等因素的影响。显然,在管理过程中必须对这个因素予以考虑,缓解在特殊情况下需要夜间作业而给船员带来的疲劳。

## 八、领导者的管理方式

本课主要站在船长的角度讲述管理风格，这部分内容对其他驾驶员和引航员也很重要，了解船长的管理风格，可以通过理解和支持，使船长做得更好。船长的管理方式直接影响船舶风格，也影响船上气氛，船长不论采取什么管理风格，总是拥有最终权力，作为领导，应根据团队的经验和整体环境，随时调整自己的管理风格。管理方式有如下分类。

1. 老虎型——成绩型管理

（1）古板、不苟言笑，对人严厉、爱发脾气、一意孤行。

（2）这些人只关心成绩，很少关心下属，属于独裁型领导者，只在乎自己，不在乎他人的感受。采用老虎型管理方式的通常是有能力的领导者，随时可以下决定，对自己的行为勇于承担。

（3）独裁管理，单向发令，不讨论，不喜欢质询，善于处理危机，任何事都喜欢自己做，不善于利用资源和分派任务，喜欢唱独角戏。

（4）对下属的影响：沉默、谨小慎微；缺乏沟通和质询；被动工作；士气低落。

（5）面对老虎型管理方式的领导者，下属应：坚持自信和质询，幽默可能有所帮助。运用一些委婉的方式建议船长向关心下属一面转变，表现出你可以分担一部分工作，示意船长不会因分派任务而失去权威。

2. 企鹅型——俱乐部型管理

（1）老好人、人缘不错，管理无力度，工作标准不高、要求不严，成绩一般。

（2）成绩并不重要，而人的感受很重要，相处容易，但成绩不足，能为驾驶台营造一个友好气氛，适合倾诉，但谈话内容与工作相关的不多。

（3）双向沟通，但多为琐事，喜欢聊天，不喜欢谈工作。由于不想破坏友好的工作关系，很少质询和回应。船长容易原谅下属的错误，避免发生冲突。小结时，只提成绩，很少从失败中吸取教训。

（4）认为高标准是为难下属，不利于关系，所以接受低标准。

（5）对下属的影响：降低了专业水准，由于容易满足，导致下属自满；容忍错误，失去了培训机会；由于缺乏质询，领导得不到应有的敬畏。

（6）面对企鹅型管理方式的领导者，下属应：因为此类船长重视关系，所以容易接受建议，多进行工作方面的沟通，表现出你不会因受到质询、提出高标准或提出要求而不愉快。

3. 蜗牛型——应付型管理

（1）业务技能、管理水平都不高，对人冷漠不热情，工作没有目标，标准太低，不关心成绩，不关心他人，对工作不感兴趣，不注重任务所需，有冲突隐患。

（2）可能面临退休，有意隐藏自己，对自己、对下属要求不高。不善于沟通，认为权力应属于他的上级，不愿意出台短期策略。所幸这种人很少，在士气、团队标准、培训方面都有负面影响。

（3）这种是最危险的管理风格，可能感觉不到危险，在危机时刻无短期策略。人们对此类人不易识别，他们学会了如何隐瞒自己的弱点，不会自我暴露。

(4)蜗牛型管理方式不容易觉察到,此种类型确实有很大的改进空间,先改善内部关系,不要泄气,提高到绵羊型就算很大成功。

4. 绵羊型——中庸型管理

(1)不张扬、不软弱,工作、生活都说得过去。

(2)工作和团队都感到舒适,轻松生活。

(3)沟通较好,但不是最好;靠折中和调节化解冲突;质询和回应做得较好;短期策略有时做,但不经常。每个人都觉得缺点什么,在效率和安全方面都有提升空间。

(4)绵羊型管理方式风格不错,但不是最好,领导者会接受改进的建议。面对绵羊型管理方式最好自己做出榜样,以此来影响整体水平,并以此作为一次学习机会。对船长表现出你不甘心处于平均水平。

5. 海豚型——理想型管理

(1)德才兼备,业务、管理能力都很强,与下属关系融洽,工作标准高,下属与之同船会受益匪浅。

(2)关心成绩,也关心下属,同时拥有两种人的优点,并能根据需要随时调整管理风格。

(3)善于运用资源管理工具,能很好地进行沟通与简报,接受质询,能很好地运用短期策略,尽管成绩不错,但永不满足,力求提高完美。

作为老虎型风格的领导者应在管理中多一些民主;企鹅型风格的领导者若在管理中多坚持原则,就会变得更加完美。性格并不完全决定自己的管理风格,在性格范围内,管理风格是可以进行适当调整的。例如:在紧急情况下,没有时间商量,这时可以采取独裁式管理。极端的管理方式大多发生在特定时期,如果节奏不快,可以适当放松。总之,要根据当时的环境选择合适的管理风格。

## 九、要求与答复

### (一)要求与答复的氛围

(1)船长/部门长有责任创建要求与答复的良好氛围。

(2)如果他们没有创建,下属应以民主方式建议他们创建这种氛围。

充分利用一切可以利用的资源,通过团队合作,达到安全的目的。船舶上每一项工作,都不是一个人独立完成的,在开始计划阶段,应做好良好的沟通,使计划更加完善。在执行过程中还要发挥团队作用,互相监督、互相提醒、互相支持。因为个人的精力毕竟是有限的,有的时候,当一个人专注某一焦点问题时,很容易疏忽其他环节。要求与答复就是充分发挥团队中每一个人的主观能动性,集中集体智慧,共同完成一个既定的目标。

### (二)要求与答复的标准程序

1. 主张

根据实际情况制订出计划或提出想法,让每个参与者都明白这种计划和想法。

2. 要求

发现背离原主张的行为应提出要求或质询。例如:我们经常强调的,引航员在船时,船长和驾驶员要给予有效监督,对引航员的操作有疑问时,需立即澄清。

3. 答复

经核对后给出积极的答复,纠正可能的失误行为。

### (三)要求与答复的障碍

1. 要求方原因

(1)内向、缺乏信心、不自信、高等级观念、不懂理论、缺乏责任感;

(2)人际关系紧张,不良经历。

2. 接收方原因

(1)权威威胁感、缺乏信心、情绪性回应、不擅长沟通;

(2)管理能力较差。

### (四)要求与答复的总结

要求与答复,是一种重要而且必要的沟通方式,需要领导者和下属的共同努力,具体包括:

(1)领导者应营造良好的氛围,鼓励下属积极提出要求或质询;

(2)下属应给予支持和积极提出要求或质询:

(3)应不断对自己的主张提出质询;

(4)良好的要求与答复(质询和回应)能不断增加领导者的非权力性的影响力。

# 项目二
# 安全管理体系基础知识

☞ **[学习目标]**

根据《海船船员培训大纲(2021版)》的规定,需要了解:

1. 安全管理的基本原则

(1)安全管理的人本原则;

(2)安全管理的系统原则;

(3)安全管理的效益原则。

2. 安全管理体系概述

(1)安全管理体系的定义;

(2)安全管理体系的相关术语;

(3)船舶安全管理体系。

# 单元一 安全管理的基本原则

船上安全管理，是指对单船的“人、机、环境、管理系统”的安全管理，效果主要取决于船员和公司的努力。国际海事界公认海上事故的80%是由人为因素造成的。ISM规则运用ISO 9000系列标准的架构和机理，建立了通过加强公司安全管理来控制人为因素的管理体系，使船上安全管理置于系统化管理之中。然而，最好的管理体系也只有通过人员的积极响应才会取得预期效果，良好的人员素质是安全的必要条件。安全行为科学的激励、沟通和领导学说，促使员工积极响应管理体系，从而使ISM规则要求的安全管理体系（SMS）能持久地保持对人为因素的有效控制，确保船舶安全。

## 一、安全管理的人本原则

船舶管理的人本原则主要内容是船上安全管理要点，人为因素与船舶事故的关系，人为因素的控制和人员安全素质要求，人员安全教育的功能和目的、内容、手段。

### （一）船上安全管理要点

船上安全管理的要求是实现“本质化安全”，即运用现代科学技术，尤其是安全科学的成就，从根本上消除形成事故的主要条件，采取尽可能完善的防护措施，形成某种条件下的“绝对安全”，使事故损害减到最小。传统的安全管理偏重于经验式的行政管理和事后控制，总体状况是因人而异，缺乏系统化，安全状况波动大。传统的安全管理注重于发通知、开会，设部门、设专人；但船况不佳乃至不适航时，仍然要求船舶开航，一旦发生事故，就从船员角度查找原因和责任。船员面对大量的安全号召和经验教训，无所适从，或勉为其难，或束之高阁。安全状况始终难以改善，原因在于未能把握其要点。

一般来说，船上安全管理的要点在于“组织—素质—响应”。“组织”，是指岸上和船上对单船安全管理的系统化，包括科学合理的管理文件体系和相应的人员组织体系，依照文件规定和具体情况对安全事务的妥善处理。“素质”，是指与安全有关的道德、身心、技术、能力及其语言素质。“响应”，是指人员响应安全管理体系的积极程度。为确保船舶安全，“响应”对岸基人员、船上人员同等重要。虽然不同的管理理论会强调不同的安全管理侧重点，但都具有本质化的安全特点，都离不开人的努力，最终都得落实于“人、机、环境、管理”系统。人为因素在科技发达的今天，上升为海上船舶事故的首要原因，无疑是船上安全管理的根本要点。

### （二）人为因素与船舶事故的关系

根据国际海运界1991年的权威统计，人为因素导致的船舶事故比例为：搁浅90%，火灾爆炸70%，碰撞96%，触碰70%。这促使海事界将控制人为因素提到了前所未有的高度。人为因素涉及人、机、环境、管理的各个方面，了解人为因素与海上交通事故的关系有利于采取对症控制。

人为因素（Human Factor），是指人的行为或使命对特定系统的正确功能或成功性能的不良影响。人为因素的同义词是人为失误,是指人未能发挥自身应有的功能,人为地使系统出现故障或发生机能不良事件的一种错误行为。Human Error 又译成“人为失误”“人为过错”“人体过错”等。人为因素或人为过失,都是违背设计、操作和管理规程的错误行为。人为因素通常按对象、内容、过程、系统等进行分类。

## (三)人为因素的控制和人员安全素质要求

人为因素宏观上涉及安全管理体系、人员素质和人员响应。人为因素的个体原因包括:骄傲自满、冒险逞能、麻痹、侥幸、紧张、害怕、对抗、报复、刚愎自用、疲劳、厌倦、躁闷、抑郁、思家盼归等。

控制人为因素,是保证安全的关键。宏观途径有:从安全管理的组织角度,用安全系统工程方法进行系统全面的控制,例如用 ISM 规则要求的安全管理体系和响应的技术方法,尽可能识别所有的人为因素及其原因,分主次予以系统解决;重视人员素质的遴选和培养,最大限度地消除由个体因素产生的人为失误;调节人员对安全管理的响应程度,机制化的激励和领导是做思想工作的常用方法,重在改善个体的情绪和态度,使其遵照管理规章和安全的实际要求积极工作。较具体的方法包括:

(1)按照 ISM 规则建立安全管理体系(SMS),进行系统化安全管理,即使是不要求强制执行 ISM 规则的公司,若能参照其模式和要求,结合公司实际情况,整理现有安全管理规章,建立相应的 SMS 并予切实执行,必定能有效地控制人为因素,改善其安全状况。

(2)PDCA 循环方法,该方法既可以作为宏观管理模式,又可以作为微观辅助技术。

(3)目标管理方法,即根据需要制定安全目标,将其逐级分解到岸、船的各级和各部门,直至每个员工;明确各自的目标、责任范围、权力和职责、程序和方法;按规定进行检查、考核、评估和完善,各分目标组成总目标。为实现目标而展开的一系列组织、激励、控制等活动称为目标管理,用于安全目的即为安全目标管理。该方法的优点在于层层详尽揭示问题,确定目标,逐层落实,特别适合于解决某类具体问题。人为因素涉及安全管理的各个方面,宜根据其在船员管理、船上操作、船岸联系、船舶保养、船舶调度、船上应急、物料供应等过程的风险程度,按照过程逐一解决。控制人为因素的方法还包括自我生理节律把握、安全检查、安全教育、法制、安全行为科学、安全文化建设等。

人员安全素质包括职业道德素质、身心素质、技术素质、能力素质、语言素质等。航海历来就是高风险职业,对船员历来有着较高的安全素质要求。随着部分管理职能向陆地转移,要求岸上管理人员具有较高的安全素质。职业道德素质包括:敬业爱岗精神,为船东着想的忠诚感,为雇主提供优良服务的雇员意识,团队精神和人道意识,为祖国和民族争光的主人翁精神,为人类生存而保护海洋环境的使命感等。身心素质包括职业健康条件和心理素质。船员应具有健康的体魄和旺盛的精力,符合国家的船员体检标准,具有敏捷的思维和良好的记忆力,具备对艰苦环境的适应力和乐观精神,胆大、心细、勇敢,善于沉着冷静地处理意外紧急事件,具备绝境求生的信心和毅力等。技术素质包括安全意识、知识和技能素质。安全意识是由对专业知识和安全知识的认识、经验积累、生活常识、对生命的尊重等综合与积累而成的潜意识,表现为始终确保安全的警觉和对安全规章的尊重与切实执行。知识和技能素质在此是指对专业的和专业安全的所有知识和技能的掌握水平。能力素质,是指在专业安全领域,掌握和运用知识技能、胜任使命的主观条件。语言素质是语言知识、专业知识和表达能力的综合,用于保证不因语言的表达、交流和理解差错而导致或扩大危险。实践证明，没有良好的安全素质，船岸人员就不可能有良好的安全响应，也就不可能有良好的船上安全管理效果。

## （四）人员安全教育的功能和目的、内容、手段

1. 安全教育的功能和目的

安全教育是提高人员安全素质和控制人为因素的有效途径之一。所谓安全教育，是指用教育手段认识安全的本质含义及重要性，获得必要的安全知识和技能，以提高安全意识、安全技术水平和安全管理水平的过程。安全教育的功能是：提高公司管理者和船员搞好安全生产的责任感和自觉性；提高安全意识、知识和技能水平，掌握安全生产的客观规律，学会预测、预防和消除事故；为保护船员人身安全、保证船舶安全、提高劳动生产率，创造良好的条件。安全教育的目的是提高船员和岸上人员的安全素质，使之积极响应公司的安全管理，最大限度地防止和减少人身伤亡、财产损失和水域环境污染。安全教育对每个员工的具体要求是：具有高度的责任感和事业心、良好的安全素质和严谨的工作作风，始终奉行安全方针，遵守安全规章，在工作中时刻保持安全的警觉，有足够的知识和技能及时准确地判断和处理不符合项、险情和事故。

2. 安全教育的内容

每个人都普遍具有保护生命的本能，谋求身体、精神乃至社会环境安全的愿望，与家人和亲友相聚的归属欲，渴望得到承认与尊重，希望不断提高和完善自身等一系列不同层次的需求。安全教育只有从人的需要出发，将尊重人的生命、提高人的能力和素质放在首位，方能激发员工（特别是船员）与公司共命运的认同感，在工作和生活中体现自我实现的价值观，才会具备必要的知识接受条件。安全教育的主要内容包括法制教育、思想政治教育、劳动纪律教育、安全方针和规章教育、安全知识教育、安全技能训练、安全正反典型案例教育等。

安全教育须因材施教，对公司和部门领导者应突出安全对生命和经济效益的影响，内容应包括：领导者在安全管理中的重要性；人命价值的无限性及人员伤亡的社会后果；公司经营中海事损失所占比例，以及直接和间接损失的统计分析；系统化安全管理的优势；安全投入与经济效益的关系；加强安全教育和管理，使海事减少和工作效率提高给企业带来的好处等。对安全管理和监督人员应突出技术，内容应包括：安全的意义和重要性；心理学、群众路线、行为科学等基础知识；现场监督者的作用与责任；操作方法的改善及工艺流程；操作人员的合理配置；操作指导及教育方法；操作中的监督与纠正，包括了解操作情况、不安全行为的纠正和使用人员的方法；操作设备及场所的保养管理；出现异常和海事时的处理办法；作为监督人员应进行的安全工作和应急的活动，随时保持对防止海事的警觉并研究防止海事的对策和措施等。对船员应突出人身安全和健康的教育。对于新人应突出安全意识的树立，熟悉有关的安全规章。安全教育内容，常在现场工作时辅以四阶段安全教育法和四阶段安全作业法。如果条件允许，还应考虑下述教育内容：安全的意义与重要性；岗位安全规则、安全须知和相关安全法规；机械、原材料的危险性和有害性以及处理方法；各安全装置的性能及使用方法；防护用具的性能及用法；作业顺序及步骤；作业开始时的清点与检查要求；整理工具与物品，整顿并保持现场清洁；发生海事时的应急措施与如何避免发生伤害；应知的其他安全内容。

3. 安全教育的手段

安全教育的手段灵活多样，安全教育的基本组织形式有企业教育、船上教育、部门教育和

岗位教育。教育形式按活动划分,有安全活动日、班前班后会、安全会议、广播、电视、录像、事故现场会、展览会等;按组织形式划分,有集体教育、个人教育等;按对象划分,有新人上岗教育,在职船员教育,新技术教育(采用新技术、新型船舶、新型设备操作),知识更新教育,工作变动教育(换岗、调岗),航前、航中、航后的现场教育,干部教育等。安全教育的方法主要有授课、集体讨论、会议、事例研究、角色演练、实操训练、个别谈话或帮带等。

安全教育要行之有效,应有领导者的重视、科学合理的计划、良好的师资,并激发起受教育者的兴趣和热情。领导者的重视能保证有效地组织人员和必要的资源。科学合理的计划关系到安全教育的成效,应当结合实际情况确定适当的目标。对于船员,良好的师资除了专业教师外,主要是在船员中寻找,各种职务的船员都是候选人,只要其具备足够的相应知识、丰富的经验、较好的表达能力和诲人不倦的热情即可。全体人员必须在尽可能短的时期内全部接受安全教育,受教育者应当全部合格,任何遗漏者和不合格者都是安全的隐患,应予以有效监控,迅速补课并坚决撤换不合格者。安全教育的内容因人而异,要有实用价值,要兼顾技术教育中的安全教育,掌握和消除可能的不安全状态和不安全行为。安全教育效果不可能一蹴而就和一劳永逸,应有计划地进行和持之以恒。

安全教育计划应具有如下内容:公司目前的安全教育现状评价;确定安全教育的对象,船员和船岸的安全监管人员都属于教育的重点对象;安全教育目标,因人因地制宜的教育内容和方法;安全教育的适当时机和时间;适当的师资和教材;安全教育的准备;安全教育的实施,以及安全教育效果评估。对执行 ISM 规则的公司,一般将计划列入 SMS 的安全教育程序。

4. 现场四阶段安全教育法和四阶段安全作业法

对于船员,除了课堂讲课外,现场安全教育是一种有效的安全技能训练方法。四阶段安全教育法,特别适合于新船员安全和职业技能教育。四阶段安全作业法,既是通用性的安全作业程序,又是一种将安全教育和安全作业紧密结合于一体的安全教育和作业方式。该方法适用于参加作业的全体新老船员,认真遵循该方法,能有效地养成和巩固船员的安全操作意识、知识和技能,有效地减少人为因素造成的操作事故。

(1)四阶段安全教育法

第一阶段是进行学习准备,其要领和注意事项为:

①放松紧张情绪;

②讲清做何种作业;

③明确应掌握的程度和要求;

④保持其掌握作业的自信心;

⑤使之正确就位。

第二阶段是作业说明,其要领和注意事项为:

①讲解、示范和写出主要步骤;

②强调需掌握的关键;

③清晰、准确、耐心地示范;

④不超过实际理解能力。

第三阶段是令其实际操作,其要领和注意事项为:

①试做之后纠正错误;

②令其边作业边加以说明;

③直到完全搞懂为止。

第四阶段是教学后的查验，其要领和注意事项为：

①令其承担工作；

②不明白时，即确定其为提问对象；

③再三抽查；

④让他们认真提出问题；

⑤逐渐减少指导。

最后是教练员进行的总结，应注意到对于教育对象未掌握的内容，自己是否教过，为何会出现这种情况。

(2)四阶段安全作业法

第一阶段是作业之前，查核的要点是：

①身体情况是否良好；

②着装是否符合要求；

③准备活动是否充分。

第二阶段是作业准备中，查核的要点是：

①工作内容是否充分领会和理解；

②工作步骤及准备是否就绪；

③作业现场是否很好地进行了清理和整顿；

④机械、器具及工具、材料是否进行了清点检查；

⑤有关规则及注意事项是否充分了解；

⑥安全装置是否安全正常。

第三阶段是作业之中，查核的要点是：

①作业方法是否符合规定要求；

②是否充分掌握周围情况；

③已有的护具是否正确使用；

④工具的使用方法是否正确；

⑤作业位置和姿势是否正确；

⑥共同作业中的关联如何，步调是否一致。

第四阶段是作业之后，查核的要点是：

①用完的工具、器具经检查保养后是否存放于规定位置；

②现场是否良好地进行了清理和整顿；

③有无麻痹大意、疏忽松懈的现象；

④机械器具出现异常、工具不良或损坏是否已向上级立即报告。

## 二、安全管理的系统原则

71%的地球表面被海洋所覆盖，海上船舶运输具有运量大、运价低等优点，因此在国际贸易中承担着绝大部分的货运任务。船公司、船舶、货物、船员和港口，是维持船舶正常运作的重要环节，他们相互依存，构成了船舶营运系统。海洋运输历来是高风险行业，船上有限的空间，被人员、货物、机器、能量系统充分利用，密度甚高，相互间的干扰容易引发事故；船体属于薄壳系统，运行于礁石、浅滩间，航行于急流、狂风、巨浪或浓雾中，难免会发生海上事故。“海事”一词首先成了海上人命财产损失和海洋环境污染的代称。船舶运输在世界经济发展中的重要地位和高风险特性，使海上安全上升为沿海国政府和IMO的一项主要工作。现代科技和船员教育为减少海事创造了良好的条件，但要有效地防止事故的发生，则需要每个管理者和操作者自觉地运用安全科学理论加强安全管理。首先必须明确船舶营运系统中各大要素的概况和相互间的影响。

系统是由相互作用、相互依赖的若干要素组成的具有特定功能的有机整体，又从属于更大的系统。系统具有整体性、相关性、目的性和环境适应性。船舶营运系统同样具备这些特性，其外围是包括广义的海上交通事业在内的社会大环境，船舶营运系统与外围经济的发展相适应。根据安全科学基本要素结构，该系统中的船员属于“人”要素，船舶、货物属于“机（物）”要素，航道和港口属于“环境”要素，船公司属于“管理”要素，由此构成船舶营运系统的安全四面体结构。

### （一）船舶与货物

1. 船舶

船舶由以下主要系统构成：船体系统，操纵系统，导航系统（罗经、雷达、GPS 等），通信系统，动力系统，货物运输系统和安全应急系统。船舶种类有：集装箱船，杂货船，干散货船（矿砂船、散粮船），油船，散装液体/化学品船，液化气体船，滚装船，客船，各类高速船等。船舶的大小常用总吨（Gross Tonnage，GT）表示。我国将海船驾驶员适任证书在吨位方面分成未满500 总吨、500~3 000 总吨和 3 000 总吨以上三种。目前习惯上将 10 000 总吨以上的船舶称为大型船舶（VLCC），将 100 000 总吨以上的船舶称为超大型船舶（ULCC）。船舶速度概况：集装箱船和客船在 20 节左右，高速船可达 45 节，VLCC 在 10 节左右，其他船舶多在 10~16 节。与安全有关的船舶性能主要有：抗沉性、稳性、强度、浮性、航向稳定性、旋回性和船舶制动性能等。

船内风险源于人、机、能、货拥挤于薄壳系统中，隐患、危险或潜能等事故源点多，易在触发能量和偶合条件作用下发生事故。若不考虑船外环境，则船内的风险和事故类型与陆地工厂相同，包括火灾、爆炸、机器故障、触电、人或物的坠落、机械损伤等。

2. 货物

货物属于物，在安全理论中“物、机、技术”属于侧重点不同的同一类要素。货物性质包括：重量和硬度；易移动或滚动；忌热、忌湿、忌压、忌倒置、忌气味、忌污染性；扬尘污染、挥发气味；易破碎、易腐烂；贵重性；危险性等。这些性质涉及货运质量和人、船、货的安全乃至海洋环境保护，须通过合理配载、衬垫、隔票、堆装、绑固、隔离、通风、冷藏等措施来保证。

货物的技术风险，在此是指与安全有关的风险。机械性风险包括货物的翻倒和坠落，货物移动导致船舶横倾和倾覆，稳性、强度受损，撞坏船体、设备和伤害人员等。理化性风险包括火灾爆炸、毒害、腐蚀、污染、放射，具备此类风险的货物绝大多数已归入危险货物，国际海事组织要求各缔约国政府遵照《1974 年国际海上人命安全公约》（SOLAS 1974 公约）第 Ⅶ 章的规定和《国际海运危险货物规则》（IMDG Code）实施管辖，以确保安全和防止污染。

## (二)船员

船员是在船上任职和专门从事船上工作的乘员的总称。海船船员又称为海员。船员是船舶营运系统中最能动的因素,在船公司管理规章体系和航次任务确定后,船员的素质和行为直接关系到能否安全、优质、经济、高效地完成航次任务。船员可以领略异国风情、赚取外汇和享受本国海关的免税优惠,更重要的是肩负着保证船舶航行安全、防止船舶污染海洋环境的神圣使命,由此受到 IMO、船旗国和港口国的共同关注,并通过 STCW 公约及有关规则,对船员的技术素质和行为实施管辖。船员的工资待遇受到 ILO(国际劳工组织)和 ITF(国际运输工人联合会)的关注。船员职业受到如此的重视,是由船员的重要性所决定的。

SOLAS 1974 公约要求船舶持有船旗国签发的船舶最低安全配员证书,以保证航行安全和防止污染。配员包括船员适任证书要求和人数要求,使船员能按一定的组织和分工行使职责。国际上货船的船员组织通常如图 2-1 所示。其中,船长、高级船员和负有值班职责的普通船员必须按 STCW 公约的要求持有船员适任证书和有关专业训练证书,所有船员都须通过基本安全训练。

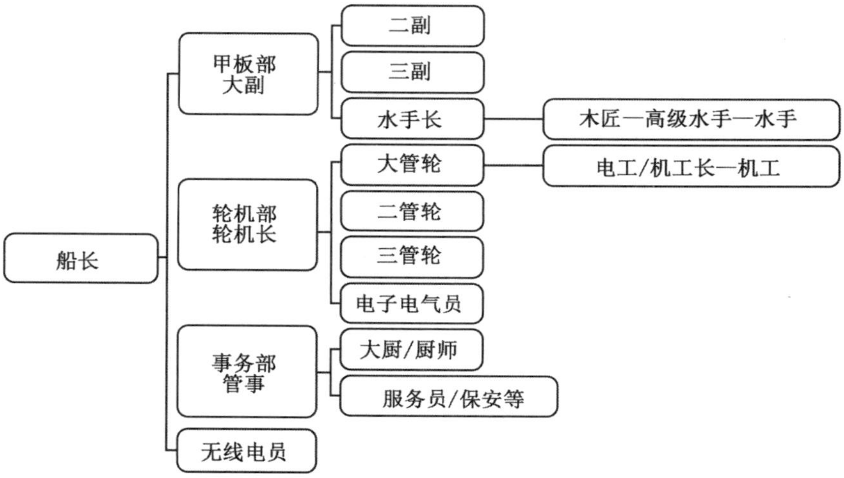


图 2-1　货船船员组织示意图

船长是船舶的最高领导,我国船舶常设政委作为船舶领导之一。大副是甲板部部门长,也是船长的第一助手,轮机长是轮机部部门长。高级船员是指参加值班的驾驶员、轮机员、无线电人员。全体船员和船上其他人员,都必须统一服从船长的指挥。船舶配员人数,大型货船一般在 25 人左右,其中包括最低安全配员中不做要求的厨师、服务员和政委等人。STCW 公约 1995 年修正案,提出了职能发证规定,将船舶上的人员按职能分成航行、货物装卸和积载、船舶作业管理和人员管理、轮机工程、电气电子和控制工程、维护和修理、无线电通信等七大职能块。船员分为管理级、操作级和支持级。高级船员可以通过考试和评估取得所需的职能适任的凭证,从事相应工作。职能发证使传统的部门分工和船员组织体系受到冲击,需要船舶有较高的自动化程度。该发证方式便于一人多职和一职多人,有利于共享人员技术资源,保障船舶的安全营运。

船员对安全的影响,在于职业素质和行为。职业素质包括道德、身心、技术、能力、语言等方面，有良好的素质才能有良好的行为。STCW 公约 1995 年修正案，给出了国际海员的技术素质和值班行为标准。

### （三）航行环境

航行环境是指船舶航行所处的自然的和人工的背景，包括航道和港口。

航道由航路、航标、气象和海洋环境组成。航路是船舶从始发港驶达目的港的路线。在港口附近表现为自然河道和指定水道，在大洋上表现为以气象和海洋环境为基础的大圆航线和恒向线航线。航标是人为设置的为船舶提供定位、导航信息的地理位置参照物。航标分为近程的视听类和中、远程的无线电类。视听类航标数量最多，包括灯塔、灯桩、灯浮、导灯、陆标、浮标、立标、导标、电光指示标等。灯标容易熄灭，浮标常有移位，雾号传播距离仅 1~2 海里，且易受天气影响。气象和海洋环境属于航海环境学范畴，是指气象和海洋对船舶航行的单独影响和综合影响。雾、大风、海浪、流、潮汐对航行安全的影响最大。

航道的风险源于浅滩、礁石、弯曲航道、狭窄航段、流向流速多变的急流；江河内及入海口航道的频繁迁移；航标的灭失和移位；雾、雨、雪等导致的能见度不良，大风及其掀起的风浪和涌浪，潮汐异常导致的潮高、潮流紊乱等。

港口是航路的起止点，是海陆运输的连接点。海港是指沿海港口以及河流入海处附近，以靠泊海船为主的港口，包括该港区范围内的水域和通海航道。常用的港口种类有海港、河港、商港、军港、渔港、油港、避风港、开放港口和非开放港口等。港口的水深、岸线总长、泊位数、吞吐量、管理能力、服务种类和质量等是港口能力的重要标志。港口规模取决于水道、附近的陆路交通和经济规模，港口的兴衰也影响到港口城市的经济发展。港章是保证港口正常运作的规范，用以维护船舶航行和作业秩序，确保港口和船舶的安全，防止船舶污染港区水域。

港口的风险，首先来自管理混乱和调度失误；其次是搁浅、触礁，抛锚损坏水下电缆和管道，船舶与船舶碰撞，船舶与码头、装卸机械、浮筒、灯标、桥梁等港口设施碰撞。

### （四）船公司

船公司是指船舶所有人、经营人和管理人。船公司是“人—机—环境—管理”系统中“管理”要素的重要组成部分。海上事故的 80% 是人为因素造成的，这是国际海事界公认的统计分析结论。人为因素责任主要在于船公司的岸上管理和船上管理。船公司在其范围内，直接把握着人、机、环境三大要素的宏观控制。人员如何选择、培训和调配，船舶如何使用、维护和修理，航行什么航线，对于恶劣环境是鼓励规避还是冒险等，都取决于船公司。因而船公司是船舶安全管理的重要环节。传统的海上安全管理倾向于从船员角度追查事故原因和责任，即使是船舶和机械破旧不堪、航行环境险恶，也常责备船员没有根据情况采取相应的措施。这种管理方式的后果是，船员对事故防不胜防，事故却依然发生。惨痛的教训终于使人们懂得：事故发生在船舶，根本原因在船公司。重视船公司的安全管理已成为国际海运界控制海上事故的重要途径。

船公司组织类型较多，图 2-2 是船公司的组织简图，其组织服从能级原则，即高层决策，部门经理组织本部门工作，操作人员执行。船公司应有整套的管理规章，使各项事务构成“布置—指导—执行—反馈—监控—改进”的闭环。经典的管理注重于组织管理，内容包括决策、计划、组织和控制。行为科学的管理理论侧重于根据人的需要层次，设置和实施激励机制。目前，劳动合同制的实施使船员逐步独立面向市场，境外船东聘用中国大陆船员的数量在迅速增加,这必将促进我国船公司的经营管理,包括涉及船舶和船员的安全管理。

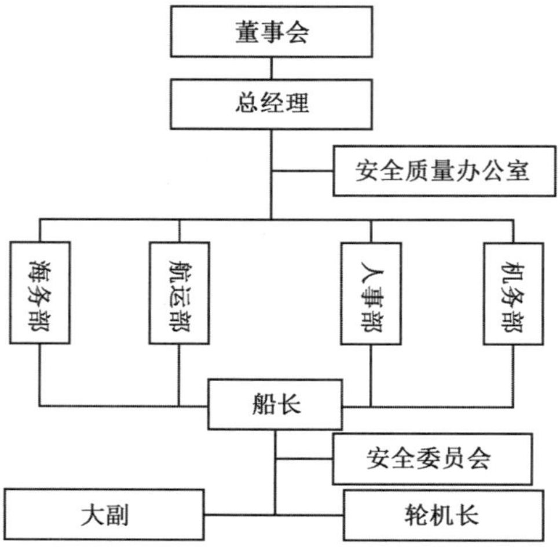


图 2-2 船公司的组织简图

船公司安全管理的风险,在于船公司直接关系着人、机、环境。船公司的安全管理体制和船岸人员素质直接影响着船公司的事故控制状况,不完善的管理系统难以产生完善的管理,而最好的制度也必须依靠人的执行才能见效。特别是岸上人员的安全素质、业务水平、激励意识和管理水平直接关系着船舶安全。

## 三、安全管理的效益原则

1. 形成管理标准化

国际标准化组织(ISO)于 1987 年发布了 ISO 9000 系列标准——质量管理和质量保证标准。ISO 9000 继承了 TQC(全面质量管理)的全部优点,采用了系统工程方法、闭环管理原理和现代管理科学的其他精华。按 ISO 9000 的要求建立的质量体系必须由需求方或第三方审核,从而弥补了 TQC 缺乏外部监控机制这一缺陷,使之全面性、系统性、预控性、过程化和程序化要求得以保证。是否通过 ISO 9000 认证,现已成为产品和服务质量是否合格的象征。IMO 鉴于 ISO 9000 的优越性,于 1987 年即运用其原理研制海上安全管理的质量标准,于 1993 年 11 月通过 ISM 规则,对适用船种限时强制执行,否则不能从事国际航运,使从事国际航运的船公司和船舶的安全管理统一于 ISM 规则。大型国际航运企业,还需要基于 1996 年问世的 ISO 14000(环境管理系列标准)的环境管理体系认证证书,这是一张通向国际市场的绿色通行证。质量、安全、环境的国际管理标准认证,是管理标准化国际潮流的体现。

2. 掌握安全行为科学

船员和船公司岸上人员对安全的影响,关键在于素质和行为。安全行为科学是行为科学的组成部分,研究人的安全行为的一般规律。安全行为科学的主要任务是解释、预测和控制人的不安全行为。掌握和运用安全行为科学,能够从人的行为原理分析人为失误原因,寻求适当的预测和控制方法;从职业适应性角度设计人员遴选标准和培训标准;用行为激励理论激励安全行为的产生;发挥领导行为、群体行为、人际关系及沟通对安全的积极影响作用。

3. 安全经济效益

安全经济学是研究安全的经济意义、经济活动和经济发展与安全生产之间的关系的学科。安全经济学是安全科学与经济学的交叉学科。对于船公司，重在安全投入与经济效益之间的关系。因为任何安全方案和措施的实施都要消耗人力、物力和财力，都会受到经济条件的制约，而任何安全体系及其整体安全性的提高的条件之一是创造更多的经济效益。海运是高风险行业，不在技术和管理方面做必要的安全投入，则事故和不正常状态对经济效益的负面影响是显然的，但如何投入，如何分析与评价，则需要安全经济学的协助。

# 单元二 安全管理体系概述

安全管理体系的建立一般要经过公司最高管理层和专门工作班子的安全管理规则培训、制订安全管理体系建立的工作计划、公司安全管理现状的评估、安全管理体系设计和安全管理体系文件编写、船岸人员的安全管理体系文件培训、安全管理体系在相关船种的船舶（或代表船）及岸上运行六个基本步骤。

安全管理体系文件的结构没有规定的格式要求，通常有三种形式。第一种包括安全管理手册、安全管理程序和职责手册、安全管理须知等三层文件框架。第二种包括安全管理手册、安全管理程序和职责手册、安全管理须知、安全管理活动记录等四层文件框架。第三种包括安全管理手册、安全管理程序和职责手册、安全管理须知、安全管理活动记录及相关外来文件和资料等五层文件框架。目前，航运公司普遍采用将安全管理体系文件分为安全管理手册、安全管理程序和职责手册、安全管理须知、安全管理活动记录及相关外来文件和资料等五个层次。

## 一、安全管理体系的定义

1. 安全管理手册

安全管理手册是阐述公司安全和环境保护方针的纲领性文件，是熟悉和实施安全管理体系的指南。安全管理手册一般分章编写，对安全管理规则的各部分逐一予以阐述，通常包括目录、体系实施声明、公司简介、定义和适用范围、安全和环境保护方针、公司安全管理组织机构岗位和权责分工、指定人员权责规定、船长权责规定及其绝对权力声明等主要内容，对于资源和人员的保障、制订船上操作方案的规定、应急准备要求、事故险情和不符合规定情况的处理、船舶和设备的维护要求、文件控制管理、内审、有效性评价和管理复查以及相关证书的管理要求等内容，通常阐述安全管理规则某项安全的实施要点，并明确相关支持性文件。

2. 安全管理程序和职责手册

安全管理程序是指为了完成某项安全和防污染活动所规定的方法和途径。其主要内容包括该程序的目的和适用范围，相关人员的岗位职责，具体的工作流程，形成的记录及其相关支持性文件等。对于工作流程的重要环节应明确工作要点、考虑因素、处理原则等。各个工作环节应明确由谁（岗位）、在何时、做什么、如何做、达到什么要求、形成什么记录等内容。编写安全管理程序时应做到措辞准确、条理清楚、语法规范、通俗易懂、流程顺畅，同时，应注意文件的可操作性和文件之间的衔接。

职责手册是对涉及安全管理体系各岗位人员主要职责的综合阐述。具体的工作职责可通过程序文件、须知文件等进行细化。

3. 安全管理须知

安全管理须知是指为完成某项安全和防污染活动所制定的操作指导书，包括具体的操作方法和注意事项。安全管理须知没有固定的格式，通常设备操作规程、作业指导书、操作注意事项、检查清单等都属于安全管理须知的范畴。其主要内容一般包括目的、适用范围、工作步骤和工作要求及注意事项、工作记录和归档要求等。

对于船上关键性操作，还应明确该项操作的适任人员，强调操作前后及其过程的检查和试验，明确操作的各个步骤。

4. 安全管理活动记录

安全管理活动记录是指为已完成的某项安全和防污染活动或达到的结果提供客观证据的文件，也是安全管理体系文件的有机组成部分。执行安全管理程序和安全管理须知都可能产生记录。安全管理记录格式没有统一要求，但格式的设计应充分考虑简便、实用和便于操作。

5. 相关外来文件和资料

相关外来文件和资料是指涉及船舶安全与防污染的国际、国内强制性规则、规定，国际海事组织、主管机关、船舶检验机构及行业组织所建议的适用的规则、指南和标准，以及船舶技术资料、船舶及其设备说明书、航海资料等。

公司应通过文件清单的形式明确相关的强制性规定和适用的建议性标准指南等。对于相关的外来文件，公司可以直接引用，也可以对相关规定在内部文件中予以细化，进一步明确相关要求。

## 二、安全管理体系的相关术语

（1）国际安全管理规则：由国际海事组织大会通过的，并可由该组织予以修正的《国际船舶安全营运和防止污染管理规则》。

（2）公司：船舶所有人，或已承担船舶所有人的船舶营运责任并在承担此种责任时同意承担本规则规定的所有责任和义务的任何组织或法人。如管理人或光船承租人。

（3）主管机关：船旗国政府。

（4）安全管理体系（SMS）：能使公司人员有效实施公司安全和环境保护方针的结构化和文件化的体系。

（5）符合证明（DOC）：签发给符合本规则要求的公司的文件。

（6）安全管理证书（SMC）：签发给该船舶，表明其公司和船上管理已按照认可的安全管理体系运作的文件。

（7）客观证据：通过观察、衡量或测试获得并能被证实的有关安全或安全管理体系要素存在和实施的量或质的信息、记录或事实声明。

（8）不符合规定情况：客观证据表明不满足某一具体规定要求的可见情况。

（9）重大不符合规定情况：对人员或船舶安全构成严重威胁或对环境构成严重危害，并需要立即采取纠正措施的可辨别的背离,或未能有效或系统地实施本规则的要求。

## 三、船舶安全管理体系

### (一)总则

总则部分包括定义、目标、适用范围和安全管理体系的功能要求等四部分。通常,总则在安全管理手册中予以体现。

除安全管理规则已经明确的一些专用的定义外,公司对于其安全管理体系文件和日常工作所运用的一些特定的专用词语在此做出明确的定义是非常必要的,以便公司相关人员能够明了某些特定要求并按照相关规定准确执行,如"新聘人员"是指新进入公司安全管理体系内某岗位任职的人员,"转岗人员"是指公司安全管理体系内岗位变动的人员。同时,公司应该注意到安全管理规则本身提供的一些定义是不能照搬的,如"公约",在国际安全管理规则中仅指经修正的《1974 年国际海上人命安全公约》,而就公司建立体系而言,公约可能包含 MARPOL 73/78 公约、STCW 78/10 公约等。再如"本规则",在国内安全管理规则中是指由中华人民共和国交通部(现交通运输部)颁布的《中华人民共和国船舶安全营运和防止污染管理规则》,而对建立安全管理体系的公司来说,规则可能还包括国际安全管理规则、《中华人民共和国高速客船安全管理规则》等。

安全管理规则是船舶安全和防止污染的管理标准,适用于所有航区所有种类船舶。公司可根据实际情况在安全管理手册中明确建立的安全管理体系所适用的船种、航区、吨位等,并据此考虑安全管理体系应包含的内容,确定哪些船舶适用于哪些标准,并予以适当的区分,以使建立和配备的安全管理体系文件更具有针对性,提高操作性。

### (二)安全和环境保护方针

公司应该在安全管理手册中明确安全和环境保护方针,从原则、目标和措施三个层次来描述其确定的安全和环境保护方针。为便于对其方针的实现情况进行评价,从而判断安全管理体系运行的有效性,公司的安全和环境保护方针至少应涵盖安全管理规则的定性目标,同时,结合公司实际从船舶的事故率和造成的经济损失情况、人员死亡率、船舶安全检查的缺陷数和滞留率、船舶违章等方面进行量化,还可以从安全诚信公司、安全诚信船舶、安全诚信船长等的评选目标等方面进行量化,明确公司年度安全管理的定量目标,具体的量化指标可以通过公司每年的有效性评价报告、与其他相关部门签订的安全生产责任书等不同的形式予以体现。

公司应定期对目标的实现情况进行评价,其整改措施应有利于公司安全管理能力的提高和安全管理状况的改善。

### (三)公司的责任和权力

船舶管理公司应在安全管理手册中对船舶所有人和公司向所在地主管机关做的报告做出明确规定。船舶管理公司与船东签订的安全管理协议的任何条款,应符合《中华人民共和国航运公司安全与防污染管理规定》第十四条对船舶管理委托方和受托方所做的原则要求。

公司应在安全管理手册中对涉及管理、执行以及审核监控安全和防污染工作的人员的责任、权力及相关关系做出明确的阐述,如通过制定职责手册、程序文件和各种须知类文件的方式等。如公司制定了岸基管理部门职责，则所有部门职责应能够在部门内各岗位人员的职责中体现和细化。公司应结合实际情况对安全管理体系所有岗位的适任条件做出明确的规定和要求，关键岗位（最高管理层、海务人员、机务管理人员）的任职资质应符合有关强制性规定的要求。公司岸基安全管理人员不得在船上兼职，也不能跨航运公司兼职。各岗位的相互关系是指工作关系，如管理和执行、管理和被管理、执行和监督、主办和协办、领导和被领导等工作关系，各岗位责任和权力的确定本身就已经明确了相互间的关系。

为确保指定人员履行其职责，公司应就给船舶提供足够的资源和岸基支持做出承诺。

### （四）指定人员

公司应任命指定人员，并在安全管理手册中明确设立指定人员的目的、职责和权力等。公司应注意到指定人员过多兼职，易引起监控和执行职责不清。为区分监控职能和执行职能，建议公司对指定人员的监控工作做出规定，包括对船岸安全管理体系运行实施监控的方法、内容、周期和要求等，充分发挥指定人员对体系运行情况的监控职责和作用。

### （五）船长的责任和权力

安全管理规则规定船长在安全管理体系运行和监控方面的五大工作职责及履行职责的方式方法应在安全管理规则中予以明确，如通过教育、培训、考核和奖惩等措施。提高船员安全管理技能，调动船员遵守公司安全和环境保护方针的积极性和能力；激励船员遵守公司的安全和环境保护方针；以简明的方式发布相应的命令和指令，具体指挥船员按体系文件的要求做好各项安全和防污染工作；在核查安全管理体系具体要求的执行情况时，对于发现不符合规定的情况应明确按照相关规定进行处置；应明确船长复查安全管理体系的具体要求，并向公司报告安全管理体系的不足之处和改进建议等。

对于船长的权力声明，应强调船长在涉及船舶安全和防止污染的任何事务方面具有绝对权力，船长根据良好的专业判断、经验和航海习惯所采取的任何措施不受任何人的约束，在任何时候船长均有权要求公司给予必要的支持和协助，且公司应保证船长行使其绝对权力不会受到不公正待遇。

### （六）资源和人员

安全管理规则第六章资源和人员部分，按照其内容和要求，可以分为船员管理、职责熟悉、培训工作和信息传递四方面的工作。

1.船员管理

公司应建立程序，对船员的管理做出明确规定，确保为船舶配备合格、健康的船员。船员管理工作的主要环节包括船舶配员、船员聘用、船员健康保障、船员劳动合同的签订、船员调令下达、船员交接班工作、在岗船员的管理、船员档案的管理等。

（1）船舶配员

公司在确定船舶配员时应考虑以下因素：

①《中华人民共和国船舶最低安全配员规则》；

②《中华人民共和国海船船员值班规则》；

③《中华人民共和国海船船员适任考试、评估和发证规则》；

④《STCW 78/10 公约》；

⑤不超过船舶救生设备配备所允许的人员数量；

⑥为保持公司的安全和环境保护方针，不致船员过度疲劳等。

公司在具体配备船员时，应考虑以下因素：

①船舶所从事的航线和船员的工作量；

②船员实际操作技能和管理能力。

(2)船员聘用

①基本要求

(a)满足公司对船员语言交流能力、阅读能力和表达能力所做出的规定。具体的规定可在相关文件中予以明确。

(b)满足基本任职资格，即具有岗位适任证书、相关培训合格证及有效的健康证明。

②船长的适任要求

保证船长具有适当的指挥资格。

(a)海上资历：公司可根据实际情况和需要设定具体要求，如在同类型及相应吨位船舶上实际担任相应职务的任职资历，或曾在同船种船舶担任过一定期限的下一级职务的任职资历等。

(b)对上一任职期间的要求：公司可结合实际工作需要，对拟聘船长在以前任职期间的情况做出相应的要求，如何适当考虑在上一任职期间发生责任事故、违法记分等有关情况。

(c)指挥资格评估：公司应对拟聘船长的业务能力、应变能力、组织协调能力、决策能力、责任心等内容的评估做出规定，明确具体实施评估的人员、评估方式、评估标准。为便于操作，公司可以明确相关人员建立并逐步完善考试题库的要求等。评估通常以笔试、口试和实际操作等方式进行，评估过程及其结果均应产生相应记录，包括书面的考试试卷或口头所提的问题、简要的回答及其评述等。对于船长是否具备相应的指挥资格，其重点在于公司是否按规定实施考核评估及其实施考核评估人员的能力是否满足评估工作需要。

③船长完全熟悉安全管理体系

公司应对船长完全熟悉安全管理体系的具体做法做出规定，包括上岗前培训熟悉的责任人员、培训内容、培训效果的评估方式和要求等，同时，公司还应对船长上任后对安全管理体系的持续熟悉做出规定。具体的要求可以在相关文件中予以明确。确保船长完全熟悉安全管理体系可以通过以下途径解决。

(a)按照安全管理体系培训的相关规定实施培训；

(b)按照新聘和转岗人员职责熟悉的相关规定进行培训考核；

(c)做好交接班工作，重点做好以下交接内容：船舶安全管理体系运行情况及复查结果；船舶基本状况，尤其是特殊操作要点；船员任职及其适岗情况；船舶航线及挂靠港口的情况、船舶所载运货物的情况(可在其他文件中做出具体的规定)。

④高级船员的适任要求

公司可根据实际情况和需要对高级船员的适任明确具体要求，如相应船种、职务等的任职经历，实际操作技能和管理能力等的具体要求(对高级船员实际能力的评估可通过面试和/或口试等形式进行，评估内容包括业务水平、应变能力、组织协调能力、决策能力、责任心等)。公司应明确实施评估的责任人和相关记录的管理要求。

⑤普通船员的适任要求

公司可根据实际情况和需要对普通船员的适任明确具体的要求，建议公司对普通船员的实际能力和素质的评估做出规定，包括评估的责任人、评估的内容和记录的管理等。

（3）船员健康保障

公司应对应聘船员的健康要求和在任船员的健康保障做出规定。

①应聘用具有有效健康证明的船员。健康证明是指用以表明船员身体状况符合船员任职岗位健康要求的职业医学证明。健康证明至少包含以下内容：

（a）持证人的姓名、性别、出生日期、国籍、船上任职部门、持证人签名及照片；

（b）证明编号；

（c）有关国际公约的适用条款；

（d）主检医师声明；

（e）发证日期和有效期截止日期；

（f）管理机构名称；

（g）体检机构名称和主检医师签名。

②健康证明的有效期不超过2年；对年龄小于18周岁的海船船员，健康证明有效期不超过1年。

③健康证明在航行途中有效期届满的，在到达下一个具有《1978年海员培训、发证和值班标准国际公约》缔约国认可的主检医师的停靠港之前，该健康证明仍然有效，但为期不得超过3个月。在紧急情况下，海事管理机构可允许持有近日过期的健康证明的海船船员工作至下一个具有《1978年海员培训、发证和值班标准国际公约》缔约国认可的主检医师的港口，但为期不得超过3个月。

④在船员健康证明有效期届满前安排相应船员体检，保证在船船员健康证明有效，对于从事和涉及餐饮工作的船员的健康证明及体检要求应满足《中华人民共和国食品法》的有关规定。

⑤应根据《中华人民共和国海船船员值班规则》，对船员的值班安排做出规定，确保船员有充足的休息时间。

⑥应对船用药品和医疗器械的配备及使用、毒品和酒精的管理做出明确规定，确保在船船员的健康。

（4）船员劳动合同的签订

公司应按照《中华人民共和国劳动合同法》《中华人民共和国船员条例》等有关规定明确船员劳动合同的签订要求。

（5）船员调令下达

公司应对船员调令的下达做出规定。

（6）船员交接班工作

公司应对船员交接班工作的要求做出规定，明确交接内容、交接时间、监交人等（可以在其他文件中做出具体规定）。

（7）在岗船员的管理

①船员任期考核

公司可根据实际情况对船员的任期考核做出规定（可以在其他文件中做出具体规定），明确船员任期考核的责任人、考核时间、考核内容等。考核时机一般为船员离任时或定期考核等(对船员在任期间的技术考核的作用,可以作为保证船员合格的措施之一,可以作为下次聘任的依据,也可以作为培训需求提出的依据等)。

②船员劳动保护

公司应结合实际情况对船员的劳动保护做出规定,如配备必要的劳动保护用品、专用的保护用具和装备等。

③船员证书管理

公司应对在任船员适任证书及相关文书的管理做出规定,保证船员证书及相关文书持续有效(可以在其他文件中做出具体的规定)。

(8)船员档案的管理

公司应对船员档案的管理做出规定,确保对船员录用、培训、任职、解职、安全技术考核以及有关船员考试、评估、证书或签证持有情况等信息进行连续和有效的管理,保持并随时可查到在其船舶上服务的所有船员文件和数据,包括船员的资历、培训、持证、适任情况以及健康状况等,并明确档案管理负责人、管理期限等(可以在其他文件中做出具体的规定)。

2. 职责熟悉

公司应建立程序,对新聘和转岗人员职责熟悉工作做出规定,确保新聘和转岗人员在上岗前熟悉其职责。新聘和转岗人员岗位职责熟悉工作的主要环节包括岗位职责熟悉内容、职责熟悉的方法和责任人、职责熟悉的考核要求及新聘和转岗人员开航前指令的确定、下达和落实。

(1)新聘和转岗人员职责熟悉内容

公司应根据新聘和转岗人员在安全管理体系中所承担的不同岗位和工作确定相应的职责熟悉的内容。

公司最高管理层(包括指定人员)是保持安全管理体系在船岸有效运行的关键岗位,对职责熟悉的要求也较高,应熟悉公司的安全管理体系,理解安全和环境保护方针及其内涵,掌握贯彻安全和环境保护方针及实现安全目标的方法和措施,熟悉本岗位在安全管理体系中的地位、责任和权力。

公司其他岸基管理人员的职责熟悉要求以有利于工作有效开展为基础,应了解公司的安全管理体系,熟悉与本岗位相关的安全管理体系文件的规定和要求,熟悉本岗位在安全管理体系中的地位、责任、权力及与其他岗位的关系。

船长是船舶安全管理第一责任人,是安全管理体系在船运行的责任人和监控者,应完全熟悉安全管理体系,理解安全和环境保护方针及其内涵,熟悉岸基部门和人员的职能分工,熟悉本岗位职责及为履行其职责所涉及的规定和要求,熟悉对本船所做的特殊规定和要求等。

其他船员应熟悉本岗位在安全管理体系中的责任、权力及与其他岗位的关系以及为履行其职责所涉及的规定和要求,熟悉船舶环境、设备及工作要求等(公司可根据实际需要分别对高级船员和普通船员的岗位职责熟悉内容做出规定)。

(2)职责熟悉的实施

公司应明确船岸不同岗位人员职责熟悉培训及评估责任人,其中船长、轮机长和大副的职责熟悉和评估应由公司相关人员(如指定人员或其他职能部门的适任人员)实施。对其他船员的职责熟悉和评估,公司可根据需要做出合理的安排,如船舶驾驶员由船长实施、其他船员由部门长实施等。

公司可结合实际情况确定职责熟悉的方法，如提供相关文件供其自学、相关责任人对其进行讲解和交流、原岗位人员与其进行交接等。

公司应明确对职责熟悉的效果进行评估。评估的方法可以是口头询问或书面考试等（如要求船员填写问题调查表、回答引导性的问题）。必须保留相应的记录，如口头交流记录、书面考试试卷和新聘及转岗人员对职责熟悉的确认等。

为确保船长完全熟悉安全管理体系，公司应对船长熟悉安全管理体系的情况进行评估，明确评估的责任人、评估内容和要求，着重对安全管理规则的充分理解、对公司安全管理体系构成的了解和体系运作特点的把握、对管理程序要点和主要步骤及公司特殊规定的掌握等方面的内容进行评估，并对船长开展相应的培训和辅导。

（3）航前指令

航前指令是新聘和转岗船员职责熟悉的途径之一，公司应明确书面形式下达航前指令的内容和要求。

公司应明确下达开航前指令的责任人员。

公司应根据新聘和转岗船员的实际情况确定开航前指令的内容。在确定航前指令的具体内容时应充分考虑到新聘和转岗船员职责熟悉培训和评估结果、拟任岗位的性质和要求、船舶的特殊布置和要求、本人提出的熟悉需求等因素。航前指令的内容可以包括应急时的岗位职责与任务；相关设备的操作方案和须知；船舶环境；消防救生和防污设备的布置及应急撤离路线等。

公司应明确航前指令的落实方法、责任人和时间要求等。航前指令的落实可以通过交接班、相关人员对其进行适当的培训、现场操作演示和指导等来完成。

3. 培训工作

公司应建立程序，对支持安全管理体系可能需要的培训做出明确规定，并确保向所有相关人员提供培训。培训工作主要环节包括培训内容和方式的确定、培训需求的获取、培训计划的制订及实施、培训效果的控制等。

（1）培训的内容及标明

公司应根据实际工作需要标明涉及安全和防污染工作的培训内容，如：

①船员各类考证培训和专业技能培训；

②公司安全管理体系文件及各岗位相关的规则、规定和指南等所需要的熟悉培训；

③针对船舶可能出现的紧急情况而进行的应急演习和训练培训；

④可能需要的其他培训，包括岗位技能培训、语言能力培训、设备操作培训、内审员知识培训等。

公司应对培训内容的动态标明过程做出规定，如通过新增培训内容建议的提出、评审、批准、已标明项目的修改等，或通过培训需求的征集、分析和制订年度培训计划的形式予以体现。

（2）培训方式

公司应根据实际培训内容和具体要求确定实施培训的方式，具体应在制订年度培训计划时予以明确。培训的方式包括：

①委外培训：委托外部专业培训机构进行培训或参加外部机构组织的培训；

②集中培训：由岸基人员或有关海员参加的在公司进行的集中授课培训，岸基人员上船组

织船员参加的集中培训；

③在岗培训（或在岗熟悉培训）：各部门、船舶自行组织的培训，包括自学、传阅。

（3）培训需求

公司应对年度培训需求提出的实际、途径和需求的处理、反馈等做出规定。培训需求是指自身不能得以解决、需要借助外部培训来完成的内容。

提出培训需求应考虑的因素包括：公司经营方针改变和新技术的应用的要求；对相关规定、标准和指南充分理解的要求；法规和相关规定的要求；主管机关或上级有关部门的要求；公司体系文件的修改；针对安全管理体系内、外审结果，有效性评价和复查会议的要求；不符合规定的情况、事故、险情的分析和处理结果；应急演习和训练的评估结果；岗位专业技能的要求；新聘和转岗人员职责熟悉的要求。对于船长而言，尤其应考虑为履行其职责所要求的保持完全熟悉安全管理体系的要求。

（4）年度培训计划的制订

公司应根据培训需求的认定结果、公司的附加要求和实际管理的需要制订年度培训计划。在制订年度培训计划时应考虑对强制性规则规定及建议适用的标准、指南的熟悉要求。也可将拟订的年度培训计划以征求意见的形式完善补充。

应明确年度培训计划的制订、审核、批准的责任人和发布的时机。

年度培训计划应明确培训的具体要求，如培训的内容、方式、时间、责任人等。

公司可根据实际情况要求岸基部门和船舶根据公司年度培训计划，结合岗位实际制订在岗培训计划。在制订在岗培训计划时，应考虑到部门和船舶安全管理工作开展情况、季节性安全管理特点和要求、相关强制性规则规定及适用的建议性标准、指南的熟悉情况等。

（5）年度培训计划的实施

公司应明确年度培训计划的实施要求，并对培训开展情况的记录做出规定。

公司应对培训效果的控制做出规定，明确培训效果评估的责任人和记录管理要求，例如：委外培训由负责培训工作的人员做好相关记录；对由公司自行组织的培训，由培训组织部门进行评估并做好培训记录。对于船长的培训效果验证应着重于其保持安全管理体系持续熟悉所需的培训，公司可以通过登船检查等方式事实验证。

公司应对在岗培训计划的具体要求做出规定，包括各岗位人员自学的时间要求、内容及其自学落实情况的验证等。

（6）临时追加培训

公司应对年度培训计划之外的培训工作做出明确规定，在提出、制订临时培训计划时，应充分考虑实际工作的需要和外部的培训信息。

4. 信息传递

公司应建立程序，对安全管理体系信息的传递做出规定，确保船员及时获取安全管理体系相关信息。安全管理体系信息传递工作的主要环节包括安全管理体系信息的搜集、分类、传递方式和途径、处理等。

（1）安全管理体系信息的搜集

公司应明确安全管理体系信息搜集的责任要求，并确定信息搜集的途径，如文件的接收、会议、走访、网络媒体等。

（2）安全管理体系信息的分类

公司应对搜集到的安全管理体系信息的分类做出规定，如法律法规和部门规章等外来文件、公司内部文件、日常工作指令、有关港口航道的信息、有关方的季节性工作要求、气象信息、航海图书资料，以及船舶和设备的图纸、技术资料等。

（3）安全管理体系信息的传递方式和途径

公司应对安全管理体系信息的传递方式和途径做出规定，根据安全管理体系信息的性质和重要程度明确不同的传递方式和途径。如重要信息可由责任部门编成行政文件；长期有效的信息可按有关文件控制程序规定纳入体系文件；短期有效的信息可由责任部门编写成汇编、简报、刊物或信函；其他提示性信息可通过口头或传真传达等。

公司在对所搜集到的安全管理体系信息进行传递时，应考虑船员口头和书面交流能力等因素，明确信息传递的口头和书面工作语言。

（4）安全管理体系信息的处理

公司应对船舶收到安全管理信息后的处理做出规定，如做好信息收悉登记，及时传达或发送至有关船员，组织、督促船员对信息进行学习，并按要求贯彻实施。如果采用专题安全会议、安全活动、部门会议、张贴告知、传阅等方法传递，相关责任人应做好相应记录。同时，公司还应对船舶在营运中搜集的有关外来信息的处理做出规定，如船长应将有关外来信息及时反馈给公司相关职能部门等。

公司应对岸基部门收到上级或其他部门安全管理信息后的处理做出规定，如做好收悉登记，及时组织传达、学习，并按要求贯彻实施等。

公司在其他文件中对信息的处理有明确规定的应按相关规定执行，如航海图书资料、船舶技术资料等处理。

（5）船员口头和书面交流能力的要求

公司应对船员的语言交流能力、阅读能力和表达能力等方面做出具体规定，如能讲汉语普通话，能用规范的语言进行交流，听力正常，能看懂用中文书写的相关信息，其他还可以包括能使用英语、方言、手势、肢体语言等。

公司还可对船员在工作期间如何提高其交流能力做出规定，如通过岗位培训，使有关船员熟悉、掌握工作中涉及的基本常用的专业、技术术语及有关信号、手势，提高船长和高级船员的中文书写和表达能力等。

## （七）船上操作方案的制订

公司应建立程序，对船上操作方案、须知、检查清单的制订过程做出规定，规范船上关键性操作的行为，对已标明的船上关键性操作制订相应的方案、须知、检查清单，明确有关工作的适任人员等。

1. 船上关键性操作的标明结果和动态标明

（1）公司对船上关键性操作的标明结果应包括：

①法律、法规和有关规定的要求；

②行业组织的建议和指南；

③公司所管理船舶的种类和航区的特点及管理实践等。

（2）在安全管理体系建立初期，公司应当按照以上规定，对船上关键性操作在组织评审后予以标明。

(3)公司应对关键性操作的动态标明过程做出规定,包括新增关键性操作标明项目建议的提出、评审、批准,已标明项目的修改等。在发生下列情况时应特别引起关注:

①船舶的航线、航区、载运的货物发生较大变化;

②公司船种的变化;

③船舶的设备和设施发生重大变化;

④公司内外部环境发生变化;

⑤其他同类船舶发生事故、险情;

⑥船上实际操作的需要等。

2. 船上关键性操作方案、须知、检查清单的制订

(1)公司应对制订船上关键性操作方案、须知、检查清单等过程做出规定,包括起草、会审或评审、审核、批准和纳入体系文件控制等,具体可按文件控制的相关规定执行。

(2)公司在编写操作方案、须知、检查清单时应考虑:

①相关设备和设施的使用或操作说明书;

②满足强制性规则的规定;

③对建议性的指南和标准予以考虑;

④公司的特殊要求;

⑤满足船舶特殊操作的需要;

⑥海员的通常做法和良好船艺的要求;

⑦编写人员的适任条件;

⑧具体操作人员的适任要求等。

(3)对已标明的船上关键性操作,应当明确与之相对应的操作方案、须知、检查清单,并根据实际情况对已制订的关键性操作方案、须知、检查清单及时进行调整。

## (八)应急准备

安全管理规则第八章应急准备部分,按照其内容和要求,可以分为应急准备、应急演习和训练两方面的工作。

1. 应急准备

公司应建立程序,对船上可能出现紧急情况的标明、描述和反应做出规定,确保在任何时候对船舶面临的紧急情况采取有效措施,更好地控制局面,避免或减少损失。应急准备工作的主要环节包括紧急情况的标明,紧急情况的描述,应急反应措施的制订,紧急情况的报告、评估和反应,紧急情况反应过程,船舶保安计划等。

(1)紧急情况的标明

公司应根据航运界公认的风险,结合所管理船舶的种类及其结构和设备、航区和航线等特点,标明可能的紧急情况。

在安全管理体系建立初期,公司应对船舶可能遇到的紧急情况在组织评审后予以标明。

公司应对紧急情况的动态标明过程做出规定,包括新增紧急情况标明项目建议的提出、评审、批准,已标明项目的修改、描述和反应措施的制订等。

新增紧急情况标明的来源可能包括船舶日常营运过程的监控;对事故和险情的分析;内审、有效性评价和管理复查;船舶营运中存在的风险;主管机关和行业组织的建议或要求等。

在评审中应考虑以下因素：已造成船舶损坏、沉没、人员伤亡、货物损失、环境污染的事故及可能导致上述事故的险情。

（2）紧急情况的描述

公司应对已标明的各种紧急情况进行描述，描述的内容包括紧急情况的发生、发展、表现形式、发生的部位、可能产生的危害、已采取的措施、可能达到的效果、通航环境情况和有关气象情况（包括风、浪、流及未来的天气变化情况等）及需要何种援助等。

描述的方式可通过船舶报告和公司询问等形式予以体现。公司应在相关程序中进行简要叙述，具体的内容和要求可在船舶紧急情况报告表和岸基查询表中予以明确，且至少应包括前述的内容。

（3）应急反应措施的制订

公司应对已标明的各种紧急情况制订岸基和船舶的应急反应措施。

在制订船舶应急反应措施时，应全面考虑紧急情况在各个发展阶段、各个发生部位等的特点，从而制订有针对性的反应措施。比如在初始阶段和无法控制时等不同阶段所采取的灭火方式及在货舱、机舱或生活区等不同部位发生火灾所采取的不同灭火方式等。

公司可另行制订应急反应须知，充分考虑油污应急与计划、船上海洋污染计划等的要求，结合船舶实际情况明确编制应变部署表、船舶溢油应急部署表、应变部署卡等，将每项应急职责落实到相关人员。

公司应明确岸基的应急反应措施。岸基的应急反应措施包括提供技术指导、资源保障、联系外围救援力量等。公司在明确应急预案职责时，应充分考虑包括紧急情况报告接收人员在内的相关人员的能力和资历情况，以便做出有效反应。

（4）紧急情况的报告、评估和反应

公司应对船上发生紧急情况报告的责任人、方式和途径做出规定，并明确具体措施以保持船岸 24 小时联系渠道畅通（可在其他文件中做出具体规定）。

接收报告的人员应对所获得的紧急情况信息进行分析判断，评估船舶所处的危险局面和程度，针对不同的局面和危险程度采取相应的措施。公司应对接收报告人员的技能予以充分考虑，以便做出合理判断并采取相应的措施。

公司可以根据船舶所处的不同局面，采取相应措施，如保持并加强船岸之间的通信联系、提供岸基支持和技术指导、岸基应急小组采取相应措施等。

（5）紧急情况反应过程

具体应急反应过程可参照船舶紧急情况反应简要流程图。

（6）船舶保安计划

船舶保安是船舶应急反应的一部分，船舶保安计划等相关文件应与安全管理体系有机结合，注意文件之间的衔接。

*2. 应急演习和训练*

公司应对应急演习和训练工作做出明确规定，通过训练和演习不断提高船岸人员应急反应技能，确保在船舶面临紧急情况时做出有效反应。应急演习和训练的控制环节包括应急演习和训练周期、内容、计划以及实施。

（1）应急演习和训练周期

公司应确定船舶应急演习和训练的周期，并考虑下列因素：

满足强制性规则规定的要求，如弃船和消防演习每月一次；若一次调换船员达25%以上或未参加本船上一个月弃船演习和消防演习的人员达25%以上，则该船在离港后24小时内应进行弃船和消防演习；应急操舵、堵漏演习每3个月一次；封闭舱室遇险人员的救助每2个月一次；对救生、消防设备的操作训练应以2个月为一个周期；如果船员到船2周内船舶未进行救生消防设备的使用训练，则应对该船员进行单独训练等。

公司其他相关文件有规定的从其规定，如溢油演习的周期应按船舶的油污应急计划、船上海洋污染应急计划等规定执行。

对强制性规则规定未做出要求的，公司应确定相应的演习和训练周期。原则上对已标记其他紧急情况的船舶每年至少应有一次演习和训练。

公司应明确船岸联合演习周期，在确定船岸联合演习周期时应考虑公司所管理的船舶种类、对所标记的紧急情况的覆盖等因素。

公司应明确岸基应急演习和训练周期。

(2)船舶应急演习和训练内容

公司应对船舶应急演习的内容及其具体要求做出规定。公司应对船舶应急训练的内容做出规定，应结合训练手册一并予以考虑，例如：

①船舶各类救生设备的操作，如救生艇筏的登乘、降落和离开，救生衣和救生服的穿着，等等；

②船舶各类消防设备的操作，如大型$CO_2$灭火系统的操作、防火门的关闭等；

③船舶各类救生、消防设备的布置；

④低温保护、低温急救护理和其他合适的急救措施；

⑤在恶劣天气和恶劣海况下使用船舶救生设备的方法；

⑥各类应急信号和相关人员的应急任务；

⑦防污染器材的使用；

⑧堵漏器材的使用和堵漏方法、进水量估算方法；

⑨急救医疗方法和要求；

⑩应急舵的操作等。

(3)岸基应急演习和训练内容

公司应对岸基应急演习和训练的内容做出规定。演习内容可根据船岸应急反应的有关规定予以明确，岸基训练内容可包括：

①相关海图、航海图书资料的提取；

②船位标绘，气象分析，潮汐计算；

③船舶进水时进水量的估算；

④相关船舶图纸、资料的提供；

⑤与相关救援、医疗等机构的联络，与船员家属的联系；

⑥对船舶装载货物情况的提供；

⑦应急知识的讲解等。

(4)应急演习和训练计划

公司应对船舶应急演习和训练、岸基应急演习和训练、船岸联合演习计划的制订做出规定，明确计划制订时间、制订和审批责任人、计划的下发等。应急演习和训练计划内容应包括项目或内容、实施时间(月份)等。

(5)应急演习和训练实施

公司应明确应急演习和训练实施的相关要求,包括:

①明确应急演习和训练组和指挥的责任人员;

②明确应急演习和训练的参加人员;

③明确应急演习和训练的内容(可对在演习和训练前,相关责任人是否需制订相应的预案做出规定);

④明确应急演习和训练实施结果的评价人;

⑤明确应急演习和训练的记录要求等。

## (九)不符合规定情况、事故和险情的报告和调查分析

公司应建立程序,对不符合规定情况、事故和险情的处理做出规定,以便改进安全和防污染工作存在的不足。包括不符合规定情况、事故和险情的报告,调查分析,制订和落实纠正措施,纠正措施落实情况的验证等;其他还可能包括对不符合规定情况的定期汇总分析等。

1. 不符合规定情况、事故和险情的来源

公司应明确不符合规定情况、事故和险情可能的来源,如船岸人员的自查和检查,船舶日常管理、值班、操作、维护、训练和演习,相关人员对安全管理体系的监控和审核,外部机构的检查、检验、审核等。

2. 不符合规定情况、事故和险情的报告

(1)不符合规定情况的报告

公司应确定不符合规定情况的报告人、报告的方式和接收报告的责任人。对于不符合规定情况的报告途径和报告的接收人等,公司应从便于工作的角度做出规定,对不同来源的不符合规定情况可以规定不同的报告途径、处理方式和接收人。

(2)事故和险情的报告

公司应对事故和险情的报告做出规定,具体可包括:

①向公司报告;

②按《中华人民共和国海上交通事故调查处理条例》《中华人民共和国内河交通事故调查处理规定》等有关规定向主管机关报告;

③向行业主管部门报告,如港航管理部门、交通主管部门等。

3. 不符合规定情况、事故和险情的调查分析

(1)不符合规定情况的调查分析

公司应明确对不符合规定情况进行调查分析的责任部门和人员,明确调查分析应考虑的因素。公司应对不符合规定情况调查分析应考虑的因素做出具体要求,包括人、设备、环境和管理等方面,例如:责任人员的责任心,是否熟悉其职责、具备适任资格,是否经过相关培训,熟悉安全管理体系文件,对安全管理体系文件规定的背离程度;当时的工作环境及其他客观条件;安全管理体系文件是否存在偏差等。

(2)事故和险情的调查分析

公司应根据实际情况对事故和险情的调查分析做出规定,例如:根据事故种类,由各主管部门组织调查分析等,具体调查工作可参照《中华人民共和国海上交通事故调查处理条例》

《中华人民共和国内河交通事故调查处理规定》等有关规定进行现场调查、搜集证据并形成事故和险情调查报告。对事故险情调查人员的组成、调查要求,包括报告的形成等应做出具体要求(对事故和险情的处理应坚持“四不放过”原则,对其处理可另行制定相关规定)。

4. 制订纠正措施

公司应对纠正措施的制订做出规定,明确实施纠正的责任部门或人员、完成期限以及验证人员。

纠正措施可能包括:

①采取纠正行动;

②进行培训;

③制订新的安全管理体系文件或修改现有的安全管理体系文件;

④进行安全管理体系有效性评价或管理复查;

⑤对不适任的人员进行岗位调换;

⑥提供足够的资源支持和改善安全工作环境;

⑦必要时公司对其进行通报、吸取经验教训等。

5. 纠正措施的实施

责任人员应按纠正措施的要求实施纠正。

6. 验证

公司应对不符合规定情况、事故和险情纠正措施的验证工作做出明确规定,对达不到纠正效果的应提出处理要求并跟踪落实。

7. 汇总和分析

建议公司对不符合规定情况、事故和险情进行定期分析,如明确汇总分析时机、分析结果和通报要求、采取的措施等,汇总分析结果可作为安全管理体系有效性评价和管理复查的内容。

## (十)船舶和设备的维护

安全管理规则的第十章“船舶和设备的维护”部分,按照其内容和要求,可分为船舶和设备的维护、关键性设备和技术系统可靠性保障措施两方面工作。

1. 船舶和设备的维护

公司应建立程序,对船舶和设备维护工作做出规定,确保船舶及其设备处于良好的技术状态。船舶和设备维护过程的主要环节包括维护计划的制订,维护项目等的要求,维护计划的实施和监督,维护实施中记录报告的完善,航修和定期修理的工作制订,备件、物料和油料管理基本要求等。

(1)维护计划的制订

公司应对船舶及其设备维护计划的制订做出具体规定,包括:

①维护项目应包括船体结构、动力装置、辅助机械、装卸设备、通信导航和应急设备等船上所有设备和设施,必须涵盖公司所标明的船上关键性设备及技术系统。

②维护方式应包括定期检查、测试、保养及修理等,对具体某项维护项目和内容可考虑采用某种维护方式或几种维护方式结合起来实施。

③维护周期应根据船龄、航区和设备实际技术状况等具体情况确定，但不得超出有关规定（包括说明书规定）的间隔期。公司可建立船舶和设备维护周期和分工明细表。

④应明确船舶和设备维护计划的制订、审核和审批要求（包括时间、责任人），维护计划的表现形式可以是年度和月度分开制订，也可以是年度和月度一起制订。

⑤维护责任人应适任，一般由船舶和设备的主管人员负责。

（2）维护项目等的要求

公司应明确船舶和设备的年度维修项目、内容、方式、周期和责任人等维护要求，同时，对维护项目要明确实施的具体月份。月度维护项目在年度维护计划的基础上可适当调整，但要防止遗漏维护项目和维护内容。具体要求可以在其他文件中做出具体规定。

（3）维护计划的实施和监督

公司应明确维护计划的实施和监督检查要求，包括各类养护记录、养护实施情况和质量的监督以及有关人员对船舶和设备维护情况的检查周期、检查内容、检查方式、发现问题的分析和处理等。

（4）维护实施中记录报告的完善

公司应明确在船舶和设备维护方面发现的不符合规定情况及可能原因的报告、处理要求、应采取的纠正措施、各种维护记录的产生和保存等工作要求。报告方式和处理过程可与机务管理的具体工作相结合，如以月度维护报告、设备缺陷报告、航修工程单等形式向机务管理人员报告。

（5）航修和定期修理的工作制订

公司应对航修和定期修理工作制订具体的规定。具体要求可在其他文件中做出具体规定（如修理须知或修船须知）。

航修应考虑安排的及时性。航修可由船舶提出、岸基有关岗位负责安排或直接由船舶负责联系安排，如航修项目涉及船舶检验证书的有效性，还要对申请船舶检验做出规定。

定期修理应制订修理计划，可考虑年度修理计划的方式，明确计划的制订、审核和审批要求（包括时间、责任人），同时，要明确年度修理计划的具体实施（包括修理项目、修理内容的拟定、审批和落实）、修理质量、修理记录等工作要求。

（6）备件、物料和油料管理基本要求

公司应控制船上备件满足船舶建造规范的配备要求，为船舶和备件的预防检修、部件突发损坏时的抢修提供必要的备件保障。公司应明确船舶备件、物料的申请、供船、存放、保养和使用等管理要求。具体要求可以在其他文件中做出具体规定（如备件和物料管理须知、油料管理须知等）。

2. 关键性设备和技术系统可靠性保障措施

公司应建立程序，对船舶关键性设备和技术系统管理过程的控制做出规定，保障这些设备和系统安全可靠运行。船舶关键性设备和技术系统的管理过程主要包括标明及动态标明，制订和实施保障其运行可靠性的具体措施等工作环节。

（1）在安全管理体系建立时，公司应当对所管理船舶的关键性设备和技术系统进行标明。所标明的关键性设备和技术系统（标明结果）应体现公司所管理船舶种类、设备和操作的特点。

（2）公司应对船舶关键性设备和技术系统的动态标明过程做出规定，包括建议的提出、评

审、批准,已标明项目的修改。在发生下列情况时应特别引起关注:

①新增船种;

②船舶设备和技术系统变化;

③事故、险情和不符合规定情况的分析结果等。

(3)公司应对已标明的关键性设备和技术系统明确旨在提高其运行可靠性的具体措施,可从以下几方面考虑(不限于此):

①将关键性设备和技术系统纳入日常维护计划,并按相关规定进行定期维护。

②关键性设备和技术系统应定期进行功能试验或检测。

③关键性设备中有两台(套)或以上互为备用者应定期交替使用,并在开航前和进港(或抵港)前进行功能试验。

④对备用或非连续使用的装置、设备和系统,应进行定期测试,确保其使用功能可靠。

⑤对已标明的关键性设备和技术系统进行标记,可通过在相应的设备和系统上进行挂牌或标记、在船舶和设备维护计划中进行标注等方式予以警示。

⑥制订相关的操作规程,并张挂、执行,确保其操作的规范性和安全性。操作规程的制订应明确编制、审核和批准人员。

⑦对关键性设备和技术系统的维护、检查和测试等情况均应做出记录。

## (十一)文件

公司应建立程序,对安全管理体系文件和资料的控制做出规定,确保相关场所和人员能及时获得最新有效的安全管理体系文件和资料。安全管理体系文件和资料控制环节需要包括对内部文件的编制、审批、修改、发放、保存、废除、借阅等,对外部文件和资料的收集、评审、配备等。

### 1. 文件、资料的分类

公司应对文件和资料做出相应的分类,如文件包括内部文件和外部文件,资料包括航海图书资料和船舶技术资料以及内部资料等。

### 2. 内部文件的控制

(1)内部文件的编制

公司应对内部文件的编制过程做出具体规定,如编制计划的制订、审批;编制工作的分配方案;新增文件编制计划的审批等。同时对内部文件如何编制确定相应要求,如公司可另行制订文件编写须知。船上油污应急计划(或船上海洋污染应急计划)、船舶垃圾计划、船舶系固手册等应纳入公司的体系文件实施管理,对其编制应按照相关机构的有关要求进行。

(2)内部文件的审批

公司应规定编制内部文件的会签、审核、批准人员,明确文件会签要求,如文件涉及的相关部门、确认文件规定能否满足安全管理要求、确认文件规定都能得到执行、确认职责和工作接口是否明确等。

(3)内部文件的修改

公司应对内部文件修改做出具体规定,如文件更改申请的提出、审核、批准,更改内容的编写、审核、批准,以及修改文件的发放等。

(4)内部文件的发放

公司应确定内部文件的生效时间和发放范围。在生效时间上应考虑到船舶的流动性和员工熟悉文件需要一定的时间等因素;在发放范围上应考虑文件内容涉及的岗位、船舶种类等,具体可以文件配置表的形式确定。

公司应确定文件发放管理的责任人,并对发放的手续办理和发放方式做出相应的规定。发放方式可考虑通过电话、传真、邮件等方式先期传至相关人员和船舶。

(5)内部文件的保存

公司应明确内部文件的保存责任人和保管要求。

(6)内部文件的废除

公司应对作废内部文件规定相应的管理要求,例如:作废文件应及时撤离存放处所;如果作废文件要作为资料保存,必须清楚标记;其他作废文件应及时上交文件管理部门、经相关责任人核准后及时销毁等。

(7)内部文件的借阅

公司应规定内部文件借阅的相应管理要求,如借阅登记等。

3. 外来文件控制

公司应明确外来文件收集的责任要求,并确定外来文件收集的途径,如文件的接收、会议、走访、网络媒体等。

公司应确定外来文件的评审要求,包括确定相应的责任人、发放范围等,并根据评审结果提出处理意见,如纳入体系文件清单、编制或修改内部文件或作为信息下发等。

公司应确定外来文件的发放、废止、存放、借阅等的管理要求,具体可参照内部文件相应条款的管理内容。

4. 资料的管理

(1)公司应规定航海图书资料的管理要求

公司应明确航海图书资料包括的内容及其管理要求,如航海图书资料的申领、发放、登记、修改、保存、借阅等(可在其他文件中做出具体规定)。

(2)公司应规定船舶技术资料的管理要求

公司应明确船舶技术资料包括的内容及其管理要求,如船舶技术资料的登记、保存、借阅等(可在其他文件中做出具体规定)。

(3)公司应对内部资料的管理做出规定。

## (十二)公司审核、复查和评价

安全管理规则第十二章"公司审核、复查和评价"部分,按照其内容可分为内部审核、有效性评价和复查三方面工作。

1. 内部审核

公司应建立程序,对安全管理体系内部审核工作做出规定,确保安全管理体系正常运行。内部审核工作的主要环节包括年度内审计划、内审的准备、内审的实施、内审报告、内审不符合规定情况的处理及内审记录的管理等,其他还可能涉及内审员的管理等。

(1)年度内审计划

公司应对安全管理体系年度内审计划的制订时间、制订和审批责任人员、计划的下发等做出明确规定。年度内审计划内容应包括审核部门(或岗位)、实施时间(月份)等。在确定时机时应考虑到外审的安排及内审中不符合规定情况纠正期限的要求等。

公司在制订年度内审计划时,应充分考虑以下因素来确定对某些部门、船舶、岗位或整个公司实施内审的频次。

①外审工作的需要;

②上次内审时发现问题的数量和性质;

③体系运行初期或重要部门可适当增加;

④安全管理体系文件重大更改情况等。

岸基和船舶的内部审核每年不少于一次。

(2)内审的准备

内审组的组成:公司应根据年度内审工作需要选派合适的内审员组成审核组,开展相应工作。

内审计划的制订:

①公司应明确制订内审计划的责任人。

②内审组应根据内审的目的和任务,确定内审重点,分配审核任务,制订内审计划。

③内审计划主要包括内审范围、内审组成员分工、审核时间、审核地点、被审核的部门、各项审核活动的预计日期和持续时间以及首次、末次会议的安排等。

④在分配内审任务时,应考虑内审人员和被审核部门的关系,明确实施审核人员不应当从属于被审核的部门。

内审检查表的制定:内审任务明确后,内审员应编写相应的检查表。检查表是审核员进行审核的重要工具,是内审工作的关键环节,直接影响内审的质量。内审员应充分搜集公司日常安全管理信息,尤其是被审部门(或岗位)日常安全管理信息,明确现场审核的重点、方式等。

(3)内审的实施

公司应明确内审组根据内审计划开展内审工作。内审步骤主要包括首次会议、现场活动审核、内审组汇总分析、不符合规定情况的开列和确认、末次会议等。

(4)内审报告

公司应明确内审报告编制、审批的责任人及发放范围,并明确将内审报告告知所有人员,以引起足够的重视或采取相应措施。

(5)内审不符合规定情况的处理

公司应对内审不符合规定情况的处理做出规定,如被审核部门应对不符合规定情况进行确认,有关责任人应对不符合规定情况进行调查分析、制订并落实纠正措施,明确对纠正措施落实情况进行验证及其责任人。对内审中不符合规定情况的处理可在其他文件中做出具体规定。

(6)内审记录的管理

公司应对安全管理体系内部审核相关记录、材料的归档、登记等做出规定。

(7)内审员的管理

公司可对内审员的管理做出规定,如内审员的资格要求和内审员的培训等。

内审员的资格要求:具备一定专业知识、经过内审知识培训、掌握相应的审核方法和审核技巧等。

内审员培训:公司应对内审员的培训和知识更新做出规定,可在年度培训工作中一并考虑。

2. 有效性评价

公司应建立程序,对有效性评价工作做出规定,确保公司安全管理目标得以实现。有效性评价过程的主要环节包括有效性评价的形式、时机、内容、筹备、实施、结果、后续行动及归档等。

(1)有效性评价的形式

公司应明确安全管理体系有效性评价的形式,建议以会议的形式进行,并确定评价的组织者(如总经理或指定人员)和参加人员(如领导层、各部门负责人、船长等)。

(2)有效性评价的时机

公司应对评价开展时机做出规定。通常有效性评价每年至少一次,一般安排在公司岸基安全管理体系内审结束后或外审前进行。公司可考虑在特殊情况下增加评价的频次,如存在系统性不符合的情况、对体系运行有效性提出质疑、出现严重不符合规定情况等。

(3)有效性评价的内容

公司应明确安全管理体系有效性评价的内容,通过对以下项目的评价得以实施:

①评价公司组织机构的符合性和合理性;

②评价人员的适岗情况和资源配备的合理性;

③评价公司安全管理体系文件的符合性、充分性、适宜性和可操作性;

④评价安全管理活动的符合性、有效性和连续性;

⑤评价安全和环保目标(或指标)的实现程度等。

(4)有效性评价的筹备

公司应对有效性评价计划的制订、审批和下发做出规定。有效性评价计划应明确评价的目的、内容、参加人员、准备工作要求、时间安排等。

公司应对参加有效性评价人员根据评价计划的准备工作做出规定,包括根据评价内容准备相关资料、信息,对日常工作的开展情况进行评估。

(5)有效性评价的实施

有效性评价的实施主要包括:各相关人员汇报本岗位及其部门体系运行情况;相关职能部门通报内审情况和相关信息、船长复查结果及其处理情况、日常不符合规定情况、事故和险情的汇总分析;组织者通报安全管理目标的实现情况和存在的问题;与会人员对安全管理体系及其运行结果的符合性、适用性和有效性等进行分析,提出意见;组织者根据分析讨论情况做出结论,提出要求等。

(6)有效性评价的结果

公司应对根据有效性评价会议情况形成有效性评价报告做出规定,并明确有效性评价报告的制订、审批和下发责任人员。有效性评价报告的内容包括实施时间、参加人员、评价综述、主要结论和后续要求等。有效性评价报告应告知所有负有责任的人员及船舶。

(7)有效性评价的后续行动

公司应对相关责任人根据评价报告的要求(如有)制订纠正(或预防改进)措施、措施的落实及其效果验证做出规定。

(8)有效性评价的归档

公司应对有效性评价相关记录、材料的归档等做出规定。

3. 复查

公司应建立程序,对安全管理体系复查工作做出规定,确保安全管理体系得以改进和完善。安全管理体系管理复查工作的主要环节包括管理复查的形式、复查的时机、复查的筹备、复查的实施、复查的结论及复查的后续行动等。船长复查工作的主要环节包括复查的形式、时机和结果处理等。

(1)复查的形式

公司应明确复查的形式,建议以会议的形式进行。公司应明确管理复查的组织者(如总经理和董事长)和参会人员(如领导层、各部门负责人、船长等);船长是船上复查的组织者,其他高级船员参与船上复查工作。

(2)复查的时机

公司应对开展管理复查的时机做出规定。公司在确定管理复查的时机时可考虑以下情况:

①有效性评价结果;

②涉及船舶安全和防污染的法律法规发生重大变化;

③船舶发生重大事故,或连续发生事故或滞留;

④公司出现重大不符合规定情况;

⑤内外部安全管理体系审核结果表明有必要时;

⑥船种、经营战略、市场和环境及组织机构的重大变化;

⑦其他认为必要时等。

公司应对船长复查时机做出规定。一般应每年进行一次,通常在船舶内审前进行,但出现下列情形时船长应开展复查:

①船长正常离任前(或实际任职一定时间后离任);

②船舶发生一般以上事故和滞留情况;

③船长认为必要时。

(3)复查的筹备

公司应对管理复查计划的制订、审批和下发做出规定。管理复查计划应明确复查的目的、内容、参加人员、准备工作要求、时间安排等。

公司应对参加管理复查的人员根据复查计划的准备工作做出规定,包括根据复查内容准备相关资料、对日常工作的开展情况的评估等。

管理复查的内容应根据引起复查的缘由予以明确。如有效性评价所反映的问题、船舶事故和滞留情况、公司组织机构的重大变动情况、公司经营管理方针的变化等。

公司应对船长复查的筹备工作做出规定,明确参加人员、准备工作、时间安排及其内容等。通常,船长复查通过安全管理体系在船运行情况,分析、判断从而发现安全管理体系所存在的问题。具体可通过对以下活动的评估得以实施:

①船员培训情况;

②强制性规则规定和建议适用的标准指南执行情况;

③主管机关安全检查情况(如发现的缺陷、滞留的原因及纠正的情况等);

④不符合规定情况、事故和险情的处理情况；

⑤内外安全管理体系审核(如有)情况；

⑥安全管理体系运行有效性的评价；

⑦安全管理体系可操作性的评价等。

(4)复查的实施

管理复查(包括船长复查)的实施主要包括:组织者阐述复查的原因;参会人员根据复查原因和内容进行分析,提出改正或完善安全管理体系的方法、措施;组织者根据分析讨论情况做出结论意见等。

(5)复查的结论

公司应对管理复查报告的形成做出规定。

公司应明确管理复查报告的制订、审批和下发责任人员。管理复查报告的内容包括实施时间、参加人员、复查综述、主要结论和后续行动要求等。所形成的报告应告知所负有责任的人员和船舶。

公司应对船长复查报告的形成、上报等做出规定,要明确将船长复查结果和安全管理体系改进建议报告送至公司相关部门。

(6)复查的后续行动

公司应对相关责任人员根据管理复查报告的要求制订纠正措施、措施的落实及其效果验证做出规定。

公司应明确相关人员对船长复查报告所反映的问题做出处理的要求,并将其作为有效性评价和/或管理复查的输入。

(7)复查的归档

公司应对复查相关记录、材料的归档等做出规定。

### (十三)发证和定期审核

公司应在安全管理手册或其他相关文件中对初次审核、年度审核、中间审核、换证审核、附加审核、临时审核的申请和符合证明、安全管理证书的保管及管理做出明确的规定。

### (十四)核发临时证书

公司应在安全管理手册或其他相关文件中对公司和船舶申请临时审核的条件及相关事宜做出明确的规定。

### (十五)审核管理

安全管理规则的第十五章是对审核发证机构的要求,公司应充分考虑到关于安全管理体系审核发证的有关程序和要求。

# 项目三

# 国际海事公约

## ☞［学习目标］

根据《海船船员培训大纲(2021版)》的规定,需要了解和掌握:

1. 了解SOLAS公约;

2. 掌握港口国监督概述、港口国检查、违规与滞留、操作性要求监督指南、ISM规则港口国监督导则、最低配员的标准和发证、港口国检查备忘录组织(本项不适用沿海航区);

3. 了解国际载重线公约;

4. 了解STCW公约;

5. 了解国际卫生条例;

6. 了解海事劳工公约;

7. 了解联合国海洋法等国际公约。

本章内容适用于500总吨及以上海船的三副。

# 单元一 国际海上人命安全公约

## 一、公约简介

### （一）功用

《国际海上人命安全公约》(The International Convention for the Safety of Life at Sea, SOLAS公约)是一个旨在对船舶及设备、船员操作、公司管理和船旗国管理等实施有效控制,从而保障海上人命安全的国际公约,也是保障海上人命安全方面最古老、最重要的公约。现行SOLAS公约为《1974年国际海上人命安全公约》(SOLAS 1974),该公约于1980年5月25日起生效。我国政府于1980年1月7日核准了该公约。SOLAS 1974的1978年议定书和1988年议定书分别于1981年5月1日和2000年2月3日生效。

SOLAS公约每年均有诸多修正案,这些修正案大多按照"默认程序"生效。

### （二）构架

SOLAS公约的结构为:公约正文条款、1988年议定书、公约附则、公约附件和附属于公约的单项规则。

SOLAS 1974的附则共14章,即:

第1章 总则;

第2章 构造;

第3章 救生设备与装置;

第4章 无线电通信设备;

第5章 航行安全;

第6章 货物和燃油运输;

第7章 危险货物运输;

第8章 核能船舶;

第9章 船舶安全营运管理;

第10章 高速船的安全措施;

第11-1章 加强海上安全的特别措施,第11-2章 加强海上保安的特别措施;

第12章 散货船的附加安全措施;

第13章 符合性验证;

第14章 极地水域营运船舶的安全措施。

鉴于SOLAS公约内容的迅速扩充,现在大多采用简单明了的公约附则,而将其技术细则集中成单项规则置于公约附则之外。这些单项规则包括:

《国际消防安全系统规则》(FSS规则);

《国际救生设备规则》(LSA规则);

《国际海运危险货物规则》(IMDG规则);

《国际海运固体散装货物规则》(IMSBC 规则);
《货物积载和系固安全操作规则》(CSS 规则);
《船舶装运木材甲板货安全操作规则》(CTDC 规则);
《国际散装谷物安全装运规则》(IBGC 规则);
《散货船安全装卸操作规则》(BLU 规则);
《国际散装运输危险化学品船构造和设备规则》(IBC 规则);
《国际散装运输液化气体船舶构造和设备规则》(IGC 规则);
《国际高速船安全规则》(HSC 规则);
《国际船舶安全营运和防止污染管理规则》(ISM 规则);
《国际船舶和港口设施保安规则》(ISPS 规则);
《完整稳性规则》(IS 规则);
《船上噪声等级规则》(Noise 规则);
《极地水域船舶航行安全规则》(Polar 规则)等。

### (三)适用范围

SOLAS 1974 仅适用于从事国际航行的船舶,但不适用于总吨位小于 500 总吨的货船、军用舰艇和运兵船、非机动船、制造简陋的木船、非营业性的游艇和渔船。

SOLAS 1974 各章节的适用范围有所不同,各章节另有具体规定。

## 二、船舶检验与证书

SOLAS 1974 要求缔约国无论采取何种方式,都应充分保证船舶检验和检查的全面性和有效性。

缔约国所属船舶经检验合格并取得相应证书后才能从事国际航行。对非缔约国船舶,保证不给予更为优惠的待遇。

### (一)检验的种类

1. 客船的检验

客船应接受下列规定的检验:

(1)初次检验:在船舶投入营运前进行。

(2)换证检验:每 12 个月进行一次。

(3)附加检验:在船舶发生事故或发现缺陷而进行修理后,或在进行任何重大的修理或换新后,根据情况进行的全面或部分的检验。

2. 货船救生设备和其他设备的检验

500 总吨及以上的货船的救生设备和其他设备应接受下列规定的检验:

(1)初次检验:在船舶投入营运前进行。

(2)换证检验:间隔期不超过 5 年。

(3)定期检验:在货船设备安全证书的第 2 个或第 3 个周年日的前或后 3 个月内进行,该检验应替代 1 次年度检验。

（4）年度检验：在货船设备安全证书的每一周年日的前或后3个月内进行。定期检验和年度检验应在货船设备安全证书上签署。

（5）附加检验：在船舶发生事故或发现缺陷而进行修理后，或在进行任何重大的修理或换新后，根据情况进行的全面或部分的检验。

3. 货船无线电装置的检验

300总吨及以上的货船的无线电装置应接受下列规定的检验：

（1）初次检验：在船舶投入营运前进行。

（2）换证检验：间隔期不超过5年。

（3）定期检验：在货船无线电安全证书的每一周年日的前或后3个月内进行。定期检验应在货船无线电安全证书上签署。

（4）附加检验：在船舶发生事故或发现缺陷而进行修理后，或在进行任何重大的修理或换新后，根据情况进行的全面或部分的检验。

4. 货船结构、机器和设备的检验

500总吨及以上的货船的结构、机器和设备应接受下列规定的检验：

（1）初次检验：在船舶投入营运前进行，包括船底外部的检查。

（2）换证检验：间隔期不超过5年。

（3）中间检验：在货船构造安全证书的第2个或第3个周年日的前或后3个月内进行，该检验应替代1次年度检验。

（4）年度检验：在货船构造安全证书的每一周年日的前或后3个月内进行。

（5）船底外部检查：在任何5年期内，应至少进行2次检查。但在任何情况下，任何2次这种检查的间隔期不得超过36个月。

（6）附加检验：在船舶发生事故或发现缺陷而进行修理后，或在进行任何重大的修理或换新后，根据情况进行的全面或部分的检验。

中间检验、年度检验和船底外部检查均应在货船构造安全证书上签署。

### （二）检验后状况的维持

（1）应保持船舶及其设备状况符合本公约的各项规定，以确保船舶在所有方面保持适于出海航行而不危及船舶及船上人员。

（2）对船舶进行的任何检验完成后，未经主管机关许可，已经检验的结构布置、机器、设备及其他项目均不得做任何变动。

（3）当船舶发生事故或发现缺陷，对该船的安全或救生设备或其他设备的有效性或完整性产生影响时，该船船长或船东应尽早向负责签发有关证书的主管机关、指定的验船师或认可的组织报告。该主管机关、指定的验船师或认可的组织应立即着手调查以确定是否需要进行必要的检验。如果该船在另一缔约国的港口内，船长或船东还应立即向该港口国的有关当局报告，而指定的验船师或认可的组织应查明是否已进行了此项报告。

### （三）船舶安全证书的签发或签署及有效期

1. 安全证书的签发或签署

（1）船舶经初次检验或换证检验，符合SOLAS公约要求的，主管机关签发下列证书：客船安全证书;货船构造安全证书,货船设备安全证书,货船无线电安全证书(货船安全证书可取代货船构造安全证书、货船设备安全证书、货船无线电安全证书);免除证书。

(2)这些证书均应由主管机关或其授权的任何个人或组织签发或签署,在任何情况下,主管机关均应对该证书负有全部责任。

(3)缔约国政府应主管机关的申请,可对船舶进行检验,如确信符合本公约规则的要求,应按规定对该船签发或授权签发证书,并在适用时为该船证书进行签署或授权签署。

2. 安全证书的有效期

(1)客船安全证书的有效期自签发之日起不应超过12个月。货船构造安全证书、货船设备安全证书和货船无线电安全证书的有效期应由主管机关规定,但自签发之日起不得超过5年。免除证书的有效期不得超过与该证书相关的证书的有效期。

(2)换证检验后证书有效期

①如换证检验在现有证书期满之日前3个月内完成,则新证书应从该换证检验完成之日起:对客船,自现有证书期满之日起不超过12个月的日期内有效;对货船,自现有证书期满之日起不超过5年的日期内有效。

②如换证检验在现有证书期满之日后完成,则新证书应从该换证检验完成之日起:对客船,自现有证书期满之日起不超过12个月的日期内有效;对货船,自现有证书期满之日起不超过5年的日期内有效。

③如换证检验在现有证书期满之日前3个月前完成,则新证书应从该换证检验完成之日起:对客船,自换证检验完成之日起不超过12个月的日期内有效;对货船,自换证检验完成之日起不超过5年的日期内有效。

(3)除客船安全证书外,如果所发证书的有效期限少于5年,在进行相应检验的情况下,主管机关可延长证书的有效期至其最长期限。

(4)如果换证检验已完成,而新证书在现有证书期满之日前不能签发或不能存放在船上,主管机关授权的人员或组织可在现有证书上签署,签署后的证书自期满之日起不超过5个月的期限内应视为有效。

(5)如果证书期满时船舶不在应进行检验的港口,在正当合理的情况下,主管机关可延长该证书的有效期,但此项展期仅以能使船舶完成其驶抵上述港口航次为限。展期期限不得超过3个月,经展期的船舶在抵达应进行检验的港口后,不得因有此项展期而在未获得新证书前驶离该港口。

(6)发给短途航行船舶的证书未按规定展期的,主管机关可给予自该证书期满之日起至多1个月的宽限期。

### (四)船舶安全证书的终止有效

在下列情况下船舶安全证书终止有效:

(1)船舶在规定期限内,未进行规定的检查或检验时;

(2)证书未按本规则的规定予以签署时;

(3)船舶变更船旗国时。

## 三、构造

### （一）驾驶台对推进机器的控制

（1）来自驾驶台对推进机器的指令，应能在主机控制室或适当的推进装置控制位置显示。

（2）对推进机器的遥控在同一时间只能在一处进行。在每一控制地点应有一个指示器以指明哪个控制地点正在控制推进机器。驾驶室和机器处所之间的控制转换应当只能在主机处所或主机控制室内进行。

（3）对于安全操作船舶所必需的所有机器，即使自动或遥控系统的任何部分发生故障，也应能就地进行控制。

（4）自动遥控系统的设计应使其在发生故障时能发出报警。除主管机关认为不可行外，螺旋桨的预设转速和推力方向应保持到进行就地控制为止。

（5）驾驶室应安装指示器，以指示固定螺距桨的转速和转动方向或可调螺距桨的转速和螺距位置。

（6）起动失败的连续自动起动次数应加以限制，以确保足够的起动空气压力。应设有报警装置，以指示仍然能进行推进装置起动操作的最低起动空气压力。

### （二）驾驶室与机器处所之间的通信

（1）应至少设有两套独立的设备，将驾驶室的指令传至机器处所或控制室中通常控制发动机的位置，其中一套应为在机器处所和驾驶室均能以视觉方式显示指令和响应的车钟。其他能控制发动机的任何处所也应配备适当的通信设备。

（2）对于1994年10月1日或以后建造的船舶，适用规定如下：从驾驶室到机器处所或控制室中通常控制推进器速度和方向的位置上至少应设置两套独立的通信设施，其中一套应为在机器处所和驾驶室均能直接显示指令和回令的车钟。其他任何可以控制推进器速度和方向的位置也应配备适当的通信设施，以便接收来自驾驶室和机舱的指令。

### （三）应急电源

（1）船舶应设有一个独立的应急电源。当船舶横倾达22.5度或纵倾达10度或在这些范围内的任何组合的倾角时，能向规定的场所全额、定功率供电。对于应急供电时间，客船应能保证36小时、货船应能保证18小时，但货船的救生艇、筏登乘集合地点、登乘地点及其外的应急照明的供电时间只需保证3小时。

（2）应急电源可以是一台独立的发电机，当主发电机发生故障时，应急发电机应能自动起动。应急电源也可以是一组蓄电池。

### （四）应急拖带程序

船舶须配备船舶专用应急拖带程序。该程序须备于船上供应急情况下使用，并须根据船上现有装置和可用设备制订。

### （五）噪声的防护

1 600总吨及以上船舶的构造应按《船上噪声等级规则》降低船上噪声并保护人员免受噪

声伤害。

## 四、航行安全

### (一)船舶配员要求

(1)适用公约的每艘船舶,应备有一份由主管机关签发的最低安全配员证书或等效文件。船舶实际配员不得低于最低安全配员证书或等效文件的要求。

(2)对所有船舶,为确保船员有效履行安全事项,应规定一种工作语言并将其记录于船舶航海日志。

(3)适用公约的船舶上,应使用英语作为驾驶台的工作语言,用以进行驾驶台对驾驶台、驾驶台对岸的安全通信以及用于引航员和驾驶台值班人员之间在船上的通信,除非直接参与通信的人员都讲英语以外的一种共同语言。

### (二)船载航行系统和设备的配备要求

(1)不论船舶尺度,所有船舶应具有:

①1台不依赖于任何动力的标准磁罗经;

②1只不依赖于任何动力的方位盘或罗经方位装置;

③用于随时按真实值校正艏向和方位的装置;

④纸质海图和航海出版物,或电子海图显示与信息系统(ECDIS);

⑤海图和航海出版物的功能全部或部分由电子装置来完成时,需配置ECDIS的后备装置,如合适的对开纸质航海图;

⑥1台全球导航卫星系统或陆地无线电导航系统的接收机;

⑦若船舶驾驶台是完全封闭的或除非主管机关另有规定,1套声音接收系统,使得值班驾驶员能够听到声音信号并确定其方向;

⑧1部电话,用于同应急操舵位置交换航向信息;

⑨驾驶室航行值班报警系统(BNWAS)。

(2)所有300总吨及以上的国际航行船舶、500总吨及以上的非国际航行货船以及不论尺度大小的客船,应配备1台自动识别系统(AIS),该设备应:

①自动向配有相应设备的岸台、其他船舶和飞机提供信息,包括船舶识别码、船型、船位、航向、航速、航行状况以及其他与安全有关的信息;

②自动从其他装有类似设备的船舶接收这种信息;

③监视和跟踪其他船舶;

④与岸基设施交换数据。

(3)所有500总吨及以上的船舶,还应设有:

①1台陀螺罗经;

②1台陀螺罗经艏向复示器;

③1台陀螺罗经方位复示器;

④舵、螺旋桨、推力、螺距和工作模式指示器,所有这些指示器都应在指挥驾驶位置清晰可读;

⑤1 台自动跟踪仪。

(4)所有 3 000 总吨及以上的船舶,还应设有:

①1 台 3 吉赫雷达,或第 2 台 9 吉赫雷达;

②第 2 台自动跟踪仪。

(5)所有 10 000 总吨及以上的船舶,还应设有:

①1 台自动雷达标绘仪,与 1 台指示船舶相对于水的航速和航程的装置相连,用于自动标绘至少 20 个其他目标的距离和方位;

②1 套艏向或航迹控制系统。

(6)所有 50 000 总吨及以上的船舶,还应设有:

①1 台回转速率指示仪,用于确定和显示回转速率;

②1 台航速和航程测量装置,用于指示船舶前进方向和横向的相对于地的航速和航程。

(7)从事国际航行的所有客船、客滚船以及 2002 年 7 月 1 日或以后建造的 3 000 总吨及以上的所有其他船舶,应按要求配备航行数据记录仪(VDR)。从事国际航行的未配备 VDR 的现有货船,应配备简易的航行数据记录仪(S-VDR)。

(8)对从事国际航行的客船和 300 总吨及以上的货船,应配备船舶远程识别和跟踪(LRIT)设备。船长在特殊的情况下可以关闭 LRIT 设备或不提供 LRIT 信息。

(9)从事国际航行的船舶应按要求装设 ECDIS。

### (三)引航员登离船装置

1. 一般规定

(1)供引航员登离船使用的所有装置均应能达到使引航员安全登离船的目的。它们只能用于人员的登离船。

(2)引航员登离船装置的安放和引航员的登离船,应由负责的驾驶员进行监督。该驾驶员应配有能与驾驶台联系的通信设备,还应安排和护送引航员经由安全通道前往和离开驾驶台。

2. 登离船装置

(1)应提供使引航员在船舶的任意一舷都能安全地登离船的装置。

(2)所有船舶,当从海平面至船舶入口或出口处的距离超过 9 米,并欲将舷梯或其他安全方便的装置与引航员软梯一起供引航员登离船使用时,应在每舷装有这种设备,除非该设备可被移动以供任一舷使用。

(3)引航员软梯应:

①爬高不小于 1.5 米,离水面高度不超过 9 米;

②避开任何可能的船舶排放孔;

③在平行船体长度范围内,并尽可能在船中一半船长范围内;

④每级踏板稳固地紧靠船舷;

⑤单根长度应能从船舶的入口或出口处抵达水面,应为所有装载状况和船舶纵倾及 15 度的不利横倾留出充分的余量;

⑥水面至登船处的距离超过 9 米时,应用一个舷梯或其他同样安全方便的装置与引航员软梯相连,舷梯的设置应导向船尾。

3. 船舶甲板入口

须配备供人员登离船的装置，以确保在引航员软梯的上端或任何舷梯或其他设施的上端与船舶甲板之间有安全、方便和无障碍的通道。如果这种通道是：

(1)在栏杆或舷墙中开门，并应设有适当的扶手。

(2)舷墙梯，则须设有两根扶手支柱，其基部或接近基部处以及较高的几处应以刚性方式系固在船舶结构上。舷墙梯须牢牢地固定在船舶上，以防翻转。

4. 舷门

供引航员登离船用的舷门不应向外开启。

5. 引航员机械升降器

不应使用引航员机械升降器。

6. 相关设备

在人员登离船时，应准备好下述设备以便随时可用：两根直径不小于 28 毫米且不大于 32 毫米的安全绳、带有自亮灯的救生圈、撇缆绳、支柱和舷墙梯。

7. 照明

须配备充足照明，以照亮舷外的登离船装置和甲板上人员登离船位置。

### (四)每日报告

每艘 500 总吨及以上、航程超过 48 小时的国际航行船舶应向其公司提交每日报告，公司应保留该报告和航行期间的所有后续每日报告。每日报告可通过任何方式发送，但应在报告中所述船位确定后尽快发送至公司。可使用自动报告系统，但自动报告系统应包括其发送内容的记录功能，并且这些功能以及与定位设备的接口应由船长定期核验。报告应包含下列内容：船舶的位置；船舶的航向和航速；影响船舶航行或船舶正常安全营运的任何外部和内部状况的细节。

### (五)危险通报及要求的信息

每艘船的船长如遇到危险的冰、漂浮物，或其他任何对航行的直接危险，或热带风暴，或伴随强风的低于冰点的气温致使上层建筑严重积聚冰块，或者未曾收到暴风警报而遇到蒲福风级 10 级或 10 级以上的风力时，均有责任自行采取一切措施将此信息通知附近各船及主管当局。发送这种信息的形式不受限制，可用明语(最好用英文)或国际信号码语发送。

在危险通报中要求有下列信息：

(1)冰、漂浮物及其他对航行的直接危险

①所观测到的冰、漂浮物或危险的种类。

②最后所观测到的冰、漂浮物或危险的位置。

③最后所观测到的危险的时间和日期(协调世界时)。

(2)热带气旋(风暴)

①遭遇热带气旋的报告书。每当船长有充分理由确信附近正在形成或存在热带气旋时，即须发送信息。

②观测的时间、日期(协调世界时)和船舶的位置。

③在通报中应尽可能包括下列信息：

(a)气压,最好是修正过的气压;

(b)气压趋势(过去3小时内气压的变化);

(c)真风向;

(d)风力(蒲福风级);

(e)海况(小浪、中浪、大浪、巨浪);

(f)涌级(低、中、巨)及涌浪来自的真方向,涌的周期或长度(短、中、长);

(g)船舶真航向及航速。

(3)在船长已报告热带气旋或其他危险的风暴后,只要该船仍处于受风暴影响的情况下,建议船长(但非强制性)在可行时做进一步观测并每小时发一次通报,但无论如何间隔期不宜超过3小时。

(4)虽未收到风暴警报,但风力已达蒲福风级10级或10级以上

当遇到这种风暴时,通报中可不包括有关海况和涌级的细节。

(5)伴随强风的低于冰点的气温致使上层建筑严重积聚冰块

①时间和日期(协调世界时)。

②气温。

③海水温度(如可行)。

④风力和风向。

## (六)遇险通信义务及程序

(1)处于能提供援助位置的船舶的船长在收到来自任何方面的关于海上人员遇险的信息后,有义务立即全速前往提供援助,如有可能并通知遇险人员或搜救机构,本船正在全速前往援助中。不论遇险人员的国籍或身份或其被发现时的状况,均适用于提供援助的义务。如果收到遇险报警的船舶不能前往援助,或因情况特殊,认为前往援助不合理或不必要,该船长必须将未能前往援助遇险人员的理由载入航海日志,并考虑到IMO的建议,通知相应的搜救机构。

(2)遇险船舶的船长或有关的搜救机构在尽可能与应答过遇险信号的各船船长协商后,有权召请其中被遇险船舶的船长或搜救机构认为最有能力给予援助的一艘或数艘船舶,被召请的一艘或数艘船舶的船长有义务履行应召,继续全速前往援助遇险人员。

(3)当船长获知一艘或数艘其他船舶已被召请并正在履行应召,而其船舶未被召请时,应予解除前往援助的义务。如有可能,应将这个决定通知其他被召请的船舶和搜救机构。

(4)当一艘船舶的船长从遇险人员或搜救机构或已抵达遇险人员处的另一船舶的船长那里获知不再需要提供援助时,应予解除立即前往援助的义务;如果其船舶已被召请,则不予解除履行应召义务,继续全速前往援助遇险人员。

(5)对被救上船的海上遇险人员,船长应在船舶能力和条件范围内,给予他们人道待遇。

## (七)操舵装置的试验和演习

(1)船舶开航前12小时内,应由船员对操舵装置进行核查和试验。

(2)核查和试验应包括:

①按照所要求的操舵装置能力进行操满舵试验;

②操舵装置及其联动部件的外观检查;

③驾驶室与舵机舱之间通信手段的工作试验。

(3)在驾驶室及舵机舱内,应有永久显示操舵装置遥控系统和操舵装置动力装置转换程序的简单操作说明,并附有方框图。

(4)所有与操舵装置的操作和/或维修有关的船舶驾驶员,应熟悉装在船上的操作系统的操作以及从一个系统转换到另一个系统的程序。

(5)除上述常规核查和试验外,至少每3个月应进行一次应急操舵演习,以练习应急操舵程序。应急操舵演习应包括在操舵装置室内的直接控制、与驾驶室的通信程序,以及转换动力供应的操作(如适用)。

(6)对于从事短期航行的船舶,主管机关可免除上述开航前的核查和试验的要求,但这些船舶每周至少应进行一次这样的核查和试验。

(7)进行核查和试验的日期,以及进行应急操舵装置演习的日期和详细内容应做记录。

### (八)安全航行和避免危险情况

(1)船长在开航前应确保预定航程已根据有关区域的相应海图和航海出版物做了计划。

(2)航程计划应确定一条航线,该航线应:

①考虑任何相关的船舶航线划定系统;

②确保有足够的海上水域空间作为船舶全航程的安全通道;

③预计所有已知的航行危险和不利的天气条件;

④考虑适用的海洋环境保护措施,并尽可能避免可能对环境造成破坏的行为和活动。

### (九)船长决定权

船东、租船人、船舶经营公司或任何他人均不得阻止或限制船长根据其专业判断做出或执行为海上人命安全和保护海洋环境所必需的任何决定。

## 五、货物和燃油运输

### (一)货物资料

(1)托运人应在装货前及早向船长或其代表提供关于该货物的相应资料,以便能实施为此种货物的正确积载与安全运输所必要的预防措施。此类资料应在货物装船前以书面形式和相应的运输单证予以确认。

(2)货物资料应包括:

①对于杂货和以货物单元运输的货物,应有货物的一般说明、货物或货物单元的毛重和货物的任何有关特性;

②如为固体散货,《国际海运固体散装货物规则》(IMSBC 规则)要求的资料。

(3)在货物单元装船前,托运人应确保这类货物单元的毛重与运输单证中的毛重一致。

(4)如果货物载运在集装箱中,除了在底盘或拖车上载运的集装箱托运上/下的短途国际航行的滚装船以外,总重量应由承运商验证,或通过:

①校正和核准的设备对包装集装箱称重;或

②对所有包装和货物的称重,包括托盘、垫舱材料和其他打包至集装箱上系固的材料重

量，使用集装箱包装完成时所在的政府主管当局批准的认可方法，将集装箱的皮重加到每一单块重量总和上。

（5）集装箱承运商应确保验证总重量描述在承运文件中，承运文件应：

①由承运商特别授权的人签字；且

②足够提前地提交给船东或其代表和目的地代表，如果船东或其代表要求，应用来准备船舶积载图。

（6）如果承运文件，就包装集装箱而言，没有提供验证总重量，且船东或其代表和目的地代表没有获得包装集装箱的验证总重量，其不应装载上船。

### （二）谷物以外固体散装货物的特别规定

1. 装运的可接受性

在固体散装货物装船前，船长应获得关于船舶稳性和标准装载状态下货物分布的综合资料。提供此种资料的方法，应使主管机关满意。

2. 散装固体货物的装卸和积载

（1）码头代表是指船舶装卸货物的码头或其他设施使用方指定的人员，其负责该码头或设施对特定船舶进行作业。

（2）为防止船体结构中产生过大应力，船舶应配备一份手册，其应使用为负责货物作业的高级船员所熟悉的语言编写。如该种语言不是英文，则船上还应配备一份用英文写成的手册。该手册应至少包括下列内容：

①稳性资料；

②加压载和减压载的速率和能力；

③内底板上单位表面积的最大允许载荷；

④每舱最大允许载荷；

⑤有关船体结构强度的一般装卸须知，包括在装卸货物、压载作业及航行期间的最不利操作状况的任何限制；

⑥任何特别的限制，例如主管机关或由其认可的组织所施加的最不利操作状况的限制；

⑦如要求强度计算，在装卸货物及航行期间船体上的最大允许载荷和力矩。

（3）固体散装货物在装货或卸货之前，船长和码头代表应商定一项计划，该计划应确保在装卸货物期间不超过船上的允许应力和力矩，还应包括装卸货物的次序、数量及速率，并考虑到装卸货物的速度、船上添注口的数量及减压载或加压载的能力。该计划及其后的任何修改，应提交给港口国的有关当局。

（4）船长和码头代表应确保装卸货物作业按照商定的计划进行。

（5）如果在装卸货物期间，主管机关或由其认可的组织对船舶所做的任一限制已经超出，或者如果装卸继续进行下去可能导致超出，则船长有权中止装卸作业，并有责任将此通知批准这个计划的港口国有关当局。船长和码头代表应确保采取纠正措施。当卸货时，船长和码头代表应确保卸货方法不损坏船体结构。

（6）船长应确保船上人员连续不断地监视货物装卸作业。如有可能，在装卸货期间应定期校核吃水，以确认提供的吨位数。每次测得的吃水和吨位数应记入货物日志。如发现与商定的计划有显著偏差，则应调整货物装卸或压载作业，或两者都调整，以确保偏差被纠正。

### (三)货船装运谷物的要求

(1)载运谷物的货船应符合《国际散装谷物安全装运规则》(IBGC 规则)的要求,并持有一份该规则要求的批准文件。

(2)没有这种批准文件的船舶,在船长使主管机关或代表主管机关的装货港的缔约国政府确信该船所提出的装载状况符合 IBGC 规则的要求之前,不应装载谷物。

## 六、危险货物运输

### (一)包装危险货物运输

1. 单证

(1)与包装危险货物运输相关的信息和集装箱/车辆装箱证书应符合《国际海运危险货物规则》(IMDG 规则)的相关规定,并可供港口国当局指定的人员或组织使用。

(2)每艘载运包装危险货物的船舶应具有一份特别清单、舱单或积载图,按 IMDG 规则的相关规定,列出船上危险货物及其位置。船舶在驶离前应备有一份这些单证的副本,以供港口国当局指定的人员或组织使用。

2. 货物系固手册

在整个航程中,货物、货物单元和货物运输单元,应按照主管机关认可的货物系固手册进行装载、堆放和系固。

### (二)固体散装危险货物的装运

除另有明文规定外,本部分适用于本公约规则所适用的所有船舶和小于 500 总吨的货船关于固体散装危险货物的运输。

1. 单证

(1)在有关海运固体散装危险货物的所有单证中,货物的名称应使用适当的运输名称(不应单独使用商品名称)。

(2)每艘装运固体散装危险货物的船舶应具有一份特别清单或舱单,列出船上危险货物及其位置。标明所有危险货物的类别并表明其在船上位置的详细的配载图,可用来代替上述特别清单或舱单。船舶在驶离前应备有一份这些单证的副本,以供港口国当局指定的人员或组织使用。

2. 积载与隔离要求

(1)固体散装危险货物应按其性质,安全和适当地予以装载和堆装。对于互不相容的货物,应将其彼此分开。

(2)不应载运易于自热或自燃的固体散装危险货物,除非已经采取了适当的预防措施以使发生火灾的可能性减至最小。

(3)会产生危险蒸气的固体散装危险货物应堆装在有良好通风的货物处所内。

### (三)涉及危险货物的事故报告

在发生包装的危险货物或固体散装危险货物从船上落入海中灭失或可能灭失的事故时,

船长或该船的其他负责人应立即将此类事故的详细情况尽可能全面地向最近的沿岸国报告。

## 七、船舶安全营运管理

### （一）适用

《国际船舶安全营运和防止污染管理规则》（ISM 规则）适用于下列各类船舶（不论其建造日期）：客船（包括高速客船）；500 总吨及以上的油船、化学品液货船、气体运输船、散货船和高速货船；500 总吨及以上的其他货船和海上移动式钻井平台。

### （二）安全管理要求

（1）公司和船舶应符合 ISM 规则的要求。

（2）船舶应由持有符合证明的公司营运。

### （三）发证

（1）应为每一符合 ISM 规则要求的公司签发符合证明。该证明文件应由主管机关、主管机关认可的组织或应主管机关的请求由另一缔约国政府签发。

（2）船上应存有一份符合证明的副本，以使船长在被要求验证时出示。

（3）主管机关或主管机关认可的组织应为每艘船舶签发船舶安全管理证书（SMC 证书）。在签发 SMC 证书前，主管机关或其认可的组织应验证该公司及其船上管理是按经认可的安全管理体系进行营运的。

### （四）审核与控制

（1）主管机关、应主管机关请求的另一缔约国政府或主管机关认可的组织，应定期审核船舶管理体系是否正常运行。

（2）要求持有 SMC 证书的船舶，均应受到港口国的控制。

### （五）体系的保持

应按 ISM 规则的规定保持安全管理体系。

## 八、加强海上安全的特别措施

### （一）船舶识别号

（1）应给每艘 100 总吨及以上的客船以及 300 总吨及以上的货船提供一个船舶识别号。

（2）船舶识别号应永久性地标记在以下位置：

①在船尾或船体中部左舷和右舷的最深核定载重线以上，或上层建筑左舷或右舷或上层建筑正面的可见位置。或者，就客船而言，应将该标志标注在从空中可见的水平表面。

②在船舶内部的机器处所、泵舱或滚装处所的舱壁上也要标注 IMO 编号。

（3）该永久性标记应清晰可见，与船体上的任何其他标记分开，并应涂成有对比性的颜色。

(4)该永久性标记可制成凸出的字符,或刻入或用中心冲头冲制或使用可确保该标记不易被擦除的任何其他标识船舶识别号的等效方法制成。

### (二)连续概要记录

(1)主管机关应向船舶签发一份连续概要记录(CSR),以便在船上提供一份关于船舶历史的记录。

(2)连续概要记录应包含船旗国国名、注册日期、船舶识别号、船名、船籍港、注册船东及其注册地址、注册船东识别号、注册的光船租赁人姓名及其注册地址(如适用)、公司的名称、公司注册地址及其开展安全管理活动的地址、公司识别号、入级船级社名称、签发符合证明和安全管理证书以及国际船舶保安证书的主管机关和该船终止在该国注册的日期等信息。上述信息的任何改变都应记录在连续概要记录中,以便提供与船舶历史有关的最新信息。

(3)对连续概要记录的任何已有记载均不得修改、删除或以任何方式擦除或涂改。

(4)连续概要记录应保存在船上,并应随时可供检查。

### (三)加强检验

散货船和油船,应按《2011 年国际散货船和油船检验期间加强检验程序规则》(2011 年 ESP 规则)执行加强检验程序。

### (四)关于操作要求的港口国控制

负责港口国监督检查的官员可在有明显依据认为船长或船员不熟悉与船舶安全有关的船上主要操作程序时,进行操作性检查。进行港口国监控的缔约国政府应采取措施,确保船舶只在其状况符合 SOLAS 公约的要求后才能开航。

### (五)围蔽处所大气检测仪器

每艘公约第 I 章适用的船舶,应携带一个适当的便携式大气检测仪器或仪表。在进入这些围蔽处所前,作为最低要求,这些仪器应能测量氧气、可燃气体或蒸气、硫化氢和一氧化碳的含量。其他要求携带的仪器可满足本条。应有适当的方式校准所有这些仪器。

## 九、加强海上保安的特别措施

### (一)适用范围

加强海上保安的特别措施适用于从事国际航行的客船(包括高速客船)、500 总吨及以上的货船(包括高速货船)和服务于此类国际航行船舶的港口设施。

### (二)缔约国政府的保安责任

(1)主管机关应为悬挂其船旗的船舶规定保安等级并保证向其提供保安等级方面的信息。

(2)缔约国政府应为其领土内的港口设施和进入其港口前的船舶或在其港口内的船舶规定保安等级,并确保向其提供保安等级方面的信息。

(3)缔约国政府应提供一个联络点,船舶能够通过该联络点请求建议或援助。

（4）如果确定了存在攻击风险，有关缔约国应将当前的保安等级、应采取的任何保安措施等告知有关船舶及其主管机关。

## （三）对船舶的要求

（1）船舶在进入缔约国境内的港口之前，或在缔约国境内的港口期间，如果主管机关为其规定的保安等级低于缔约国规定的保安等级，船舶应符合缔约国规定的保安等级要求。

（2）船舶应对向更高保安等级的改变做出迅速反应。

## （四）船舶保安警报系统

（1）船舶保安警报系统启动后，应：

①向主管当局发送船对岸保安警报；

②不向任何其他船舶发送船舶保安警报；

③不在船上发出任何警报；

④在关闭和/或复位前持续发送船舶保安警报。

（2）船舶保安警报系统应：

①能够从驾驶台和至少一个其他位置启动；

②船舶保安警报系统启动点的设计应能防止误发船舶保安警报。

## （五）对船舶的威胁

（1）缔约国政府应规定保安等级并确保向在其领海内运营或已向其通知进入其领海的意图的船舶提供保安等级信息。

（2）缔约国政府应提供一个联络点，船舶能够通过该联络点请求建议或援助。

（3）如果确定了存在攻击风险，有关缔约国应将当前的保安等级、应采取的任何保安措施等告知有关船舶及其主管机关。

## （六）船长对船舶安全和保安的决定权

（1）船长依照其专业判断而做出或执行为维护船舶安全或保安所必需的决定，应不受公司、承租人或任何他人的约束。这包括拒绝人员（经确认的缔约国政府正式授权的人员除外）或其物品上船和拒绝装货，包括集装箱或其他封闭的货运单元。

（2）如果依照船长的专业判断，在船舶操作中出现适用于该船的安全和保安要求之间发生冲突的情况，船长应执行为维护船舶安全所必需的要求。在这种情况下，船长可以实施临时性保安措施并应随即通知主管机关，如情况适宜，还应随即通知该船所在或拟进入的港口所属缔约国政府。根据本条采取的任何此类临时性保安措施应尽最大可能相当于主要的保安等级。在识别这种情况后，主管机关应确保此类冲突得以解决并使其再次发生的可能性减至最低。

## （七）监督和符合措施

### 1. 对在港船舶的控制

船舶位于另一缔约国港口时，该缔约国正式授权的官员有权登船核查所要求的证书是否符合规定。如果有明确理由相信船舶不符合要求，可能会对船舶采取控制措施，包括检查船舶、推迟船期、扣留船舶、限制操作或将船舶驱逐出港。

2. 对意图进入另一缔约国港口的船舶的控制

(1)港口国正式授权的官员可要求船舶在进港前向港口国提供以下方面的信息:

①船舶具有有效证书及证书签发机关名称;

②船舶的保安等级;

③以前挂靠港口的保安等级;

④以前挂靠港口时采取的特别与附加保安措施;

⑤以前进行船对船活动期间维持的适当保安程序;

⑥其他实用保安信息。

(2)船长可以拒绝提供该信息,但须明白不提供该信息可能导致拒绝该船进港。

(3)该船保存上述信息的范围为其所停靠的前10个港口设施。

(4)该船所拟进入港口的缔约国政府正式授权的官员在收到上述信息后,如有明显理由确信该船不符合ISPS规则A部分的要求,应与该船及其主管机关或在该船与其主管机关之间建立通信联系,以纠正不符合的情况。如果上述通信未能解决问题,或该官员有其他明显理由确信该船不符合ISPS规则A部分的要求,该官员可对该船采取规定的步骤。此类步骤如下:

①要求纠正不符合的情况;

②要求该船驶往该缔约国政府领海或内陆水域中的一个指定位置;

③如果该船在所拟进入港口的缔约国政府的领海内,对该船进行检查;

④拒绝该船进港。

缔约国政府在开始采取任何此类步骤之前,应将其意图通知该船。船长可以根据收到的信息,撤销船舶进入该港的意图。

3. 附加规定

(1)港口国在采取有关措施时要及时通知主管机关、认可的保安组织和IMO。如果拒绝船舶入港或将船舶驱逐出港,还要通知船舶下一预期挂靠港口和相关沿岸国。

(2)只有在构成紧迫威胁且无适当办法消除时才能采取拒绝船舶入港或驱逐船舶出港的极端措施,且各种措施和步骤须在不符合的情况得到纠正并使主管机关满意时停止。

(3)在采取措施时要尽力避免使船舶受到不当滞留或延误,受到不当滞留或延误的船舶有权要求赔偿。

## 十、极地水域营运船舶安全措施

IMO对有关极地水域营运船舶规则的制定可以追溯到2002年。IMO在当年通过了《北极冰覆盖水域内船舶航行指南》,该指南第一次针对极地水域航行提出了在特定气候条件下满足海上安全及防污染的标准,以作为SOLAS公约和MARPOL公约的有益补充。随着越来越多的国家对极地资源的开发产生浓厚的兴趣,极地船舶的交通量猛增,考虑到该区域船舶的航行安全和海洋环境保护,非常有必要制定强制性的极地航行规则,来弥补SOLAS公约未能有效解决极地水域船舶营运问题的缺陷。

2014年11月,国际海事组织海上安全委员会第94届会议以第MSC.385(94)号决议通过了《国际极地水域操作船舶规则》(以下简称《极地规则》),并以第MSC.386(94)号决议通过了关于使《极地规则》安全相关规定强制实施的经修正的《1974年国际海上人命安全公约》的修正案。《极地规则》于2017年1月1日作为公约新的第十四章生效。

### （一）适用船舶

《极地规则》适用于根据SOLAS公约的第Ⅰ章发证的所有船舶（包括国际和国内航行船舶），但政府所有的非商业用途船舶可以免除适用。

### （二）构架

《极地规则》由引言、第Ⅰ部分、第Ⅱ部分和两个附录组成。

引言包含适用于第Ⅰ部分和第Ⅱ部分的强制性规定。第Ⅰ部分又分为包含安全措施强制性规定的Ⅰ-A部分和包含安全建议的Ⅰ-B部分。第Ⅱ部分又分为包含防止污染强制性规定的Ⅱ-A部分和包含防止污染建议的Ⅱ-B部分。

第Ⅰ-A部分——安全措施，分为12章。内容涉及总则、极地操作手册、船舶结构、稳性和分舱、水密和风雨密完整性、机械设备、消防安全与防护、救生设施与布置、航行安全、通信、航次规划、配员与培训等。

第Ⅰ-B部分——关于引言和Ⅰ-A部分规定的补充指南，分为13章，分别是引言和第Ⅰ-A各章节的补充指南。

第Ⅱ-A部分——防止污染措施，分为5章。其中第三章特意留白。第Ⅱ-B部分，分别是Ⅱ-A部分各章的补充指南。

### （三）引言

本规则的目标是通过解决存在于极地水域中且未曾在IMO其他文书得到充分处理的风险，为船舶安全运作和保护极地环境做出规定。

1. 定义

（1）“A类船舶”是指至少为在可包含老冰的当年中冰的极地水域中作业所设计的船舶。

（2）“B类船舶”是指不包括在A类之内，至少为在可包含老冰的当年薄冰的极地水域中作业所设计的船舶。

（3）“C类船舶”是指为在开阔水域或在比A或B类中所含者更轻的冰况下作业所设计的船舶。

2. 危险源

（1）《极地规则》考虑的是因更高发生概率、严重后果或两者兼具而可能导致风险水平提升的各种危害：

①冰，因其会影响船体结构、稳性特征、机械系统、航行、室外工作环境、维修和应急防备工作以及安全系统的失效；

②出现可能降低稳性和设备功能的上部结冰；

③低温，因其影响工作环境和人的工作效率、维护保养和应急防备工作、材料性能和设备功效、生存时间及安全和系统性能；

④黑夜或白天时间的延长，因其会影响航行和人的工作效率；

⑤高纬度，因其影响航行系统、通信和冰况图像信息的质量；

⑥偏远和可能缺乏精确完整的水文数据信息，用助航设备导航标志减少导致搁浅的可能性增大，加上偏远易于布设的SAR设施有限、应急响应延误和通信能力有限，并可影响对事件

做出反应；

⑦船员可能缺乏极地运作经验，并有人为失误的可能；

⑧可能缺乏合适的应急响应设备，将可能限制减轻措施有效性；

⑨快速变化和恶劣的天气条件有可能导致事件升级；

⑩环境对有害物质的敏感性和其他环境影响以及环境需要更长时间来恢复。

（2）极地水域中的风险水平会依据地理位置，一年中有关白昼、冰覆盖等的时间而不同。因此，解决上述具体危险所需的缓解措施在极地水域中会有不同，并且在南北极水域中会有不同。

# 单元二 港口国监督程序

## 一、港口国监督概述

港口国监督（Port State Control，PSC），是指港口当局根据有关国际公约规定的标准，对进入其港口的外国籍船舶实施的一种监督与控制，以确保船舶及其设备符合国际公约的要求，船员配备和操作符合适用的国际规范。通过PSC，纠正与消除受检船舶所存在不符合标准的缺陷，以确保船舶航行、人身和财产的安全以及保护海洋环境，促进经济贸易的发展和航运经营水平的提高。

### （一）港口国监督程序的构成

2017年11月27日—12月6日在英国伦敦召开了IMO第30次大会，会议通过了港口国监督程序2017[A. 1119(30)]，对《2011年港口国监督程序》进行了修订，形成了《2017年港口国监督程序》综合文本，原A. 1052(27)决议作废。

港口国监督程序意在为实施港口国监督检查提供基本的指导，并在检查的实施、船舶及其设备或船员所存在的缺陷的识别、监督程序的适用等方面取得一致。

经[A. 1119(30)]号决议修订的《2017年港口国监督程序》由5章正文和18个附录构成。

1. 总则

总则内容包括该程序的目的、适用的公约、引言、港口国监督条款、对非缔约方的船舶和低于公约尺度的船舶的不优惠政策、有关定义，以及港口国监督检查官（PSCO）的专业资历、资格和培训要求。

2. 港口国检查

港口国检查内容包括概述、初始检查、PSC的一般程序指南、明显依据和详细检查。

3. 违规与滞留

违规与滞留内容包括低于标准船舶的识别、关于缺陷信息的提交、针对低标准船舶的港口国行动、港口国采取纠正措施的责任、船舶滞留指南、中止检查、纠正缺陷和解除滞留的程序。

4. 报告要求

报告要求内容包括港口国报告、船旗国报告、按照MARPOL公约对认定的缺陷或排放的报告。

5. 审议程序

审议程序内容包括意见报告等。

## （二）适用

（1）《2017 年港口国监督程序》适用于以下公约所管辖的船舶，以下公约即监督检查所依据的国际公约：

①经修订的《1974 年国际海上人命安全公约》；

②《〈1974 年国际海上人命安全公约〉1988 年议定书》；

③《1966 年国际载重线公约》；

④《〈1966 年国际载重线公约〉1988 年议定书》；

⑤《经 1978 年议定书和 1997 年议定书修订的〈1973 年国际防止船舶造成污染公约〉》；

⑥经修订的《1978 年海员培训、发证和值班标准国际公约》；

⑦《1969 年国际船舶吨位丈量公约》；

⑧《2001 年国际控制船舶有害防污底系统公约》；

⑨《1972 年国际海上避碰规则》；

⑩《1969 年国际油污损害民事责任公约》；

⑪《经 1992 年议定书修订的〈1969 年国际油污损害民事责任公约〉》；

⑫《2001 年国际燃油污染损害民事责任公约》；

⑬《2004 年国际船舶压载水和沉积物控制与管理公约》；

⑭《2007 年内罗毕国际船舶残骸清除公约》。

（2）对非公约缔约国的船舶或小于公约规定尺度的船舶不给予优惠待遇。

（3）在实施港口国监督时，各缔约方只适用于已生效的并被其接受的公约条款，但应考虑 MSC. 1/Cir. 1565 的内容，对公约及其修正条款自愿执行。

（4）如果港口国按照国际劳工组织《2006 年海事劳工公约》及其修正案进行港口国监督，此类检查的指导应参考 ILO 出版物《2006 年海事劳工公约港口国监督检查导则》。

如果港口国按照国际劳工组织《1976 年商船（最低标准）公约》进行港口国监督，此类检查的指导应参考 ILO 出版物《船上工作条件检查：程序指南》。

## （三）港口国监督检查的依据

港口国监督检查的依据包括：

（1）经 1988 年议定书修订的 SOLAS 第Ⅰ章第 19 条、第Ⅳ章第 6.2 条、第Ⅺ-1 章第 4 条和第Ⅺ-2 章第 9 条；

（2）经 1988 年议定书修订的 LL 第 21 条；

（3）MARPOL 公约第 5、6 条，其附则Ⅰ第 11 条、附则Ⅱ第 16.9 条、附则Ⅲ第 8 条、附则Ⅳ第 13 条、附则Ⅴ第 8 条和附则Ⅵ第 10 条；

（4）STCW 公约第 10 条；

（5）Tonnage 第 12 条；

（6）AFS 第 11 条；

（7）BWM 公约第 9 条。

这些公约条款均规定了公约缔约国对挂靠其港口的外国籍船舶实施监督应遵循的程序。此外,特定的港口国监督谅解备忘录组织及其国内立法也有实施港口国监督检查的程序。

### (四)定义

(1)明显依据:船舶及其设备或其船员实质上不符合有关公约要求的证据,或者船长或船员不熟悉有关船舶安全和防止污染的基本程序的证据。

(2)缺陷:所发现的不符合有关公约要求的情况。

(3)滞留:当船舶和船员实质上不符合适用公约的要求时,港口国为保证该船在开航后不会对船舶和船上人员构成危险或对海洋环境构成不合理的威胁所采取的干涉行动,无论这种行动是否影响到船舶的正常离港计划。

(4)检查:登船查验有关证书和其他文件的有效性,以及船舶及其设备和船员的总体情况。

(5)详细检查:当有明显依据认为船舶及其设备或船员的状况实质上不符合证书所载情况时所进行的检查。

(6)PSCO:经有关公约缔约国的主管机关正式授权执行港口国监督检查,并只对该缔约国负责的人员。

(7)低标准船舶:船体、机器、设备或操作安全方面实质上低于有关公约要求的标准,或船员不符合安全配员证书的船舶。

## 二、港口国检查

### (一)概述

(1)根据有关公约的规定,各缔约国可在其港口由 PSCO 对外国籍船舶进行检查。

(2)此类检查可依据下述情况进行:

①该缔约国的决定;

②应另一缔约国请求或依据另一缔约国提供的关于船舶的信息;

③由船员、专业机构、协会、工会或其他与船舶、船员、乘客安全、海洋环境保护有关的个人提供的关于船舶的信息。

(3)当缔约国委托指定的官员或认可组织对悬挂本国国旗的船舶实施检验和检查时,他们应清楚地按照适用公约的规定,外国籍船舶应接受由港口国正式授权的官员进行的港口国监督,包括登船、检查、纠正措施和可能的滞留。

(4)应尽可能避免不适当滞留或延误船舶。如果船舶遭受不适当的滞留或延误,船舶有权对所受到的损失或损害提出索赔。

### (二)初始检查

(1)按照适用公约的监督程序,港口国收到关于某船的信息后,到达该船并在登船前,PSCO 可从船舶的外观观察其油漆涂层、锈蚀或凹陷或尚未修理的损伤,获得有关该船保养状况的印象。

(2)PSCO 应尽早弄清船舶类型、建造年份和船舶尺度,以便决定应该适用哪些公约条款。

(3)PSCO 登船后向船长或船上负责的高级船员说明来意后，应查验船舶的有关证书和文件。

(4)如果证书均有效，并且 PSCO 总的印象和目测观察确认该船维护保养良好，PSCO 通常可将检查局限于举报或观察到的缺陷(如有)。

(5)进行初始检查时，PSCO 应检查相关证书和其他文书的有效性，也应查看船舶的总体状况，包括船上设备、驾驶台、包括艏楼甲板在内的整个甲板、货舱区域、机舱和引航员的登离船装置。

(6)如果 PSCO 根据总的印象和所观察到的情况认为有明显依据证明该船及其设备或船员实质上不符合要求，PSCO 应进行详细的检查。

### (三)明显依据和详细检查

(1)PSCO 在本国管辖的港口或近海装卸站检查要求持有公约证书的外国籍船舶时，除非有明显依据认为船舶状况或其设备实质上与证书所载内容不符，否则这种检查应局限于核实船舶是否具备有效的证书和其他有关文件，以及包括船舶设备和船员在内的船舶总体状况。

(2)进行详细检查的明显依据包括：

①缺乏公约要求的主要设备或布置；

②审阅船舶证书发现一张或几张明显失效；

③船舶未携带、未保持或不正确保持所要求的文件；

④根据 PSCO 的印象和观察，发现了可能对船舶的结构、水密或风雨密完整性构成严重威胁的船体或结构腐蚀或缺陷；

⑤根据 PSCO 的印象和观察，发现在安全、防止污染或航行设备方面存在严重缺陷；

⑥资料或证据表明船长或船员不熟悉涉及船舶安全或防止污染的基本操作，或者这样的操作未被执行；

⑦主要船员之间或同船上其他人员之间不能够相互交流；

⑧错误遇险报警信号不能根据适当的取消程序停止发出；

⑨收到的报告或投诉中含有船舶处在低标准状态的信息。

(3)详细检查

如果船舶未携带有效的证书，或 PSCO 有明显依据认为船舶或设备的状况与证书所载内容有重大不符，或船长或船员不熟悉基本的船上主要操作程序，PSCO 应要求对该船进行详细检查。

## 三、违规与滞留

### (一)低标准船的认定

如果船舶的船壳、机器、设备，或操作安全实质上低于有关公约要求的标准，或船舶不符合安全配员证书的要求，该船舶将被认为是低于标准的船舶，包括：

(1)缺少公约要求的主要设备或装置；

(2)设备或装置不符合公约的相关规定；

(3)船舶或其设备的实质性损蚀；

(4)船员对主要操作程序的操作不熟练或不熟悉;

(5)船舶配员不足或持证船员不足。

### (二)对低于标准船舶采取的行动

(1)各当局在收到关于认为某船低于标准或具有污染危险的信息后,应立即对此事进行调查并依据具体情况的需要采取行动。

(2)当 PSCO 确认一艘船为低于标准船舶时,港口国应立即确保在该船开航前采取纠正措施以保证船舶、旅客和船员的安全并消除对海上环境的损害威胁。

### (三)滞留船舶

《2017 年港口国监督程序》附录 2 给出了关于滞留船舶的指南,不过,只参照定性的缺陷清单来确定船舶是否低于标准并不够。

### (四)中止检查

(1)特殊情况下,PSCO 通过详细检查,并综合考虑船员的情况,发现船舶及其设备的总体情况明显低于标准时,可以中止检查。

(2)中止检查前,PSCO 应记录有关方面的可滞留缺陷。

(3)中止检查可以持续至有关责任方已采取必要措施并保证船舶符合有关公约的要求。

(4)在船舶被滞留、检查被中止的情况下,港口国当局应立即向有关各方发出通知。通知应包括滞留情况,并说明检查已经中止,并将持续到港口国当局被通知说明船舶已经符合了所有有关规定。

### (五)纠正缺陷和解除滞留的程序

(1)PSCO 应尽力确保所有发现的缺陷被纠正。

(2)如果存在明显危害安全或环境的缺陷,除导致滞留的缺陷不能在检查港纠正的以外,PSCO 应保证在船舶被允许开航前,该危害已被消除。为此,应采取适当行动,包括滞留或正式禁止船舶继续某项作业,原因是这些缺陷会给继续作业带来严重危险。

(3)当导致滞留的缺陷不能在检查港纠正时,港口国当局可以允许该船驶往最近的修理港,该修理港由船长选择并经港口国当局同意,前提是船舶必须满足港口国当局和船旗国当局一致同意的限制条件。这些限制条件旨在确保船舶开航后,不会危害旅客和船员的安全,不会危害其他船舶,不会对海洋环境造成不合理的威胁。这些限制条件可包括来自船旗国已经对该船舶采取纠正措施的确认。在这种情况下,港口国当局将通知船舶下一挂靠港口的当局、船旗国并通知经授权的机构(如适合)。

(4)除导致滞留的缺陷和检查港不能纠正的导致滞留的缺陷外,在船舶已尽一切努力以纠正其他缺陷后,可以被允许驶往其他能够纠正这些缺陷的港口。

(5)如果带着检查港不能纠正的导致滞留缺陷的船舶在未满足检查港当局做出的限制条件的情况下开航,港口国当局应立即警示下一港口(如知道)、船旗国和认为必要的其他当局。

(6)如果带着检查港不能纠正的导致滞留缺陷的船舶没有驶往指定的修理港,修理港的港口国当局应立即警示船旗国和滞留该船的港口国以便其采取适当措施,并通知认为必要的其他当局。

## 四、港口国报告要求

（1）港口国当局应确保在检查结束后向船长提供一份文件，说明检查的结果、PSCO 采取的措施细节和船长和/或公司应采取的纠正措施清单。此种报告应符合附录要求的格式。

（2）在进行港口国监督时，如果一个缔约国拒绝一艘外轮进入其管辖的港口或海上系泊点，无论是否由于收到了关于低于标准船舶情报，均应向船长和船旗国提供拒绝进入的理由。

（3）如果滞留船舶，在可行范围内应尽快至少向船旗国主管机关发出初步通知。如果是口头通知，应随后予以书面确认。

（4）IMO 港口国监督程序的检查报告。

PSC 检查报告包括 Form A（表 A）和 Form B（表 B）。

①表 A 主要包括：签发报告的主管机关的名称和地址等；签发报告的送交对象；被检查船舶的基本情况及其相关证书的情况；管理公司信息；被检查的船舶船长签字；检查日期和地点；检查中是否发现缺陷；是否需要滞留；签发报告的 PSCO 签名等。

②表 B 主要包括：签发报告的主管机关的名称和地址等；签发报告的送交对象；被检查船舶的基本情况；检查日期和地点；缺陷性质、参照公约和采取的行动；签发报告的 PSCO 签名等。

如果检查中没有发现缺陷，只填写表 A 即可。检查报告应至少在船上保存 2 年，须随时供 PSCO 查阅。

（5）如果允许该船带已知缺陷开航，港口国当局应将全部事实告知该船适当的下一挂靠港、船旗国并通知经授权的机构（如适合）。

## 五、附录摘选

### （一）附录 2：关于滞留船舶的指南

（1）在决定船舶存在的缺陷是否严重到实施滞留时，港口国检查官首先将评估：

①船舶是否具有有效的证书和相关文件；

②船舶是否配有最低安全配员证书所要求的船员。

进而，在检查期间，港口国检查官会进一步评估船舶和船员在未来的整个航行中是否能够做到：

①安全地航行；

②安全地装卸、运输货物及监视货物的状况；

③安全地进行机舱操作；

④维护正常的推进和操舵；

⑤必要时能在船上任何部位进行有效的灭火；

⑥必要时能迅速安全地弃船或有效地救助；

⑦防止环境污染；

⑧保持足够的稳性；

⑨保持足够的水密完整性；

⑩必要时进行遇险中的通信；

⑪为船上人员提供安全及健康的条件。

(2)如果这些评估所得出的结论中有否定的，综合考虑发现的所有缺陷，应考虑对该船实施滞留，某些性质不太严重的缺陷组合起来也可能构成对船舶的滞留。对于不能安全开航的船舶，不管该船在港停留时间的长短，应在第一次检查时对其实施滞留。

(3)缺少有关公约要求的有效证书可以作为滞留船舶的依据。

(4)导致滞留的缺陷项目。

下列缺陷清单是根据有关公约和/或规则分类的，这些缺陷被认为性质严重，会导致对船舶的滞留。此清单并非完整无遗，旨在对相关项目给出例子。

以下这些缺陷可认为其严重性足以导致船舶的滞留：

①属于 SOLAS 公约范围的缺陷

(a)推进器和其他基本机器以及电气装置不能正常运行；

(b)机舱太脏，舱底积聚过量的油污水，机舱管路的隔热层包括气管被油污污染，舱底水泵系统不能正常运行；

(c)应急发电机、照明、蓄电池及开关失灵而不能正常使用；

(d)主辅操舵机械操作失灵；

(e)个人救生设备、救生艇筏和降落装置的短缺、容量不够或严重损坏，可参照 MSC. 1/Circ. 1490/Rev. 1 中的详细规定；

(f)探火系统、火灾报警器、消防设备、固定灭火系统、通风筒关闭装置、防火挡板及速闭阀等，因短缺、不符合要求或严重损坏而无法实现其既定功效；

(g)油船货物甲板区域的防火设施短缺、不符合要求或严重损坏；

(h)号灯、号型和声响信号的短缺、不符合要求或严重损坏；

(i)用于遇险和安全通信的无线电设备的短缺或失灵；

(j)应配备的导航设备缺失或无法正常操作；

(k)缺乏正确海图和/或所有其他本航程所需的航海出版物；

(l)货泵舱缺乏防火花的通风装置；

(m)操作性要求的控制程序方面存在的严重缺陷；

(n)船员的数量、组成或其证书与安全配员证书不符；

(o)船舶没有履行加强检验程序；

(p)要求强制使用的航行数据记录仪(VDR)缺失或失灵。

②属于《1966 年国际载重线公约》(LL 1966)范围的缺陷

(a)甲板及船体的外板和扶强材的关键区域存在着损坏、锈蚀或凹陷，并已影响到船舶的适航性或局部负载强度，除非经过批准的临时修理后航行到下一港口做永久性修复；

(b)一个被确认的稳性不足的情况；

(c)缺乏经批准的、足够的和可靠的稳性资料，这些资料应能使船长快速简单地安排船舶的装载和压载作业，在整个航程的各个阶段和各种情况下保持一定的安全稳性，并避免对船体结构产生任何无法承受的应力；

(d)关闭装置、舱口关闭系统和水密门的短缺、严重损坏或变形；

(e)超载；

(f)吃水标志短缺或严重不清楚。

③属于 MARPOL 公约附则Ⅰ范围的缺陷

(a)油水过滤设备或 15ppm 报警装置、排油监控系统的短缺、严重坏损或无法正常操作；

(b)残油舱剩余容量和污水舱容积不能满足计划航行的需要；

(c)没有油类记录簿；

(d)安装了未经批准的旁通排放管路；

(e)未能满足 MARPOL 公约附则Ⅰ第 20.4 条(油船的双壳体和双层底的要求)或第 20.7 条(状况评估计划)的替代要求。

④属于 MARPOL 公约附则Ⅱ范围的缺陷

(a)缺少程序和布置手册；

(b)货物没有被确定类别(MARPOL 公约中关于有毒液体的 X、Y、Z、OS 四种类别)；

(c)没有货物记录簿；

(d)未经批准安装旁通排放管路。

⑤属于 MARPOL 公约附则Ⅳ范围的缺陷

(a)缺少有效的国际防止生活污水污染证书(ISPP)；

(b)污水处理计划未经主管机关认可和证明；

(c)船员不熟悉排放要求。

⑥属于 MARPOL 附则Ⅴ范围的缺陷

(a)缺少垃圾管理计划；

(b)无垃圾记录簿；

(c)船上人员不熟悉垃圾管理计划的处理和排放要求。

⑦属于 MARPOL 公约附则Ⅵ范围的缺陷

(a)缺少有效的国际防止空气污染证书或相关国际防止柴油机污染空气证书(EIAPP)和技术案卷；

(b)2000 年 1 月 1 日及以后安装的功率大于 130 千瓦的船用柴油机,或 2000 年 1 月 1 日及以后重大改装过的船用柴油机不符合《2008 年氮氧化物技术规则》；

(c)船上使用的燃油中硫含量超过相应的限制；

(d)在硫氧化物排放控制地区营运时船上使用燃油的硫含量超过允许的限制；

(e)2000 年 1 月 1 日及以后在船上安装的焚烧炉不符合当前船用焚烧炉的规范标准；

(f)船长或船员不熟悉防止空气污染设备的基本操作程序；

(g)缺少有效的国际能效证书(IEEC)；

(h)缺少有效的特定船舶能效管理计划(SEEP)。(该计划可能作为船舶安全管理体系文件的一部分。)

⑧属于 STCW 公约范围的缺陷

(a)船员未持有证书、未持有相应适当的证书、未持有有效的免除证书或不能提供已向主管机关申请签注的文件证明；

(b)未满足主管机关的有关安全配员的要求；

(c)航行或轮机值班安排与主管机关对该船规定的要求不一致；

(d)缺少有资质操作安全航行、安全通信或防止海上污染关键设备的值班人员;

(e)在航行开始时及随后的换班过程中,未能提供经充分休息且适于值班的人员;

(f)不能提供值班船员对船舶安全和防污染责任专业熟练的证据。

### (二)附录Ⅱ:最低配员标准和发证

1. 配员监督

(1)如果船舶已按照其船旗国颁发的安全配员证书或其等效文件进行了配员,PSCO 应认可该船已安全配员,除非该证书或文件的签署明显忽略了有关文件所规定的原则。

(2)如果实际船员人数或组成与配员证书不符,港口国应要求船旗国就是否允许该船在其实际人数和组成的情况下开航提出意见。此种要求或答复应以迅捷的方式进行,双方均可要求采用书面形式通信。如果船员实际人数和组成仍未符合安全配员证书,或船旗国主管机关未提出该船可以开航,在充分考虑滞留的标准后,可考虑对该船予以滞留。

(3)如果船舶不具备安全配员证书或其等效文件,港口国应要求船旗国明确其所要求的船员人数和组成并尽快签发配员文件。

(4)如果船员实际人数和组成与收到的船旗国的具体规定不符,应适用上述(2)的程序。

(5)如果船旗国对此要求不做反应,将被视为明显依据对该船进行详细检查,以确保船员人数和组成满足要求。在考虑了滞留标准并在保证安全的前提下,方可允许该船开航。但在任何此类情况下,所适用的最低标准不应严于适用于悬挂该港口国国旗船舶的标准。

2. 按照 STCW 78 公约进行的监督

PSCO 进行的监督应局限于下列内容:

(1)核实船上要求持证的船员均持有适当的证书或有效的免除证书,或提供已向主管机关提交办理签注申请的证明文件。

(2)核实船上船员人数和船员证书符合其适用的主管机关有关安全配员的要求。

(3)如果由于发生下述情况,有明显依据认为船舶未能保持上述标准,评估船上船员保持公约要求的值班标准的能力:

①船舶发生碰撞、触底或搁浅;

②船舶在航行中、在锚地或在泊位发生任何国际公约确定的非法物质排放;

③船舶采用不稳定或不安全的方式操纵,未遵守本组织通过的船舶定线措施或安全航行的惯例和程序;

④船舶的操作方式对人员、财产或环境构成威胁。

# 单元三 国际载重线公约

## 一、公约简介

### (一)功用

《国际载重线公约》(The International Convention on Load Lines,LL)是一个关于国际航行

船舶载重限额和勘划最小干舷所依据原则和规定的国际公约。现行的LL公约为《1966年国际载重线公约》(LL 1966)，该公约于1968年7月21日正式生效。我国于1973年10月5日有保留地接受该公约，该公约于1974年1月5日对我国生效。LL 1966的1988年议定书于2000年2月3日生效。

### (二)构架

经1988年议定书修订的《1966年国际载重线公约》由正文和三个附则构成。正文共34条，主要有定义、适用范围、检验、证书的颁发机关和有效期限，以及对公约实施情况的监督等。附则Ⅰ为“载重线核定规则”，按航区、季节和船舶类型规定了勘划载重线的技术规则，并根据船舶强度、结构、水密性和稳性等规定了相应的标准。附则Ⅱ为“地带、区域和季节期”，规定了各种载重线的适用航区和季节。附则Ⅲ为“证书”，规定了国际载重线证书和国际载重线免除证书的格式。

### (三)适用范围

(1)LL 1966适用于下列从事国际航行的船舶：

①在各缔约国政府国家登记的船舶；

②在本公约扩大适用的领土内登记的船舶；

③悬挂缔约国政府国旗但未登记的船舶。

(2)LL 1966不适用于军舰、长度小于24米的新船、小于150总吨的现有船舶、非营业性游艇、渔船。本公约的任何规定并不适用于专在规定的特定水域航行的船舶。

## 二、基本要求

### (一)勘划标志

凡适用本公约的船舶，只有已经按照本公约的规定进行检验和勘划标志，保证具有公约规定的最小干舷，并备有国际载重线证书，或者合乎本公约规定的条件，备有国际载重线免除证书，方被允许从事国际航行。

### (二)不给予非缔约国的船舶优惠待遇

各缔约国应保证对悬挂非本公约缔约国国旗的船舶不给予优惠待遇。

### (三)载重线浸没

除下述两种情况外，船舶两舷相对于该船所在季节及所在地带或区域的载重线，不论船舶在出海时、航行中或在到达时都不应被水浸没。

(1)船舶在相对密度为1.000的淡水中时，其相应载重线可以被浸没到国际载重线证书上指出的淡水宽限。若该相对密度不是1.000，此宽限应以1.025和实际相对密度的差数按比例决定。

(2)船舶从江河或内陆水域的港口驶出时，准许超载量至多相当于从出发港至海口所消耗的燃料和其他一切物料的重量。

## 三、检验与证书

### (一)检验

凡适用本公约的船舶,应接受下列检验:

1. 初次检验

在船舶投入营运前进行的对船舶和设备的全面检查。

2. 换证检验

保证船体结构、设备、布置、材料和构件尺寸完全符合本公约要求。换证检验的间隔期由主管机关决定,一般不得超过5年。

3. 年度检验

在证书周年日期前或后3个月内进行,以保证:

(1)船体或上层建筑没有发生可以影响计算和确定载重线位置的变化;

(2)开口防护装置和设施、栏杆、排水舷口及船员舱室出入口的设施等保持在有效状态;

(3)干舷标志正确和永久地标示着;

(4)备有船舶重大的修理、改装或改建以及与之有关的舾装资料。

年度检验应在国际载重线证书或国际载重线免除证书上签署。

对船舶进行的上述任何检验完成以后,凡经检验的船体结构、设备、装置、材料或构件尺寸未经主管机关许可不得变动。

### (二)证书

1. 证书的签发

对于按本公约要求进行检验和勘划标志的船舶,应签发国际载重线证书;对于根据本公约有关规定给予免除的任何船舶,应签发国际载重线免除证书。上述证书应由主管机关或其正式授权的人员或组织签发,不论属于何种情况,主管机关应对证书完全负责。另外,该证书还可授权另一缔约国政府签发。

2. 证书的有效期

(1)国际载重线证书及其免除证书的有效期由主管机关规定,但不得超过5年。

(2)换证检验后,如果新证书在现有证书失效前不能发给船舶,则其检验人员或机构可延长现有证书的有效期,但不得超过5个月。

(3)由主管机关根据本公约规定颁发的国际载重线免除证书,应遵守与国际载重线证书的换证、签署、延期和吊销相同的程序,该证书有效期最长为5年。

(4)对仅在特殊情况下需要进行一次国际航行的船舶,只要主管机关认为该船满足所承担航次安全的要求,即可颁发国际载重线免除证书。其有效期应仅限于该航次。

(5)如果证书失效时船舶不在预定进行检验的港口,主管机关可展延证书的有效期,以允许船舶完成到达预定检验港口的航次,而且仅在正当和合理的情况下才可办理。展期不得大于3个月,被同意证书展延的船舶抵达预定检验港口后,必须取得新证书后方可离港。

3. 证书的中止有效和失效

(1)如果船体或上层建筑已发生实质性变动,以致有必要增大干舷;或年度检验中规定的有关装置和设备未能保持有效状态;或证书上没有签署表明船舶已按规定进行年度检验;或船体结构强度降低到不安全的程度,国际载重线证书中止有效。

(2)主管机关颁发的证书,在该船改悬另一国(无论是不是缔约国)国旗时失效。

# 单元四 海员培训、发证和值班标准国际公约

## 一、公约简介

### (一)功用

《海员培训、发证和值班标准国际公约》(STCW)是用于控制海船船员培训、发证和值班标准方面的一个国际公约。现行的STCW公约是《经2010年修正案修正的1978年海员培训、发证和值班标准国际公约》,简称STCW 2010。《1978年STCW公约马尼拉修正案》于2010年6月在菲律宾首都马尼拉召开的STCW公约缔约国外交大会上获得通过,于2012年1月1日生效。

我国于1980年12月31日加入STCW 1978。

### (二)构架

STCW 2010由公约正文条款、附则和STCW规则三部分组成。STCW规则又分为A、B两部分。STCW规则A部分为强制性规定,其条文编排与公约附则规定相对应;STCW规则B部分为建议性要求和指南,其条文编排与公约附则及A部分的规定相对应。在应用STCW公约附则任一章节的规定时,应最大限度地考虑STCW规则B部分对应章节的规定。公约附则及规则A和B部分分别有8个章节。

### (三)适用范围

STCW 2010适用于在有权悬挂缔约国国旗的海船上服务的海员。但在下列船舶上服务的海员除外:军舰、政府公务船、渔船、非营业的游艇、构造简单的木船。

## 二、职能发证

STCW 2010在海员责任级别和职能的划分方面,既继承了传统和尊重了现行习惯,又提供了适合于高度自动化的船舶和充分利用人力资源的可供选择的职能发证(也叫作功能发证)方式。STCW规则将海员职务分为七个职能块和三个责任级别。

1. 七个职能块

(1)航行;

(2)货物装卸和积载;

(3)船舶作业管理和人员管理;

(4)轮机工程;

(5)电气电子和控制工程;

(6)维护和修理;

(7)无线电通信。

2. 三个责任级别

(1)管理级;

(2)操作级;

(3)支持级。

## 三、值班标准

### (一)适于值班

1. 为了防止疲劳,各主管机关应:

(1)要求船舶制定和实施值班人员以及被指定安全、防污染和保安职责的人员的休息时间制度。

(2)要求值班制度的安排能使所有值班人员的效率不致因疲劳而受到影响,并且班次的组织能使航次开始的第一班及其各班次人员均已充分休息,并在其他方面适于值班。

2. 适于值班的标准

(1)主管机关应考虑海员,特别是涉及船舶安全和保安工作职责的海员,由于疲劳所引发的危险。

(2)为所有负责值班的高级船员或参与值班的普通船员以及涉及指定的安全、防污染和保安职责的人员提供的休息时间应不少于:任何 24 小时内最少 10 小时,以及任何 7 天内 77 小时。

(3)休息时间可以分为不超过 2 个时间段,其中一个时间段至少有 6 小时,连续休息时间段的间隔不应超过 14 小时。

(4)在紧急或其他超常工作情况下不必要保持关于休息时间的要求。紧急集合演习、消防和救生演习,以及国家法律与规则和国际文件规定的演习,应以对休息时间的干扰最小且不导致船员疲劳的形式进行。

(5)主管机关应要求将值班安排表张贴在易见之处。

(6)海员处于待命情况下,如该海员因被招去工作而打扰了正常的休息时间,则应给予其充分的补休。

(7)主管机关应要求使用船上工作语言和英语按照标准格式保持对船员休息时间的记录,以监督和核实是否符合规定。海员应得到一份由船长或船长授权的人员和海员签注的有关其休息情况的记录。

(8)上述任何规定并不妨碍船长因船舶、船上人员或货物出现紧急安全需要,或出于帮助海上遇险的其他船舶或人员的目的,而要求海员从事长时间工作的权利。为此,船长可暂停执行休息时间制度,要求海员从事必要的长时间工作,直到情况恢复正常。一旦情况恢复正常,只要可行,船长就应确保在原定休息时间内完成工作的任何海员获得充足的休息时间。

（9）缔约国可以允许对规定的休息时间有例外，但在任何 7 天内的休息时间不得少于 70 小时。

①每周休息时间的例外，不应超过连续两个星期。在船上连续两次例外时间的间隔不应少于该例外时间的两倍。

②任何 24 小时内最少 10 小时的休息时间可以分成为不超过 3 个时间段，其中 1 个时间段至少 6 小时，而另外 2 个时间段均应不少于 1 小时。连续休息时间间隔不得超过 14 小时。例外在任何 7 天时间内不得超过 2 个 24 小时时间段。

（10）为防止酗酒，主管机关应对正在履行安全、保安和海洋环境职责的船长、高级船员和其他海员设定血液酒精浓度（BAC）不高于 0.05%或呼吸中酒精浓度不高于 0.25 毫克/升，或可致该酒精浓度的酒精量的限制。

### （二）值班安排和应遵循的原则

（1）主管机关应使公司、船长、轮机长和全体值班人员注意到 STCW 规则规定的要求、原则和指导，以确保在所有海船上始终保持安全、连续并适合当时的环境和条件的值班。

（2）主管机关应要求每船船长考虑船舶当时的环境和条件，确保其值班安排足以保持安全值班，并且在船长全面指导下：

①负责航行值班的高级船员在值班时间内始终在驾驶台或与之直接相连的场所，如海图室或驾驶台控制室，对船舶航行安全负责。

②无线电操作员在值班时间内，在适当的频率上负责保持连续值守。

③负责轮机值班的高级船员，根据 STCW 规则的规定并在轮机长的指导下，应能立即就位并随时待命到达机器处所，并且在需要时应在其负责的时间内人在机器处所。

④当船舶锚泊或系泊时，应始终保持适当和有效的安全值班。如果船上载有危险货物，值班安排应充分考虑到危险货物的性质、数量、包装和积载，以及当时船上、水上或岸上的任何特殊情况。

⑤如适用，为安全起见，保持适当和有效的保安值班。

（3）值班的一般原则

值班应基于下列驾驶台和机舱的资源管理原则：

①应确保根据情况合理地安排值班人员；

②在安排值班人员时应考虑人员的资格或适合能力的局限性；

③应使值班人员理解其个人角色、责任和团队角色；

④船长、轮机长和负责值班的高级船员应保持适当的值班，并最有效地使用可用资源，如信息、装置、设备和其他人员；

⑤值班人员应理解装置、设备的功能和操作，并熟练使用；

⑥值班人员应理解信息及如何回应来自工作站、装置、设备的信息；

⑦所有值班人员应适当地共享来自工作站、装置、设备的信息；

⑧值班人员在任何情况下均应保持适当的相互交流；

⑨对为安全而采取行动产生任何怀疑时，值班人员应毫不犹豫地通知船长、轮机长、负责值班的高级船员。

## 四、监督程序

1. 经正式授权的缔约国监督官员可依据 STCW 公约的规定对下述各项行使监督：

(1)核实所有在船上服务且要求按 STCW 公约规定发证的海员是否都持有适当的证书或有效的特免证明；或已按规定向主管机关提供了文件，证明已提交签证申请。

(2)核实船上服务的海员的人数和证书是否符合主管机关适用的安全配员要求。

(3)如果因为发生了下列任一情况而有明显依据认为未能保持值班标准，则对船上船员保持公约要求的值班标准的能力按规定进行评估：

①船舶发生碰撞、搁浅或触礁；

②船舶在航、锚泊或靠泊时，违反任一国际公约而非法排放物质；

③以不稳定或不安全方式操纵船舶，从而未遵循 IMO 采纳的定线措施或安全航行方法和程序；

④以其他危及人员、财产或环境的方式操作船舶。

2. 可被认为危及人员、财产或环境的缺陷包括：

(1)要求持有证书的海员未持有适当的证书或有效的特免证明，或未按规定向主管机关提供文件证明及提交签证申请。

(2)未符合主管机关适用的安全配员要求。

(3)未按主管机关为船舶规定的要求做出航行或轮机值班安排。

(4)没有专门负责操作安全航行、安全无线电通信或防止海洋污染必要设备的合格人员值班。

(5)未能为航次开始第一班次和其后的接班提供经过充分休息并适于值班职责的人员。

3. 未能纠正上述缺陷，只要实施监督的缔约国确定这些缺陷危及人员、财产或环境，便构成缔约国按本公约规定滞留船舶的唯一理由。

# 单元五 国际卫生条例

## 一、条例简介

《国际公共卫生条例》于 1951 年经第四届世界卫生大会通过，作为防止指定传染病在国际间传播的措施以及这些疾病的报告和通知病例要求的第一个单一国际法规。其宗旨是最大限度地防止疾病在国际传播，保障安全，同时又尽可能小地干扰世界交通运输和贸易。该条例于 1969 年被《国际卫生条例》(International Health Regulations, IHR)所取代，其后于 1973 年经修订增加了对霍乱的检疫，并于 1981 年做出修订，取消了对天花的国境卫生检疫。1969 年版《国际卫生条例》主要针对鼠疫、霍乱和黄热病三种传染病实施国境卫生检疫。修订后的 2005 年版《国际卫生条例》共 66 条和 9 个附件，于 2007 年 6 月 15 日起生效。

## 二、定义

（1）“受染”是指受到感染或污染或携带感染或污染源以及构成公共卫生危害的人员、行李、货物、集装箱、交通工具、物品、邮包或骸骨。

（2）“受染地区”是指世界卫生组织依据本条例明确建议采取卫生措施的某个地理区域。

（3）“主管当局”是指根据本条例负责执行和采取卫生措施的当局。

（4）“灭鼠”是指在入境口岸采取卫生措施控制或杀灭行李、货物、集装箱、交通工具、设施、物品和邮包中存在的传播人类疾病的啮齿类媒介的程序。

（5）“消毒”是指采用卫生措施利用化学或物理制剂的直接作用控制或杀灭人体或动物身体表面或行李、货物、集装箱、交通工具、物品和邮包中/上的传染性病原体的程序。

（6）“除虫”是指采用卫生措施控制或杀灭行李、货物、集装箱、交通工具、物品和邮包中传播人类疾病的昆虫媒介的程序。

（7）“卫生措施”是指为预防疾病或污染传播实行的程序。卫生措施不包括执行法律或安全措施。

（8）“感染”是指感染性病原体进入人体和动物身体并在体内发育或繁殖，并可能构成公共卫生的危害。

（9）“检查”是指由主管当局或在其监督下检查区域、行李、集装箱、交通工具、设施、物品或邮包（包括相关资料和文件），以确定是否存在公共卫生危害。

（10）“隔离”是指将病人或受染者或受染的行李、集装箱、交通工具、物品或邮包与其他个人和物体隔离，以防止感染或污染扩散。

（11）“检疫”是指限制有嫌疑但无症状的个人或有嫌疑的行李、集装箱、交通工具或物品的活动和/或将其与其他的个人和物体隔离，以防止感染或污染的可能传播。

## 三、公共卫生措施

### （一）到达和离开时的卫生措施

缔约国出于公共卫生目的可要求在运输工具到达或离开时，了解有关旅行者的旅行路线，以确认到达前是否在受染地区或其附近进行过旅行或可能接触感染或污染，以及检查旅行者的健康文件（如果按 IHR 需要此类文件）。

### （二）过境船舶

缔约国在下列情况下不得采取卫生措施：

（1）不是来自受染地区，在前往另一国家领土港口的途中经过该缔约国领土的沿海运河或航道的船舶，在主管当局监督下应当允许任何此类船舶添加燃料、水、食物和供应品；

（2）通过该缔约国管辖的航道，但不在港口或沿岸停靠的任何船舶。

## 四、受染交通工具和入境口岸的船舶

### (一)受染交通工具

(1)如果根据公共卫生危害的事实和证据发现交通工具舱内存在着临床迹象或症状和情况(包括感染和污染源),主管当局应当认为该交通工具受染,并可对该交通工具进行消毒、除污、除虫或灭鼠。

(2)主管当局可执行补充卫生措施,包括必要时隔离交通工具,以预防疾病传播。

(3)如果入境口岸的主管当局不具备执行本条要求的控制措施的实力,受染交通工具在符合以下条件的情况下可允许离港:

①主管当局应当在离港之际向下一个已知入境口岸的主管当局提供信息;

②如为船舶,则在船舶卫生控制措施证书中应当注明所发现的证据和需要采取的控制措施,应当允许任何此类船舶在主管当局监督下添加燃料、水、食品和供应品。

### (二)入境口岸的船舶

(1)除另有规定之外,不应当因公共卫生而阻止船舶在任何入境口岸停靠。但是,如果入境口岸不具备执行 IHR 规定的卫生措施的能力,可命令船舶在自担风险的情况下驶往可到达的最近适宜入境口岸,除非该船舶有会使更改航程不安全的操作问题。

(2)除另有规定之外,缔约国不应当出于公共卫生理由拒绝授予船舶“无疫通行”;特别是不应当阻止船舶上下乘员、装卸货物或储备用品,或添加燃料、水、食品和供应品。缔约国可在授予“无疫通行”前进行检查,若舱内发现感染或污染源,则可要求进行必要的消毒、除污、灭虫或灭鼠,或者采取其他必要措施防止感染或污染传播。

(3)在可行的情况下和按上一款,缔约国如根据船舶到达前收到的信息认为该船舶的到达不会引起或传播疾病,则应当通过无线通信或其他通信方式授予“无疫通行”。

(4)船长或其代理在到达目的地港口前应当将舱内任何显示出某种传染病迹象的患病者的情况或存在公共卫生危害的证据,在船长获知存在这类病情或公共卫生危害后便尽早通知港口管制部门。此信息必须立即告知港口的主管当局。在紧急情况下,船长应直接向有关港口主管当局通报此类信息。

(5)如由于非船长所能控制的原因,嫌疑受染或受染的船舶停泊于不是原定到达的港口,则应当采取以下措施:

①船长或其他负责人应当尽一切努力立即与最近的主管当局联系;

②除非出于紧急情况或与主管当局进行联系的需要,或得到主管当局的批准,否则搭乘船舶的旅客不得离开船舶附近,也不得从船舶附近移动货物;

③在执行主管当局要求的所有卫生措施后,如果此类措施圆满完成,船舶可继续前往原定停泊的港口;或如果因技术原因而不能在这里停泊,可前往位置方便的港口。

(6)虽然有本条所含的条款,但船长可为了舱内旅客的健康和安全而采取认为必需的紧急措施。船长应将按本款采取的任何措施尽早告知主管当局。

## 五、卫生文件

### (一)疫苗接种或其他预防措施证书

(1)按 IHR 或建议对旅行者进行的疫苗接种或预防措施以及与此相关的证书应当符合 IHR 附件 6(疫苗接种、预防措施和相关证书)的规定,适用时应当符合 IHR 附件 7(对于特殊疾病的疫苗接种或预防措施)有关特殊疾病的规定。

2014 年 5 月,第 67 届世界卫生大会通过了 WHA67. 13 号决议(2014 年),对条例附件 7 进行更新和修订,于 2016 年 7 月 11 日生效并对条例所有缔约国具有法律约束力。主要修改内容包括:在国际旅行方面,黄热病疫苗接种国际证书的有效期以及黄热病疫苗接种后防止感染的保护效果从 10 年改为接种者(旅行者)终生。因此,自 2016 年 7 月 11 日起,任何缔约国都不得作为入境条件要求国际旅行者重新接种或续种黄热病疫苗,不论其持有的是现有证书还是新证书,也不论证书的初次签发日期是何时。

这些证书的终生有效期对 2016 年 7 月 11 日以后签发的证书以及此前已经签发的证书自动适用。

(2)除非主管当局有可证实的迹象和/或证据表明疫苗接种或其他预防措施无效,否则持有疫苗接种或其他预防措施证书的旅行者不应当由于证明中提及的疾病而被拒绝入境,即使该旅行者来自受染地区。

### (二)航海健康申报单

(1)船长在到达缔约国领土的第一停靠港口前应当查清船上的健康状况,而且除非缔约国不要求,否则船长应当在船舶到达之后,或到达之前(如果船舶有此配备且缔约国要求事先提交),填写航海健康申报单,并提交给该港口的主管当局;如果带有船医,航海健康申报单应当有后者的副签。

(2)船长或船医(如果有)应当提供主管当局所要求的有关国际航行的途中船上卫生状况的任何信息。

(3)缔约国决定:

①免予所有到港船舶提交航海健康申报单;或

②根据对来自受染地区的船舶的建议,要求提交航海健康申报单或要求可能携带感染或污染源的船舶提交此文件。

### (三)船舶卫生控制证书

(1)船舶免于卫生控制证书和船舶卫生控制证书的有效期最长应为 6 个月。如果所要求的检查或控制措施不能在港口完成,此期限可延长 1 个月。

(2)如果未出示有效的船舶免于卫生控制证书或船舶卫生控制证书,或在舱内发现公共卫生危害的证据,缔约国可根据相应条款行事。

(3)只要有可能,控制措施应当在船舶和船舱腾空时进行。如果船舶有压舱物,应在装货前进行。

(4)如需要采取控制措施,并圆满完成,主管当局应当签发船舶卫生控制证书,注明发现的证据和采取的控制措施。

(5)主管当局如对船舶无感染或污染(包括媒介和宿主)状况表示满意,可在规定的任何港口签发船舶免于卫生控制措施证书。当船舶和船舱腾空时或只剩下压舱物或其他材料(按其性质和摆放方式可对船舱进行彻底检查)时,一般只有对船舶进行检查后才应签发证书。

(6)如果执行控制措施的港口主管当局认为,由于执行措施的条件有限,不可能取得满意的结果,主管当局应当在船舶卫生控制证书上如实注明。

# 单元六 2006 年海事劳工公约

国际劳工组织(ILO)自 2001 年以来,经过近 5 年的努力,整合并修订了自 20 世纪 20 年代以来的现有 ILO 的 68 个公约及建议书,形成了一个综合性海事劳工公约,并于 2006 年 2 月 23 日在日内瓦举行的第 94 届大会暨第十届海事大会上以绝对多数票通过了《2006 年海事劳工公约》(Maritime Labour Convention 2006, MLC 2006)。该公约于 2013 年 8 月 20 日正式生效,2016 年 11 月 12 日在我国正式生效。

## (一)主要内容与框架

MLC 2006 在构架上共分三个层次,即正文条款、规则和技术守则,其中技术守则分为 A 部分的强制性标准和 B 部分的建议性导则。规则和技术守则在内容上分为五个标题:标题一为"海员上船工作的最低要求";标题二为"就业条件";标题三为"起居舱室娱乐设施、食品和膳食服务";标题四为"健康保护、医疗、福利及社会保障";标题五为"遵守与执行"。

## (二)适用范围

MLC 2006 适用于任何吨位的通常从事商业活动的所有海船。200 总吨以下的国内航行船舶可免除守则的有关要求。公约规定,公约生效后,舱室标准对现有船舶将不进行追溯。

## (三)海员的就业和社会权利

(1)每一海员均有权获得符合安全标准的安全且受到保护的工作场所。

(2)每一海员均有权获得公平的就业条件。

(3)每一海员均有权获得体面的船上工作和生活条件。

(4)每一海员均有权享受健康保护、医疗、福利措施及其他形式的社会保障。

## (四)海员上船工作的最低要求

### 1. 最低年龄

(1)应禁止 16 岁以下的人员受雇、受聘或到船上工作。

(2)应禁止 18 岁以下的海员在夜间工作。

(3)应禁止雇佣或聘用 18 岁以下的海员从事可能损害其健康或安全的工作。

### 2. 体检证书

(1)海员在上船工作之前应持有有效的体检证书,证明其健康状况适合其将在海上履行的职责。

（2）体检证书应由有正规资格的医师签发。视力证书可由经主管当局认可的具备签发证书资格的人员签发。

（3）每份体检证书应特别载明：

①有关海员的听力和视力以及从事那些对色觉有要求的工作的人员的色觉视力全部符合要求；

②该海员未患有任何由于在海上工作而可能会加重，或使其变得不适合从事此种工作或威胁船上其他人员健康的疾患。

（4）体检证书的最长有效期为2年，除非海员低于18岁，在这种情况下体检证书的最长有效期应为1年。

（5）色觉视力证书的最长有效期应为6年。

（6）在紧急情况下，主管当局可以允许没有有效体检证书的海员上船工作直至该海员可以从合格的医师那里取得一份体检证书的下一停靠港，条件是所允许的期间不超过3个月，并且海员持有最近过期的体检证书。

（7）如果在某航行途中证书到期，该证书应继续有效至该海员能够从合格医师那里取得体检证书的下一停靠港，条件是这段时间不超过3个月。

（8）在通常从事国际航行的船舶上工作的海员的体检证书至少必须用英文写成。

3. 培训和资格

（1）除非海员经过培训或经证明适任或者具备履行其职责的资格，否则不得在船上工作。

（2）除非海员成功地完成了船上个人安全培训，否则不得允许其在船上工作。

### （五）就业条件

1. 海员就业协议

（1）各成员方应通过法律或条例要求悬挂其旗帜的船舶符合下述要求：

①在悬挂其旗帜的船舶上工作的海员应持有一份由海员和船东或船东的代表双方签署的海员就业协议；

②签署海员就业协议的海员在签字前应有机会对协议进行审查和征询意见，还要为海员提供其他必要的便利，确保其在充分理解其权利和义务后自由达成协议；

③有关船东和海员应各持有一份经签字的海员就业协议原件；

④应采取措施确保包括船长在内的海员在船上可以容易地获得关于其就业条件的明确信息，并且这些信息包括一份海员就业协议的副本，还应能够供主管当局的官员（包括船舶所挂靠港口的官员）查验；

⑤应发给海员一份载有其船上就业记录的文件。

（2）海员就业协议均应包括以下细节：

①海员的全名、出生日期或年龄及出生地；

②船东的名称和地址；

③订立海员就业协议的地点及日期；

④海员将担任的职务；

⑤海员的工资数额；

⑥带薪年假的天数；

⑦协议的终止及其终止条件；

⑧将由船东提供给海员的健康津贴和社会保障保护津贴；

⑨海员获得遣返的权利；

⑩提及集体谈判协议，如适用；

⑪国家法律所要求的其他细节。

(3)海员和船东提前终止海员就业协议需提前7天发出通知。

2. 工资

(1)应给海员一个应得报酬和实付数额的月薪账目，包括工资、额外报酬、货币兑换率。

(2)船东应采取措施，为海员提供一种将其收入的全部或部分转给其家人或受赡养人或法定受益人的方式。

3. 工作或休息时间

(1)海员的正常工时标准应以每天8小时、每周休息1天和公共节假日休息为依据。

(2)工作或休息时间应做如下限制：

①最长工作时间：在任何24小时时段内不得超过14小时；在任何7天时间内不得超过72小时。

②最短休息时间：在任何24小时时段内不得少于10小时；在任何7天时间内不得少于77小时。

(3)休息时间最多可分为两段，其中一段至少要有6小时，且相邻的两段休息时间的间隔不得超过14小时。

(4)集合、消防和救生艇训练以及国家法律、条例和国际文件规定的训练应以对休息时间的影响最小和不会造成疲劳的方式进行。

(5)在某一海员处于随时待命的情况下，例如机舱处于无人看管时，如果海员因被招去工作而打扰了正常的休息时间，则应给予充分的补休。

(6)在容易到达的地点张贴一份船上工作安排表，该表格应至少包括每一岗位的下列内容：

①在海上和在港口的工作时间表；

②国家法律或条例或适用的集体协议所要求的最长工作时间和最短休息时间。

(7)上述表格应按标准化的格式以船上的一种或多种工作语言和英文制订。

(8)保持对海员的日工作时间或其日休息时间进行记录。海员应得到一份由船长或船长授权人员以及海员本人签字认可的有关其本人记录的副本。

(9)本标准的任何规定不得妨碍船长出于船舶、船上人员或货物的紧急安全需要，或出于帮助海上遇险的其他船舶或人员的目的而要求一名海员从事任何时间工作的权利。为此，船长可中止工作时间或休息时间安排，要求一名海员从事任何时间的必要工作，直到情况恢复正常。一旦情况恢复正常，船长应尽快地确保所有在计划安排的休息时间内从事工作的海员获得充足的休息时间。

4. 休假的权利

(1)带薪年休假的权利应以每服务一个月最低2.5天为基础加以计算。合理的缺勤不应被视作年休假。

（2）在年休假期间的报酬水平应为国家法律或条例或适用的海员就业协议规定的海员正常报酬水平。对于受雇期短于一年的海员，或在雇佣关系终止的情况下，休假的权利应按比例计算。

（3）下述情况不应算作带薪年休假的一部分：

①船旗国认可的公共和传统假日，不论其是否发生在带薪年休假假期内；

②因患病或受伤或因生育而不能工作的期间；

③在履行就业协议期间准许海员的短期上岸休息；

④任何类型的补休。

5. 遣返

（1）在规定的情形和条件下，海员有权利得到遣返而不向他们收取费用。

（2）海员在以下情形下有权得到遣返：

①就业协议到期；

②就业协议被船东终止，或被海员出于合理的理由终止；

③如果海员不再具备履行其就业协议中职责的能力或在具体情形下不能指望其履行这些职责；

④海员在船上已服务最长时间（这段时间应少于12个月）。

（3）禁止船东要求海员在开始受雇时预付遣返费用，禁止船东从海员的工资或其他收益中扣回遣返费用，除非根据国家法律或条例或其他措施或适用的集体谈判协议，海员出现严重失职而被遣返。

（4）属于就业协议终止和海员不能履行职责的情况为：

①在因患病或受伤或其他健康问题需要其遣返，且身体状况适于旅行时；

②在船舶失事时；

③在由于破产、变卖船舶、改变船舶登记或任何其他类似原因而船东不能继续履行其作为海员雇佣者的法律或契约义务时；

④在船舶驶往国家法律或条例或海员就业协议所界定的战乱区域而海员不同意前往的情况下；

⑤根据仲裁裁定或集体协议而终止或中断雇佣，或出于其他类似原因终止雇佣。

（5）船东应承担以下遣返费用：

①到达选定的遣返目的地的旅费；

②从海员离船时起至抵达遣返目的地时止的食宿费；

③如果本国法律、条例或集体协议有规定，从海员离船时起至抵达遣返目的地时止的工资和津贴；

④将海员个人行李（30千克以内）运至遣返目的地的运输费；

⑤必要时，提供医疗使海员身体状况适合前往遣返目的地的旅行。

（6）船东应负责通过适当和迅速的方式对遣返做出安排。通常的旅行方式应为乘坐飞机。成员方应规定海员可被遣返的目的地。目的地应包括可视为海员与之存在着实质性联系的国家，包括：

①海员同意接受雇佣的地点；

②集体协议约定的地点；

③海员的居住国；

④在聘用时双方同意的其他地点。

(7)海员应有权从规定的目的地中选择其将被遣返的地点。

6. 船舶灭失或沉没时对海员的赔偿

(1)在任何船舶灭失或沉没的各种情况下，船东应就这种灭失或沉没所造成的失业向船上每个海员支付赔偿。

(2)上述规定应不妨碍海员根据有关成员方关于船舶灭失或沉没而造成损失或伤害的国家法律可能享有的其他权利。

7. 船员遗弃与财务担保

(1)如果船东违反本公约的要求或海员就业协议的条款，有以下行为之一时，海员应视为已被遗弃：

①未支付海员的遣返费用；或

②未向海员提供必要的照料与援助；或

③以其他方式单方断绝其与海员的关系，包括未支付契约工资达至少两个月的时间。

(2)各成员方须确保悬挂其旗帜的船舶配备了符合标准要求的财务担保系统。

(3)财务担保系统须依据标准向在悬挂成员方旗帜的船舶上被遗弃的任何海员提供直接获取的渠道、充分的覆盖范围以及快速的财务援助。

(4)对海员必要的照料和扶助须包括：充足的食品、住所、饮用水供给、在船上生存所必需的燃料以及必要的医护。

(5)需携带海事劳工证书和海事劳工的船舶，在船上携带财务担保提供方签发的财务担保证书或其他证明文件。一份副本须张贴在船上海员能够到达的显著位置。

(6)财务担保证书或其他证明文件须载有本规则相关附录要求的信息，须为英文或附有英语译文。

(7)遣返费用须覆盖适宜和迅捷的旅行方式，通常是乘坐飞机，并包括提供从海员离船时起至海员到家的食宿、必要的医护、个人物品的通行和运输以及因遗弃而造成的任何其他合理费用或花费。

8. 配员水平

各成员方应要求悬挂其旗帜的所有船舶考虑到海员的疲劳以及航行的性质和条件，在船上配有充足数目的海员以确保船舶的安全、高效操作，并充分注意到在各种条件下的保安。

## (六)健康保护、医疗、福利和社会保障

1. 船上医疗

(1)主管当局应通过一个标准的海员医疗报告表格，供船长和相关的岸上和船上医疗人员使用。填好后的该表格的内容应予保密，只应用于方便海员的治疗。

(2)各成员方应通过法律和条例对悬挂其旗帜的船舶规定船上医务室及医疗设施和设备以及培训的要求。国家法律或条例最低限度应规定以下要求：

①所有船舶均应携带医药箱、医疗设备和医疗指南，具体内容由主管当局规定并受到主管当局的定期检查；国家要求应考虑到船舶类型、船上人员的数量及航次性质、目的地和航程以及相关的国家和国际的建议医疗标准。

②载员100人或以上，通常从事3天以上国际航行的船舶应配备1名医生负责提供医疗。

③应要求不配备医生的船舶，在船上至少有1名海员，其一部分正式职责是负责医疗和管理药品，或者船上至少有1名海员胜任提供医疗急救。

④不是专职医生但负责船上医疗的人员应该满意地完成了符合经修正的STCW公约要求的培训；被指定提供医疗急救的海员应满意地完成了符合STCW公约要求的医疗急救培训。

(3)主管当局应通过一个预先安排的机制，保证船舶在海上能够每天24小时均可得到通过无线电或卫星通信提供的医疗指导，包括专家指导。医疗指导包括船舶与岸上提供医疗咨询的机构通过无线电台或卫星通信进行的医疗信息沟通，均应为所有船舶免费使用，无论其悬挂哪一国旗帜。

2. 船东的责任

(1)船东应根据以下最低标准，对在船上工作的所有海员的健康保护和医疗负责。

①对于在其船上工作的海员，船东应有责任对海员从开始履行职责之日起到其被视为妥善遣返之日期间所发生的或源自这些日期内的就业的疾病和受伤承担费用；

②船东应提供财务担保，保证对海员因工伤、疾病或危害而死亡或长期残疾的情况提供国家法律或海员就业协议或集体协议所确定的赔偿；

③船东应有责任支付医疗费用，包括治疗及提供必要的药品和治疗设备，以及在外的膳宿，直到该患病或受伤海员康复，或直到该疾病或机能丧失被宣布为永久性的；

④如果发生海员于受雇期间在船上或岸上死亡的情况，船东应有责任支付丧葬费用。

(2)国家法律或条例可以将船东支付医疗和膳宿费用的责任限制在从受伤或患病之日起不少于16周的期限内。

(3)如果疾病或受伤造成工作能力丧失，船东应有责任：

①只要患病或受伤海员还留在船上或者在海员根据本公约得到遣返以前，向其支付全额工资；

②从海员被遣返或到达岸上之时起直到身体康复，或直到有权根据有关成员方的法律获得保险金(如果早于康复的话)，按照国内法律或条例或集体协议的规定向其支付全额或部分工资。

(4)国家法律或条例可将船东向一名离船海员支付全部或部分工资的责任限制在从患病或受伤之日起不少于16周的期限内。

(5)国家法律或条例可在以下情况下排除船东的责任：

①在船舶服务之外发生的其他受伤；

②受伤或患病是因患病、受伤或死亡海员的故意不当行为所致；

③在接受雇佣时故意隐瞒的疾病或病症。

(6)船东责任保险或担保。

在船上应携带船东责任保险或财务担保证书，确保按标准来赔偿所界定的契约性索赔(即上述船东责任下的赔偿责任)，一份副本须张贴在船上海员能够到达的显著位置。对契约性赔偿的索赔可由相关海员或其最近亲属或海员的代表或指定受益人直接提出。

3. 保护健康和安全及防止事故

(1)各成员方应确保悬挂其旗帜的船舶上的海员得到职业健康保护，并且在一个安全和卫生的环境下在船上生活、工作和培训。

(2)各成员方应为悬挂其旗帜的船舶制定和颁布关于职业安全和健康管理的国家导则。

(3)各成员方应为悬挂其旗帜的船舶规定职业安全和健康保护及防止事故的标准。

4. 可以使用岸上福利设施

(1)各成员方应确保如果存在岸上福利设施,应易于供海员使用。

(2)成员方还应为挂靠其港口的船舶上的海员提供充分的福利设施与服务。

5. 社会保障

(1)各成员方应确保所有海员,以及按其国家法律的规定,其受赡养人能够获得符合守则的社会保障的保护。

(2)各成员方承诺根据其本国情况采取措施,独自或通过国际合作,逐步为海员提供全面的社会保障的保护。

(3)成员方应确保受到其社会保障法律管辖的海员,以及在其国家法律规定的范围内,其受赡养人有权享受不低于岸上工人所享受的社会保障的保护。

# 单元七 联合国海洋法公约

## 一、公约简介

### (一)功用

联合国成立后,各国经济发展对海洋的依赖度大幅度提高。人们认识到,为了协调各国在开发和利用海洋活动中的关系,确立综合性海洋法律制度至关重要。1958 年,联合国在日内瓦召开了第一次海洋法会议,制定了《日内瓦公约》,后经多方努力,在充分协商的基础上,终于在 1982 年 12 月 10 日在蒙特哥湾通过了《联合国海洋法公约》(United Nations Convention on the Law of the Sea , UNCLOS 1982)。该公约已于 1994 年 11 月 16 日生效,根据联合国官方网站,截止到 2018 年 2 月,批准和加入该公约的国家和地区共 168 个。我国于 1996 年 6 月 7 日向联合国交存批准书,1996 年 7 月 7 日,公约对我国生效。

UNCLOS 1982 被称为"海洋的宪法",并被认为和《联合国宪章》齐名,对国际社会做出了杰出贡献。许多国际公约,如 IMO 围绕着海上安全和海洋环境保护组织制定的许多海事公约,就是在《联合国海洋法公约》架构的海洋管理的基本框架下制定的。IMO 在其组织制定的有关公约中也具体说明,其文本的任何规定都不得妨碍任何国家在《联合国海洋法公约》所反映的国际习惯法下的权利和义务。

### (二)构架

UNCLOS 1982 建立了各国对所有海洋事务的行为关系的原则和标准,涉及的内容包括领海和毗连区、用于国际航行的海峡、群岛国、专属经济区、大陆架、公海、岛屿制度、闭海或半闭海、内陆国出入海洋的权利和过境自由、国际海底、海洋环境的保护和保全、海洋科学研究、海洋技术的发展和转让、争端的解决等各项法律制度,共 17 个部分 320 条,另有 9 个附件和 1 个最后文件。

UNCLOS 1982 设定了船旗国、港口国和沿海国管辖的性质、程度和不同海域如领海、公海、专属经济区、国际海峡等的法律地位。公约在“海上安全和防止、减少和控制污染”“船舶设计、构造、人员配备或装备”“海上避碰”“指定或制定海道和分道通航”“核能船舶”等方面都建立了一般原则，同时又明确地建立了各缔约国的义务。

### （三）UNCLOS 1982 关于海域的划分及其法律地位

1. 内水

除在群岛国情形下另有规定外，领海基线向陆地一面的水域构成国家内水的一部分。

泛指的“内水”是指一国领海基线和陆上国境线所包围的水域，包括湖泊、河流及其河口、内海、港口、港湾、海峡以及其他位于领海基线以内的水域。陆地内的水域称为内陆水，领海基线与陆地之间的水域称为内海水。《联合国海洋法公约》将内海水简称为“内水”。

内水同陆地领土一样，是沿海国领土的组成部分，沿海国对其拥有完全的排他的主权。沿海国有权制定自己的内水制度，有权禁止外国籍船舶进入其内水航行。

2. 领海

领海是沿海国主权所及的在其陆地领土及其内水以外邻接的一带海域，此项主权及于领海的上空及其海床和底土。每一国家的领海宽度不应超过 12 海里。

领海基线是陆地及内水与领海的分界线，是划定领海、毗连区、专属经济区和大陆架等区域的基准线。划定领海基线的方法有两种：正常基线和直线基线。测算领海宽度的正常基线是沿海国官方承认的大比例尺海图所标明的沿岸低潮线。直线基线是连接沿岸各个适当点而形成的一条基线。在岸线较为复杂或岸线附近岛屿较多的情况下，划定直线基线较为合适。UNCLOS 1982 规定了直线基线应遵循的一些原则，两种基线方法可以交替使用。

所有国家，不论是沿海国还是内陆国，其船舶均享有无害通过领海的权利。通过是指穿过领海但不进入内水或停靠内水以外的泊船处或港口设施；或驶往或驶出内水或停靠这种泊船处或港口设施。通过应继续不停和迅速进行。无害通过是指：

（1）通过只要不损害沿海国的和平、良好秩序或安全，就是无害的。这种通过的进行应符合本公约和其他国际法规则。

（2）如果外国船舶在领海内进行下列任何一种活动，其通过即应视为损害沿海国的和平、良好秩序或安全：

①对沿海国的主权、领土完整或政治独立进行任何武力威胁或使用武力，或以任何其他违反《联合国宪章》所体现的国际法原则的方式进行武力威胁或使用武力；

②以任何种类的武器进行任何操练或演习；

③任何目的在于搜集情报使沿海国的防务或安全受损害的行为；

④任何目的在于影响沿海国的防务或安全的宣传行为；

⑤在船上起落或接载任何飞机；

⑥在船上发射、降落或接载任何军事装置；

⑦违反沿海国海关、财政、移民或卫生的法律和规章，上下任何商品、货币或人员；

⑧违反本公约规定的任何故意和严重的污染行为；

⑨任何捕鱼活动；

⑩进行研究或测量活动；

⑪任何目的干扰沿海国任何通信系统或任何其他设施或设备的行为；

⑫与通过没有直接关系的任何其他活动。

对于停船与锚泊的行为仅限于通常航行所附带发生的，或不可抗力或遇难所必要的，或为救助遇险或遭难的人员、船舶和飞机。沿海国可根据公认的国际规则对航行安全及海上交通管理制定无害通过其领海的法律和规章。在实践中，大多数国家都认为只有外国非军用船舶享有无害通过权，外国军用船舶不能适用无害通过权。

3. 毗连区

毗连区是指领海以外且毗连领海的一个区域，从领海基线量起，不得超过 24 海里。毗连区由沿海国依需要而设立。沿海国可在毗连其领海称为毗连区的区域内，行使下列必要的管制：

(1)防止在其领土或领海内违犯其海关、财政、移民或卫生的法律和规章；

(2)惩治在其领土或领海内违犯上述法律和规章的行为。

4. 专属经济区

专属经济区是领海以外并邻接领海的一个区域，从领海基线量起，不应超过 200 海里。专属经济区已超过国家领土的范围，沿海国对该区域不享有完全的主权，沿海国主要是对自然资源享有主权，对专属经济区内水域和海底自然资源享有人工岛屿、设施和结构的建造和使用，海洋科学研究，以及海洋环境的保护和保全的管辖权。

在专属经济区内，所有国家，不论其为沿海国或内陆国，在本公约有关规定的限制下，均享有航行和飞越的自由、铺设海底电缆和管道的自由，以及与这些自由有关的海洋其他国际合法用途，诸如同船舶和飞机的操作及海底电缆和管道的使用有关的并符合本公约其他规定的那些用途。但是各国在专属经济区内根据本公约行使其权利和履行其义务时，应适当顾及沿海国的权利和义务，并应遵守沿海国按照本公约的规定和其他国际法规则所制定的与本部分不相抵触的法律和规章。

5. 大陆架

大陆架是地质地理学上的概念，是指从海岸起在海水下由陆地向外自然延伸的地势平缓的海底区域的海床及底土。

UNCLOS 1982 规定，沿海国的大陆架包括其领海以外依其陆地领土的全部自然延伸，扩展到大陆边外缘的海底区域的海床和底土，如果从测算领海宽度的基线量起到大陆边的外缘的距离不到 200 海里，则扩展到 200 海里的距离。

沿海国为勘探大陆架和开发其自然资源的目的，对大陆架行使主权，该权利是专属性的，即如果沿海国不勘探大陆架或开发其自然资源，任何人未经沿海国明示同意，均不得从事这种活动；沿海国对大陆架的权利并不取决于有效或象征的占领，或任何明文公告。

6. 公海

公海是指不包括在国家的专属经济区、领海或内水或群岛国的群岛水域内的全部海域。公海对所有国家开放，不论其为沿海国或内陆国。公海自由是在 UNCLOS 1982 和其他国际法规则所规定的条件下行使的。公海自由包括：航行自由、飞越自由、铺设海底电缆和管道的自由、建造国际法所容许的人工岛屿和其他设施的自由、捕鱼自由、科学研究自由。

公海应只用于和平目的；任何国家不得有效地声称将公海的任何部分置于其主权之下；任

何国家的船舶，不论沿海国或内陆国，均有权在公海上悬挂船旗国的国旗航行。

7. 用于国际航行的海峡

（1）国际航行海峡的概念

国际航行海峡是指两端连接公海或专属经济区可供海船通过的海峡。

（2）过境通行权

在国际海峡中，所有船舶均享有过境通行的权利，过境通行不应受阻碍。

过境通行是指专为在公海或专属经济区的一个部分和公海或专属经济区的另一部分之间的海峡继续不停和迅速过境的目的而行使航行和飞越自由。

（3）船舶在过境通行时的义务

船舶在行使过境通行权时应：

①毫不迟延地通过海峡；

②不对海峡沿岸国的主权、领土完整或政治独立进行任何武力威胁或使用武力，或以任何其他违反《联合国宪章》所体现的国际法原则的方式进行武力威胁或使用武力；

③除因不可抗力或遇难而有必要外，不从事其继续不停和迅速过境的通常方式所附带发生的活动以外的任何活动；

④遵守一般接受的关于海上安全的国际规章、程序和惯例，包括《国际海上避碰规则》；

⑤遵守一般接受的关于防止、减少和控制来自船舶污染的国际规章、程序和惯例。

（4）海峡沿岸国的义务

海峡沿岸国不应妨碍过境通行，并应将其所知的海峡内对航行有危险的任何情况妥为公布，过境通行不应予以停止。

## 二、UNCLOS 1982 涉及的紧追权和登临权

### （一）紧追权

沿海国主管当局有充分理由认为外国船舶违犯该国法律和规章时，可对该外国船舶进行紧追。

紧追须在外国船舶或其小艇之一在追逐国的内水、群岛水域、领海或毗连区内时开始，而且只有追逐未曾中断，才可在领海或毗连区外继续进行。当外国船舶在领海或毗连区内接获停驶命令时，发出命令的船舶并无必要也在领海或毗连区内。如果外国船舶位于毗连区内，沿海国对其的追逐只有在设立毗连区所保护的权利遭到侵犯的情形下才可进行。对于外国船舶在专属经济区内或在大陆架上，包括大陆架上设施周围的安全地带内，违反沿海国适用于专属经济区或大陆架的法律和规章的行为，可以对照适用的紧追权。紧追权在被追逐的船舶进入其本国领海或第三国领海时立即终止。

紧追权只可由军舰、军用飞机或其他有清楚标志可以识别的为政府服务并经授权紧追的船舶或飞机行使。

### （二）登临权

登临权是指一国军舰在公海上遇到有嫌疑的除军舰和政府公务船以外的外国船舶，有登

临检查的权利。

如有以下合理的理由，军舰、军用飞机或经正式授权并有清楚标志可以识别的为政府服务的任何其他船舶或飞机在公海上具有登临权：

（1）该船从事海盗行为；

（2）该船从事奴隶贩卖；

（3）该船从事未经许可的广播；

（4）该船没有国籍；

（5）该船虽悬挂外国旗帜或拒不展示其旗帜，而事实上却与该军舰属同一国籍。

# 项目四

# 海洋环境保护

☞［**学习目标**］

根据《海船船员培训大纲(2021版)》的规定,需要了解或掌握:

1. 防止海洋环境污染和防止污染程序

(1)了解船舶对海洋环境的污染;

(2)了解船舶污染对海洋环境的损害;

(3)掌握防止船舶污染海洋环境的措施;

(4)掌握船舶防污染技术与设备。

2. 了解《国际防止船舶造成污染公约》(MARPOL公约)(关于特殊区域及特殊区域内的操作沿海航区不适用)

3. 了解《国际船舶压载水和沉积物控制与管理公约》

4. 熟悉国内环境保护法规

(1)《中华人民共和国海洋环境保护法》;

(2)《防治船舶污染海洋环境管理条例》;

(3)船舶及其有关作业活动污染海洋环境防治管理规定。

# 单元一　防止海洋环境污染和防止污染程序

## 一、船舶对海洋环境的污染

### (一)船舶对海洋环境的污染源

船舶对海洋环境的污染源主要有油类和油性混合物、散装有毒液体物质、海运包装有害物质、船舶生活污水、船舶垃圾、船舶废气以及船舶压载水中的有害生物等。

1. 油类和油性混合物

(1)包括原油、燃料油、油泥、油渣和石油炼制品在内的任何形式的石油;

(2)含有任何油类的混合物;

(3)在船舶正常运转过程中产生的残留废油产品;

(4)由于机器处所泄漏或维修工作而产生的可能被油污染的水。

2. 散装有毒液体物质

(1)《国际散装运输危险化学品船舶构造与设备规则》(IBC 规则)所指明的或根据该附则规定被临时评定列为 X、Y 或 Z 类的任何物质。

(2)含有任何有毒液体物质的混合物。

3. 海运包装有害物质

海运包装有害物质是指《国际海运危险货物规则》(IMDG 规则)确定的有包装的海洋污染物。

4. 船舶生活污水

(1)任何形式的厕所、小便池和厕所排水孔的排出污水;

(2)医务室(药房、病房等)的洗手盆、洗澡盆和这些处所排水孔的排出污水;

(3)装有活体动物处所的排出污水和混有上述排出物的其他废水等。

5. 船舶垃圾

船舶垃圾是指产生于船舶正常营运期间并需要连续或定期处理的各种食品废弃物、生活废弃物、操作废弃物、所有的塑料、货物残留物、焚烧炉灰、食用油、渔具、动物尸体和电子垃圾,但本公约其他附则所界定的或列出的物质除外。船舶垃圾不包括因航行过程中的捕鱼活动和为将包括贝类在内的鱼产品安置在水产品养殖设施内以及将捕获的包括贝类在内的鱼产品从此类设施转到岸上加工的运输过程中产生的鲜鱼及其各部分。就垃圾记录簿(或船舶航海日志)而言,垃圾将被进行如下分类:

(1)所有的塑料;

(2)食品废弃物;

(3)生活废弃物;

(4)食用油;

(5)焚烧炉灰;

(6)操作废弃物;

(7)货物残留物;

(8)动物尸体;

(9)渔具;

(10)电子垃圾。

6. 船舶废气

船舶废气是指由船舶产生并排放到大气中,包括硫氧化物、氮氧化物、臭氧层消耗物质、挥发性有机物和温室气体等的废气。

7. 船舶压载水中的有害生物

船舶压载水是指包含了有害生物,并从一地被带到另一地排放的,用以调整船舶稳性、吃水差、强度等的压载水。

### (二)船舶对海洋环境污染的途径

船舶对海洋环境污染的途径主要有操作性污染和海损事故性溢漏。

1. 操作性污染

操作性污染是指船舶营运过程中由于船员或货物装卸人员操作不当或相关系统的损坏而导致的意外排放。为船舶安全或救助海上人命的故意排放,可看作特殊的操作性污染。

(1)操作性油污染的途径:机舱舱底污水和机舱残油、污油、油泥的违规排放;排放含油压载水或洗舱水时,油量瞬间排放率超标;在绝对禁止排放的海域排放油类或含油污水;管系泄漏事故;舱柜满溢事故;船壳泄漏事故;为了船舶安全的故意排油;为了救助海上人命的故意排油等。装卸和移驳货油以及添加燃油期间发生的跑、冒、滴、漏等也是造成海洋污染的途径之一。

(2)操作性散装有毒液体物质污染的途径与油类污染类似,但污染物质和排放条件不同。

(3)操作性包装有害物质污染的途径:在船上将用以清除从包装货物中洒落或泄漏的有害物质的洗舱水直接排入海中;将装有散装有毒液体物质洒落或泄漏的舱室中清除出来的垃圾、混合物或包装材料直接排放入海;将装有散装有毒液体物质的货泵舱中积聚的舱底水排入海中;装卸作业中不慎造成包装有害物质的意外落海等。

(4)操作性船舶生活污水污染:主要是不当排放船上产生的粪便水和尿液、医务室的脸盆和洗澡盆的排出物、活动物处所的排出物等。

(5)操作性船舶垃圾污染:主要是不当排放船舶垃圾造成的污染。

2. 海损事故性溢漏

海损事故性溢漏通常是指船舶发生碰撞、搁浅、触礁等严重的海损事故,使所载的油类、散装有毒液体物质、包装有害物质等部分或全部溢入海中,造成了严重的海洋污染。

可引起事故性溢油的海损事故包括:触礁或搁浅、火灾或爆炸、碰撞、船壳破损、严重横倾等。而操舵设备、推进器、供电系统、重要的船载导航设备等影响船舶适航性能的机械和设备的损坏或故障,也是引起事故性溢油进而引发污染事故的原因。

## 二、船舶污染对海洋环境的损害

船舶污染将会对海洋环境造成下列损害：

1. 形成海面污染物

海洋表层被船舶排放的油类、油性混合物形成的油膜以及从船舶排放出的垃圾覆盖，在海面形成一层污染物，这层污染物将会妨碍海水与阳光、风等的相互作用，从而影响氧气的产生、大气的成分和温度，阻碍水汽的蒸发，并通过大气环流影响人体健康。海面污染物所产生的有害气体也会随大气环流扩散至全球，危害人体健康。海面污染物会妨碍海面养殖和其他作业，并会妨碍船舶的安全航行。海面垃圾及其腐臭味，会使海上休息和旅游胜地失去其价值。

2. 污染海水水质

船舶排放的污染物中的有害化学物质分散于水中而影响海水的工业利用价值，有害物质被鱼类、贝类、食用藻类吸收，会影响其食用价值，严重时会导致人的慢性中毒而危害健康和生命。严重污染会使海洋生物大量灭绝，海洋食物链中断，使人类丧失至关重要的海洋食物源。

3. 污染物沉淀危害

船舶排放的污染物沉淀，会使海底生物污染和死亡，使滩涂荒废、海岸污染，从而使人的食物源、健康、生活和旅游环境、滩涂利用和海岸工程受到不良影响。

4. 破坏大气臭氧层

船舶超标排放的废气会破坏大气臭氧层，使人体遭受超标紫外线的侵害，产生毒性很大的光化学烟雾，危害人体健康。

## 三、防止船舶污染海洋环境的措施

1. 制定、完善并严格执行防污染法规

船舶防污染立法是涉及防治船舶污染环境的公约、法律、法规、法则、规则、规章和标准的综合，具有普遍性和强制性。

船舶防污染立法的普遍性在于有关部门、企事业法人、自然人和船舶都必须执行。其强制性在于法的实施是以国家强制机构作为后盾，违法者要受到国家的强制制裁，具有普遍的威慑力。严格执行法则要求通过各种手段迫使船舶按立法的要求完善船舶防污染结构、布置和材料，配齐防污染设备和文书，健全防污染应急程序，一旦发生污染则依法追究责任人造成的环境污染损害的法律责任，特别是经济赔偿责任。通过立法和对法律的执行来提高人们的防污染意识，自觉遵守防污染法规。

2. 配备足够的、先进的防污染设备

船舶应根据有关国际公约各法规的要求，配备足够的、先进的防污染设备。

3. 加强对船舶防污染的检查与监督

通过 PSC 检查和 FSC 检查，确保本国籍和到港的外国籍船舶防污染设备处于良好的技术状态，船员熟悉防污染操作并遵守防污染规定，从而避免船舶对海洋环境的污染。

4. 加强从业人员的防污染意识

具有良好职业素质的船员，是避免船舶污染海洋环境的必要条件。适当的教育和培训，可使受训人员迅速掌握防污染的知识和操作技能，具备防污染的责任感和自觉性。有计划的日常宣传和集中教育，有利于巩固和提高船员的防污染意识、知识和技能，形成相应的环境保护观念。

5. 规范船员职业行为

规范船员职业行为，是指规范船员在船上的操作行为和管理行为，确保船员以远离威胁和避免损失的方式操作和管理，即使用安全的行为方式，预防船舶污染事故的发生。规范职业行为的手段通常体现为制定职业行为规范、执行规范并按规定留下记录，监督职业行为，定期评价和完善规范。在船任职的每个船员都应具备最基本的技能，妥善而谨慎地管理货物，回避灾害性天气，运用良好的船艺，精心操作，避免海事尤其是灾害性的污染事故的发生。

6. 严格遵守各类作业操作规程

每一个船员都应严格按照油类或散装有毒液体货物的作业规程安全操作。船公司必须制定并要求船舶坚决执行有关安全生产的各项规章制度，以此来减少由人为失误造成的油类或有毒物质污染海洋环境。

船舶航行于国外港口应遵守当地的有关法令和特殊规定。特别是在处理船上留存的油类残余物，进行货油或其他有害物质装载作业时，更应严格按照IMO所推荐和确认的指南去操作，防止溢漏事故的发生。

7. 构建与船舶防污染要求相适应的船外环境

预防船舶污染环境，应有与船舶防污染要求相适应的船外环境，以保证船舶运作的全过程不发生污染事故，或将污染损害降至最低限度。船外的环境配套措施主要有：

（1）按照国际公约的要求设置船舶油污水接收设备（设施、装置）、有毒液体物质接收设备、船舶垃圾接收设备等，保证船舶的废弃物在岸上得到妥善处理；

（2）妥善选择散装液体货物的作业场所，避免强风急流的侵袭引发污染事故；

（3）在作业场所设置防止溢漏或洒落以及防扩散的器材；

（4）严谨的船岸作业规程、船舶作业规程及其监督；

（5）有效的航道系统、导航系统及船舶交通管理；

（6）沿岸国有效的防污染协作制度和技术队伍。

## 四、船舶防污染技术与设备

船舶防污染技术主要是从改进原有的操作方法、改变船体结构和增加防污染设备三方面入手，并通过提高船舶自身净化能力来实现的。

### （一）油船残油处理技术

1. 装于上部法

所谓装于上部法，就是在油舱卸油后，直接向未经清洗的油舱打进压载水，并在航行中将在油舱下部含油量较低的压载水排入海中，而将其余含油量较高的压载水排入用来作为污油水舱的某货油舱，让其在那里继续静止沉淀，自然分离；然后将污油水舱下部的清洗水再排放入海，而上部污油留在污油水舱内，待下次装油时，新的货油就直接装于残存的污油之上。

2. 专用压载舱和清洁压载舱

大型原油油船和成品油油船均应设置专用压载舱，使压载舱与货油舱、燃油舱及其系统分开。专用压载舱一般采用双重边舱和双层底结构。这样可以减小船舶因碰撞、搁浅等事故而发生溢油的危险和溢油量，同时减少了含油污水，缩短了船舶在港时间，避免水分、盐分与石油制品掺混，并防止油水交替作用对油舱的腐蚀。

清洁压载舱是现有油船替代专用压载舱的一项等效措施，是将一部分货舱进行彻底清洗后改作为压载舱，并固定用于装载压载水，而对其结构、泵和管系未做变动（泵和管系与货油系统公用）。采用清洁压载舱的油船，应增设油水分离设备和油分浓度计，以便对排放压载水中的含油量进行检测。

3. 原油洗舱

所谓原油洗舱就是在卸油的同时，利用所载货油中的一部分原油在高压下经洗舱机喷射到货舱内，借以将附在货油舱舱壁、管路、肋骨等表面的原油油泥清洗掉的方法。装有原油洗舱系统的油船，必须设置惰性气体系统。

## （二）船用油水分离器

油水分离器在防止船舶对海洋造成油污染方面起着很好的作用。

1. 油水分离的方法

油水分离的方法按其原理可分为物理方法、化学方法和生物处理方法。物理方法有重力分离、浮选分离、过滤分离和吸附分离等方法；化学方法有凝聚、电凝聚等方法；生物处理方法有活性污泥法、生物滤池法等。由于船舶条件所限，目前船用油水分离器采用最多的是物理分离法。目前实际使用的船用油水分离器种类繁多，但绝大多数采用重力分离法，再加上浮选分离或过滤分离或吸附分离等方法，即所谓组合式结构，以满足国际公约规定的排放要求。

2. 自动排油装置和油分浓度监测装置

（1）自动排油装置

油水分离器分离出的污油集聚在顶部达到一定数量时，便自动打开排油阀将污油排往污油柜，这种装置称为自动排油装置。自动排油装置主要由电阻式或电容式油位检测器和排油阀组成。

（2）油分浓度监测装置

油分浓度监测装置在含油污水排放时用来测定、记录和控制排放浓度、排放总量及瞬间排放率。若排放污水中含油浓度超过规定的标准，检测器就发出声光报警。目前常用光学方法来检测水中含油浓度，它分为光学浊度法、红外线吸收法、紫外线吸收法和荧光法。

## （三）污油水舱及接收设备

1. 污油水舱

400 总吨及以上的船舶应设置有足够容量的舱柜，用来存放不能以其他方式处理的残油或油渣，如净化燃、润油时产生的油渣以及机器处所泄漏产生的残油和含油污水处理产生的污油等。这种舱柜应便于清洗和将其内的残油排至接收设备。

2. 接收设备

按有关公约的要求，在装油港、装油站、修理港及船舶需排放残油的其他港口应设置接收留存的残油和油性混合物的足够的设备，以满足到港船舶的需要。

为使岸上的接收设备的管路能与船上机舱舱底残余物的排放管路相连接，在船上应备有油类标准排放接头。

### (四)生活污水的处理

目前船上采用的生活污水处理设备基本分为两种：一是收集、储存、集中排放的设备；二是船上处理后直接排出的设备。

1. 收集、储存、集中排放装置

收集、储存、集中排放装置主要由污水柜、污水泵、粉碎机和污水管路组成。污水和废水经粉碎机处理后流入污水柜，然后由污水泵排至露天甲板的标准排放接头送往岸上接收设备，或当船舶航行到允许排放的海域时再排出舷外。

2. 生化处理装置

生化处理装置主要是利用好氧菌为主的活性污泥对污水的有机物质进行分解处理的。

### (五)船舶垃圾的处理

船舶垃圾来源于厨房、舱室、污泥、废油、污油、油渣、油泥及扫舱垃圾等。对不同性质的垃圾应采用不同的处理方法，如直接投弃、粉碎处理后投弃和焚烧炉焚烧处理。

焚烧炉用来处理油渣、废油、污水处理装置中产生的污泥，以及其他固体垃圾等。对船上的废油、油渣、含油棉纱以及生活污水的固体物质和垃圾等，最干净简便的处理方法就是用焚烧炉焚烧。

# 单元二 国际防止船舶造成污染公约

## 一、功用与构架

### (一)功用

IMO 于 1973 年 10 月在伦敦召开国际海洋污染会议，通过了《1973 年国际防止船舶造成污染公约》。1978 年 2 月，国际油船安全和防污染会议又通过了上述公约的议定书，经该议定书修订的公约的全称为《经 1978 年议定书修订的 1973 年国际防止船舶造成污染公约》。我国于 1983 年 7 月 1 日加入 MARPOL 公约，成为该公约的缔约国。该公约于 1983 年 10 月 2 日在我国生效。

MARPOL 公约是世界上最重要的防止船舶污染海洋环境的国际公约。该公约旨在将向海洋倾倒污染物、排放油类以及向大气中排放有害气体等污染降至最低水平，以防止由于违反公约排放有害物质或含有此类有害物质的废液而污染海洋环境。

### (二)构架

现行的 MARPOL 公约由正文、2 个议定书、6 个技术性附则及部分修正案组成。其中：

议定书Ⅰ:关于涉及有害物质事故报告的规定。

议定书Ⅱ:仲裁。

附则Ⅰ:防止油类污染规则,1983 年 10 月 2 日生效。

附则Ⅱ:控制散装有毒液体物质污染规则,1987 年 4 月 6 日生效。

附则Ⅲ:防止海运包装有害物质污染规则,1992 年 7 月 1 日生效。

附则Ⅳ:防止船舶生活污水污染规则,2003 年 9 月 27 日生效。

附则Ⅴ:防止船舶垃圾污染规则,1988 年 12 月 31 日生效。

附则Ⅵ:防止船舶造成大气污染规则,2005 年 5 月 19 日生效。

附则Ⅰ、附则Ⅱ是必选附则,其他附则是可选附则。

## 二、公约议定书

### (一)议定书的内容

1. 议定书Ⅰ:关于涉及有害物质事故报告的规定

议定书Ⅰ是依据公约正文第 8 条(涉及有害物质的事故报告)的规定制定的。

2. 议定书Ⅱ:仲裁

议定书Ⅱ是依据公约正文第 10 条(争议的解决)的规定制定的。

### (二)议定书Ⅰ的主要内容

1. 报告的责任

(1)发生涉及本议定书所述事故的任何船舶的船长或负责管理该船的其他人员,应毫不延迟地尽可能按照本议定书的规定,对事故做出详细的报告。

(2)如果涉事船舶被放弃,或者该船所做的报告不完整或得不到该船的报告,则该船的船东、租船人、经理人或经营人,或者他们的代理人,应尽可能担负起本议定书所规定的船长的报告责任。

2. 报告的时间

当事故涉及下列情况时应进行报告:

(1)排放超过允许排放标准或无论何种原因有可能排放油类或有毒液体物质,包括为保障船舶的安全或救护海上人命而进行的排放。

(2)排放或可能排放包装形式的有害物质,包括装在货运集装箱、可移动式罐柜、公路和铁路槽罐车以及船载驳船中的有害物质。

(3)船长为 15 米或以上的船舶发生的损坏、故障或失灵:

①影响船舶安全,包括但不限于碰撞、搁浅、火灾、爆炸、结构失效、浸水以及货物移动;

②导致影响航行安全,包括但不限于操舵装置、推进装置、发电系统和船上主要导航设备的故障或失灵。

(4)船舶营运期间排放油类或有毒液体物质超过本公约允许的排放量或瞬间排放速率。

3. 报告的内容

在任何情况下,报告应包括:

(1)涉及船舶的特征;

(2)事故的时间、类型和地理位置;

(3)涉及有害物质的数量和类型;

(4)救助和救捞措施。

4. 补充报告

根据规定有责任发送报告的任何人,如有可能:

(1)应在必要时对最初的报告提出补充并提供有关事态进一步发展的情况;

(2)应尽可能满足受影响国家索取有关补充资料的要求。

5. 报告的程序

(1)通过可利用的最快的电信通信渠道并尽可能最优先地将报告发送给最近的沿海国。

(2)公约缔约国应按照 IMO 制定的指南颁发或敦促颁发有关在报告有害物质事故时应遵循的程序规则或指令。

## 三、附则 I:防止油类污染规则

防止油类污染规则是必选规则,于 1983 年 10 月 2 日生效。我国于 1983 年 7 月 1 日加入该公约成为缔约国。

### (一)定义

(1)"油类"系指包括原油、燃油、油泥、油渣和炼制品(本公约附则Ⅱ所规定的石油化学品除外)在内的任何形式的石油,包括本附则附录所列的物质。

(2)"油性混合物"系指含有任何油类的混合物。

(3)"燃油"系指船舶所载有并用作其推进和辅助机器的燃料的任何油类。

(4)"油船"系指建造为或改造为主要在其货物处所装运散装油类的船舶,并包括全部或部分装运散装货油的兼用船、本公约附则Ⅱ定义的任何"有毒液体物质货船"和经修正的 SOLAS 公约定义的任何气体运输船。

(5)"最近陆地"系指按照国际法划定领土所属领海的基线,但在澳大利亚东北海面另有规定的除外。

(6)"特殊区域"系指这样的一个海域,在该海域中,由于其海洋学和生态学的情况以及其交通的特殊性质等方面公认的技术原因,需要采取特殊的强制办法以防止油类物质污染海洋。本附则的特殊区域包括:地中海区域、波罗的海区域、黑海区域、红海区域、海湾区域、亚丁湾区域、南极区域(南纬 60 度以南的区域)、西北欧水域(包括北海及其入口、爱尔兰海及其入口、凯尔特海、英吉利海峡及其入口以及紧靠爱尔兰西部的大西洋东北海域)、阿拉伯海的阿曼区域和南非南部水域。

(7)"油量瞬间排放率"系指任一瞬间每小时排油的数量除以同一瞬间船速节数之值,其单位为"升/海里"。

(8)"污油水舱"系指明确指定用于收集舱柜排出物、洗舱水和其他油性混合物的舱柜。

(9)"清洁压载"系指自上次装油后的舱内的压载,该舱已进行清洗,其清洁程度即使在晴好天气从静态船舶中将该舱中的排出物排入清洁而平静的水中时,也不会在水面或邻近的海岸线上产生可见的油迹,或形成油泥或乳化物沉积于水面以下或邻近的海岸线上。如果该压载是通过经主管机关认可的排油监控系统排出的,而根据这一系统的测定查明该排出物的含油量不超过 15ppm,则尽管出现可见的油迹,仍应确定该压载是清洁的。

(10)“专用压载”系指装入舱内的压载水,该舱与货油和燃油系统完全隔绝并固定用于装载压载水,或用于装载本公约各附则所指的各种油类或有毒液体物质以外的压载水或货物。

(11)“残油(油泥)”系指船舶正常操作过程中产生的残余废油产物,例如由主机或辅机的燃油或润滑油净化产生的残余废油产物,来自滤油设备的分离废油,滴油盘收集的废油,以及废弃液压油和润滑油。

(12)“残油(油泥)舱”系指储存残油(油泥)的舱柜,通过标准排放接头和其他任何认可的处理措施从该舱可直接处理残油(油泥)。

(13)“含油舱底水”系指可能被由机器处所渗漏或维护工作产生的油污染的水。进入舱底水系统(包括舱底水井、舱底水管系、内底或舱底水储存柜)的任何液体被视为含油舱底水。

(14)“含油舱底水储存柜”系指在其排放、过驳或处理前收集含油舱底水的舱柜。

### (二)适用范围

除另有明文规定外,本附则的规定应适用于所有船舶。

### (三)检验与发证

(1)每艘 150 总吨及以上的油船和 400 总吨及以上的其他船舶应进行下列规定的检验:初次检验、换证检验、中间检验、年度检验和附加检验。检验应确保其结构、设备、系统、附件、布置和材料完全符合本附则的适用要求。

(2)对驶往本公约其他缔约国所管辖的港口或近海装卸站的 150 总吨及以上的油船和 400 总吨及以上的任何其他船舶,在进行初次检验或换证检验后,应签发国际防止油污证书(International Oil Pollution Prevention Certificate, IOPP 证书)。

(3)该证书应由主管机关或经其正式授权的任何个人或组织签发或签署。在任何情况下,主管机关对证书负有全部责任。

(4)应主管机关的申请,公约缔约国政府可对船舶进行检验,如确信符合本附则的规定,应对该船签发或授权签发国际防止油污证书。签发的证书具有同等效力和得到同样的承认。对于悬挂非缔约国国旗的船舶,不得签发国际防止油污证书。

(5)国际防止油污证书的有效期限应由主管机关规定,但不得超过 5 年。

(6)国际防止油污证书,在下列任一情况下即应中止有效:

①相关检验未在规定的期限内完成;

②在中间检验和年度检验中未按规定予以签署;

③船舶变更船旗国。

### (四)对所有船舶机器处所的要求

1. 残油(油泥)舱

(1)所有 400 总吨及以上的船舶应设有残油(油泥)舱,并应设置足够的容量。

(2)残油(油泥)舱应设有指定的泵,以便从残油(油泥)舱中泵吸残油,按照规定的处置方式进行处置。

(3)残油(油泥)舱与舱底水系统、舱底水储存舱、内底和油水分离器之间,不应设有排放连接[残油(油泥)舱中的沉淀水可通过泄放管泄放至舱底水储存舱或污水井],残油(油泥)舱排放管路与舱底水排放管路可通过共用排放管连接到标准排放接头,但不允许将残油驳至舱底水系统。

(4)除标准排放接头以外,不应设有其他直接舷外排放的管路布置。

(5)油舱的设计和建造应便于舱的清洗及将残余物排至接收设施(1979 年 12 月 31 日前交船的船舶尽实际可能满足该条要求)。

(6)对于 2017 年 1 月 1 日前建造的船舶,应不迟于 2017 年 1 月 1 日后首次换证检验时满足上述(3)的要求。

2. 标准排放接头

为了使接收设备的管路能与船上机舱舱底和残油(油泥)舱残余物的排放管路相连接,在两条管路上均应装有标准排放接头。

3. 滤油设备

(1)任何 400 总吨及以上但小于 10 000 总吨的船舶,均应装有确保通过该系统排放入海的含油混合物的含油量不超过 15ppm 的滤油设备。

(2)任何 10 000 总吨及以上的船舶,均应装有确保通过该系统排放入海的含油混合物的含油量不超过 15ppm,且系统应装有报警装置,在不能保持这一标准时发出报警。该系统还应装有在排出物的含油量超过 15ppm 时能确保自动停止油性混合物排放的装置。

### (五)对油船货物区域的要求

1. 专用压载舱

(1)每艘在 1982 年 6 月 1 日以后交船的 20 000 载重吨及以上的原油油船以及每艘载重量为 30 000 吨及以上的成品油油船,均应设置专用压载舱。

(2)每艘在 1982 年 6 月 1 日或以前交船的 40 000 载重吨及以上的成品油油船,均应设置专用压载舱。

2. 完整稳性和稳性仪

(1)每艘在 2002 年 2 月 1 日或以后交船的 5 000 载重吨及以上的油船,在可能出现的货物和压载水最恶劣装载工况(符合良好操作惯例且包括液货过驳作业的中间阶段)下的任何营运吃水,均应符合油船完整稳性标准。

(2)所有油船均应配备能进行完整和破损稳性要求的符合性验证,并经主管机关参照 IMO 建议的性能标准认可的稳性仪:

①2016 年 1 月 1 日以前建造的油船,应在 2016 年 1 月 1 日或以后但不迟于 2021 年 1 月 1 日的船舶初次计划的换证检验时符合本条;

②但对于 2016 年 1 月 1 日以前建造的船上配备的稳性仪,如能进行完整和破损稳性的符合性验证并使主管机关满意,则不必替换;

③主管机关应签发一份稳性仪的认可文件。

3. 污油水舱

(1)150 总吨及以上的油船,应设有符合要求的污油水舱装置。

（2）70 000 载重吨及以上的油船，至少应设置两个污油水舱。

4. 泵吸、管路和排放布置

（1）每艘油船在其开敞甲板上的两舷应设置连接接收设备的排放汇集管，以排放污压载水或污油水。

（2）每艘 150 总吨及以上的油船，允许排放货物区域的压载水或油污水入海的管路应通至开敞甲板或通至最深压载状态时水线以上的舷侧。

5. 排油监控系统

（1）150 总吨及以上的油船，应装有一个经主管机关批准的排油监控系统。

（2）排油监控系统应设有一个记录器，用以提供每海里排放数量（升）和总排放量或含油量和排放率的连续记录。这种记录应能鉴别时间和日期，并应至少保存 3 年。

（3）每当有排出物排放入海时，排油监控系统即应开始工作，并应确保在油量瞬间排放率超过规定的 30 升/海里时，即自动停止排放任何油性混合物。

（4）排油监控系统遇到任何故障即应停止排放。排油监控系统如遇任何故障，可使用一种手工操作的替代方法，但该有缺陷的装置应尽快予以修复。

6. 油/水界面探测器

150 总吨及以上的油船应备有经主管机关认可的有效的油/水界面探测器，以能迅速而准确地测定污油水舱中的油/水分界面，其他舱柜如需进行油水分离并拟从其中将排出物直接排放入海，也应有这种探测器。

7. 对原油洗舱的要求

每艘在 1982 年 6 月 1 日以后交船的 20 000 载重吨及以上的原油油船，应设置使用原油洗舱的货油舱清洗系统。原油洗舱装置及其附属设备与布置，应符合主管机关所制定的要求。这些要求至少应包括 IMO 通过的相关技术条件的全部规定。

### （六）操作性排油的控制

1. 除另有规定外，应禁止将任何油类或油性混合物排放入海

另有规定情况下的排放包括例外情况下的排放和满足相关规定条件下的达标排放。例外排放包括以下情况：

（1）将油类或油性混合物排放入海，系为保障船舶安全或救护海上人命所必需。

（2）将油类或油性混合物排放入海，系由于船舶或其设备损坏而导致；但须在发生损坏或发现排放后，为防止排放或使排放减至最低限度，已采取了一切合理的预防措施；但是，如果船东或船长是故意造成损坏，或轻率行事而又知道可能会招致损坏，则不在此列。

（3）将经主管机关批准的含油物质排放入海，用以对抗特定污染事故，以使污染损害减至最低限度。但任何这种排放，均应经过拟进行排放所在地区的管辖国政府批准。

2. 对所有船舶机器处所的排油控制

（1）特殊区域以外的排放

应禁止 400 总吨及以上的船舶将油类或油性混合物排放入海，但全部满足下列条件者除外：

①船舶在航行途中；

②油性混合物经滤油设备予以处理；

③未经稀释的排出物含油量不超过15ppm；

④油性混合物不是来自油船的货泵舱的舱底；

⑤如是油船，油性混合物未混有货油残余物。

(2)特殊区域以内的排放

应禁止400总吨及以上的船舶将油类或油性混合物排放入海，但全部满足下列条件者除外：

①船舶在航行途中；

②油性混合物经装有报警装置并能在排出物的含油量超过15ppm时自动停止的滤油设备予以处理；

③未经稀释的排出物含油量不超过15ppm；

④油性混合物不是来自油船的货泵舱的舱底；

⑤如是油船，油性混合物未混有货油残余物。

(3)在南极区域，禁止任何船舶将任何油类或油性混合物排放入海。

3. 对油船货物区域的排油控制

(1)特殊区域外的排放

除另有规定外，应禁止将油船货物区域的油类或油性混合物排放入海，但全部满足下列条件者除外：

①油船不在特殊区域之内。

②油船距最近陆地50海里以上。

③油船在航行途中。

④油量瞬间排放率不超过30升/海里。

⑤排放入海的总油量，对于在1979年12月31日或以前交船的油船而言，不得超过这项残油所属的该种货油总量的1/15 000；对于在1979年12月31日以后交船的油船而言，不得超过这项残油所属的该种货油总量的1/30 000。

⑥油船所设的污油水舱和排油监控系统正在运转。

清洁或专用压载的排放不适用于此条规定。

(2)特殊区域内的排放

除另有规定外，油船在特殊区域内时，应禁止将其货物区域的油类或油性混合物排放入海，但此规定不适用于清洁或专用压载的排放。

## (七)油类记录簿

1. 油类记录簿的配备

每艘150总吨及以上的油船以及400总吨及以上的非油船，均应备有油类记录簿第Ⅰ部分(机器处所的作业)。每艘150总吨及以上的油船，应备有油类记录簿第Ⅱ部分(货油和压载的作业)。

2. 油类记录簿的记载

该油类记录簿不论是作为船上的正式航海日志的一部分还是作为其他文件，均应按本附则附录所规定的格式。每当船舶进行下列任何一项作业时，均应逐舱填写油类记录簿。

(1)油类记录簿第Ⅰ部分,即机器处所的作业:

①燃油舱的压载或清洗;

②燃油舱污压载水或洗舱水的排放;

③残油(油泥)的收集和处理;

④机器处所积存的舱底水向舷外排放或处理;

⑤添加燃油或散装润滑油。

当发生本附则所述的例外情况,或者发生意外排放或其他异常排油情况时,应在油类记录簿第Ⅰ部分中说明这种排放的情况和理由。滤油设备的任何故障均应记入油类记录簿第Ⅰ部分。

(2)油类记录簿第Ⅱ部分,即货油和压载的作业:

①货油的装载;

②航行中货油的过驳;

③货油的卸载;

④货油舱和清洁压载舱的压载;

⑤货油舱的清洗(包括原油洗舱);

⑥压载水的排放,但从专用压载舱排放者除外;

⑦排放污油水舱的水;

⑧污油水舱排放作业后,所使用的阀门或类似装置的关闭;

⑨污油水舱排放作业后,为清洁压载舱与货油和扫舱管路隔离所需阀门的关闭;

⑩残油的处理。

当发生本附则所述的例外情况,或者发生意外排放或其他异常排油情况时,应在油类记录簿第Ⅱ部分中说明这种排放的情况和理由。排油监控系统的任何故障均应记入油类记录簿第Ⅱ部分。

3. 油类记录簿的管理与检查

(1)应及时将每项作业详细地记入油类记录簿,以使与该项作业相应的所有项目均有记录,每项完成的作业,应由高级船员或有关作业的负责人签字,且每填完一页应由船长签字。对持有国际防止油污证书的船舶,油类记录簿的记录应至少使用英文、法文或西班牙文中的一种。如果同时使用了船旗国的官方语言,则在有争议或分歧时,应以该国官方语言为准。

(2)油类记录簿的存放位置应易于在任何合理时间随时可供检查,并且除未配备船员的被拖船舶外,均应存放在船上。油类记录簿应在进行最后一项记录后保存3年。

(3)公约缔约国政府的主管当局,可对停靠本国港口或近海装卸站的适用本附则的任何船舶检查油类记录簿,并可将记录簿中任何记录制成副本,也可要求船长证明该副本是该项记录的真实副本。任何经船长证明为船上油类记录簿第Ⅰ部分中某项记录的真实副本者,在任何法律诉讼中应可作为该项记录中所述事实的证据。

### (八)船上油污应急计划

150总吨及以上的油船和400总吨及以上的非油船应备有经主管机关认可的船上油污应急计划(SOPEP)。该计划的编制应符合IMO制定的《船上油污应急计划编制指南》的要求,并使用船长和驾驶员的工作语言编写。

1. 制订船上油污应急计划的目的及要求

(1)目的

制订船上油污应急计划的目的是帮助船员在船舶发生意外排油时采取必要的措施,以控制或尽量减少排油,减轻油污损害。

(2)要求

①计划应切实、可行、易于操作,应能被船上人员和岸上的船舶管理人员所理解;

②应对计划定期进行评估、检查和修改。

2. 船上油污应急计划的主要内容

根据 MARPOL 公约附则 Ⅰ 第 26 条的规定,船上油污应急计划至少应包括四部分内容:

(1)油污事故的报告

船舶发生油污事故或可能发生油污事故时,船长或负责管理该船的其他人员需立即向最近沿岸国做出初始报告。然后,根据需要及时做出补充报告,以便对初始报告做进一步补充,或提供有关油污事态发展信息。此外,还要按照沿岸国的要求提供更详细的信息,即附加报告。

(2)需要联系的有关当局或人员的名单

发生油污事故的船舶必须以最迅速的方式与沿岸国(负责受理和处理油污事故的主管机关,或指定的海岸电台、船舶报告点,或海上搜救协调中心等)、港口(船舶代理人或公司航运代表)和船舶重要联系人(与船舶有重要利害关系的船公司、保险公司、救助单位,船舶岸上管理人员等)进行联系。有关联系人员的名单必须满足 24 小时都能联系上,并提供他们的替代人名单。有关联系人员的名单随着人员的变更和电话、电报、电传号码的变更须及时更新。

(3)为减少或控制排油应采取的应急措施

不同类型的船舶采取的应急措施可能有所不同,但船上油污应急计划至少应提供包括操作性溢油和海损事故性溢油两方面的应急措施的指导。

①操作性溢油应急措施

操作性溢油是指在正常装卸和内部驳运油的过程中所发生的管系渗漏、舱柜满溢以及船体渗漏所引起的溢油。船上油污应急计划应针对上述三种情况导致的溢油,分别制订应急措施和应急反应程序。

②海损事故性溢油应急措施

船上油污应急计划应针对搁浅、触礁、火灾爆炸、碰撞、船体损坏、严重横倾、进水、沉没等海损事故可能引起的溢油,分别制订应急措施和应急反应程序。

③其他措施

船上油污应急计划还应就优先措施、稳性和应力影响、减载等问题提供相关指导。

(4)与沿岸国或地方当局的联系和协作

当发生油污事故时,船舶在进行油污应急反应前,必须与沿岸国或地方当局取得联系,并提供相关资料,以便得到核准。船上与沿岸国或地方当局快速有效的协作对于减轻污染事故的危害影响是至关重要的。因此,船上油污应急计划应提供与沿岸国或地方当局联系、请求协作的方式、注意事项,以及有关应急反应队伍的资料等。

3. 非强制性部分的内容

除上述四部分强制内容外,船上油污应急计划中还应有计划核查程序、培训和训练程序、记录保存程序、公关事务处理程序、应急反应设备等非强制性部分的内容。

## 四、附则Ⅱ：控制散装有毒液体物质污染规则

控制散装有毒液体物质污染规则也是必选规则，于 1987 年 4 月 6 日生效。我国于 1983 年 7 月 1 日加入该公约成为缔约国。

### （一）定义

（1）"清洁压载"系指装入一个舱内的压载水，该舱室自上次用于装载含有 X、Y 或 Z 类物质的货物以来，已予彻底清洗，所产生的残余物也已按本附则的相应要求全部排空。

（2）"专用压载"系指装入一个舱内的压载水，该舱与货物和燃油系统完全隔离并固定用于装载压载水，或固定用于装载本公约各附则所定义的各种油类或有毒液体物质以外的压载水或货物。

（3）"液体物质"系指在温度为 37.8 摄氏度时，绝对蒸汽压力不超过 0.28 兆帕的物质。

（4）"有毒液体物质"系指《国际散装化学品规则》第 17 或 18 章的污染类别栏所指明的或根据本附则的规定被临时评定列为 X、Y 或 Z 类的任何物质。

（5）"残余物"系指任何需处理的有毒液体物质。

（6）"残余物-水混合物"系指以任何目的加入水的残余物（例如油舱清洗水、加压载水、舱底含油污水）。

（7）"化学品液货船"系指建造为或改建为用于散装运输《国际散装化学品规则》第 17 章所列的任何一种液体货品的船舶。

（8）"有毒液体物质液货船"系指建造为或改建为用于散装运输有毒液体物质货物的船舶，包括本公约附则Ⅰ定义的核准用于散装运输全部或部分有毒液体物质货物的油船。

### （二）适用范围

（1）除另有明文规定外，本附则的规定应适用于所有核准散装运输有毒液体物质的船舶。

（2）受本公约附则Ⅰ规定约束的货物，如装载于有毒液体物质液货船的装货处所，还应适用本公约附则Ⅰ的相应要求。

### （三）有毒液体物质的分类

就本附则而言，有毒液体物质应分为下列 4 类。

1. X 类

这类有毒液体物质如从洗舱或排压载的作业中排放入海，将被认为会对海洋资源或人类健康产生重大危害，因而应严禁向海洋环境排放该类物质。

2. Y 类

这类有毒液体物质如从洗舱或排压载的作业中排放入海，将被认为会对海洋资源或人类健康产生危害，或对海上的休憩环境或其他合法利用造成损害，因而对排放入海的该类物质的质和量应采取限制措施。

3. Z 类

这类有毒液体物质如从洗舱或排压载的作业中排放入海，将被认为会对海洋资源或人类

健康产生较小的危害，因而对排放入海的该类物质应采取较严格的限制措施。

4. 其他物质

其他物质以OS（其他物质）形式被列为《国际散装化学品规则》第18章污染类别栏目中的物质，并经评定认为不能列入本附则所定义的X、Y或Z类物质之内，因为这些物质如从洗舱或排压载的作业中排放入海，目前认为对海洋资源、人类健康、海上休憩环境或其他合法利用并无危害。排放仅含有被列为“其他物质”的物质的舱底水或压载水或其他残余物或混合物，不受本附则任何要求的约束。

### （四）检验和发证

（1）散装运输有毒液体物质的船舶，应进行初次检验、换证检验、中间检验、年度检验和附加检验，确保其结构、设备、系统、附件、布置和材料完全符合本附则的适用要求。

（2）对驶往本公约其他缔约国管辖的港口或装卸站的拟散装运输有毒液体物质的船舶，进行初次检验或换证检验后，应签发国际防止散装运输有毒液体物质污染证书（Certificate of Noxious Liquid Substance，NLS证书）。中间检验和年度检验后应在该证书上签署。

（3）证书应由主管机关或经其正式授权的任何个人或组织签发或签署。在任何情况下，主管机关对证书负有全部责任。本公约缔约国政府应主管机关的申请，可对船舶进行检验，如确信符合本附则的规定，应对该船签发或授权签发国际防止散装运输有毒液体物质污染证书，对于悬挂非缔约国国旗的船舶，不得签发国际防止散装运输有毒液体物质污染证书。

（4）国际防止散装运输有毒液体物质污染证书的有效期限由主管机关规定，但不得超过5年。

### （五）程序和布置手册

（1）核准装运X、Y或Z类物质的每艘船舶应备有经主管机关批准的程序和布置手册。该手册应有符合本附则的标准格式。如为国际航行船舶，其所使用的语言既非英语、法语，也非西班牙语，则文本内容应包括其中一种语言的译文。

（2）手册的主要目的是为船舶高级船员确定实际布置和为符合本附则要求制定必须遵循的货物装卸、洗舱、污水处理及液货舱压载和排压载的所有操作程序。

### （六）货物记录簿

适用本附则的船舶，应备有一份规定格式的货物记录簿。

1. 货物记录簿的记载

（1）在完成了下列规定的任何操作后，均应将该操作立即记入货物记录簿：

①装货；

②货物的内部驳运；

③卸货；

④按照船舶的程序和布置手册进行强制预洗；

⑤除强制预洗外的液货舱清洗（其他预洗作业、最后清洗、通风等）；

⑥洗舱水排放入海；

⑦液货舱压载；

⑧液货舱压载水排放；

⑨意外的或其他例外排放；

⑩由授权检查员控制；

⑪附加作业程序及说明。

（2）发生任何有毒液体物质或含有这种物质的混合物的意外排放，或本附则的例外排放时，均应记入货物记录簿，说明这种排放的情况和理由。

2. 货物记录簿的管理

（1）每项记录应由高级船员或有关作业的负责人签字，且每填完一页应由船长签字。对持有 NLS 证书的船舶，货物记录簿中的记录应至少使用英文、法文或西班牙文中的一种。如同时使用船旗国的官方语言，则在有争议或分歧时，应以该国官方语言为准。

（2）货物记录簿的存放位置应易于在任何合理时间随时可供检查，并且除未配备船员的被拖船外，均应存放在船上。货物记录簿应在进行最后一项记录后保存 3 年。

（3）缔约国政府的主管当局可上船检查货物记录簿，并可将该记录簿中的任何记录制成副本，也可要求船长证明该副本是该项记录的真实副本。任何经船长证明为船上货物记录簿中某项记录的真实副本者，在任何法律诉讼中应可作为该项记录所述事实的证据。

### （七）船上有毒液体物质海洋污染应急计划

（1）每艘准予载运散装有毒液体物质的 150 总吨及以上的船舶，应备有主管机关认可的船上有毒液体物质海洋污染应急计划。

（2）该应急计划应根据 IMO 制定的导则要求，并应以船长和驾驶员所用的工作语言写成。该计划至少应包括：

①由船长或其他负责人员报告有毒液体物质污染事故所遵循的程序；

②在发生有毒液体物质污染事故时应与之联系的当局或人员名单；

③在事故发生后由船上人员为减少或控制减少有毒液体物质所立即采取的措施的详细说明；

④在处理污染时与政府及地方当局协调船上行动的程序和船上联系人。

（3）对本公约附则Ⅰ也适用的船舶，此计划可以与该附则所要求的船上油污应急计划结合使用。在此情况下，该计划的标题应为“船上海洋污染应急计划”。

## 五、附则Ⅲ：防止海运包装有害物质污染规则

防止海运包装有害物质污染规则是任选规则，于 1992 年 7 月 1 日生效。我国于 1994 年 9 月 13 日加入该规则，1994 年 12 月 13 日起对我国生效。

### （一）定义

（1）“有害物质”是指《国际海运危险货物规则》（IMDG 规则）中被确定为海洋污染物的物质或满足本附则附录所述标准的物质。

（2）“包装形式”是指《国际海运危险货物规则》（IMDG 规则）所规定的有害物质的盛装形式。

### （二）适用范围

（1）本附则适用于所有装运包装形式的有害物质的船舶。

（2）除符合本附则各项规定外，应禁止装运有害物质。

（3）作为本附则的补充，每一缔约国政府应颁布或促使颁布关于包装、标志、标签、单证、积载、限量和例外的详细要求，以防止或最大限度减少有害物质对海洋环境的污染。

（4）曾经用于装运有害物质的空的容器，除非已经采取适当的预防措施，保证其中已没有危害海洋环境的残余物，否则将其本身视为有害物质。

（5）本附则的要求不适用于船用物料及设备。

### （三）包装

根据其所装的特定物质，包装件应能使其对海洋环境的危害减至最低限度。

### （四）标记和标签

（1）盛装有害物质的包装件，应加上永久的标记或标签，以指明根据 IMDG 规则的相关规定该物质为有害物质。

（2）在盛装有害物质的包装件上加标记和标签的方法应符合 IMDG 规则的相关规定。

### （五）货运单证

（1）有关载运有害物质的运输信息应符合 IMDG 规则的相关规定，并应向港口国当局指定的个人或组织提供。

（2）每艘载运有害物质的船舶，应具有一份特别清单、舱单或积载图，按 IMDG 规则的相关规定列明船上所装的有害物质及其位置。离港前应备有一份上述单证的副本，以供港口国当局指定的个人或组织使用。

本条所指“单证”并不排除使用电子数据处理（EDP）和电子数据交换（EDI）传输技术作为书面单证的辅助手段。

### （六）积载与限量

（1）有害物质应予以正确积载与系固，以使对海洋环境的危害减至最低限度，而不致损害船舶和船上人员的安全。

（2）对于海洋环境危害很大的某些有害物质，根据充分的科学和技术上的理由，可能必须禁止载运，或对任一船舶的装载数量加以限制。在限制数量时应考虑船舶的大小、结构和设备，同时还应考虑有害物质的包装和内在性质。

### （七）关于操作要求的港口国控制

（1）当船舶停靠在另一缔约国港口或近海装卸站时，该船应接受该缔约国正式授权官员根据本附则进行的有关操作要求的检查。

（2）如有明显理由确信该船船长或船员不熟悉船上主要的防止有害物质污染程序，该缔约国应采取包括进行详细的检查在内的措施，并按要求确保该船在按本附则的要求调整至正常状态之前，不得开航。

## 六、附则Ⅳ：防止船舶生活污水污染规则

防止船舶生活污水污染规则是任选规则，于 2003 年 9 月 27 日生效，2007 年 2 月 2 日对我

国生效。

## (一)定义

1. 生活污水

生活污水系指：

(1)任何形式的厕所和小便池的排出物和其他废弃物；

(2)医务室(药房、病房等)的面盆、洗澡盆和这些处所排水孔的排出物；

(3)装有活畜禽货的处所的排出物；

(4)混有上述排出物的其他废水。

2. 集污舱

集污舱系指用于收集和储存生活污水的舱柜。

3. 特殊区域

特殊区域系指这样的一个海域，在该海域中由于其海洋学和生态学的情况以及其交通的特殊性质等方面公认的技术原因，需要采取特殊的强制办法以防止生活污水污染海洋。本规则的特殊区域包括波罗的海区域和 IMO 按指定防止船舶生活污水造成污染特殊区域的标准和程序指定的任何其他海域。

对波罗的海特殊区域的生效日期规定如下：

(1)对于新客船，生效日期为 2019 年 6 月 1 日。

(2)现有客船：

①对于直接驶往或驶离特殊区域外的港口和驶往或驶离位于特殊区域内 28°10′E 以东的港口且不停靠特殊区域内任何其他港口的现有客船，2023 年 6 月 1 日开始生效；

②对于上述以外的现有客船，2021 年 6 月 1 日开始生效。

4. 新客船

新客船系指：

(1)于 2019 年 6 月 1 日或以后订立建造合同的客船，或无建造合同时，于 2019 年 6 月 1 日或以后安放龙骨或处于类似建造阶段的客船；或

(2)2021 年 6 月 1 日后两年或以上时间交付的客船。

## (二)适用范围

本附则的规定应适用于 400 总吨及以上或小于 400 总吨且核准载运 15 人以上的国际航行的船舶。

## (三)检验和证书

(1)要求符合本附则各项规定的每艘船舶，应进行初次检验、换证检验和附加检验，确保其结构、设备、系统、附件、布置和材料完全符合本附则的适用要求。

(2)经初次检验或换证检验后，应签发国际防止生活污水污染证书(The International Sewage Pollution Prevention Certificate, ISPP 证书)。该证书应由主管机关或经其正式授权的任何个人或组织签发或签署。在任何情况下，主管机关都对证书负有全部责任。也可委托另一缔约国签发或签署。

(3)ISPP 证书的有效期限由主管机关规定，但不得超过 5 年。

### (四)生活污水系统

(1)要求符合本附则各项规定的每艘船舶，均应配备下列之一的生活污水系统：

①生活污水处理装置，该装置的类型应经主管机关认可。

②经主管机关认可的生活污水粉碎和消毒系统。

③集污舱，该集污舱的容量应参照船舶营运情况、船上人数和其他相关因素，能存放全部生活污水，并使主管机关满意。集污舱的构造应使主管机关满意，并应设有能指示其集存数量的目视装置。

(2)客船的特殊要求：

要求符合本附则各项规定且需在特殊区域内排放生活污水的每艘客船，均应配备下列之一的生活污水系统：

①生活污水处理装置。该装置的类型应经主管机关认可，并考虑到 IMO 制定的标准和试验方法。

②集污舱。该集污舱的容量应参照船舶营运情况、船上人数和其他相关因素，能存放全部生活污水，并使主管机关满意。集污舱的构造应使主管机关满意，并应设有能指示其集存数量的目视装置。

### (五)标准排放接头

(1)为了使接收设备的管路能与船上的排放管路相连接，两条管路均应装有标准排放接头。

(2)对于专项营运的船舶，即客渡船，船舶排放管路可选择配备一个主管机关接受的排放接头，如快速连接接头。

### (六)生活污水排放

(1)除客船外的船舶在所有区域排放生活污水以及客船在特殊区域外排放生活污水，除本附则规定的例外情况外，应禁止将生活污水排放入海，但下列情况除外：

①船舶在距最近陆地 3 海里以外，使用经认可的生活污水粉碎和消毒系统，排放业经粉碎和消毒的生活污水；或者在距最近陆地 12 海里以外，排放未经粉碎和消毒的生活污水。但在任何情况下，均不得将集污舱中储存的生活污水或源自装有活体动物处所的生活污水顷刻排光，而应在航行途中，船舶以不小于 4 节的船速航行时，以中等速率排放。排放速率应经主管机关根据 IMO 制定的标准予以批准。

②船舶配备经批准的生活污水处理装置正在运转，该装置已由主管机关验证符合本附则的相关操作要求，且排出物在其周围的水中不应产生可见的漂浮固体，也不应使水变色。

(2)客船在特殊区域内排放生活污水。

除本附则规定的例外情况外，应禁止客船在特殊区域内排放生活污水：

①对新客船，应在 IMO 确定的日期禁止在特殊区域内排放生活污水，但不早于 2019 年 6 月 1 日；

②对现有客船，应在 IMO 确定的日期禁止在特殊区域内排放生活污水，但不早于 2021 年 6 月 1 日。

但满足下述条件者除外：船舶所设经认可的生活污水处理装置正在运转，该装置已由主管机关验证符合本附则所述的操作要求，且排出物在其周围的水中不应产生可见的漂浮固体，也不应使水变色。

(3)如果生活污水与MARPOL公约其他附则要求的废弃物或废水混在一起，则除应符合本附则的要求外，还应符合其他附则的要求。

### (七)关于操作要求的港口国控制

(1)当船舶在另一缔约国的港口或近海装卸站时，如果有明显理由确信该船船长或船员不熟悉船上主要的防止生活污水污染程序，该船应接受该缔约国正式授权的官员根据本附则进行的有关操作要求的检查。

(2)在此情况下，该缔约国应采取措施，确保该船在按本附则的要求调整至正常状态之前，不得开航。

## 七、附则V：防止船舶垃圾污染规则

防止船舶垃圾污染规则也是任选附则，于1988年12月31日生效。我国于1988年11月21日加入该规则，其自1989年2月21日起对我国生效。

### (一)定义

(1)“动物尸体”系指任何作为货物被船舶载运并在航行中死亡或被实施安乐死的动物的尸体。

(2)“货物残留物”系指本公约其他附则未规定的、货物装卸后在甲板上或舱内留下的任何货物残余，包括装卸过量或溢出物，不管其是在潮湿还是干燥的状态下，或是夹杂在洗涤水中，但不包括清洗后甲板上残留的货物粉尘或船舶外表面的灰尘。

(3)“食用油”系指任何用于或准备用于食物烹制或烹调的可食用油品或动物油脂，但不包括使用这些油进行烹制的食物本身。

(4)“生活废弃物”系指其他附则未规定的、在船上起居处所产生的所有类型的废弃物。生活废弃物不包括灰水。

(5)“渔具”系指任何以捕捉、控制以便随后捕捉或收获海洋或淡水生物为目的而布设于水面、水中或海底的实物设备或其任何部分或部件组合。

(6)“食品废弃物”系指船上产生的任何变质或未变质的食料，包括水果、蔬菜、奶制品、家禽、肉类产品和食物残渣。

(7)“垃圾”系指产生于船舶正常营运期间并需要连续或定期处理的各种食品废弃物、生活废弃物、操作废弃物、所有的塑料、货物残留物、焚烧炉灰、食用油、渔具、动物尸体和电子垃圾，但本公约其他附则所界定的或列出的物质除外。垃圾不包括因航行过程中的捕鱼活动和为将包括贝类在内的鱼产品安置在水产品养殖设施内以及将捕获的包括贝类在内的鱼产品从此类设施转到岸上加工的运输过程中而产生的鲜鱼及其各部分。

(8)“焚烧炉灰渣”系指用于垃圾焚烧的船用焚烧炉所产生的灰与渣。

(9)“作业废弃物”系指其他附则未规定的、船舶正常保养或操作期间在船上收集的或是用以储存和装卸货物的所有固体废弃物(包括泥浆)。作业废弃物也包括货舱洗舱水和外部清洗水中所含的清洗剂和添加剂。考虑到 IMO 制定的导则，作业废弃物不包括灰水、舱底水或船舶操作所必需的其他类似排放物。

（10）“所有塑料”系指所有含有或包括任何形式塑料的垃圾，其中包括合成缆绳、合成纤维渔网、塑料垃圾袋和塑料制品的焚烧炉灰。

（11）“特殊区域”系指某一海域，在该海域中，由于其海洋地理和生态条件以及其运输的特殊性等公认的技术原因，需要采取特殊的强制办法以防止垃圾污染海洋。本附则的特殊区域是指地中海区域、波罗的海区域、黑海区域、红海区域、海湾区域、北海区域、南极区域（南纬 60 度以南的海域）和大加勒比海区域（墨西哥湾和加勒比海本身）。

（12）“电子垃圾”（E 垃圾）系指船舶正常操作和船员生活区域的电气和电子设备，包括所有零配件、半成品和耗材，丢弃时属于设备的一部分，可能对人体健康和/或环境造成危害的物质。

### （二）适用范围

除另有明文规定外，本附则须适用于所有船舶。

### （三）垃圾处理规定

1. 禁止排放垃圾入海的一般规定

（1）除允许排放的情况和例外规定外，禁止排放任何垃圾入海。

（2）除本附则的例外规定外，禁止排放任何塑料入海，包括但不限于合成缆绳、合成纤维渔网、塑料垃圾袋和塑料制品的焚烧炉灰。

（3）除本附则的例外规定外，禁止排放食用油入海。

（4）例外。

以下情况是不适用于排放要求的例外情况，包括：

①船上排放垃圾，系为保障船舶及船上人员安全或救护海上人命所必需者；

②垃圾意外落失系由于船舶或其设备遭到损坏，但须在发生损坏前后，为防止意外落失或使落失减至最低限度，已采取了一切合理的预防措施；

③渔具从船上意外落失，但须为防止这种落失，已采取了一切合理的预防措施；

④船上排放渔具，系为保护海洋环境或为保障该船或其船员的安全；

⑤船舶在航行途中，如将食品废弃物留存在船上会明显对船上人员产生即刻健康风险，航行途中的要求应不适用于这些食品废弃物的排放。

2. 在特殊区域之外排放垃圾

（1）仅当船舶处于在航状态且尽可能远离最近陆地时，方允许在特殊区域之外向海洋排放以下垃圾，但无论如何须满足：

①在距最近陆地不少于 3 海里处排放业经粉碎机或研磨机处理后的食品废弃物。这种经粉碎或研磨后的食品废弃物须能通过筛眼不大于 25 毫米的粗筛。

②未经粉碎机或研磨机处理过的食品废弃物，在距最近陆地不少于 12 海里处排放。

③对于无法以常用卸载方法回收的货物残留物，在距最近陆地不少于 12 海里的地方排放。但是，根据本附则附录规定的标准，这些货物残留物不得含有任何被列为有害海洋环境的物质。

④对于动物尸体，考虑到 IMO 制定的导则，其排放须尽可能远离最近陆地。

（2）货舱、甲板和外表面清洗水中含有的清洁剂或添加剂可以排放入海，但这些物质不得危害海洋环境。

（3）固体散装货物（谷物除外）已按本附则附录分类，并由托运人申明其是否对海洋环境有害。

（4）当垃圾中掺入其他禁止排放或有不同排放要求的物质，或是被此种物质污染时，须适用更为严格的要求。

3. 特殊区域内的垃圾排放

（1）仅当船舶处于在航状态并遵守以下规定时，方允许在特殊区域内向海洋排放以下垃圾：

①排放食品废弃物入海须尽可能远离最近陆地，距最近陆地或最近冰架必须不少于 12 海里。该食品废弃物须业经粉碎或研磨处理且须能通过筛眼不大于 25 毫米的粗筛。食品废弃物须未受任何其他类型的垃圾污染。不允许在南极区域排放外来的禽类产品，包括家禽和家禽部分，除非其已经过无菌处理。

②对于无法以常用卸载方法回收的货物残留物，须在满足下列所有条件后方可排放：

（a）根据本附则附录规定的标准，舱室洗涤水中包含的货物残余中无任何被分类为对海洋环境有害的物质；

（b）固体散装货物（谷物除外）应按本附则附录分类，并由托运人申明其是否对海洋环境有害；

（c）根据本组织制定的指南，舱室洗涤水中包含的清洁剂或添加剂中无任何被分类为对海洋环境有害的物质；

（d）驶离港和下一个到达港都在特殊区域内且船舶在这两个港口间航行时不会驶离特殊区域；

（e）根据 IMO 制定的指南，这些港口不具备合适的接收设备；

（f）在满足以上要求的前提下，含有货物残余的货舱洗涤水应尽可能远离最近陆地或最近冰架排放，距最近陆地或最近冰架应不少于 12 海里。

（2）可将甲板和外表面洗涤水中包含的清洁剂或添加剂排放入海，但根据 IMO 制定的导则，这些物质必须对海洋环境无害。

（3）对南极区域，除适用于上述（1）规定外，还适用于下列规定：

①各缔约国承担义务保证为在其港口内来往于南极区域的船舶，按其使用需要尽快设置接收所有船舶垃圾的足够的设备，而不对船舶造成不当延误。

②各缔约国应确保悬挂本国国旗的所有船舶在进入南极区域前，船上具有足够的能力留存在该区域作业时产生的所有垃圾，并已签订协议，保证船舶离开该区域后将这些垃圾排入接收设备。

（4）如果垃圾与其他被禁止排放或具有不同排放要求的物质混在一起或被其污染，则应适用其中更为严格的要求。

## (四)公告牌、垃圾管理计划和垃圾记录簿

1. 公告牌

(1)总长在12米及以上的船舶,均须张贴公告牌,根据具体情况告知船员和乘客有关垃圾的排放要求。

(2)公告牌须使用船员的工作语言,对于航行于本公约其他缔约国管辖权限范围内的港口或离岸式码头的船舶,还须使用英语、法语或西班牙语中的一种。

2. 垃圾管理计划

100总吨及以上的船舶和经核准载运15人或以上的船舶,须配备垃圾管理计划,且船员均须执行。该计划须提供书面的有关垃圾减少、收集、存储、加工和处理,包括船上设施使用的程序。该计划还须指定一名或多名人员负责执行垃圾管理计划。该计划须基于IMO制定的导则并使用船员的工作语言书写。

3. 垃圾记录簿

(1)垃圾记录簿的配备

驶往本公约其他缔约国管辖权范围内的港口或离岸式码头的400总吨及以上的船舶和经核准载运15人或以上的船舶,均须配备垃圾记录簿。垃圾记录簿无论是否为官方日志的一部分或其他形式,均须使用规定的格式。

(2)垃圾的种类

就本记录簿第Ⅰ和第Ⅱ部分(或船舶的正式航海日志)记录而言,垃圾分类如下:

①第Ⅰ部分

(a)塑料;

(b)食品废弃物;

(c)生活废弃物;

(d)食用油;

(e)焚烧炉灰渣;

(f)作业废弃物;

(g)动物尸体;

(h)渔具;

(i)电子垃圾。

②第Ⅱ部分

(a)货物残余(非HME);

(b)货物残余(HME)。

注:HME(Harmful to the Marine Environment)对海洋环境有害。

船上的垃圾量应以立方米估算,如可能,按照种类分别估算。

(3)垃圾记录簿的记载

①每次排放入海或排至某一接收设施,或者完成的焚烧作业,须及时记录在垃圾记录簿中并且由主管高级船员在排放或焚烧作业的当日签署。垃圾记录簿每页记录完成时须由船长签字。垃圾记录簿须至少使用英语、法语或西班牙语填写。如果垃圾记录簿同时还以船舶的船旗国官方语言填写,在出现争执或不一致情况时,须以船旗国官方语言填写的为准。

②每次排放入海记录应包括日期和时间、船位(纬度和经度)、垃圾种类和被排放垃圾的估算量(以立方米计)。对于货物残余的排放,除上述外还应记录排放开始和结束的位置。

③每次完成的焚烧记录应包括焚烧作业开始和结束的日期、时间、船位(纬度和经度)、焚烧的垃圾种类和每种被焚烧垃圾的估算量(以立方米计)。

④每次排放至港口接收设备或另一艘船舶的记录应包括排放的日期和时间、港口名称或设备名称或船名、被排放垃圾的种类和每种被排放垃圾的估算量(以立方米计)。

⑤垃圾记录簿连同从接收设备获得的收据应存放于船上在所有合理时间随时可供检查的地方。该记录簿应自最后一次记录日期起保留 2 年。

⑥如果发生任何排放或意外落失,应在垃圾记录簿中记录排放或落失的日期和时间、该排放或落失发生时的港口名称或船位(纬度、经度)和水深(如已知)、该排放或落失的原因、排放或落失的物品明细、排放或落失的垃圾种类、每种垃圾的估算量(以立方米计)以及为防止或尽量减少这种排放或意外落失已采取的合理预防措施和一般说明。

(4)垃圾记录簿的管理

本公约缔约国的主管当局可对停靠本国港口或离岸式码头的、本条对其适用的任何船舶上的垃圾记录簿或航海日志进行检查,并可将记录簿中任何记录制作副本,也可要求船长证明该副本是有关记录的真实副本。所有经船长证明是船舶垃圾记录簿或航海日志某项记录的真实副本,可在任何的诉讼程序中作为该项记录所记录事实的证据。

主管当局对垃圾记录簿或船舶官方日志的检查以及制作被证明的副本须尽可能迅速进行,不使船舶发生不当延误。

## 八、附则Ⅵ:防止船舶造成大气污染规则

防止船舶造成大气污染规则也是任选规则,于 2005 年 5 月 19 日生效。我国于 2006 年 5 月 19 日加入该规则,其自 2006 年 8 月 19 日起对我国生效。

### (一)适用范围

除另有明文规定外,本附则的规定应适用于所有船舶。

### (二)定义

(1)“排放控制区”系指要求对船舶排放采取特殊强制措施以防止、减少和控制 $NO_x$ 或 $SO_x$ 和颗粒物质或所有三种排放类型造成大气污染以及随之对人类健康和环境造成不利影响的区域。

氮氧化物($NO_x$)的控制区包括北美区域、美国加勒比海区域以及 IMO 根据本附则附录设定的标准和程序而指定的任何其他海域,包括任何港口区域。

硫氧化物($SO_x$)和颗粒物质排放控制区应包括:波罗的海区域、北海区域、北美区域、美国加勒比海区域和 IMO 根据本附则附录设定的标准和程序而指定的任何其他海域,包括任何港口区域。

(2)获得的能效设计指数(Attained EEDI)系指单艘船舶按本附则的计算方法获得的能效设计指数值。

(3)规定的能效设计指数(Required EEDI)系指本附则规定对特定船型和尺度所允许获得

的能效设计指数最大值。

## (三)检验和发证

1. 国际防止空气污染证书(International Air Pollution Prevention Certificate, IAPP 证书)

(1)对每艘400总吨及以上的船舶应进行以下规定的检验:初次检验、换证检验、中间检验、年度检验、附加检验,确保其设备、系统、附件、布置和材料完全符合本附则的适用要求。

(2)驶往其他缔约国管辖范围的港口或近海装卸站的所有400总吨及以上的船舶在按规定进行了初次检验或换证检验后,应发给国际防止空气污染证书。该证书应由主管机关或经其正式授权的任何个人或组织签发或签署。在任何情况下,主管机关都对证书负有全部责任。

缔约国应主管机关的申请,可对船舶进行检验,如果确信符合本附则的规定,应对该船签发或授权签发国际防止空气污染证书,并在适用时,按本附则的规定,为该船签署或授权签署证书。对悬挂非缔约国国旗的船舶,不得签发国际防止空气污染证书。

(3)国际防止空气污染证书的有效期限应由主管机关规定,但不得超过5年。

2. 国际能效证书

适用于能效管理规则的船舶,还应进行下列规定的检验:

(1)初次检验,在新船投入营运前和签发国际船舶能效证书之前进行。检验应验证船舶的"获得的能效设计指数"符合能效管理规则的要求,并且船上有符合附则要求的船舶能效管理计划(SEEMP)。船舶发生重大改建后,应根据情况进行全面或部分检验,以确保必要时"获得的能效设计指数"经重新计算满足本附则的要求。

(2)对任何驶往其他缔约国管辖范围的港口或近海装卸站的400总吨及以上的船舶,在按规定进行了检验后,应在其开航前为其签发国际能效证书。该证书应由主管机关或经其正式授权的任何组织签发或签署。在任何情况下,主管机关都对证书负有全部责任。

缔约国应主管机关的申请,可对船舶进行检验,如果确信符合本附则的规定,应对该船签发或授权签发国际能效证书,并在适用时,按本附则的规定,为该船签署或授权签署证书。对悬挂非缔约国国旗的船舶,不得签发国际能效证书。

(3)除另有规定外,国际能效证书应在船舶整个寿命期间内有效。但在下列任一情况下应中止有效:

①如果船舶退出营运或船舶经过重大改建后对其签发新证书;

②船舶变更船旗国。只有当换发新证书的政府确信该船符合船舶能效规则的要求时,才能签发新的证书。

3. 符合声明——燃油消耗报告

(1)收到船舶燃油消耗报告的数据后,主管机关或经其正式授权的任何组织应确定数据是否已按本附则的要求报告,如是,应不晚于日历年开始的5个月向船舶签发燃油消耗符合声明。在任何情况下,主管机关都对符合声明承担全部责任。

(2)收到船舶在转换主管机关或公司时的燃油消耗报告数据后,主管机关或经其正式授权的任何组织应立刻确定数据是否已按本附则的要求报告,如是,应向船舶签发燃油消耗符合声明。在任何情况下,主管机关对符合声明承担全部责任。

(3)签发的符合声明应从符合声明签发的日历年至下一个日历年的前5个月内有效。转换主管机关或公司时签发的符合声明应在自符合声明签发的日历年至下一日历年的前5个月内有效。所有符合声明应至少在其有效期内保存在船上。

## （四）关于操作要求的港口国控制

（1）当船舶停靠在另一缔约国所管辖的港口或近海装卸站时，该缔约国如有明显理由确信该船船长或船员不熟悉船上主要的防止船舶造成空气污染程序，该船应接受该缔约国正式授权的官员根据本附则进行的有关操作要求的检查。

（2）在此情况下，该缔约国应采取措施，确保该船在按本附则的要求调整至正常状态前，不得开航。

## （五）排放控制要求

### 1. 消耗臭氧物质

（1）应禁止消耗臭氧物质的任何故意排放。故意排放包括在系统或设备的维护、检修或处置过程中发生的排放，但故意排放不包括与消耗臭氧物质的回收或再循环相关的微量释放。

（2）从事国际航行的400总吨及以上的船舶应保存一份含消耗臭氧物质的设备清单。

（3）如上述船舶拥有含消耗臭氧物质的可重新充注系统，应保存一份消耗臭氧物质记录簿。经主管机关批准，该记录簿可以是现有航海日志或电子记录系统的一部分。

（4）消耗臭氧物质记录簿中的物质应按其质量单位（千克）记录，且在任何情况下都应及时记录下列内容：

①含消耗臭氧物质的设备的全部或部分重新充注；

②含消耗臭氧物质的设备的修理或维护；

③消耗臭氧物质向大气的排放，包括故意排放和非故意排放；

④消耗臭氧物质向陆基接收设备的排放；

⑤向船舶供应消耗臭氧物质。

### 2. 氮氧化物（$NO_x$）

（1）氮氧化物的控制应适用于：

①每台安装在船上的输出功率超过130千瓦的船用柴油机；

②每台2000年1月1日或以后经过重大改装的、输出功率超过130千瓦的船用柴油机。

（2）不适用于应急情况使用的，或仅为安装在船上的仅在应急情况下使用的任何装置或设备提供动力的船用柴油机，或仅用于安装在救生艇上的在应急情况下使用的船用柴油机。

### 3. 硫氧化物（$SO_x$）和颗粒物质（PM）

（1）船上使用的任何燃油的硫含量均不应超过下述极限值：2012年1月1日及以后3.50%m/m和2020年1月1日及以后0.50%m/m。

（2）当船舶在排放控制区域内航行时，船上使用的燃油的硫含量不应超过下述极限值：0.10%m/m。

（3）燃油硫含量应由供应商按本附则的要求提供文件证明。

（4）使用不符合本条（2）规定的燃油进入或离开本条（2）所述排放控制区域的船舶，应携有一份书面程序表明燃油转换如何完成。在其进入排放控制区域之前规定足够的时间对燃油供给系统进行全面冲洗，以去除硫含量超过本条（2）所规定的适用硫含量的所有燃油。在燃油转换作业进入排放控制区域以前完成或离开该区域后开始时，应将每一燃油舱中的低硫燃油的容积以及日期、时间及船舶位置记录在主管机关规定的航海日志中。

4. 挥发性有机化合物(VOC)

(1)在缔约国管辖的对液货船产生的挥发性有机化合物排放控制的港口或装卸站,液货船应配备由主管机关认可的蒸汽排放收集系统,并应在这些货物装载过程中使用该系统。

(2)载运原油的液货船应备有并实施经主管机关认可的 VOC 管理计划。

5. 船上焚烧

(1)船上焚烧应只允许在船上焚烧炉中进行。

(2)应禁止下列物质在船上焚烧:

①附则Ⅰ、Ⅱ或Ⅲ规定的货物残余物或有关的被污染的包装材料;

②多氯联苯(PCB);

③附则Ⅴ定义的含有超过微量重金属的垃圾;

④含有卤素化合物的精炼石油产品;

⑤不是在船上产生的污泥和油渣;

⑥废气清洗系统的残余物。

(3)应禁止在船上焚烧聚氯乙烯(PVC),但在已颁发 IMO 型式认可证书的船上焚烧炉内焚烧除外。

## (六)燃油的质量

(1)本附则适用的每一艘船舶,应以燃油交付单的方式对交付并作为船上燃烧用的燃油的细节加以记录。该交付单应至少包括:接收燃油的船舶名称和 IMO 编号,港口,交付开始日期,船用燃油供应商名称、地址和电话号码,产品名称、数量(吨),15 摄氏度时的密度、含硫量,一份由燃油供应商代表签署和证明的声明,证明所供燃油符合本附则的质量(含硫量)要求。

(2)燃油交付单在船上的存放位置应易于在任何合理时间随时可供检查,并应在燃油交付船上之后保存 3 年。

(3)燃油交付单应按 IMO 制定的指南规定附有一份所交付燃油的代表样品。该样品应由供应商代表和船长或负责加油作业的高级船员在完成加油作业后密封并签署,并应由船方控制直到燃油被基本消耗掉,但无论如何,其保存期自加油日期算起应不少于 12 个月。

(4)缔约国应保证其指定的合适的当局:

①保持一份当地燃油供应商的登记表;

②要求当地供应商提供要求的燃油交付单和样品,并由燃油供应商书面证明该燃油符合本附则的质量要求;

③要求当地供应商保存一份燃油交付单的副本至少 3 年,以供港口国必要时检查和核实;

④对被发现所供燃油与燃油交付单所述内容不符的燃油供应商采取适当措施;

⑤将任何船舶收到不符合燃油质量的情况通知其主管机关。

## (七)船舶能效规则

1. 适用范围

(1)船舶能效规则适用于所有 400 总吨及以上的船舶,不适用于:

①仅航行于其船旗国主权或管辖范围水域内的船舶;

②非机动船，以及包括 FPSO、FSU 和钻井装置的平台，不论其推进方式。

(2)获得的能效设计指数和规定的能效设计指数不应适用于具有非常规推进的船舶和具有破冰能力的货船，但适用于 2019 年 9 月 1 日或以后交付的具有非常规推进的豪华邮轮和采用常规推进或非常规推进的 LNG 运输船。

(3)主管机关可对 400 总吨及以上的船舶免除适用获得的能效设计指数和规定的能效设计指数的要求。但对于以下 400 总吨及以上的船舶并不适用：

①在 2017 年 1 月 1 日或以后签订建造合同；

②虽无建造合同，但在 2017 年 7 月 1 日或以后安放龙骨或处于类似建造阶段；

③在 2019 年 7 月 1 日或以后交付的船舶；

④新船或现有船舶在 2017 年 1 月 1 日或以后进行重大改建。

2. 获得的能效设计指数

对船型为散货船、气体运输船、液货船、集装箱船、杂货船、冷藏货船、兼用船、客船、滚装货船(车辆运输船)、滚装客船、LNG 运输船和豪华邮轮的以下船舶需要计算获得的能效设计指数：

(1)每艘新船；

(2)每艘经过重大改建的新船；

(3)每艘经过重大改建的且因改建范围过大而被主管机关视为新造船的新船或现有船。

获得的能效设计指数应具体到各船，并应显示船舶能效方面的估计性能，且附有能效设计指数技术案卷，案卷中包含用以计算获得的能效设计指数所必要的信息并说明计算过程。获得的能效设计指数应经主管机关或经其正式授权的任一组织基于能效设计指数技术案卷进行验证。

3. 规定的能效设计指数

对船型为散货船、气体运输船、液货船、集装箱船、杂货船、冷藏货船、兼用船、LNG 运输船和豪华邮轮的以下船舶需要计算规定的能效设计指数：

(1)每艘新船；

(2)每艘经过重大改建的新船；

(3)每艘经过重大改建的且因改建范围过大而被主管机关视为新造船的新船或现有船。

适用的船舶获得的能效设计指数应不大于规定的能效设计指数。

4. 船舶能效管理计划(SEEMP)

(1)每艘船舶应在船上保存一份具体的船舶能效管理计划。该计划可为船舶安全管理体系(SMS)的一部分。

(2)在 2018 年 12 月 31 日或以前，对于 5 000 总吨及以上的船舶，船舶能效管理计划应包括一份对用于收集本附则要求数据的方法的说明和对用于将数据报告给船舶主管机关的程序的说明。

(3)船舶能效管理计划应按 IMO 通过的指南制定。

## (八)船舶燃油消耗数据的收集和报告

(1)从 2019 年开始，每艘 5 000 总吨及以上的船舶应按船舶能效管理计划所述方法在该年及以后每年或相应月份(不足 1 年的)收集规定的数据。

(2)每艘船舶应在每年年末对在该日历年或相应的月份(不足1年的)收集的数据进行合计。

(3)在每年年末以后3个月内,船舶应通过电子通信并使用IMO制定的标准格式向主管机关或经其正式授权的任何组织报告本附则规定的每一项数据的合计值。

(4)如果船舶从一个主管机关转至另一个主管机关,船舶应在转完的当天或尽可能靠近的时间将本附则规定的该年中转出主管机关所对应的时间段的合计数据向转出的主管机关或经其正式授权的任何组织报告,并在主管机关要求时,报告未合计数据。

(5)如果船舶从一个公司转至另一个公司,船舶应在转完的当天或尽可能靠近的时间将本附则规定的该年中转出该公司所对应的时间段的合计数据报告给其主管机关或经其正式授权的任何组织,并在主管机关要求时,报告未合计数据。

(6)如果同时从一个主管机关转至另一个主管机关或从一个公司转至另一个公司,依照船舶从一个主管机关转至另一个主管机关的规定报送数据。

(7)数据应按主管机关制定的程序进行验证,并考虑IMO拟制定的指南。

(8)应向IMO船舶燃油消耗数据库提交的信息:

①船舶身份:IMO编号;

②提交数据所针对的日历年时间段:开始日期(年/月/日)和结束日期(年/月/日);

③船舶技术特性:船型或其他说明、总吨、净吨、载重吨、超过130千瓦主辅往复式内燃机的功率输出、能效设计指数(如适用)、冰级(如适用);

④燃油消耗、燃油类型以及用于收集燃油消耗数据的方法;

⑤航行距离;

⑥航行小时数。

### (九)国际极地水域操作船舶规则

为增进船舶在偏远、脆弱和潜在严酷的极地水域操作安全,并减轻对极地地区居民和环境的影响,国际海事组织在2015年5月召开的第68届海上环境保护委员会上通过了《国际极地水域操作船舶规则》(以下简称《极地规则》),以MEPC.265(68)决议通过了MARPOL公约附则Ⅰ、Ⅱ、Ⅳ和Ⅴ修正案,于2017年1月1日生效,适用于MARPOL公约附则Ⅰ、Ⅱ、Ⅳ和Ⅴ要求的在极地水域航行的船舶。

《极地规则》Ⅱ-A部分共有5章:第1章为防止油污染;第2章为防止有毒液体物质污染;第3章为防止海运包装有害物质污染(留空白);第4章为防止生活污水污染;第5章为防止垃圾污染。其在MARPOL公约附则Ⅰ、Ⅱ、Ⅳ和Ⅴ的基础上,对在极地水域营运的船舶提出了更严格的操作和构造保护要求。

(1)防止油类污染,规定零排放要求,所有新建A类和B类船,载运油类及含油污水舱柜采用双壳双底保护结构;

(2)防止有毒液体污染,规定零排放要求;

(3)防止船舶生活污水污染,限制在远离冰架、陆缘固定冰或高冰密集度区域排放;

(4)防止垃圾污染,限制在远离冰架、陆缘固定冰或高冰密集度区域排放;

(5)食品废弃物必须粉碎。

# 单元三 国际船舶压载水和沉积物控制与管理公约

随着人们对海洋环境保护意识的提高，船舶压载水的加装和排放所引发的相关环境问题，特别是有害水生物和病原体转移造成的危害，引起了社会各层面的广泛关注。研究表明，许多种细菌、植物和动物会以不同的形式存活于压载水中，在一个海域加装的压载水中所含有的物种会在船舶到达另一海域港口装货时被排入当地的水体中，一些物种会对当地的经济和环境造成灾难性的后果。

IMO 自 20 世纪 90 年代初，就将解决船舶压载水问题纳入其海上环境保护委员会的议程进行全面的研究，相继通过了多个指导性文件和大会决议，以指导船舶压载水的控制和管理。在 2004 年 2 月 9 日至 13 日召开的 IMO 外交大会上通过了《国际船舶压载水和沉积物控制与管理公约》。

公约采用明示接受程序，即公约将在合计商船总吨位不少于世界商船总吨位 35%的至少 30 个国家签署并对批准、接受或核准无保留，或交存了必要的批准、接受、核准或加入文件 12 个月后生效。

2016 年 9 月 8 日，IMO 宣布，缔约国船舶吨位总数占比已经达到 35. 14%，缔约国（地区）总数达到 52 个，已经完全满足了触发公约生效的条件，公约于 2017 年 9 月 8 日正式生效。截止到 2018 年 2 月 8 日，共有 68 个国家加入本公约，合计商船总吨位占世界商船总吨位的 96. 18%。

## 一、国际船舶压载水和沉积物控制与管理公约

### （一）定义

（1）“压载水”系指为控制船舶纵倾、横倾、吃水、稳性或应力而在船上摄入的水及其悬浮物。

（2）“压载水管理”系指旨在消除、无害处置、防止摄入或排放压载水和沉积物中的有害水生物和病原体的机械、物理、化学和生物的单一或综合方法。

（3）“有害水生物和病原体”系指如被引入海洋，包括河口，或引入淡水水道，则可能危害环境、人体健康、财产或资源，损害生物多样性或妨碍此种区域的其他合法利用的水生物或病原体。

（4）“沉积物”系指船内压载水的沉淀物质。

### （二）适用范围

（1）除本公约中另有明文规定者外，本公约应适用于：

①有权悬挂某一当事国国旗的船舶；

②无权悬挂某一当事国国旗但在一个当事国管辖下营运的船舶。

（2）本公约不应适用于：

①设计或建造成不能承载压载水的船舶；

②仅在某一当事国管辖水域内营运的该当事国的船舶；

③仅在某一当事国管辖水域内营运、此种免除需经该当事国授权的另一当事国的船舶；

④仅在一个当事国的管辖水域内和在公海上营运的船舶；

⑤任何军舰、海军辅助船或由国家拥有或营运并在当时仅用于政府非商业服务的其他船舶；

⑥船上密封舱柜中的不排放的永久性压载水。

(3)对于非本公约当事国的船舶，当事国应用本公约的必要要求，以确保不给予此类船舶更为优惠的待遇。

### (三)船舶检查

(1)本公约适用的船舶，在另一当事国的任何港口或离岸码头时，可能要接受该当事国经正式授权的官员的检查，以确定该船是否符合本公约。除船舶未持有有效证书或有明确依据外，任何此种检查均应限于：

①核实船上持有有效证书，如其有效，则应被接受；

②检查压载水记录簿；

③进行船前压载水取样。但是，分析样品所需的时间不得被用作不适当地迟延船舶的操作、运动或离开的根据。

(2)如果船舶未持有有效证书或有明确依据认为船舶或其设备的状况与证书细节有重大不符，或者船长或船员不熟悉压载水管理的重要船上程序或未执行此类程序，则可进行详细检查。在此情况下，进行检查的当事国应采取步骤确保该船在未能做到排放压载水而不会对环境、人体健康、财产或资源形成损害威胁前不得进行此种排放。

### (四)对违规事件的侦查和对船舶的控制

(1)各当事国应在侦查违规事件和执行本公约规定方面进行合作。

(2)如果侦查到船舶违反了本公约，船舶有权悬挂其国旗的当事国和/或船舶在其港口或离岸码头作业的当事国，除可采取本公约规定的任何处罚或行动外，还可采取警告、扣押或驱逐该船。但是，该船在其港口或离岸码头作业的当事国可允许此种船舶离开港口或离岸码头，以便排放压载水或驶往最近的适当修理厂或接收设备，条件是这样做不会有危害环境、人体健康、财产或资源的威胁。

(3)如果取样导致表明该船对环境、人体健康、财产或资源构成威胁的结果或证实从另一港口或离岸码头收到的此种信息，则该船在其水域营运的当事国应禁止此种船舶排放压载水，直至威胁消除。

(4)如果某一当事国收到任何当事国的调查要求并有船舶正以或曾以违反本公约规定的方式营运的充分证据，则亦可在该船进入其管辖的港口或离岸码头时对其进行检查。此种调查的报告应送交要求调查的当事国和有关船舶的主管机关的主管当局，以便采取适当行动。

## 二、船舶压载水和沉积物控制和管理规则

### (一)定义

(1)“压载水容量”系指船上用于承载、装填或排放压载水的任何液舱、处所或舱室，包括

被设计成允许承载压载水的任何多用途液舱、处所或舱室的总体积容量。

（2）“距最近陆地”系指按国际法确定所述领土之领海的基线，在澳大利亚东北海岸外的另有规定的除外。

（3）“活性物质”系指对“有害水生物和病原体”有一般或特定作用或有一般或特定抵抗作用的物质或生物，包括病毒或真菌。

### （二）压载水管理计划

每一船舶均应在船上携带并实施压载水管理计划。此种计划应由主管机关核准并计及IMO 制定的指南。压载水管理计划是各船特定的，并应至少包括：

（1）详述该船和涉及本公约要求的压载水管理的安全程序；

（2）详述实施本公约中所载的压载水管理要求和补充性的压载水管理做法所应采取的行动；

（3）详述沉积物的海上处置程序和岸上处置程序；

（4）与将在其水域中进行海上排放的国家的当局协调涉及海上排放的船上压载水管理的程序；

（5）指定在船上负责确保计划得到正确实施的高级船员；

（6）载有本公约规定的船舶报告要求；

（7）以船舶的工作语言写成。如果使用的语言不是英文、法文或西班牙文，则应包括其中一种的译文。

### （三）压载水记录簿

（1）每一船舶均应在船上备有至少载有规定信息的压载水记录簿。该记录簿可以是一种电子记录系统，或可以被列入其他记录簿或系统中。

（2）压载水记录簿的记录事项应在完成最后一项记录后在船至少保留 2 年，此后应在至少 3 年的期限内由公司控制。

（3）在排放压载水时，或在发生压载水的其他意外或异常排放时，应在压载水记录簿中做出记录，说明排放的情况和理由。

（4）压载水记录簿应在所有合理时间随时可供检查；对于被拖带的无人船舶，可放在拖船上保存。

（5）每一压载水作业均应及时在压载水记录簿中做出充分记录。每一记录均应由负责有关作业的高级船员签字，每一被填写页均应由船长签字。压载水记录簿中的记录事项应以该船的工作语言填写。如果该语言不是英文、法文或西班牙文，则该记录事项应载有其中一种语言的译文。如果同时使用船旗国官方语言填写记录事项，在发生争端或有不一致时，应以此种记录事项为准。

（6）经当事国正式授权的官员，当船舶在该当事国的港口或离岸码头时，可在本条适用的任何船上检查压载水记录簿，并可制作任何记录事项的副本和要求船长认证该副本是真实副本。经此种认证的任何副本应在任何诉讼中被允许作为记录事项所述事实的证据。压载水记录簿的检查和认证副本的制作应在不造成船舶不适当迟延的情况下从速进行。

### （四）船舶压载水管理

（1）新船在交船时应安装 BWMS（即符合压载水性能标准，只要其设有压载舱）。

（2）现有船如曾在2014年9月8日及以后且在2017年9月8日前完成IOPP换证检验的，则在2017年9月8日及之后的首次IOPP换证检验时应安装BWMS。

（3）现有船如未在2014年9月8日及以后且在2017年9月8日前完成IOPP换证检验的，则在2019年9月8日及之后的首次IOPP换证检验时应安装BWMS。

（4）不适用IOPP检验的现有船，在主管机关确定的时间，且不迟于在2024年9月8日安装BWMS。

注："新船"系指在本公约生效日（即2017年9月8日）及以后建造的船舶。"现有船"即非"新船"的船舶。

### （五）压载水更换

（1）为符合压载水更换标准而进行压载水更换的船舶：

①凡可能时，均应在距最近陆地至少200海里、水深至少为200米的地方进行此种压载水更换并考虑到IMO制定的指南；

②当船舶不能按上述规定进行压载水更换时，在尽可能远离最近陆地并在所有情况下距最近陆地至少50海里、水深至少为200米的地方进行此种压载水更换。

（2）在与最近陆地的距离或水深不符合上述规定的海区中，应视情与邻近或其他国家协商并考虑到IMO制定的指南，港口国可指定船舶进行压载水更换的地区。

（3）不应为符合更换压载水的任何特定要求而要求船舶偏离其预定航线航行或推迟航行。

（4）如船长合理地确定由于恶劣天气、船舶设计或应力、设备失灵或任何异常状况，压载水更换会威胁船舶的安全或稳性、船员或旅客，则视情可不进行压载水更换。

（5）当船舶被要求进行压载水更换但却未更换时，其理由应在压载水记录簿中做出记录。

### （六）船舶沉积物管理

（1）所有船舶均应按本船的压载水管理计划的规定清除和处置被指定承载压载水的处所中的沉积物。

（2）2009年及以后建造的船舶的设计和建造应考虑IMO制定的指南，在不降低安全和营运效率的情况下做到：

将沉积物的摄入和有害夹带减至最低限度、便于沉积物的清除和提供用于沉积物清除和取样的安全通道。

### （七）高级和普通船员的职责

高级和普通船员应熟知其在供职船舶实施其特定压载水管理方面的职责，并应在与其职责相应的程度上熟知船舶的压载水管理计划。

### （八）压载水管理标准

1. 压载水更换标准

（1）进行压载水更换的船舶的压载水体积更换率应至少为95%。

（2）对于使用泵入排出法更换压载水的船舶，3倍于每一压载水舱体积的泵透，应视为达到压载水更换标准。对于少于该体积3倍的泵透，如船舶能证明达到了至少95%的压载水体积更换,则也可被接受。

2. 压载水性能标准

进行压载水管理的船舶的排放应达到每立方米中最小尺寸大于或等于50微米的可生存生物少于10个,每毫升中最小尺寸小于50微米但大于或等于10微米的可生存生物少于10个;并且,指示微生物的排放不应超过规定浓度。

### (九)压载水管理系统的认可要求

(1)用于符合本公约的压载水管理系统必须由主管机关认可并考虑到IMO制定的指南。

(2)使用活性物质或含有一种或多种活性物质的制剂用来符合本公约的压载水管理系统,应由IMO制定的程序认可。该程序应陈述对活性物质及其建议的应用方法的认可或该认可的撤销。

(3)用于符合本公约的压载水管理系统必须对船舶及其设备和船员均安全。

### (十)压载水管理的检验和发证

(1)适用本公约400总吨及以上的船舶,应接受初次检验、换证检验、中期检验、年度检验、附加检验,以确保压载水管理计划及任何相关结构、设备、系统、配件、装置和材料或工艺完全符合本公约的要求。

(2)通过上述检验后,向其颁发国际压载水管理证书。证书应由主管机关或由其正式授权的任何人员或组织颁发或签注。无论如何,主管机关均对证书承担完全责任。主管机关也可委托另一当事国进行检验,并颁发和签注证书。

(3)证书的有效期由主管机关规定,但不超过5年。

# 单元四 国内环境保护法规

## 一、中华人民共和国海洋环境保护法

经修订的《中华人民共和国海洋环境保护法》自2000年4月1日起施行,并分别于2014年、2017年进行了两次修正。最新修正后的《中华人民共和国海洋环境保护法》自2017年11月5日起施行。本法共10章97条,以下主要介绍与防治船舶污染有关的内容。

### (一)总则

1. 目的、适用范围和义务

(1)目的

本法的目的是保护和改善海洋环境,保护海洋资源,防治污染损害,维护生态平衡,保障人体健康,促进经济和社会的可持续发展。

(2)适用范围

本法适用于中华人民共和国内水、领海、毗连区、专属经济区、大陆架以及中华人民共和国管辖的其他海域。在中华人民共和国管辖海域内从事航行、勘探、开发、生产、旅游、科学研究及其他活动,或者在沿海陆域内从事影响海洋环境活动的任何单位和个人,都必须遵守本法。

在中华人民共和国管辖海域以外,造成中华人民共和国管辖海域污染的,也适用本法。

(3)义务

一切单位和个人都有保护海洋环境的义务,并有权对污染损害海洋环境的单位和个人,以及海洋环境监督管理人员的违法失职行为进行监督和检举。

2. 管理体制

(1)国务院环境保护行政主管部门作为对全国环境保护工作统一监督管理的部门,对全国海洋环境保护工作实施指导、协调和监督,并负责全国防治陆源污染物和海岸工程建设项目对海洋污染损害的环境保护工作。

(2)国家海洋行政主管部门负责海洋环境的监督管理,组织海洋环境的调查、监测、监视、评价和科学研究,负责全国防治海洋工程建设项目和海洋倾倒废弃物对海洋污染损害的环境保护工作。

(3)国家海事行政主管部门负责所辖港区水域内非军事船舶和港区水域外非渔业、非军事船舶污染海洋环境的监督管理,并负责污染事故的调查处理;对在中华人民共和国管辖海域航行、停泊和作业的外国籍船舶造成的污染事故登船检查处理。船舶污染事故对渔业造成损害的,应当吸收渔业行政主管部门参与调查处理。

(4)国家渔业行政主管部门负责渔港水域内非军事船舶和渔港水域外渔业船舶污染海洋环境的监督管理,负责保护渔业水域生态环境工作,并调查处理前款规定的污染事故以外的渔业污染事故。

(5)军队环境保护部门负责军事船舶污染海洋环境的监督管理及污染事故的调查处理。

(6)沿海县级以上地方人民政府行使海洋环境监督管理权的部门的职责,由省、自治区、直辖市人民政府根据本法及国务院有关规定确定。

### (二)防治船舶及有关作业活动对海洋环境的污染损害

(1)在中华人民共和国管辖海域,任何船舶及相关作业不得违反本法规定向海洋排放污染物、废弃物和压载水、船舶垃圾及其他有害物质。从事船舶污染物、废弃物、船舶垃圾接收以及船舶清舱、洗舱作业活动的,必须具备相应的接收处理能力。

(2)船舶必须按照有关规定持有防止海洋环境污染的证书与文书,在进行涉及污染物排放及操作时,应当如实记录。

(3)船舶必须配置相应的防污设备和器材。载运具有污染危害性货物的船舶,其结构与设备应当能够防止或者减轻所载货物对海洋环境的污染。

(4)船舶应当遵守海上交通安全法律、法规的规定,防止由碰撞、触礁、搁浅、火灾或者爆炸等引起的海难事故,造成海洋环境的污染。

(5)国家完善并实施船舶油污损害民事赔偿责任制度;按照船舶油污损害赔偿责任由船东和货主共同承担风险的原则,建立船舶油污保险、油污损害赔偿基金制度。

实施船舶油污保险、油污损害赔偿基金制度的具体办法由国务院规定。

(6)载运具有污染危害性货物进出港口的船舶,其承运人、货物所有人或者代理人,必须事先向海事行政主管部门申报。经批准后,方可进出港口、过境停留或者装卸作业。

(7)交付船舶装运污染危害性货物的单证、包装、标志、数量限制等,必须符合对所装货物的有关规定。需要船舶装运污染危害性不明的货物,应当按照有关规定事先进行评估。对于装卸油类及有毒有害货物的作业，船岸双方必须遵守安全防污操作规程。

（8）港口、码头、装卸站和船舶修造厂必须按照有关规定备有足够的用于处理船舶污染物、废弃物的接收设施，并使该设施处于良好状态。装卸油类的港口、码头、装卸站和船舶必须编制溢油污染应急计划，并配备相应的溢油污染应急设备和器材。

（9）船舶及有关作业活动应当遵守有关法律法规和标准，采取有效措施，防止造成海洋环境污染。船舶进行散装液体污染危害性货物的过驳作业，应当事先按照有关规定报经海事行政主管部门批准。

进行下列活动，应当事先按照有关规定报经有关部门批准或者核准：

①船舶在港区水域内使用焚烧炉；

②船舶在港区水域内进行洗舱、清舱、驱气、排放压载水、残油和含油污水的接收、舷外拷铲及油漆等作业；

③船舶、码头、设施使用化学消油剂；

④船舶冲洗沾有污染物、有毒有害物质的甲板；

⑤船舶进行散装液体污染危害性货物的过驳作业；

⑥从事船舶水上拆解、打捞、修造和其他水上、水下船舶施工作业。

（10）船舶发生海难事故，造成或者可能造成海洋环境重大污染损害的，国家海事行政主管部门有权强制采取避免或者减少污染损害的措施。

对在公海上因发生海难事故，造成中华人民共和国管辖海域重大污染损害后果或者具有污染威胁的船舶、海上设施，国家海事行政主管部门有权采取与实际的或者可能发生的损害相称的必要措施。

（11）所有船舶均有监视海上污染的义务，在发现海上污染事故或者违反本法规定的行为时，必须立即向就近的依照本法规定行使海洋环境监督管理权的部门报告。

## 二、防治船舶污染海洋环境管理条例

2009 年 9 月 9 日国务院令第 561 号公布《防治船舶污染海洋环境管理条例》，自 2010 年 3 月 1 日起施行。至 2017 年 9 月 22 日，本条例已历经 6 次修订。本条例共 9 章 76 条。

### （一）总则

1. 法律依据

为了防治船舶及其有关作业活动污染海洋环境，根据《中华人民共和国海洋环境保护法》，制定本条例。

2. 适用范围

防治船舶及其有关作业活动污染中华人民共和国管辖海域适用本条例。

3. 防治污染原则

防治船舶及其有关作业活动污染海洋环境，实行预防为主、防治结合的原则。

4. 主管机关

国务院交通运输主管部门主管所辖港区水域内非军事船舶和港区水域外非渔业、非军事船舶污染海洋环境的防治工作。海事管理机构依照本条例规定具体负责防治船舶及其有关作业活动污染海洋环境的监督管理。

5. 报告要求

任何单位和个人发现船舶及其有关作业活动造成或者可能造成海洋环境污染的，应当立即就近向海事管理机构报告。

### （二）防治船舶及其有关作业活动污染海洋环境的一般规定

（1）船舶的结构、设备、器材应当符合国家有关防治船舶污染海洋环境的技术规范以及中华人民共和国缔结或者参加的国际条约的要求。

（2）船舶应当依照法律、行政法规、国务院交通运输主管部门的规定以及中华人民共和国缔结或者参加的国际条约的要求，取得并随船携带相应的防治船舶污染海洋环境的证书、文书。

（3）中国籍船舶的所有人、经营人或者管理人应当按照国务院交通运输主管部门的规定，建立健全安全营运和防治船舶污染管理体系。海事管理机构应当对安全营运和防治船舶污染管理体系进行审核，审核合格的，发给符合证明和相应的船舶安全管理证书。

（4）港口、码头、装卸站以及从事船舶修造的单位应当配备与其装卸货物种类和吞吐能力或者修造船舶能力相适应的污染监视设施和污染物接收设施，并使其处于良好状态。

（5）港口、码头、装卸站以及从事船舶修造、打捞、拆解等作业活动的单位应当制定有关安全营运和防治污染的管理制度，按照国家有关防治船舶及其有关作业活动污染海洋环境的规范和标准，配备相应的防治污染设备和器材。

（6）船舶所有人、经营人或者管理人应当制定防治船舶及其有关作业活动污染海洋环境的应急预案，并报海事管理机构备案。港口、码头、装卸站的经营人以及有关作业单位应当制定防治船舶及其有关作业活动污染海洋环境的应急预案，并报海事管理机构和环境保护主管部门备案。

（7）船舶、港口、码头、装卸站以及其他有关作业单位应当按照应急预案，定期组织演练，并做好相应记录。

### （三）船舶污染物的接收

（1）船舶处置污染物，应当在相应的记录簿内如实记录。船舶应当将使用完毕的船舶垃圾记录簿在船舶上保留 2 年；将使用完毕的含油污水、含有毒有害物质污水记录簿在船舶上保留 3 年。

（2）船舶污染物接收单位接收船舶污染物，应当向船舶出具污染物接收单证，经双方签字确认并留存至少 2 年。污染物接收单证应当注明作业双方名称，作业开始和结束的时间、地点，以及污染物的种类、数量等内容。船舶应当将污染物接收单证保存在相应的记录簿中。

### （四）船舶污染事故应急处置

1. 应急处置与报告

（1）本条例所称船舶污染事故，是指船舶及其有关作业活动发生油类、油性混合物和其他有毒有害物质泄漏造成的海洋环境污染事故。

（2）船舶污染事故分为以下等级：

①特别重大船舶污染事故，是指船舶溢油 1 000 吨以上，或者造成直接经济损失 2 亿元以

上的船舶污染事故;

②重大船舶污染事故,是指船舶溢油500吨以上不足1 000吨,或者造成直接经济损失1亿元以上不足2亿元的船舶污染事故;

③较大船舶污染事故,是指船舶溢油100吨以上不足500吨,或者造成直接经济损失5 000万元以上不足1亿元的船舶污染事故;

④一般船舶污染事故,是指船舶溢油不足100吨,或者造成直接经济损失不足5 000万元的船舶污染事故。

(3)船舶在中华人民共和国管辖海域发生污染事故,或者在中华人民共和国管辖海域外发生污染事故造成或者可能造成中华人民共和国管辖海域污染的,应当立即启动相应的应急预案,采取措施控制和消除污染,并就近向有关海事管理机构报告。

(4)发现船舶及其有关作业活动可能对海洋环境造成污染的,船舶、码头、装卸站应当立即采取相应的应急处置措施,并就近向有关海事管理机构报告。

(5)接到报告的海事管理机构应当立即核实有关情况,并向上级海事管理机构或者国务院交通运输主管部门报告,同时报告有关沿海设区的市级以上地方人民政府。

2. 弃船时的处置与报告

(1)船舶发生事故有沉没危险,船员在离船前,应当尽可能关闭所有货舱(柜)、油舱(柜)管系的阀门,堵塞货舱(柜)、油舱(柜)的通气孔。

(2)船舶沉没的,船舶所有人、经营人或者管理人应当及时向海事管理机构报告船舶燃油、污染危害性货物以及其他污染物的性质、数量、种类、装载位置等情况,并及时采取措施予以清除。

3. 海事管理机构的措施

(1)发生船舶污染事故,海事管理机构可以采取清除、打捞、拖航、引航、过驳等必要措施,减轻污染损害。相关费用由造成海洋环境污染的船舶、有关作业单位承担。

(2)需要承担前款规定费用的船舶,应当在开航前缴清相关费用或者提供相应的财务担保。

4. 消油剂的使用

处理船舶污染事故使用的消油剂,应当符合国家有关标准。未经海事管理机构批准而使用消油剂的,由海事管理机构对船舶或者使用单位处以罚款。

## 三、中华人民共和国船舶及其有关作业活动污染海洋环境防治管理规定

《中华人民共和国船舶及其有关作业活动污染海洋环境防治管理规定》由交通运输部发布,自2011年2月1日起施行,至2017年10月11日已历经5次修正。本规定共有7章62条。

### (一)总则

1. 目的和依据

为了防治船舶及其有关作业活动污染海洋环境,根据《中华人民共和国海洋环境保护法》、《防治船舶污染海洋环境管理条例》和中华人民共和国缔结或者加入的国际条约,制定本

规定。

2. 适用范围

防治船舶及其有关作业活动污染中华人民共和国管辖海域适用本规定。

本规定所称有关作业活动，是指船舶装卸、过驳、清舱、洗舱、油料供受、修造、打捞、拆解、污染危害性货物装箱、充罐、污染清除以及其他水上、水下船舶施工作业等活动。

3. 主管机关

国务院交通运输主管部门主管全国船舶及其有关作业活动污染海洋环境的防治工作。

交通运输部海事局负责监督管理全国船舶及其有关作业活动污染海洋环境的防治工作。

各级海事管理机构根据职责权限，具体负责监督管理本辖区船舶及其有关作业活动污染海洋环境的防治工作。

## (二)一般规定

(1)船舶的结构、设备、器材应当符合国家有关防治船舶污染海洋环境的船舶检验规范以及中华人民共和国缔结或者加入的国际条约的要求，并按照国家规定取得相应的合格证书。

(2)船舶应当依照法律、行政法规、国务院交通运输主管部门的规定以及中华人民共和国缔结或者加入的国际条约的要求，取得并随船携带相应的防治船舶污染海洋环境的证书、文书。

(3)中国籍船舶持有的防治船舶污染海洋环境的证书、文书由交通运输部海事局或者其认可的机构签发；外国籍船舶持有的防治船舶污染海洋环境的证书、文书应当符合中华人民共和国缔结或者加入的国际条约的要求。

(4)船员应当具有相应的防治船舶污染海洋环境的专业知识和技能，并按照有关法律、行政法规、规章的规定参加相应的培训、考试，持有有效的适任证书或者相应的培训合格证明。

(5)从事有关作业活动的单位应当组织本单位作业人员进行操作技能、设备使用、作业程序、安全防护和应急反应等专业培训，确保作业人员具备相关安全和防治污染的专业知识和技能。

(6)港口、码头、装卸站和从事船舶修造作业的单位应当按照国家有关标准配备相应的污染监视设施和污染物接收设施。港口、码头、装卸站以及从事船舶修造、打捞、拆解等有关作业活动的其他单位应当按照国家有关标准配备相应的防治污染设备和器材。

(7)船舶从事下列作业活动，应当遵守有关法律法规、标准和相关操作规程，落实安全和防治污染措施，并在作业前将作业种类、作业时间、作业地点、作业单位和船舶名称等信息向海事管理机构报告。作业信息变更的，应当及时补报：

①在沿海港口进行舷外拷铲、油漆作业或者使用焚烧炉的；

②在港区水域内洗舱、清舱、驱气以及排放压载水的；

③冲洗沾有污染物、有毒有害物质的甲板的；

④进行船舶水上拆解、打捞、修造和其他水上、水下船舶施工作业的；

⑤进行船舶油料供受作业的。

(8)从事3万载重吨以上油船的货舱清舱、1万吨以上散装液体污染危害性货物过驳以及沉船打捞、油舱拆解等存在较大污染风险的作业活动时，作业方应当进行作业方案可行性研究，并在作业活动中接受海事管理机构的检查。

(9)任何单位和个人发现船舶及其有关作业活动造成或者可能造成海洋环境污染的，应当立即就近向海事管理机构报告。

## (三)船舶污染物的排放与接收

(1)在中华人民共和国管辖海域航行、停泊、作业的船舶，排放船舶垃圾、生活污水、含油污水、含有毒有害物质污水、废气等污染物以及压载水，应当符合法律、行政法规、有关标准以及中华人民共和国缔结或者加入的国际条约的规定。

(2)船舶在船舶排放控制区内航行、停泊、作业还应当遵守船舶排放控制区大气污染防治控制要求。船舶应当使用低硫燃油或者采取使用岸电、清洁能源、尾气后处理装置等替代措施满足船舶大气排放控制要求。

(3)船舶不得向依法划定的海洋自然保护区、海洋特别保护区、海滨风景名胜区、重要渔业水域以及其他需要特别保护的海域排放污染物。

(4)船舶应当将不符合规定排放要求以及依法禁止向海域排放的污染物，排入具备相应接收能力的港口接收设施或者委托具备相应接收能力的船舶污染物接收单位接收。船舶委托船舶污染物接收单位进行污染物接收作业的，其船舶经营人应当在作业前明确指定所委托的船舶污染物接收单位。

(5)船舶污染物接收单位应当在污染物接收作业完毕后，向船舶出具污染物接收单证，经双方签字确认并留存至少 2 年。污染物接收单证上应当注明作业单位名称，作业双方船名，作业开始和结束的时间、地点，以及污染物的种类、数量等内容。船舶应当将污染物接收单证保存在相应的记录簿中。

(6)船舶进行涉及污染物处理的作业，应当在相应的记录簿内规范填写、如实记录，真实反映船舶运行过程中产生的污染物数量、处理过程和去向。按照法律、行政法规、国务院交通运输主管部门的规定以及中华人民共和国缔结或者加入的国际条约的要求，不需要配备记录簿的，应当将有关情况在作业当日的航海日志或者轮机日志中如实记载。

(7)船舶应当将使用完毕的船舶垃圾记录簿在船舶上保留 2 年；将使用完毕的含油污水、含有毒有害物质污水记录簿在船舶上保留 3 年。

(8)接收处理含有有毒有害物质或者其他危险成分的船舶污染物的，应当符合国家有关危险废物的管理规定。来自疫区船舶产生的污染物，应当经有关检疫部门检疫处理后方可进行接收和处理。

(9)船舶应当配备有盖、不渗漏、不外溢的垃圾储存容器，或者对垃圾实行袋装。

(10)船舶应当对垃圾进行分类收集和存放，对含有有毒有害物质或者其他危险成分的垃圾应当单独存放。

(11)船舶将含有有毒有害物质或者其他危险成分的垃圾排入港口接收设施或者委托船舶污染物接收单位接收的，应当向对方说明此类垃圾所含物质的名称、性质、数量等情况。

(12)船舶应当按照国家有关规定以及中华人民共和国缔结或者加入的国际条约的要求，设置与生活污水产生量相适应的处理装置或者储存容器。

## (四)船舶载运污染危害性货物及其有关作业

(1)污染危害性货物是指直接或者间接进入水体，会损害水体质量和环境质量，从而产生损害生物资源、危害人体健康等有害影响的货物。

(2)船舶载运污染危害性货物进出港口,承运人或者代理人应当在进出港24小时前(航程不足24小时的,在驶离上一港口时)向海事管理机构办理船舶适载申报手续;货物所有人或者代理人应当在船舶适载申报之前向海事管理机构办理货物适运申报手续。

货物适运申报和船舶适载申报经海事管理机构审核同意后,船舶方可进出港口或者过境停留。

(3)交付运输的污染危害性货物的特性、包装以及针对货物采取的风险防范和应急措施等应当符合国家有关标准、规定以及中华人民共和国缔结或者加入的国际条约的要求;需要经国家有关主管部门依法批准后方可载运的,还需要取得有关主管部门的批准。

船舶适载的条件按照《中华人民共和国海事行政许可条件规定》关于船舶载运危险货物的适载条件执行。

(4)承运人或者代理人办理船舶适载申报手续的,应当向海事管理机构提交下列材料:

①船舶载运污染危害性货物申报单,包括承运人或者代理人有关情况以及货物的名称、种类、特性等基本信息;

②海事管理机构批准的货物适运证明;

③由代理人办理船舶适载申报手续的,应当提供承运人出具的有效授权证明;

④防止油污证书、船舶适载证书、船舶油污损害民事责任保险或者其他财务保证证书;

⑤载运污染危害性货物的船舶在运输途中发生过意外情况的,还应当在船舶载运污染危害性货物申报单内扼要说明所发生意外情况的原因、已采取的控制措施和目前状况等有关情况,并于抵港后送交详细报告;

⑥列明实际装载情况的清单、舱单或者积载图;

⑦拟进行装卸作业的港口、码头、装卸站。

定船舶、定航线、定货种的船舶可以办理不超过一个月期限的船舶定期适载申报手续。办理船舶定期适载申报手续的,还应当提交能够证明固定船舶在固定航线上运输固定污染危害性货物的有关材料。

(5)海事管理机构收到货物适运申报、船舶适载申报后,应当在24小时内做出批准或者不批准的决定;办理船舶定期适载申报的,应当在7日内做出批准或者不批准的决定。

(6)货物所有人或者代理人交付船舶载运的污染危害性货物,应当采取有效的防治污染措施。

(7)货物所有人或者代理人交付船舶载运的污染危害性不明的货物,应当委托具备相应资质的技术机构对货物的污染危害性质和船舶载运技术条件进行评估。

(8)曾经载运污染危害性货物的空容器和运输组件,应当彻底清洗并消除危害,取得由具有国家规定资质的检测机构出具的清洁证明后,方可按照普通货物交付船舶运输。在未彻底清洗并消除危害之前,应当按照原所装货物的要求进行运输。

(9)海事管理机构认为交付船舶载运的货物应当按照污染危害性货物申报而未申报的,或者申报的内容不符合实际情况的,经海事管理机构负责人批准,可以采取开箱等方式查验。

(10)船舶不符合污染危害性货物适载要求的,不得载运污染危害性货物,码头、装卸站不得为其进行装卸作业。

(11)载运污染危害性货物的船舶应当在海事管理机构公布的具有相应安全装卸和污染物处理能力的码头、装卸站进行装卸作业。

（12）船舶进行散装液体污染危害性货物过驳作业的，应当符合国家海上交通安全和防治船舶污染海洋环境的管理规定和技术规范，选择缓流、避风、水深、底质等条件较好的水域，远离人口密集区、船舶通航密集区、航道、重要的民用目标或者设施、军用水域，制订安全和防治污染的措施和应急计划并保证有效实施。

（13）进行散装液体污染危害性货物过驳作业的船舶，其承运人、货物所有人或者代理人应当向海事管理机构提交下列申请材料：

①船舶作业申请书，内容包括作业船舶资料、联系人、联系方式、作业时间、作业地点、过驳种类和数量等基本情况；

②船舶作业方案、拟采取的监护和防治污染措施；

③船舶作业应急预案；

④对船舶作业水域通航安全和污染风险的分析报告；

⑤与具有相应能力的污染清除作业单位签订的污染清除作业协议。

（14）进行船舶油料供受作业的，作业双方应当采取满足安全和防治污染要求的供受油作业管理措施，同时应当遵守下列规定。

①作业前，应当做到：

（a）检查管路、阀门，做好准备工作，堵好甲板排水孔，关好有关通海阀；

（b）检查油类作业的有关设备，使其处于良好状态；

（c）对可能发生溢漏的地方，设置集油容器；

（d）供受油双方以受方为主商定联系信号，双方均应切实执行。

②作业中，要有足够的人员值班，当班人员要坚守岗位，严格执行操作规程，掌握作业进度，防止跑油、漏油。

③停止作业时，必须有效关闭有关阀门。

④收解输油软管时，必须事先用盲板将软管有效封闭，或者采取其他有效措施，防止软管存油倒流入海。

海事管理机构应当对船舶油料供受作业进行监督检查，发现不符合安全和防治污染要求的，应当予以制止。

（15）船舶燃油供给单位应当如实填写燃油供受单证，并向船舶提供燃油供受单证和燃油样品。燃油供受单证应当包括受油船船名，船舶识别号或 IMO 编号，作业时间、地点，燃油供应商的名称、地址和联系方式，以及燃油的种类、数量、密度和含硫量等内容。船舶和燃油供给单位应当将燃油供受单证保存 3 年，将燃油样品妥善保存 1 年。

（16）船舶应当在出港前将上一航次消耗的燃料种类和数量，主机、辅机和锅炉的功率、运行工况，以及时间等信息按照规定报告海事管理机构。

船舶按照船舶排放控制区要求转换低硫燃油或者采取使用岸电、清洁能源、尾气后处理装置等替代措施满足船舶大气排放控制要求的，应当按照规定如实记录。

（17）船舶进行下列作业，且作业量超过 300 吨时，应当采取包括布设围油栏在内的防污染措施，其中过驳作业由过驳作业经营人负责：

①散装持久性油类的装卸和过驳作业，但船舶燃油供应作业除外；

②比重小于 1（相对于水）、溶解度小于 0.1%的散装有毒液体物质的装卸和过驳作业；

③其他可能造成水域严重污染的作业。

因自然条件等原因，不适合布设围油栏的，应当采取有效替代措施。

(18)载运污染危害性货物的船舶进出港口和通过桥区、交通管制区、通航密集区以及航行条件受限制的区域，或者载运剧毒、爆炸、放射性货物的船舶进出港口，应当遵守海事管理机构的特别规定，并采取必要的安全和防治污染保障措施。

(19)船舶载运散发有毒有害气体或者粉尘物质等货物的，应当采取密闭或者其他防护措施。对有封闭作业要求的污染危害性货物，在运输和作业过程中应当采取措施回收有毒有害气体。

## 四、船舶水污染物排放控制标准

### (一)总则

(1)为贯彻《中华人民共和国环境保护法》《中华人民共和国水污染防治法》《中华人民共和国海洋环境保护法》《防治船舶污染海洋环境管理条例》等法律法规，保护环境，防治污染，促进船舶水污染物排放控制技术的进步，推进船舶污染物接收与处理设施建设，推动船舶及相关装置制造业绿色发展，制定本标准。

(2)本标准规定了船舶向环境水体排放含油污水、生活污水、含有毒液体物质的污水和船舶垃圾的排放控制要求，以及标准的实施与监督等要求。

(3)本标准自 2018 年 7 月 1 日起实施。本标准由环境保护部解释。

(4)适用范围

①本标准规定了船舶含油污水、生活污水的污染物排放控制要求和监测要求，含有毒液体物质的污水和船舶垃圾的排放控制要求，以及标准的实施与监督等要求。

②本标准适用于中华人民共和国领域和管辖的其他海域内，船舶向环境水体排放含油污水、生活污水、含有毒液体物质的污水和船舶垃圾等行为的监督管理。本标准不适用于为保障船舶安全或救护水上人员生命安全所必需的临时性排放行为。

③本标准适用于法律允许的污染物排放行为。在内河和其他特殊保护区域内船舶污染物排放的管理，按照《中华人民共和国环境保护法》《中华人民共和国水污染防治法》《中华人民共和国海洋环境保护法》《防治船舶污染海洋环境管理条例》等法律法规中关于禁止倾倒垃圾、禁止排放有毒液体物质、禁止在饮用水源保护区排污、防止船载货物溢流和渗漏等具体规定执行。

### (二)规范性引用文件

本标准内容引用了下列文件或其中的条款。凡是注日期的引用文件，仅注日期的版本适用于本标准。凡是不注日期的引用文件，其最新版本(包括所有的修改方案)适用于本标准。

GB 6920 水质 pH 值的测定——玻璃电极法；

GB 11893 水质总磷的测定——钼酸铵分光光度法；

GB 11901 水质悬浮物的测定——重量法；

GB/T 5750. 11 生活饮用水标准检验方法——消毒剂指标；

GB/T 5750. 12 生活饮用水标准检验方法——微生物指标；

HJ 505 水质五日生化需氧量(BOD5)的测定——稀释与接种法；

HJ 535 水质氨氮的测定——纳氏试剂分光光度法；
HJ 536 水质氨氮的测定——水杨酸分光光度法；
HJ 537 水质氨氮的测定——蒸馏和中和滴定法；
HJ 585 水质游离氯和总氯的测定——N,N-二乙基-1,4-苯二胺滴定法；
HJ 586 水质游离氯和总氯的测定——N,N-二乙基-1,4-苯二胺分光光度法；
HJ 636 水质总氮的测定——碱性过硫酸钾消解紫外分光光度法；
HJ 665 水质氨氮的测定——连续流动/水杨酸分光光度法；
HJ 666 水质氨氮的测定——流动注射/水杨酸分光光度法；
HJ 828 水质化学需氧量的测定——重铬酸盐法；
HJ/T 195 水质氨氮的测定——气相分子吸收光谱法；
HJ/T 199 水质总氮的测定——气相分子吸收光谱法；
HJ/T 347 水质粪大肠菌群的测定——多管发酵法和滤膜法(试行)；
CB/T 3328.1 船舶污水处理排放水水质检验方法第 1 部分——耐热大肠菌群数检验法；
CB/T 3328.5 船舶污水处理排放水水质检验方法第 5 部分——水中油含量检验法；
JT/T 409 船舶机舱舱底水、生活污水——采样方法；
《国际散装运输危险化学品船舶构造与设备规则》(IBC 规则)；
《国际防止船舶造成污染公约》(MARPOL 公约)。

## (三)术语和定义

下列术语和定义适用于本标准。

1. 船舶

各类排水或者非排水船、艇、水上飞机、潜水器和移动式平台,不包括军事船舶。

2. 总吨

按照船舶适用的法定规则丈量和计算的、用于表征船舶容积的指标。

3. 内河

中华人民共和国领域内的河流、湖泊、水库等地表水体。

4. 沿海

中华人民共和国管辖的海域。

5. 环境水体

内河和沿海。

6. 含油污水

船舶运营中产生的含有原油、燃油、润滑油和其他各种石油产品及其残余物的污水,包括机器处所油污水和含货油残余物的油污水。

7. 生活污水

船舶上主要由人员生活产生的污水,包括:
(1)任何形式便器的排出物和其他废物；
(2)医务室(药房、病房等)的洗手池、洗澡盆,以及这些处所排水孔的排出物；
(3)装有活的动物处所的排出物；

(4)混有上述排出物或废物的其他污水。

8. 有毒液体物质

对水环境或者人体健康有危害,或者会对水资源利用造成损害的物质,包括在《国际散装运输危险化学品船舶构造与设备规则》的第 17 或 18 章的污染物种类列表中标明的,或者根据《国际防止船舶造成污染公约》附则Ⅱ第 6.3 条暂时被评定为 X 类、Y 类或 Z 类物质的任何物质。其中:

(1)X 类物质是指对海洋资源或人体健康产生重大危害、禁止排入环境水体的物质;

(2)Y 类物质是指对海洋资源或人体健康产生危害或对海上休憩环境或其他合法利用造成损害、需严格限制排入环境水体的物质;

(3)Z 类物质是指对海洋资源或人体健康产生的危害较小、限制排入环境水体的物质。

9. 含有毒液体物质的污水

船舶由于洗舱等活动而产生的含有毒液体物质的污水。

10. 船舶垃圾

产生于船舶正常营运期间,需要连续或定期处理的废弃物,包括各种塑料废弃物、食品废弃物、生活废弃物、废弃食用油、操作废弃物、货物残留物、动物尸体、废弃渔具和电子垃圾(具体内容见本标准附录 A)以及废弃物焚烧炉灰渣,但《国际防止船舶造成污染公约》附则Ⅰ、Ⅱ、Ⅲ、Ⅳ、Ⅵ所适用的物质除外,也不包括以下活动过程中的鱼类(含贝类)及其各部分:

(1)航行过程中捕获鱼类(含贝类)的活动;

(2)将鱼类(含贝类)安置在船上水产品养殖设施内的活动;

(3)将捕获的鱼类(含贝类)从船上水产品养殖设施转移到岸上加工运输的活动。

11. 危害海洋环境物质

《国际防止船舶造成污染公约》附则Ⅴ的实施导则[MEPC. 219(63)决议]规定的对海洋环境有害的物质。

12. 最近陆地

与所在位置最近的领海基线。

13. 接收设施

接收船舶污水和垃圾的设施,包括水上接收设施和岸上专用接收设施。

14. 建造

制造船舶活动已完成安放龙骨或类似阶段的工作。类似阶段是指装配量至少已达到 50 吨或全部结构材料估算重量的 1%。

### (四)含油污水排放控制要求

1. 船舶含油污水排放控制要求按表 4-1 的规定执行。

**表 4-1　船舶含油污水排放控制要求**

<table>
<tr><th>污水类别</th><th>水域类别</th><th colspan="2">船舶类别</th><th>排放控制要求</th></tr>
<tr><td rowspan="5">机器处所油污水</td><td rowspan="2">内河</td><td colspan="2">2021 年 1 月 1 日之前建造的船舶</td><td>自 2018 年 7 月 1 日起,按本标准 4.2 执行或收集并排入接收设施</td></tr>
<tr><td colspan="2">2021 年 1 月 1 日及以后建造的船舶</td><td>收集并排入接收设施</td></tr>
<tr><td rowspan="3">沿海</td><td colspan="2">400 总吨及以上的船舶</td><td>自 2018 年 7 月 1 日起,按本标准 4.2 执行或收集并排入接收设施</td></tr>
<tr><td rowspan="2">400 总吨以下的船舶</td><td>非渔业船舶</td><td>自 2018 年 7 月 1 日起,按本标准 4.2 执行或收集并排入接收设施</td></tr>
<tr><td>渔业船舶</td><td>(1)自 2018 年 7 月 1 日起至 2020 年 12 月 31 日,按本标准 4.2 执行;<br>(2)自 2021 年 1 月 1 日起,按本标准 4.2 执行或收集并排入接收设施</td></tr>
<tr><td rowspan="3">含货油残余物的油污水</td><td>内河</td><td colspan="2">全部油船</td><td>自 2018 年 7 月 1 日起,收集并排入接收设施</td></tr>
<tr><td rowspan="2">沿海</td><td colspan="2">150 总吨及以上的油船</td><td>自 2018 年 7 月 1 日起,收集并排入接收设施,或在船舶航行中排放,并同时满足下列条件:<br>(1)油船距最近陆地 50 海里以上;<br>(2)排入海中油污水含油量瞬间排放率不超过 30 升/海里;<br>(3)排入海中油污水含油量不得超过货油总量的 1/30 000;<br>(4)排油监控系统运转正常</td></tr>
<tr><td colspan="2">150 总吨以下的油船</td><td>自 2018 年 7 月 1 日起,收集并排入接收设施</td></tr>
</table>

2. 船舶机器处所油污水污染物排放控制要求按表 4-2 的规定执行,排放应在船舶航行中进行。

**表 4-2　船舶机器处所油污水污染物排放控制要求**

| 污染物项目 | 限值 | 污染物排放监控位置 |
| --- | --- | --- |
| 石油类(毫克/升) | 15 | 油污水处理装置出水口 |

## (五)生活污水排放控制要求

1. 自 2018 年 7 月 1 日起,400 总吨及以上的船舶,以及 400 总吨以下且经核定许可载运 15 人及以上的船舶,在不同水域船舶生活污水的排放控制分别按下列(1)和(2)的要求执行。

(1)在内河和距离最近陆地 3 海里以内(含)的海域,船舶生活污水应采用下列方式之一进行处理,不得直接排入环境水体:

①利用船载收集装置收集,排入接收设施;

②利用船载生活污水处理装置处理,达到(2)规定的要求后在航行中排放。

(2)距最近陆地 3 海里以外海域船舶生活污水排放控制要求按表 4-3 的规定执行。

**表 4-3 距最近陆地 3 海里以外海域船舶生活污水排放控制要求**

| 水域 | 排放控制要求 |
|---|---|
| 3 海里<与最近陆地间距离≤12 海里的海域 | 同时满足下列条件:<br>(1)使用设备打碎固形物并消毒后排放;<br>(2)船速不低于 4 节,且生活污水排放速率不超过相应船速下的最大允许排放速率 |
| 与最近陆地间距离>12 海里的海域 | 船速不低于 4 节,且生活污水排放速率不超过相应船速下的最大允许排放速率 |

2. 在内河和距离最近陆地 3 海里以内(含)的海域,根据船舶类别和安装(含更换)生活污水处理装置的时间,利用船载生活污水处理装置处理的船舶生活污水分别执行相应的污染物排放限值。

(1)在 2012 年 1 月 1 日以前安装(含更换)生活污水处理装置的船舶,向环境水体排放生活污水,其污染物排放控制要求按表 4-4 的规定执行。

**表 4-4 船舶生活污水污染物排放控制要求(一)**

| 序号 | 污染物项目 | 限值 | 污染物排放监控位置 |
|---|---|---|---|
| 1 | 五日生化需氧量(BOD5)(毫克/升) | 50 | 生活污水处理装置出水口 |
| 2 | 悬浮物(SS)(毫克/升) | 150 | |
| 3 | 耐热大肠菌群数(个/升) | 2 500 | |

(2)在 2012 年 1 月 1 日及以后安装(含更换)生活污水处理装置的船舶,向环境水体排放生活污水,其污染物排放控制要求按表 4-5 的规定执行,但应执行(3)排放控制要求的船舶除外。

(3)在 2021 年 1 月 1 日及以后安装(含更换)生活污水处理装置的客运船舶,向内河排放生活污水,其污染物排放控制要求按表 4-6 的规定执行。

**表 4-5 船舶生活污水污染物排放控制要求(二)**

| 序号 | 污染物项目 | 限值 | 污染物排放监控位置 |
|---|---|---|---|
| 1 | 五日生化需氧量(BOD5)(毫克/升) | 25 | 生活污水处理装置出水口 |
| 2 | 悬浮物(SS)(毫克/升) | 35 | |
| 3 | 耐热大肠菌群数(个/升) | 1 000 | |
| 4 | 化学需氧量(CODcr)(毫克/升) | 125 | |
| 5 | pH 值(无量纲) | 6~8.5 | |
| 6 | 总氯(总余氯)(毫克/升) | <0.5 | |

表 4-6　船舶生活污水污染物排放控制要求(三)

| 序号 | 污染物项目 | 限值 | 污染物排放监控位置 |
|---|---|---|---|
| 1 | 五日生化需氧量(BOD5)(毫克/升) | 20 | 生活污水处理装置出水口 |
| 2 | 悬浮物(SS)(毫克/升) | 20 | |
| 3 | 耐热大肠菌群数(个/升) | 1 000 | |
| 4 | 化学需氧量(CODcr)(毫克/升) | 60 | |
| 5 | pH 值(无量纲) | 6~8.5 | |
| 6 | 总氯(总余氯)(毫克/升) | <0.5 | |
| 7 | 总氮(毫克/升) | 20 | |
| 8 | 氨氮(毫克/升) | 15 | |
| 9 | 总磷(毫克/升) | 1.0 | |

(4)在 2016 年 1 月 1 日及以后安装(含更换)生活污水处理装置的船舶,若生活污水在处理过程中由于工艺需求等被稀释,则五日生化需氧量、悬浮物、化学需氧量、总氮、氨氮、总磷的水污染物排放浓度按下式换算,耐热大肠菌群数、pH 值和总氯(总余氯)仍以实测浓度作为水污染物排放浓度。

$$\rho = \frac{Q_e}{Q_i}\rho_{实}$$

式中:$\rho$——水污染物排放浓度,毫克/升;

$\rho_{实}$——水污染物实测浓度,毫克/升;

$Q_i$——进入生活污水处理装置进行处理的生活污水的流量,立方米/天;

$Q_e$——混入稀释水后,生活污水处理装置的出水流量,立方米/天。

(5)在饮用水水源保护区内,不得排放生活污水,并按规定对控制措施进行记录。

## (六)含有毒液体物质的污水排放控制要求

1. 船舶在沿海排放含有毒液体物质的污水,按表 4-7 的规定执行。

表 4-7　含有毒液体物质的污水排放控制要求

| 污水中含有以下任何一种有毒液体物质 | 排放控制要求 |
|---|---|
| (1)X 类物质;<br>(2)Y 类物质中的高黏度或凝固物质;<br>(3)未按规定程序卸货的 Y 类物质;<br>(4)未按规定程序卸货的 Z 类物质 | 如不能免除预洗,船舶在离开卸货港前应按规定程序预洗,预洗的洗舱水应排入接收设施。其中,X 类物质应预洗至浓度小于或等于 0.1%(质量百分比),浓度达到要求后应将舱内剩余的污水继续排入接收设施,直至该舱排空。预洗后,再向该舱注水产生的含有毒液体物质的污水排放按本标准 2 执行 |

续表

| 污水中含有以下任何一种有毒液体物质 | 排放控制要求 |
|---|---|
| (1)按规定程序卸货的 Y 类物质;<br>(2)按规定程序卸货的 Z 类物质 | 按本标准 2 执行;对于 2007 年 1 月 1 日之前建造的船舶,含 Z 类物质或暂定为 Z 类物质的污水排放,可免除 2(3)中在水线以下通过水下排出口排放的要求 |

2. 在沿海的船舶按规定程序卸货,并按规定预洗、有效扫舱或通风后,含有毒液体物质的污水排放应同时满足下列条件:

(1)在距最近陆地 12 海里以外(含)且水深不少于 25 米的海域排放;

(2)在船舶航行中排放,自航船舶航速不低于 7 节,非自航船舶航速不低于 4 节;

(3)在水线以下通过水下排出口排放,排放速率不超过最大设计速率。

### (七)船舶垃圾排放控制要求

1. 在内河禁止倾倒船舶垃圾。在允许排放垃圾的海域,根据船舶垃圾类别和海域性质,分别执行相应的排放控制要求。

(1)在任何海域,均应将塑料废弃物、废弃食用油、生活废弃物、焚烧炉灰渣、废弃渔具和电子垃圾收集并排入接收设施。

(2)对于食品废弃物,在距最近陆地 3 海里以内(含)的海域,应收集并排入接收设施;在距最近陆地 3 海里至 12 海里(含)的海域,粉碎或磨碎至直径不大于 25 毫米后方可排放;在距最近陆地 12 海里以外的海域可以排放。

(3)对于货物残留物,在距最近陆地 12 海里以内(含)的海域,应收集并排入接收设施;在距最近陆地 12 海里以外的海域,不含危害海洋环境物质的货物残留物方可排放。

(4)对于动物尸体,在距最近陆地 12 海里以内(含)的海域,应收集并排入接收设施;在距最近陆地 12 海里以外的海域可以排放。

(5)在任何海域,对于货舱、甲板和外表面清洗水,其含有的清洁剂或添加剂不属于危害海洋环境物质的方可排放;其他操作废弃物应收集并排入接收设施。

2. 在任何海域,对于不同类别船舶垃圾的混合垃圾的排放控制,应同时满足所含每一类船舶垃圾的排放控制要求。

### (八)实施与监督

1. 国务院环境保护主管部门负责对本标准的实施进行指导、协调和监督。

2. 国家海事主管部门和国家渔业主管部门分别按照法律法规和本标准的规定,对各类船舶排放水污染的行为实施监督管理。

## 附录 A
## （规范性附录）

船舶垃圾分类

表 A.1 船舶垃圾分类表

| 序号 | 类别 | 说明 |
| --- | --- | --- |
| 1 | 塑料废弃物 | 含有或包括任何形式塑料的固体废物，其中包括合成缆绳、合成纤维渔网、塑料垃圾袋和塑料制品的焚烧炉灰 |
| 2 | 食品废弃物 | 船上产生的变质或未变质的食料，包括水果、蔬菜、奶制品、家禽、肉类产品和食物残渣 |
| 3 | 生活废弃物 | 船上起居处所产生的各类废弃物，不包括生活污水和灰水（洗碟水、淋浴水、洗衣水、洗澡水以及洗脸水等） |
| 4 | 废弃食用油 | 废弃的任何用于或准备用于食物烹制或烹调的可食用油品或动物油脂，但不包括使用上述油进行烹制的食物 |
| 5 | 废弃物焚烧炉灰渣 | 用于垃圾焚烧的船用焚烧炉所产生的灰和渣 |
| 6 | 操作废弃物 | 船舶正常保养或操作期间在船上收集的或是用以储存和装卸货物的固态废弃物（包括泥浆），包括货舱洗舱水和外部清洗水中所含的清洗剂和添加剂，不包括灰水、舱底水或船舶操作所必需的其他类似排放物 |
| 7 | 货物残留物 | 货物装卸后在甲板上或舱内留下的货物残余，包括装卸过量或溢出物，不管其是在潮湿还是干燥的状态下，或是夹杂在洗涤水中。货物残留物不包括清洗后甲板上残留的货物粉尘或船舶外表面的灰尘 |
| 8 | 动物尸体 | 作为货物被船舶载运并在航行中死亡的动物尸体 |
| 9 | 废弃渔具 | 放弃使用的渔具，含布设于水面、水中或海底用于捕捉水生生物的实物设备或其部分部件组合 |
| 10 | 电子垃圾 | 废弃的电子卡片、小型电器、电子设备、电脑、打印机墨盒等 |

# 项目五

# 国内海事法规

☞ **[学习目标]**

根据《海船船员培训大纲(2021版)》的规定,需要熟悉:

1. 监督遵守国内法规要求

2. 结合案例熟悉国内海上交通安全与环境保护法规和规范

(1)国内航行海船法定检验技术规则(不适用于无限航区);

(2)海上交通安全法;

(3)海船船员值班规则;

(4)海员船上工作和生活条件管理办法;

(5)船舶安全监督规则;

(6)船舶载运危险货物安全监督管理规定;

(7)船舶港内安全作业监督管理办法;

(8)海上交通事故调查处理条例、海上船舶污染事故调查处理规定;

(9)海上海事行政处罚规定;

(10)船员条例、船员违法记分办法。

本章内容适用于海船500总吨及以上三副和未满500总吨三副。

# 单元一 海上交通安全法

《中华人民共和国海上交通安全法》为中华人民共和国主席令第七十九号，已由中华人民共和国第十三届全国人民代表大会常务委员会第二十八次会议于2021年4月29日修订通过，自2021年9月1日起施行。

## 一、总则

（1）为了加强海上交通管理，维护海上交通秩序，保障生命财产安全，维护国家权益，制定本法。

（2）在中华人民共和国管辖海域内从事航行、停泊、作业以及其他与海上交通安全相关的活动，适用本法。

（3）海上交通安全工作坚持安全第一、预防为主、便利通行、依法管理的原则，保障海上交通安全、有序、畅通。

（4）国务院交通运输主管部门主管全国海上交通安全工作。国家海事管理机构统一负责海上交通安全监督管理工作，其他各级海事管理机构按照职责具体负责辖区内的海上交通安全监督管理工作。

各级人民政府及有关部门应当支持海上交通安全工作，加强海上交通安全的宣传教育，提高全社会的海上交通安全意识。

（5）国家依法保障船员的劳动安全和职业健康，维护船员的合法权益。

（6）从事船舶、海上设施航行、停泊、作业以及其他与海上交通相关活动的单位、个人，应当遵守有关海上交通安全的法律、行政法规、规章以及强制性标准和技术规范；依法享有获得航海保障和海上救助的权利，承担维护海上交通安全和保护海洋生态环境的义务。

## 二、船舶、海上设施和船员

（1）中国籍船舶、在中华人民共和国管辖海域设置的海上设施、船运集装箱，以及国家海事管理机构确定的关系海上交通安全的重要船用设备、部件和材料，应当符合有关法律、行政法规、规章以及强制性标准和技术规范的要求，经船舶检验机构检验合格，取得相应证书、文书。证书、文书的清单由国家海事管理机构制定并公布。

持有相关证书、文书的单位应当按照规定的用途使用船舶、海上设施、船运集装箱以及重要船用设备、部件和材料，并应当依法定期进行安全技术检验。

（2）船舶依照有关船舶登记的法律、行政法规的规定向海事管理机构申请船舶国籍登记、取得国籍证书后，方可悬挂中华人民共和国国旗航行、停泊、作业。

中国籍船舶灭失或者报废的，船舶所有人应当在国务院交通运输主管部门规定的期限内申请办理注销国籍登记；船舶所有人逾期不申请注销国籍登记的，海事管理机构可以发布关于拟强制注销船舶国籍登记的公告。船舶所有人自公告发布之日起六十日内未提出异议的，海事管理机构可以注销该船舶的国籍登记。

(3)中国籍船舶所有人、经营人或者管理人应当建立并运行安全营运和防治船舶污染管理体系。海事管理机构对经管理体系审核合格的，发给符合证明和相应的船舶安全管理证书。

(4)中国籍国际航行船舶的所有人、经营人或者管理人应当依照国务院交通运输主管部门的规定建立船舶保安制度，制订船舶保安计划，并按照船舶保安计划配备船舶保安设备，定期开展演练。

(5)中国籍船员和海上设施上的工作人员应当接受海上交通安全以及相应岗位的专业教育、培训。中国籍船员应当依照有关船员管理的法律、行政法规的规定向海事管理机构申请取得船员适任证书，并取得健康证明。

船员在船舶上工作，应当符合船员适任证书载明的船舶、航区、职务的范围。

(6)中国籍船舶的所有人、经营人或者管理人应当为其国际航行船舶向海事管理机构申请取得海事劳工证书。船舶取得海事劳工证书应当符合下列条件：

①所有人、经营人或者管理人依法招用船员，与其签订劳动合同或者就业协议，并为船舶配备符合要求的船员；

②所有人、经营人或者管理人已保障船员在船舶上的工作环境、职业健康保障和安全防护、工作和休息时间、工资报酬、生活条件、医疗条件、社会保险等符合国家有关规定；

③所有人、经营人或者管理人已建立符合要求的船员投诉和处理机制；

④所有人、经营人或者管理人已就船员遣返费用以及在船就业期间发生伤害、疾病或者死亡依法应当支付的费用提供相应的财务担保或者投保相应的保险。

海事管理机构和人力资源社会保障行政部门，按照各自职责对申请人及其船舶是否符合前款规定条件进行审核。经审核符合规定条件的，海事管理机构应当自受理申请之日起十个工作日内颁发海事劳工证书；不符合规定条件的，海事管理机构应当告知申请人并说明理由。

## 三、海上交通条件和航行保障

(1)海事管理机构根据海域的自然状况、海上交通状况以及海上交通安全管理的需要，划定、调整并及时公布船舶定线区、船舶报告区、交通管制区、禁航区、安全作业区和港外锚地等海上交通功能区域。海事管理机构划定或者调整船舶定线区、港外锚地以及对其他海洋功能区域或者用海活动造成影响的安全作业区，应当征求渔业渔政、生态环境、自然资源等有关部门的意见。为了军事需要划定、调整禁航区的，由负责划定、调整禁航区的军事机关做出决定，海事管理机构予以公布。

(2)任何单位、个人不得损坏海上交通支持服务系统或者妨碍其工作效能。建设建筑物、构筑物，使用设施设备可能影响海上交通支持服务系统正常使用的，建设单位、所有人或者使用人应当与相关海上交通支持服务系统的管理单位协商，做出妥善安排。

(3)国务院交通运输主管部门应当采取必要的措施，保障海上交通安全无线电通信设施的合理布局和有效覆盖，规划本系统(行业)海上无线电台(站)的建设布局和台址，核发船舶制式无线电台执照及电台识别码。

国务院交通运输主管部门组织本系统(行业)的海上无线电监测系统建设并对其无线电

信号实施监测,会同国家无线电管理机构维护海上无线电波秩序。

(4)任何单位、个人不得违反国家有关规定使用无线电台识别码,影响海上搜救的身份识别。

(5)任何单位、个人发现下列情形之一的,应当立即向海事管理机构报告。涉及航道管理机构职责或者专用航标的,海事管理机构应当及时通报航道管理机构或者专用航标的所有人:

①助航标志或者导航设施移位、损坏、灭失;

②有妨碍海上交通安全的沉没物、漂浮物、搁浅物或者其他碍航物;

③其他妨碍海上交通安全的异常情况。

(6)下列船舶在国务院交通运输主管部门划定的引航区内航行、停泊或者移泊的,应当向引航机构申请引航:

①外国籍船舶,但国务院交通运输主管部门经报国务院批准后规定可以免除的除外;

②核动力船舶、载运放射性物质的船舶、超大型油船;

③可能危及港口安全的散装液化气船、散装危险化学品船;

④长、宽、高接近相应航道通航条件限值的船舶。

船舶自愿申请引航的,引航机构应当提供引航服务。

(7)引航员应当根据引航机构的指派,在规定的水域登离被引领船舶,安全谨慎地执行船舶引航任务。被引领船舶应当配备符合规定的登离装置,并保障引航员在登离船舶及在船上引航期间的安全。

引航员引领船舶时,不解除船长指挥和管理船舶的责任。

(8)国务院交通运输主管部门根据船舶、海上设施和港口面临的保安威胁情形,确定并及时发布保安等级。船舶、海上设施和港口应当根据保安等级采取相应的保安措施。

## 四、航行、停泊、作业

(1)船舶航行、停泊、作业,应当持有有效的船舶国籍证书及其他法定证书、文书,配备依照有关规定出版的航海图书资料,悬挂相关国家、地区或者组织的旗帜,标明船名、船舶识别号、船籍港、载重线标志。

船舶应当满足最低安全配员要求,配备持有合格有效证书的船员。

海上设施停泊、作业,应当持有法定证书、文书,并按规定配备掌握避碰、信号、通信、消防、救生等专业技能的人员。

(2)船长应当在船舶开航前检查并在开航时确认船员适任、船舶适航、货物适载,并了解气象和海况信息以及海事管理机构发布的航行通告、航行警告及其他警示信息,落实相应的应急措施,不得冒险开航。

船舶所有人、经营人或者管理人不得指使、强令船员违章冒险操作、作业。

(3)船舶应当在其船舶检验证书载明的航区内航行、停泊、作业。

船舶在航行、停泊、作业时,应当遵守相关航行规则,按照有关规定显示信号、悬挂标志,保持足够的富余水深。

(4)船舶在航行中应当按照有关规定开启船舶的自动识别、航行数据记录、远程识别和跟踪、通信等与航行安全、保安、防治污染相关的装置,并持续进行显示和记录。

任何单位、个人不得拆封、拆解、初始化、再设置航行数据记录装置或者读取其记录的信息，但法律、行政法规另有规定的除外。

(5)船舶应当配备航海日志、轮机日志、无线电记录簿等航行记录，按照有关规定全面、真实、及时记录涉及海上交通安全的船舶操作以及船舶航行、停泊、作业中的重要事件，并妥善保管相关记录簿。

(6)船长负责管理和指挥船舶。在保障海上生命安全、船舶保安和防治船舶污染方面，船长有权独立做出决定。

船长应当采取必要的措施，保护船舶、在船人员、船舶航行文件、货物以及其他财产的安全。船长在其职权范围内发布的命令，船员、乘客及其他在船人员应当执行。

(7)为了保障船舶和在船人员的安全，船长有权在职责范围内对涉嫌在船上进行违法犯罪活动的人员采取禁闭或者其他必要的限制措施，并防止其隐匿、毁灭、伪造证据。

船长采取前款措施，应当制作案情报告书，由其和两名以上在船人员签字。中国籍船舶在抵达我国港口后，应当及时将相关人员移送有关主管部门。

(8)发现在船人员患有或者疑似患有严重威胁他人健康的传染病的，船长应当立即启动相应的应急预案，在职责范围内对相关人员采取必要的隔离措施，并及时报告有关主管部门。

(9)船长在航行中死亡或者因故不能履行职责的，应当由驾驶员中职务最高的人代理船长职务；船舶在下一个港口开航前，其所有人、经营人或者管理人应当指派新船长接任。

(10)船员应当按照有关航行、值班的规章制度和操作规程以及船长的指令操纵、管理船舶，保持安全值班，不得擅离职守。船员履行在船值班职责前和值班期间，不得摄入可能影响安全值班的食品、药品或者其他物品。

(11)船舶进出港口、锚地或者通过桥区水域、海峡、狭水道、重要渔业水域、通航船舶密集的区域、船舶定线区、交通管制区，应当加强瞭望、保持安全航速，并遵守前述区域的特殊航行规则。

船舶穿越航道不得妨碍航道内船舶的正常航行，不得抢越他船船首。超过桥梁通航尺度的船舶禁止进入桥区水域。

(12)船舶不得违反规定进入或者穿越禁航区。

船舶进出船舶报告区，应当向海事管理机构报告船位和动态信息。

在安全作业区、港外锚地范围内，禁止从事养殖、种植、捕捞以及其他影响海上交通安全的作业或者活动。

(13)船舶载运或者拖带超长、超高、超宽、半潜的船舶、海上设施或者其他物体航行，应当采取拖拽部位加强、护航等特殊的安全保障措施，在开航前向海事管理机构报告航行计划，并按有关规定显示信号、悬挂标志；拖带移动式平台、浮船坞等大型海上设施的，还应当依法交验船舶检验机构出具的拖航检验证书。

(14)国际航行船舶进出口岸，应当依法向海事管理机构申请许可并接受海事管理机构及其他口岸查验机构的监督检查。海事管理机构应当自受理申请之日起五个工作日内做出许可或者不予许可的决定。

外国籍船舶临时进入非对外开放水域，应当依照国务院关于船舶进出口岸的规定取得许可。

国内航行船舶进出港口、港外装卸站，应当向海事管理机构报告船舶的航次计划、适航状态、船员配备和客货载运等情况。

（15）船舶应当在符合安全条件的码头、泊位、装卸站、锚地、安全作业区停泊。船舶停泊不得危及其他船舶、海上设施的安全。

船舶进出港口、港外装卸站，应当符合靠泊条件和关于潮汐、气象、海况等航行条件的要求。超长、超高、超宽的船舶或者操纵能力受到限制的船舶进出港口、港外装卸站可能影响海上交通安全的，海事管理机构应当对船舶进出港安全条件进行核查，并可以要求船舶采取加配拖船、乘潮进港等相应的安全措施。

（16）有下列情形之一，对海上交通安全有较大影响的，海事管理机构应当根据具体情况采取停航、限速或者划定交通管制区等相应交通管制措施并向社会公告：

①天气、海况恶劣；

②发生影响航行的海上险情或者海上交通事故；

③进行军事训练、演习或者其他相关活动；

④开展大型水上、水下活动；

⑤特定海域通航密度接近饱和；

⑥其他对海上交通安全有较大影响的情形。

（17）国务院交通运输主管部门为维护海上交通安全、保护海洋环境，可以会同有关主管部门采取必要措施，防止和制止外国籍船舶在领海的非无害通过。

（18）下列外国籍船舶进出中华人民共和国领海，应当向海事管理机构报告：

①潜水器；

②核动力船舶；

③载运放射性物质或者其他有毒有害物质的船舶；

④法律、行政法规或者国务院规定的可能危及中华人民共和国海上交通安全的其他船舶。

前款规定的船舶通过中华人民共和国领海，应当持有有关证书，采取符合中华人民共和国法律、行政法规和规章规定的特别预防措施，并接受海事管理机构的指令和监督。

（19）除依照本法规定获得进入口岸许可外，外国籍船舶不得进入中华人民共和国内水；但是，因人员病急、机件故障、遇难、避风等紧急情况未及时获得许可的可以进入。

外国籍船舶因紧急情况进入中华人民共和国内水的，应当在进入的同时向海事管理机构紧急报告，接受海事管理机构的指令和监督。海事管理机构应当及时通报管辖海域的海警机构、就近的出入境边防检查机关和当地公安机关、海关等其他主管部门。

## 五、海上客货运输安全

（1）除进行抢险或者生命救助外，客船应当按照船舶检验证书核定的载客定额载运乘客；货船载运货物应当符合船舶检验证书核定的载重线和载货种类，不得载运乘客。

（2）客船载运乘客不得同时载运危险货物。

乘客不得随身携带或者在行李中夹带法律、行政法规或者国务院交通运输主管部门规定的危险物品。

客船应当在显著位置向乘客明示安全须知，设置安全标志和警示，并向乘客介绍救生用具的使用方法以及在紧急情况下应当采取的应急措施。乘客应当遵守安全乘船要求。

(3)海上渡口所在地的县级以上地方人民政府应当建立健全渡口安全管理责任制，制定海上渡口的安全管理办法，监督、指导海上渡口经营者落实安全主体责任，维护渡运秩序，保障渡运安全。

遇有恶劣天气、海况，县级以上地方人民政府或者其指定的部门应当发布停止渡运的公告。

(4)船舶载运货物，应当按照有关法律、行政法规、规章以及强制性标准和技术规范的要求，安全装卸、积载、隔离、系固和管理。

(5)船舶载运危险货物，应当持有有效的危险货物适装证书，并根据危险货物的特性和应急措施的要求，编制危险货物应急处置预案，配备相应的消防、应急设备和器材。

(6)船舶载运危险货物进出港口，应当符合下列条件，经海事管理机构许可，并向海事管理机构报告进出港口和停留的时间等事项：

①所载运的危险货物符合海上安全运输要求；

②船舶的装载符合所持有的证书、文书的要求；

③拟靠泊或者进行危险货物装卸作业的港口、码头、泊位具备有关法律、行政法规规定的危险货物作业经营资质。

(7)船舶、海上设施从事危险货物运输或者装卸、过驳作业，应当编制作业方案，遵守有关强制性标准和安全作业操作规程，采取必要的预防措施，防止发生安全事故。

在港口水域外从事散装液体危险货物过驳作业的，还应当符合下列条件，经海事管理机构许可并核定安全作业区：

①拟进行过驳作业的船舶或者海上设施符合海上交通安全与防治船舶污染海洋环境的要求；

②拟过驳的货物符合安全过驳要求；

③参加过驳作业的人员具备法律、行政法规规定的过驳作业能力；

④拟作业水域及其底质、周边环境适宜开展过驳作业；

⑤过驳作业对海洋资源以及附近的军事目标、重要民用目标不构成威胁；

⑥有符合安全要求的过驳作业方案、安全保障措施和应急预案。

## 六、海上搜寻救助

(1)海上遇险人员依法享有获得生命救助的权利。生命救助优先于环境和财产救助。

(2)海上搜救工作应当坚持政府领导、统一指挥、属地为主、专群结合、就近快速的原则。

(3)国家建立海上搜救协调机制，统筹全国海上搜救应急反应工作，研究解决海上搜救工作中的重大问题，组织协调重大海上搜救应急行动。协调机制由国务院有关部门、单位和有关军事机关组成。

中国海上搜救中心和有关地方人民政府设立的海上搜救中心或者指定的机构(以下统称海上搜救中心)负责海上搜救的组织、协调、指挥工作。

(4)船舶、海上设施、航空器及人员在海上遇险的，应当立即报告海上搜救中心，不得瞒报、谎报海上险情。

船舶、海上设施、航空器及人员误发遇险报警信号的，除立即向海上搜救中心报告外，还应当采取必要措施消除影响。

其他任何单位、个人发现或者获悉海上险情的，应当立即报告海上搜救中心。

(5)发生碰撞事故的船舶、海上设施，应当互通名称、国籍和登记港，在不严重危及自身安全的情况下尽力救助对方人员，不得擅自离开事故现场水域或者逃逸。

(6)遇险的船舶、海上设施及其所有人、经营人或者管理人应当采取有效措施防止、减少生命财产损失和海洋环境污染。

船舶遇险时，乘客应当服从船长指挥，配合采取相关应急措施。乘客有权获知必要的险情信息。

船长决定弃船时，应当组织乘客、船员依次离船，并尽力抢救法定航行资料。船长应当最后离船。

(7)船舶、海上设施、航空器收到求救信号或者发现有人遭遇生命危险的，在不严重危及自身安全的情况下，应当尽力救助遇险人员。

(8)遇险船舶、海上设施、航空器或者遇险人员应当服从海上搜救中心和现场指挥的指令，及时接受救助。

遇险船舶、海上设施、航空器不配合救助的，现场指挥根据险情危急情况，可以采取相应救助措施。

(9)中国籍船舶在中华人民共和国管辖海域以及海上搜救责任区域以外的其他海域发生险情的，中国海上搜救中心接到信息后，应当依据中华人民共和国缔结或者参加的国际条约的规定开展国际协作。

## 七、海上交通事故调查处理

(1)船舶、海上设施发生海上交通事故，应当及时向海事管理机构报告，并接受调查。

(2)海上交通事故根据造成的损害后果分为特别重大事故、重大事故、较大事故和一般事故。事故等级划分的人身伤亡标准依照有关安全生产的法律、行政法规的规定确定；事故等级划分的直接经济损失标准，由国务院交通运输主管部门会同国务院有关部门根据海上交通事故中的特殊情况确定，报国务院批准后公布施行。

(3)特别重大海上交通事故由国务院或者国务院授权的部门组织事故调查组进行调查，海事管理机构应当参与或者配合开展调查工作。

其他海上交通事故由海事管理机构组织事故调查组进行调查，有关部门予以配合。国务院认为有必要的，可以直接组织或者授权有关部门组织事故调查组进行调查。

(4)调查海上交通事故，应当全面、客观、公正、及时，依法查明事故事实和原因，认定事故责任。

(5)海事管理机构可以根据事故调查处理需要，拆封、拆解当事船舶的航行数据记录装置或者读取其记录的信息，要求船舶驶向指定地点或者禁止其离港，扣留船舶或者海上设施的证书、文书、物品、资料等并妥善保管。有关人员应当配合事故调查。

(6)海上交通事故调查组应当自事故发生之日起九十日内提交海上交通事故调查报告；特殊情况下，经负责组织事故调查组的部门负责人批准，提交事故调查报告的期限可以适当延长，但延长期限最长不得超过九十日。事故技术鉴定所需时间不计入事故调查期限。

海事管理机构应当自收到海上交通事故调查报告之日起十五个工作日内做出事故责任认定书,作为处理海上交通事故的证据。

事故损失较小、事实清楚、责任明确的,可以依照国务院交通运输主管部门的规定适用简易调查程序。

(7)中国籍船舶在中华人民共和国管辖海域外发生海上交通事故的,应当及时向海事管理机构报告事故情况并接受调查。

外国籍船舶在中华人民共和国管辖海域外发生事故,造成中国公民重伤或者死亡的,海事管理机构根据中华人民共和国缔结或者参加的国际条约的规定参与调查。

(8)船舶、海上设施在海上遭遇恶劣天气、海况以及意外事故,造成或者可能造成损害,需要说明并记录时间、海域以及所采取的应对措施等具体情况的,可以向海事管理机构申请办理海事声明签注。海事管理机构应当依照规定提供签注服务。

## 八、监督管理

(1)海事管理机构对在中华人民共和国管辖海域内从事航行、停泊、作业以及其他与海上交通安全相关的活动,依法实施监督检查。

海事管理机构工作人员执行公务时,应当按照规定着装,佩戴职衔标志,出示执法证件,并自觉接受监督。海事管理机构依法履行监督检查职责,有关单位、个人应当予以配合,不得拒绝、阻碍依法实施的监督检查。

(2)海事管理机构实施监督检查可以采取登船检查、查验证书、现场检查、询问有关人员、电子监控等方式。

载运危险货物的船舶涉嫌存在瞒报、谎报危险货物等情况的,海事管理机构可以采取开箱查验等方式进行检查。海事管理机构应当将开箱查验情况通报有关部门。港口经营人和有关单位、个人应当予以协助。

(3)海事管理机构对船舶、海上设施实施监督检查时,应当避免、减少对其正常作业的影响。

除法律、行政法规另有规定或者不立即实施监督检查可能造成严重后果外,不得拦截正在航行中的船舶进行检查。

(4)船舶、海上设施对港口安全具有威胁的,海事管理机构应当责令立即或者限期改正、限制操作,责令驶往指定地点、禁止进港或者将其驱逐出港。

船舶、海上设施处于不适航或者不适拖状态,船员、海上设施上的相关人员未持有有效的法定证书、文书,或者存在其他严重危害海上交通安全、污染海洋环境的隐患的,海事管理机构应当根据情况禁止有关船舶、海上设施进出港,暂扣有关证书、文书或者责令其停航、改航、驶往指定地点或者停止作业。船舶超载的,海事管理机构可以依法对船舶进行强制减载。因强制减载发生的费用由违法船舶所有人、经营人或者管理人承担。

船舶、海上设施发生海上交通事故、污染事故,未结清国家规定的税费、滞纳金且未提供担保或者未履行其他法定义务的,海事管理机构应当责令改正,并可以禁止其离港。

(5)外国籍船舶可能威胁中华人民共和国内水、领海安全的,海事管理机构有权责令其离开。外国籍船舶违反中华人民共和国海上交通安全或者防治船舶污染的法律、行政法规的,海事管理机构可以依法行使紧追权。

（6）海事管理机构在监督检查中，发现船舶、海上设施有违反其他法律、行政法规行为的，应当依法及时通报或者移送有关主管部门处理。

## 九、法律责任

（1）船舶、海上设施未持有有效的证书、文书的，由海事管理机构责令改正，对违法船舶或者海上设施的所有人、经营人或者管理人以及对船长和有关责任人员处以罚款；情节严重的，暂扣船长、责任船员的船员适任证书十八个月至三十个月，直至吊销船员适任证书；对船舶持有的伪造、变造证书、文书，予以没收；对存在严重安全隐患的船舶，可以依法予以没收。

（2）船舶或者海上设施有下列情形之一的，由海事管理机构责令改正，对违法船舶或者海上设施的所有人、经营人或者管理人以及对船长和有关责任人员处以罚款；情节严重的，吊销违法船舶所有人、经营人或者管理人的有关证书、文书，暂扣船长、责任船员的船员适任证书十二个月至二十四个月，直至吊销船员适任证书：

①船舶、海上设施的实际状况与持有的证书、文书不符；

②船舶未依法悬挂国旗，或者违法悬挂其他国家、地区或者组织的旗帜；

③船舶未按规定标明船名、船舶识别号、船籍港、载重线标志；

④船舶、海上设施的配员不符合最低安全配员要求。

（3）在船舶上工作未持有船员适任证书、船员健康证明或者所持船员适任证书、健康证明不符合要求的，由海事管理机构对船舶的所有人、经营人或者管理人以及对责任船员处以罚款；情节严重的，暂扣责任船员的船员适任证书六个月至十二个月，直至吊销船员适任证书。

（4）以欺骗、贿赂等不正当手段为中国籍船舶取得相关证书、文书的，由海事管理机构撤销有关许可，没收相关证书、文书，对船舶所有人、经营人或者管理人处以罚款。

以欺骗、贿赂等不正当手段取得船员适任证书的，由海事管理机构撤销有关许可，没收船员适任证书，对责任人员处以罚款。

（5）船员未保持安全值班，违反规定摄入可能影响安全值班的食品、药品或者其他物品，或者有其他违反海上船员值班规则的行为的，由海事管理机构对船长、责任船员处以罚款，或者暂扣船员适任证书三个月至十二个月；情节严重的，吊销船长、责任船员的船员适任证书。

（6）有下列情形之一的，由海事管理机构责令改正，对有关责任人员处以罚款；情节严重的，暂扣责任船员的船员适任证书一个月至三个月：

①承担无线电通信任务的船员和岸基无线电台（站）的工作人员未保持海上交通安全通信频道的值守和畅通，或者使用海上交通安全通信频率交流与海上交通安全无关的内容；

②违反国家有关规定使用无线电台识别码，影响海上搜救的身份识别；

③其他违反海上无线电通信规则的行为。

（7）船舶未依照本法规定申请引航的，由海事管理机构对违法船舶的所有人、经营人或者管理人以及对船长处以罚款；情节严重的，暂扣有关船舶证书三个月至十二个月，暂扣船长的船员适任证书一个月至三个月。

（8）船舶在海上航行、停泊、作业，有下列情形之一的，由海事管理机构责令改正，对违法船舶的所有人、经营人或者管理人以及对船长、责任船员处以罚款，暂扣船员适任证书三个月

至十二个月;情节严重的,吊销船长、责任船员的船员适任证书:

①船舶进出港口、锚地或者通过桥区水域、海峡、狭水道、重要渔业水域、通航船舶密集的区域、船舶定线区、交通管制区时,未加强瞭望、保持安全航速并遵守前述区域的特殊航行规则;

②未按照有关规定显示信号、悬挂标志或者保持足够的富余水深;

③不符合安全开航条件冒险开航,违章冒险操作、作业,或者未按照船舶检验证书载明的航区航行、停泊、作业;

④未按照有关规定开启船舶的自动识别、航行数据记录、远程识别和跟踪、通信等与航行安全、保安、防治污染相关的装置,并持续进行显示和记录;

⑤擅自拆封、拆解、初始化、再设置航行数据记录装置或者读取其记录的信息;

⑥船舶穿越航道妨碍航道内船舶的正常航行,抢越他船船首或者超过桥梁通航尺度进入桥区水域;

⑦船舶违反规定进入或者穿越禁航区;

⑧船舶载运或者拖带超长、超高、超宽、半潜的船舶、海上设施或者其他物体航行,未采取特殊的安全保障措施,未在开航前向海事管理机构报告航行计划,未按规定显示信号、悬挂标志,或者拖带移动式平台、浮船坞等大型海上设施未依法交验船舶检验机构出具的拖航检验证书;

⑨船舶在不符合安全条件的码头、泊位、装卸站、锚地、安全作业区停泊,或者停泊危及其他船舶、海上设施的安全;

⑩船舶违反规定超过检验证书核定的载客定额、载重线、载货种类载运乘客、货物,或者客船在载运乘客的同时载运危险货物;

⑪客船未向乘客明示安全须知、设置安全标志和警示;

⑫未按照有关法律、行政法规、规章以及强制性标准和技术规范的要求安全装卸、积载、隔离、系固和管理货物;

⑬其他违反海上航行、停泊、作业规则的行为。

(9)国际航行船舶未经许可进出口岸的,由海事管理机构对违法船舶的所有人、经营人或者管理人以及对船长、责任船员或者其他责任人员处以罚款;情节严重的,吊销船长、责任船员的船员适任证书。

国内航行船舶进出港口、港外装卸站未依法向海事管理机构报告的,由海事管理机构对违法船舶的所有人、经营人或者管理人以及船长、责任船员或者其他责任人员处以罚款。

(10)载运危险货物的船舶有下列情形之一的,海事管理机构应当责令改正,对违法船舶的所有人、经营人或者管理人以及对船长、责任船员或者其他责任人员处以罚款;情节严重的,责令停止作业或者航行,暂扣船长、责任船员的船员适任证书六个月至十二个月,直至吊销船员适任证书:

①未经许可进出港口或者从事散装液体危险货物过驳作业;

②未按规定编制相应的应急处置预案,配备相应的消防、应急设备和器材;

③违反有关强制性标准和安全作业操作规程的要求从事危险货物装卸、过驳作业。

(11)船舶、海上设施遇险或者发生海上交通事故后未履行报告义务,或者存在瞒报、谎报情形的,由海事管理机构对违法船舶、海上设施的所有人、经营人或者管理人以及对船长、责任船员处以罚款，暂扣船员适任证书六个月至二十四个月；情节严重的，吊销船长、责任船员的船员适任证书。

船舶发生海上交通事故后逃逸的，由海事管理机构对违法船舶的所有人、经营人或者管理人处十万元以上五十万元以下的罚款，对船长、责任船员处五千元以上五万元以下的罚款并吊销船员适任证书，受处罚者终身不得重新申请。

（12）船舶、海上设施不依法履行海上救助义务，不服从海上搜救中心指挥的，由海事管理机构对船舶、海上设施的所有人、经营人或者管理人处以罚款，暂扣船长、责任船员的船员适任证书六个月至十二个月，直至吊销船员适任证书。

（13）有关单位、个人拒绝、阻碍海事管理机构监督检查，或者在接受监督检查时弄虚作假的，由海事管理机构处以罚款，暂扣船长、责任船员的船员适任证书六个月至二十四个月，直至吊销船员适任证书。

（14）因海上交通事故引发民事纠纷的，当事人可以依法申请仲裁或者向人民法院提起诉讼。

（15）违反本法规定，构成违反治安管理行为的，依法给予治安管理处罚；造成人身、财产损害的，依法承担民事责任；构成犯罪的，依法追究刑事责任。

## 十、附则

### （一）本法下列用语的含义

1. 船舶，是指各类排水或者非排水的船、艇、筏、水上飞行器、潜水器、移动式平台以及其他移动式装置。

2. 海上设施，是指水上、水下各种固定或者浮动建筑、装置和固定平台，但是不包括码头、防波堤等港口设施。

3. 内水，是指中华人民共和国领海基线向陆地一侧至海岸线的海域。

4. 施工作业，是指勘探、采掘、爆破、构筑、维修、拆除水上、水下构筑物或者设施，航道建设、疏浚（航道养护疏浚除外）作业，打捞沉船沉物。

5. 海上交通事故，是指船舶、海上设施在航行、停泊、作业过程中发生的，由于碰撞、搁浅、触礁、触碰、火灾、风灾、浪损、沉没等原因而造成人员伤亡或者财产损失的事故。

6. 海上险情，是指对海上生命安全、水域环境构成威胁，需立即采取措施规避、控制、减轻和消除的各种情形。

7. 危险货物，是指国际海上危险货物运输规则和国家危险货物品名表列明的，易燃、易爆、有毒、有腐蚀性、有放射性、有污染危害性等，在船舶载运过程中可能造成人身伤害、财产损失或者环境污染而需要采取特别防护措施的货物。

8. 海上渡口，是指海上岛屿之间、海上岛屿与大陆之间，以及隔海相望的大陆与大陆之间，专用于渡船渡运人员、行李、车辆的交通基础设施。

### （二）特别规定

1. 中华人民共和国缔结或者参加的国际条约同本法有不同规定的，适用国际条约的规定，但中华人民共和国声明保留的条款除外。

2. 本法自 2021 年 9 月 1 日起施行。

# 单元二 船舶值班及监督管理

## 一、中华人民共和国海船船员值班规则

### （一）总则

为了规范海船船员值班，保障海上人命与财产安全，保护海洋环境，加强船舶保安管理，根据《中华人民共和国海上交通安全法》《中华人民共和国海洋环境保护法》《中华人民共和国船员条例》，以及我国缔结或加入的有关国际公约要求，制定本规则。本规则于 2012 年 11 月 27 日经交通运输部第 9 次会议通过，现予公布，自 2013 年 2 月 1 日起施行；2020 年 7 月 6 日，经中华人民共和国交通运输部令 2020 年第 14 号修订重新发布，自 2020 年 7 月 6 日起施行。

（1）适用范围：100 总吨及以上中国籍海船的船员值班适用本规则；军用船舶、渔业船舶、游艇、构造简单的木质船除外。

（2）主管机关：交通运输部海事局是实施本规则的主管机关。各级海事管理机构按照职责具体负责海船船员值班的监督管理工作。

（3）熟悉与遵守：航运公司应当根据本规则以及有关国际公约的要求编制《驾驶台规则》《机舱值班规则》等船舶值班规则，张贴在船舶各部门的易见之处，要求全体船员遵守执行，以保证船舶航行安全。

（4）航运公司应当确保指派到船上任职的值班船员熟悉船上相关设备、船舶特性、本人职责和值班要求，能有效履行安全、防污染和保安等职责。

（5）船长及全体船员在值班时，应当遵守法律、行政法规、相关国际公约以及当地有关防治船舶造成海洋污染的要求，采取一切可能采取的预防措施，防止因操作不当或者发生事故等原因而造成船舶对海洋环境的污染。

### （二）航次计划及值班一般要求

1. 航次计划

船长应当根据航次任务，组织驾驶员研究有关资料，制订航次计划，及时通知各部门做好开航准备工作，保证船舶和船员处于适航、适任状态。

（1）制订航次计划应当满足以下要求：

①与大副、轮机长协商后，预先确定并落实本航次所需各种燃润料、物料、淡水以及备品的数量；

②保证各种船舶证书和船员证件齐全、有效；

③保证本航次涉及的航海图书资料和其他航海出版物准确、完整、及时更新；

④保证运输单证及港口文件齐全。

（2）航次计划包括以下内容：

①航线的总里程和预计航行的总时间；

②计划航线上的气象情况和海况；

③各转向点的经纬度；

④各段航线的航程和预计到达各转向点的时间；

⑤复杂航段的航法以及航线附近的危险物的避险手段；

⑥特殊航区的注意事项。

(3)开航前，船长应当恰当地使用航海图书资料和其他航海出版物，计划好从出发港到下一停靠港的预定航线，清楚标绘在海图上，并对预定航线进行核实。驾驶员在航行期间应当认真核实预定航线上每一个拟采取的航向。

(4)船舶航行中，计划航线的下一停靠港发生改变或者船舶需要大幅度偏离计划航线的，船长应当及早计划好修正航线，并在海图上重新标绘。

2. 值班一般要求

(1)航运公司和船长应当为船舶配备足够的适任船员，以保持安全值班。

(2)船长应当安排合格的船员值班，明确值班船员职责。值班的安排应当符合保证船舶、货物安全及保护海洋环境的要求，并保证值班船员得到充分休息，防止疲劳值班。

(3)在船长统一指挥下，值班的驾驶员对船舶安全负责。

(4)轮机长应当经船长同意，合理安排轮机值班，保证机舱运行安全。

(5)船长应当根据保安等级的要求，安排并保持适当和有效的保安值班。

(6)值班应当遵守下列驾驶台和机舱资源管理要求：

①根据情况合理地安排值班船员；

②考虑值班船员资格和适任的局限性；

③值班船员应当熟悉其岗位职责和部门职责；

④值班船员对值班时所接收到的与航行有关的信息应当能够正确领会、处置，并与其他部门适当共享；

⑤值班船员应当保持各部门之间的适当沟通；

⑥对为保证安全所采取的行动，值班船员如果产生任何怀疑，应当立即告知船长、轮机长、负责值班的高级船员。

(7)值班的高级船员认为接班的高级船员明显不能有效履行值班职责时，不得交班，并立即向船长或者轮机长报告。

(8)值班的高级船员在交班前正在进行重要操作的，应当在确认操作完成后再交班，船长或者轮机长另有指令的除外。

(9)接班的高级船员应当在确认本班人员完全能有效地履行各自职责后，方可接班。

(10)不得安排船员在值班期间承担影响值班的工作。

(11)值班船员应当将值班期间发生的重要事件按照要求做好记录。

## (三)港内值班

1. 港内值班应当遵守的一般要求

(1)船舶在港内停泊时，船长应当安排适当而有效的值班。对于具有特种形式的推进系统或者辅助设备，以及装载有危害、危险、有毒易燃物品或者其他特殊货物的船舶，还应当按照有关规定的特殊要求值班。

(2)船长应当根据停泊情况、船舶类型和值班特点,配备足够具有熟练操作能力的值班船员,并安排好必要的设备。

(3)船舶在港内停泊期间的值班安排应当满足下列要求:确保人命、船舶、货物、港口和环境的安全;确保与货物作业相关机械的安全操作;遵守有关国际公约、国家法规和当地规定;保持船舶工作正常。

(4)停泊时,甲板值班人员应当至少包括一名值班驾驶员和一名值班水手。

(5)轮机长应当与船长协商确定轮机值班安排,确保轮机部安全值班。

2. 驾驶值班

在港内值班时,值班驾驶员应当做到下列内容:

(1)掌握全船人员动态,经常巡查船的四周;

(2)督促值班水手按时升降国旗、开关灯,显示或者悬挂有关号灯号型;

(3)经常检查舷梯、锚链、跳板及安全网,及时调整系泊缆绳;

(4)注意吃水、龙骨下的富余水深和船舶的总体状态;

(5)按照积载的计划要求,监督装卸操作安全和质量,掌握装卸进度,解决装卸中发生的问题,制止违章作业,注意天气变化及海况,及时开关舱;

(6)装卸一级危险品、重大件、贵重货时到现场监督指导;

(7)注意及时收听天气预报,采取必要的措施以保护人员、船舶和货物的安全;

(8)按照船长、大副的指示,通知机舱注入、排出或者调整压舱水;

(9)注意检查污水井、压载舱及淡水舱的测量记录;

(10)监收加装淡水和物料;

(11)发生危及船舶安全的紧急情况时,鸣放警报,必要时,请求附近船舶或者岸上给予援助;

(12)掌握船舶稳性情况,能够在失火时向消防部门提供有关数据;

(13)在船上进行明火作业及修理工作时,采取必要的预防措施;

(14)不得在系泊区域内排放污油水、垃圾及杂物,并采取措施,防止本船对周围环境造成其他形式的污染;

(15)注意过往船舶和系靠本船或者前后泊位的船舶,发生事故时,应当立即记下该船船名、国籍、船籍港及事故经过,并向船长报告;

(16)对遇难船舶和人员提供援助;

(17)主机试车应当在确认推进器附近无障碍物,不致碍及他船,不损坏舷梯、跳板、缆绳、装卸属具及港口设施等情况后方可进行,并采取必要的预防措施。

3. 港内驾驶值班的交接班

(1)交班、接班的驾驶员应当在交接前巡视检查全船和周围,认真做好交接工作。

(2)交班驾驶员应当告知接班驾驶员下列事项:

①航海日志和停泊值班记录簿所记载的有关内容、航运公司指示和船长命令、有关人员来船联系及对外联系事项;

②气象、潮汐、泊位水深、船舶吃水、系缆情况、锚位和锚链的情况、转流时船舶回转、主机状态和其应急使用的可能性,以及与船舶安全停泊有关的其他情况;

③船上拟进行的所有工作,包括积载计划、大副的要求、装卸进度、开工舱口及工班数、货

物的分隔衬垫、装卸质量、装卸属具情况、危险品及重大件、应采取的预防及应急措施、贵重货、水手值班情况、与港方联系事项等；

④舱底水、压舱水、淡水的水位情况及加装燃油、淡水情况，消防设备的情况；

⑤港口及本船悬挂的信号，显示的号灯、号型和鸣放的声号，港口特殊规定，发生紧急情况或需要援助时船方与港方的联系方式；

⑥要求在船船员的人数和全船人员的动态情况；

⑦检修工作的项目、质量、进度和采取的安全措施；

⑧傍靠船、驳情况，周围锚泊船的动态；

⑨港口的特殊要求；

⑩有关船员、船舶、货物的安全和防治水域污染的其他重要情况，以及由于船舶行为而造成环境污染时向相关机关报告的程序。

（3）接班驾驶员在负责甲板值班之前应当核实下列内容：

①系泊缆绳或者锚链是否恰当；

②正在装卸的有害或者危险货物的性质，以及发生溢漏或者失火后应当采取的相应措施；

③本船悬挂的信号，显示的号灯、号型，以及鸣放的声号是否正确；

④各项安全措施和防火规定是否有效遵守；

⑤是否存在危及本船的情况，以及本船是否危及其他船舶。

（4）交接班人员对交接事项产生疑问时，应当及时向大副或者船长报告。

4. 货物作业值班

（1）航运公司应当制定保证货物作业安全的规定。

（2）负责计划和实施货物作业的高级船员应当通过对特定风险的控制，确保作业的安全实施。

（3）船舶载运危险货物、污染危害性货物时，船长应当做出保持货物安全的值班安排：

①载运散装危险货物的船舶，安全值班应当由甲板部和轮机部至少各一名高级船员和普通船员组成。

②载运非散装危险货物的船舶，船长在做出值班安排时应当考虑危险品的性质、数量、包装和积载，以及船上、水上和岸上的所有特殊情况。

## （四）驾驶、轮机联系制度

1. 开航前

（1）船长应当提前 24 小时将预计开航时间通知轮机长，如停港时间不足 24 小时，应当在抵港后立即将预计离港时间通知轮机长；轮机长应当向船长报告主要机电设备情况，燃油、润滑油和炉水存量；如开航时间变更，应当及时更正。

（2）开航前 1 小时，值班驾驶员应当会同值班轮机员核对船钟、车钟、试舵等，并分别将情况记入航海日志、轮机日志及车钟记录簿。

（3）主机试车前，值班轮机员应当征得值班驾驶员同意；待主机备妥后，机舱应当通知驾驶台。

2. 航行中

（1）每班交班前，值班轮机员应当将主机平均转数和海水温度等参数告知值班驾驶员，值班驾驶员应当回告本班平均航速和风向风力，双方分别记入航海日志和轮机日志。每天中午，驾驶台和机舱校对时钟并互换正午报告。

（2）船舶进出港口，通过狭水道、浅滩、危险水域或抛锚等情况下需备车航行时，驾驶台应当提前通知机舱准备。如遇雾或暴雨等突发情况，值班轮机员接到通知后应当尽快备妥主机。判断将有恶劣天气来临时，船长应当及时通知轮机长做好各种准备。

（3）因等引航员、候潮、等泊位等原因而须短时间抛锚时，值班驾驶员应当将情况及时通知值班轮机员。

（4）因机械故障而不能执行航行命令时，轮机长应当组织抢修，通知驾驶台报告船长，并将故障发生和排除时间及情况记入航海日志和轮机日志。

停车应当先征得船长同意。但情况危急，不立即停车会威胁人身安全或者主机安全时，轮机长可以立即停车并及时通知驾驶台。

（5）因调换发电机、并车等需要而暂时停电时，值班轮机员应当事先通知驾驶台。

（6）在应变情况下，值班轮机员应当立即执行驾驶台发出的信号，及时提供所要求的水、气、汽、电等。

（7）值班驾驶员和值班轮机员应当执行船长和轮机长共同商定的主机各种车速，另有指示的除外。

（8）船舶在到港前，应当对主机进行停车、倒车试验。当无人值守的机舱因情况需要而改为有人值守时，驾驶台应当及时通知轮机员。

（9）抵港前，轮机长应当将本船存油情况告知船长。

3. 停泊中

（1）抵港后，船长应当告知轮机长本船的预计动态，以便安排工作，动态如有变化，应当及时更正；机舱若需检修影响动车的设备，轮机长应当事先将工作内容和所需时间报告船长，取得同意后方可进行。

（2）值班驾驶员应当将装卸货情况随时通知值班轮机员，以保证安全供电。在装卸重大件、特种危险品或者使用重吊之前，大副应当通知轮机长派人检查起货机，必要时应当派人值守。

（3）因装卸作业而造成船舶过度倾斜，影响机舱正常工作的，轮机长应当通知大副或值班驾驶员采取有效措施予以纠正。

（4）驾驶和轮机部门应当对船舶压载的调整，以及可能涉及海洋污染的各种操作，建立起有效的联系制度，包括书面通知和相应的记录。

（5）添装燃油前，轮机长应当将本船的存油情况和计划添装的油舱以及各舱添装数量告知大副，以便计算稳性、水尺和调整吃水差。

### （五）值班保障

（1）航运公司及船长应当采取有效措施防止船员疲劳操作。除紧急或者超常工作情况外，负责值班的船员以及被指定承担安全、防污染和保安职责的船员休息时间应当满足以下要求：

①任何 24 小时内不少于 10 小时。

②任何 7 天内不少于 77 小时。

③任何24小时内的休息时间可以分为不超过两个时间段，其中一个时间段至少要有6小时，连续休息时间段之间的间隔不应当超过14小时。

④船长按照第②③项规定安排休息时间时可以有例外，但是任何7天内的休息时间不得少于70小时。

⑤对第②项规定的每周休息时间的例外，不应当超过连续两周。在船上连续两次例外时间的间隔不应当少于该例外持续时间的2倍。

⑥对第③项规定的例外，可以分为不超过3个时间段，其中一个时间段至少要有6小时，另外两个时间段不应当少于1小时。连续休息时间的间隔不得超过14小时。例外在任何7天时间内不得超过两个24小时时间段。

(2)紧急集合演习、消防和救生演习，以及国内法律、法规、国际公约规定的其他演习，应当以对休息时间的干扰最小且不导致船员疲劳的形式进行。船员处于待命情况下，因被派去工作而中断了正常休息时间的，应当给予补休。

(3)因船舶、船上人员或者货物出现紧急安全需要，或者为了帮助海上遇险的其他船舶或者人员，船长可以暂停执行休息时间制度，直至情况恢复正常。情况恢复正常后，船长应当根据实际情况尽快安排船员获得充足的补休时间。

(4)船舶应当将船上工作安排表张贴在易见之处。

①船舶应当对船员每天休息时间进行记录，并制作由船长或者船长授权的人员和船员本人签注的休息时间记录表发放给船员本人。

②船上工作安排表和休息时间记录表应当参照《国际劳工组织(ILO)和国际海事组织(IMO)编制船员船上工作安排表和船员工作时间或休息时间记录格式指南》，并使用船上工作语言和英语制定。

③船长在安排船员值班时，应当充分考虑女性船员的生理特点和国家的有关规定。

(5)船员不得酗酒。值班人员在值班前4小时内禁止饮酒，且值班期间血液中酒精浓度(BAC)不高于0.05%或呼气中酒精浓度不高于0.25毫克/升。

(6)船员不得服用可能导致不能安全值班的药物。

(7)航运公司应当制定相应的措施防止船员酗酒和滥用药物。船员履行值班职责或者有关安全、防污染和保安值班职责的能力受到药物或酒精的影响时，不得安排其值班。

## 二、中华人民共和国船舶安全监督规则

为了保障水上人命、财产安全，防止船舶造成水域污染，规范船舶安全监督工作，根据《中华人民共和国海上交通安全法》《中华人民共和国海洋环境保护法》《中华人民共和国港口法》《中华人民共和国内河交通安全管理条例》《中华人民共和国船员条例》等法律法规和我国缔结或者加入的有关国际公约的规定，制定本规则。本规则于2017年5月17日经第8次交通运输部部务会议通过，现予公布，自2017年7月1日起施行。2009年交通运输部第15号令公布的《中华人民共和国船舶安全检查规则》同时废止。根据2020年3月16日《交通运输部关于修改〈中华人民共和国船舶安全监督规则〉的决定》第一次修正。根据2022年9月26日《交通运输部关于修改〈中华人民共和国船舶安全监督规则〉的决定》第二次修正。

### （一）总则

（1）适用范围：本规则适用于对中国籍船舶和水上设施以及航行、停泊、作业于我国管辖水域的外国籍船舶实施的安全监督工作。

本规则不适用于军事船舶、渔业船舶和体育运动船艇。

（2）主管机关：交通运输部主管全国船舶安全监督工作，交通运输部海事局统一负责全国船舶安全监督工作，各级海事管理机构按照职责和授权开展船舶安全监督工作。

（3）船舶安全监督：本规则所称船舶安全监督，是指海事管理机构依法对船舶及其从事的相关活动是否符合法律、法规、规章以及有关国际公约和港口国监督区域性合作组织的规定而实施的安全监督管理活动。船舶安全监督分为船舶现场监督和船舶安全检查。

①船舶现场监督，是指海事管理机构对船舶实施的日常安全监督抽查活动。

②船舶安全检查，是指海事管理机构按照一定的时间间隔对船舶的安全和防污染技术状况、船员配备及适任状况、海事劳工条件实施的安全监督检查活动，包括船旗国监督（FSC）检查和港口国监督（PSC）检查。

（4）从事船舶安全检查的海事行政执法人员应当取得相应等级的资格证书，并不断更新知识。

（5）海事管理机构应当建立对船舶安全状况的社会监督机制，公布举报、投诉渠道，完善举报和投诉处理机制，并为举报人、投诉人保守秘密。

（6）船舶安全监督管理遵循依法、公正、诚信、便民的原则。

### （二）船舶进出港报告

（1）中国籍船舶在我国管辖水域内航行应当按照规定实施船舶进出港报告。

（2）船舶应当在预计离港或者抵港 4 小时前向将要离泊或者抵达港口的海事管理机构报告进出港信息。航程不足 4 小时的，在驶离上一港口时报告。

（3）船舶在固定航线航行且单次航程不超过 2 小时的，可以每天至少报告一次进出港信息。船舶应当对报告的完整性和真实性负责。

（4）船舶报告的进出港信息应当包括航次动态、在船人员信息、客货载运信息、拟抵离时间和地点等。

（5）船舶可以通过互联网、传真、短信等方式报告船舶进出港信息，并在船舶航海日志内做相应的记载。

（6）海事管理机构与水路运输管理部门应当建立信息平台，共享船舶进出港信息。

### （三）船舶综合质量管理

（1）海事管理机构应当建立统一的船舶综合质量管理信息平台，收集、处理船舶相关信息，建立船舶综合质量档案。

（2）船舶综合质量管理信息平台应当包括下列信息：

①船舶基本信息；

②船舶安全与防污染管理相关规定落实情况；

③水上交通事故情况和污染事故情况；

④水上交通安全违法行为被海事管理机构行政处罚情况；

⑤船舶接受安全监督的情况；

⑥航运公司和船舶的安全诚信情况；

⑦船舶进出港报告或者办理进出港手续情况；

⑧按照相关规定缴纳相关费税情况；

⑨船舶检验技术状况。

（3）海事管理机构应当按照船舶报告信息开展船舶综合质量评定，综合质量评定结果应当向社会公开。

## （四）船舶安全监督

1. 安全监督目标船舶的选择

（1）海事管理机构对船舶实施安全监督，应当减少对船舶正常生产作业造成的不必要影响。

（2）交通运输部海事局应当制定安全监督目标船舶选择标准。

海事管理机构应当结合辖区实际情况，按照全面覆盖、重点突出、公开便利的原则，依据我国加入的港口国监督区域性合作组织和交通运输部海事局规定的目标船舶选择标准，综合考虑船舶类型、船龄、以往接受船舶安全监督的缺陷、航运公司安全管理情况等，按照规定的时间间隔，选择船舶实施船舶安全监督。

（3）对于按照目标船舶选择标准未列入选船目标的船舶，海事管理机构原则上不登船实施船舶安全监督，但按照下述（4）规定开展专项检查的除外。

（4）国家重要节假日、重大活动期间，或者针对特定水域、特定安全事项、特定船舶需要进行检查的，海事管理机构可以综合运用船舶安全检查和船舶现场监督等形式，开展专项检查。

2. 船舶安全监督

（1）船舶现场监督的内容包括：

①中国籍船舶自查情况；

②法定证书、文书配备及记录情况；

③船员配员情况；

④客货载运及货物系固绑扎情况；

⑤船舶防污染措施落实情况；

⑥船舶航行、停泊、作业情况；

⑦船舶进出港报告或者办理进出港手续情况；

⑧按照相关规定缴纳费税情况。

（2）船舶安全检查的内容包括：

①船舶配员情况；

②船舶、船员配备和持有有关法定证书、文书及相关资料情况；

③船舶结构、设施和设备情况；

④客货载运及货物系固绑扎情况；

⑤船舶保安相关情况；

⑥船员履行其岗位职责的情况，包括对其岗位职责相关的设施、设备的维护保养和实际操作能力等；

⑦海事劳工条件；

⑧船舶安全管理体系运行情况；

⑨法律、法规、规章以及我国缔结、加入的有关国际公约要求的其他检查内容。

(3)海事管理机构应当按照船舶安全监督的内容，制定相应的工作程序，规范船舶安全监督活动。

(4)海事管理机构完成船舶安全监督后应当签发相应的船舶现场监督报告、船旗国监督检查报告或者港口国监督检查报告，由船长或者履行船长职责的船员签名。

船舶现场监督报告、船旗国监督检查报告、港口国监督检查报告一式两份，一份由海事管理机构存档，另一份留船备查。

(5)船舶现场监督中发现船舶存在危及航行安全、船员健康、水域环境的缺陷或者水上交通安全违法行为的，应当按照规定进行处置。

(6)发现存在需要进一步进行安全检查的船舶安全缺陷的，应当启动船舶安全检查程序。

3. 船舶安全缺陷处理

(1)海事行政执法人员在船舶安全监督过程中发现船舶存在缺陷的，应当按照相关法律、法规、规章和公约的规定，提出下列处理意见：

①警示教育；

②开航前纠正缺陷；

③在开航后限定的期限内纠正缺陷；

④滞留；

⑤禁止船舶进港；

⑥限制船舶操作；

⑦责令船舶驶向指定区域；

⑧责令船舶离港。

(2)安全检查发现的船舶缺陷不能在检查港纠正时，海事管理机构可以允许该船驶往最近的可以修理的港口，并及时通知修理港口的海事管理机构。

(3)修理港口超出本港海事管理机构管辖范围的，本港海事管理机构应当通知修理港口海事管理机构进行跟踪检查。

(4)修理港口海事管理机构在收到跟踪检查通知后，应当对船舶缺陷的纠正情况进行验证，并及时将验证结果反馈至发出通知的海事管理机构。

(5)海事管理机构采取滞留、禁止船舶进港、责令船舶离港的措施，应将情况及时通知中国籍船舶的船籍港海事管理机构，或者外国籍船舶的船旗国政府。

(6)由于存在缺陷，被采取滞留、禁止船舶进港、限制船舶操作、责令船舶离港处理措施的船舶，应当在相应的缺陷纠正后向海事管理机构申请复查。被采取其他措施的船舶，可以在相应缺陷纠正后向海事管理机构申请复查，不申请复查的，在下次船舶安全检查时由海事管理机构进行复查。

(7)海事管理机构收到复查申请后，决定不予本港复查的，应当及时通知申请人在下次船舶安全检查时接受复查。

(8)复查合格的，海事管理机构应当及时解除相应的处理措施。

(9)船舶有权对海事行政执法人员提出的缺陷和处理意见进行陈述和申辩。船舶对于缺陷和处理意见有异议的，海事行政执法人员应当告知船舶申诉的途径和程序。

(10)海事管理机构在实施船舶安全监督中，发现航运公司安全管理存在问题的，应当要求航运公司改正，并将相关情况通报航运公司注册地海事管理机构。

(11)海事管理机构应当将影响安全的重大船舶缺陷以及导致船舶被滞留的缺陷，通知航运公司、相关船舶检验机构或者组织。

(12)船舶及相关人员应当按照海事管理机构签发的船舶现场监督报告、船旗国监督检查报告、港口国监督检查报告等的要求，对存在的缺陷进行纠正。

(13)航运公司应当督促船舶按时纠正缺陷，并将纠正情况及时反馈给实施检查的海事管理机构。

(14)船舶检验机构应当核实有关缺陷纠正情况，需要进行临时检验的，应当将检验报告及时反馈给实施检查的海事管理机构。

(15)中国籍船舶的船长应当对缺陷纠正情况进行检查，并在航行或者航海日志中进行记录。

(16)船舶现场监督报告、船旗国监督检查报告、港口国监督检查报告的格式由交通运输部海事局统一制定；任何单位和个人，不得擅自涂改、故意损毁、伪造、变造、租借、骗取和冒用上述报告；除海事管理机构外，任何单位和个人不得扣留、收缴上述报告，或者在上述报告中进行签注；船舶应当妥善保管上述报告，在船上保存至少 2 年。

(17)中国籍船舶在境外发生水上交通事故，或者被滞留、禁止进港、禁止入境、驱逐出港(境)的，航运公司应当及时将相关情况向船籍港海事管理机构报告，海事管理机构应当做好相应的沟通协调和给予必要的协助。

### (五)船舶安全责任

(1)航运公司应当履行安全管理与防止污染的主体责任，建立、健全船舶安全与防污染制度，对船舶及其设备进行有效维护和保养，确保船舶处于良好状态，保障船舶安全，防止船舶污染环境，为船舶配备满足最低安全配员要求的适任船员。

(2)中国籍船舶应当建立开航前自查制度。船舶在离泊前应当对船舶安全技术状况和货物装载情况进行自查，按照交通运输部海事局规定的格式填写船舶开航前安全自查清单，开航前由船长签字确认，清单在船上保存至少 2 年。

船舶在固定航线航行且单次航程不超过 2 小时的，无须每次开航前均进行自查，但一天内应当至少自查一次。

(3)船长应当妥善安排船舶值班，遵守船舶航行、停泊、作业的安全规定。

(4)船舶应当遵守港口所在地有关管理机构关于恶劣天气限制开航的规定。

(5)船舶检验机构应当确保检验的全面性、客观性、准确性和有效性，保证检验合格的船舶具备安全航行、安全作业的技术条件，并对出具的检验证书负责。

(6)配备自动识别系统等通信、导助航设备的船舶应当始终保持相关设备处于正常工作状态，准确完整地显示本船信息，并及时更新抵、离港名称和时间等相关信息。相关设备发生故障的，应当及时向抵达港海事管理机构报告。

(7)任何单位和个人不得阻挠、妨碍海事行政执法人员对船舶进行船舶安全监督。

(8)海事行政执法人员在开展船舶安全监督时，船长应当指派人员配合。指派的配合人员应当如实回答询问，并按照要求测试和操纵船舶设施、设备。

(9)海事管理机构通过抽查实施船舶安全监督，不能代替或者免除航运公司、船舶、船员、船舶检验机构及其他相关单位和个人在船舶安全、防污染、海事劳工条件和保安等方面应当履行的法律责任和义务。

## 三、船舶港内安全作业监督管理办法

为进一步加强船舶港内安全作业的监督管理，强化海事监管效能，提高海事执法服务水平，促进港航经济的发展，保障国家人命、财产的安全，交通运输部制定了《船舶港内安全作业监督管理办法》。该办法于 2004 年 7 月 20 日起实施。

### (一)定义

本法所称“船舶港内安全作业”系指船舶在港内的如下作业：

(1)船舶拆修锅炉、主机、锚机、舵机、电台；

(2)船舶试航、试车；

(3)船舶放艇(筏)进行救生演习；

(4)船舶烧焊或明火作业；

(5)船舶悬挂彩灯；

(6)船舶校正磁罗经；

(7)船舶在港内进行可能影响船舶和港口安全的其他作业。

### (二)船舶安全作业的报备

(1)船舶港内安全作业应提前 24 小时向海事管理机构书面报备。拆修作业或明火作业等在特殊情况下不能满足提前 24 小时报备要求的，船舶应不晚于作业前 2 小时向海事管理机构书面报备。作业完成后应及时向海事管理机构报告。

(2)船舶在港内进行安全作业，需在作业活动开始前由船长或通过其代理人向所在港区的海事管理机构提交船舶港内安全作业书面报备材料。

(3)报备内容应包括：

①船名、船舶经营人、停泊位置、船舶载货状况、作业种类、作业时间、安全防范措施、船长安全声明、作业单位名称及联系方式(联系人、联系电话)、报备人联系方式。

②船舶从事拆修锅炉、主机、锚机、舵机、电台，还应提供作业项目及部位、应急备车时间。

③船舶从事试航、试车，还应提供试航证书及船舶航行的区域说明。

④船舶从事烧焊或明火作业，还应提供动火部位及项目、消防车(船)监护情况(适用时)、可燃气体清除证书、安全员及作业人员姓名。

⑤船舶从事悬挂彩灯作业，还应提供彩灯悬挂示意图。

⑥船舶从事校正磁罗经作业，还应提供罗经校正人员的资质证明及船舶航行的区域说明。

(4)海事管理机构如对船舶港内安全作业提交的报备材料有异议，应立即在作业前向船舶提出整改要求。船舶整改完毕后，方可进行作业。

(5)船舶在所报备的作业开始前未收到海事管理机构不同意见或提出整改要求的，即可按原报备计划实施作业。其间所报备的作业内容如有变动，应重新向海事管理机构报备。

(6)船舶所报备的港内安全作业结束后,应及时清除有关安全隐患,并通过 VHF 或其他通信设备报告海事管理机构。

### (三)港内安全作业要求

(1)在大风、大浪等恶劣天气或其他可能影响港内安全作业的情况下,船舶不得进行或应及时停止有关港内安全作业,并于重新作业前向海事管理机构报告。

(2)船舶在进行港内安全作业期间,应按有关规定显示号灯或号型,并保持 VHF 守听。

(3)船舶试航、试车应满足以下条件:

①船舶试航应尽可能选择在白天能见度、海况良好的情况下进行。

②船舶试航应避开航道、狭水道、通航密集区等重要通航水域及水产养殖、重点捕捞区。

③船舶试车时,应注意船尾部的周围环境,冬季应注意海冰的影响,应不危及其他船舶和港口设施的安全。

④船舶在试航、试车时应配备足够的合格船员。

(4)船舶放艇(筏)进行救生演习应注意以下事项:

①不得随意施放救生或求生信号。

②船舶不得将救生艇用于交通及其他目的。

(5)船舶进行烧焊或明火作业应满足以下条件:

①承接作业的单位必须具备船舶修理从业资格。

②从事作业的人员,必须经过相应的专业技术培训,取得相应的资格证明。

③船舶进行烧焊或明火作业的条件应符合国家标准 GB/T 1336—1992 第三条的有关要求。

④明火作业场所需要进行测爆检查的,必须清除舱内油、气,取得船舶可燃气体清除证明,并在报备时向海事管理机构出示。液化气船、散装液态化学品船和油船明火作业,还应遵守其他有关的特别规定。

⑤测爆合格的舱室或处所,明火作业必须在 4 小时内开工,否则应重新测爆认可。作业前和作业中,必要时,应有专人对施工区域及受影响处所随时复测可燃气体浓度。

(6)船舶悬挂彩灯时应注意以下事项:

①做好有效遮蔽,不得影响船舶自身应悬挂号灯的发光效能。

②船舶悬挂彩灯不得与附近的助导航设施的发光效能相同或相近,以免影响其他船的航行安全。

(7)船舶校正磁罗经时应注意:

①不得在锚地、通航密集区、水产养殖区、重点捕捞区进行。

②对中国籍船舶的磁罗经校正,应由符合海事管理机构要求的人员进行。

## 四、船舶载运危险货物安全监督管理规定

《船舶载运危险货物安全监督管理规定》已于 2018 年 7 月 20 日经交通运输部第 12 次部务会议通过,自 2018 年 9 月 15 日起施行。

### (一)总则

(1)为加强船舶载运危险货物监督管理,保障水上人命、财产安全,防治船舶污染环境,依据《中华人民共和国海上交通安全法》《中华人民共和国港口法》《中华人民共和国内河交通安全管理条例》《中华人民共和国危险化学品安全管理条例》等法律、行政法规,制定本规定。

(2)船舶在中华人民共和国管辖水域载运危险货物的活动,适用本规定。

(3)交通运输部主管全国船舶载运危险货物的安全管理工作。交通运输部海事局负责全国船舶载运危险货物的安全监督管理工作。各级海事管理机构按照职责权限具体负责船舶载运危险货物的安全监督管理工作。

### (二)船舶和人员管理

(1)从事危险货物运输的船舶所有人、经营人或者管理人,应当按照交通运输部有关船舶安全营运和防污染管理体系的要求建立和实施相应的体系或者制度。

从事危险货物运输的船舶经营人或者管理人,应当配备专职安全管理人员。

(2)载运危险货物的船舶应当编制安全和防污染应急预案,配备相应的应急救护、消防和人员防护等设备及器材。

(3)载运危险货物的船舶应当经交通运输部海事局认可的船舶检验机构检验合格,取得相应的检验证书和文书,并保持良好状态。载运危险货物的船舶,其船体、构造、设备、性能和布置等方面应当符合国家船舶检验的法规、技术规范的规定;载运危险货物的国际航行船舶还应当符合有关国际公约的规定,具备相应的适航、适装条件。

(4)载运危险货物的船舶应当按照规定安装和使用船舶自动识别系统等船载设备。船舶经营人、管理人应当加强对船舶的动态管理。

(5)禁止通过内河封闭水域运输剧毒化学品以及国家规定禁止通过内河运输的其他危险化学品。其他内河水域禁止运输国家规定禁止通过内河运输的剧毒化学品以及其他危险化学品。取得相应资质的客货船或者滚装客船载运危险货物时,不得载运旅客,但按照相关规定随车押运人员和滚装车辆的司机除外。其他客船禁止载运危险货物。

(6)船舶载运危险货物应当符合有关危险货物积载、隔离和运输的安全技术规范,并符合相应的适装证书或者证明文件的要求。船舶不得受载、承运不符合包装、积载和隔离安全技术规范的危险货物。

船舶载运包装危险货物,还应当符合《国际海运危险货物规则》的要求;船舶载运 B 组固体散装货物,还应当符合《国际海运固体散装货物规则》的要求。

(7)从事危险货物运输船舶的船员,应当按照规定持有特殊培训合格证,熟悉所在船舶载运危险货物安全知识和操作规程,了解所运危险货物的性质和安全预防及应急处置措施。

(8)按照本规定办理危险货物申报或者报告手续的人员和集装箱装箱现场检查的人员,应当熟悉相关法规、技术规范和申报程序。

### (三)包装和集装箱管理

(1)拟交付船舶载运的危险货物包装,其性能应当符合相关法规、技术规范以及国际公约的规定,并依法取得相应的检验合格证明。拟交付船舶载运的危险货物使用新型或者改进的包装类型,应当符合《国际海运危险货物规则》有关等效包装的规定,并向海事管理机构提交该包装的性能检验报告、检验证书或者文书等资料。

（2）载运危险货物的船用集装箱、船用可移动罐柜等货物运输组件和船用刚性中型散装容器，应当经交通运输部海事局认可的船舶检验机构检验合格，方可用于船舶运输。

（3）拟交付船舶载运的危险货物包件、中型散装容器、大宗包装、货物运输组件，应当按照规定显示所装危险货物特性的标志、标记和标牌。

（4）曾载运过危险货物的空包装或者空容器，未经清洁或者采取其他措施消除危险性的，应当视作盛装危险货物的包装或者容器。

## （四）申报和报告管理

（1）船舶载运危险货物进出港口，应当在进出港口 24 小时前（航程不足 24 小时的，在驶离上一港口前），向海事管理机构办理船舶载运危险货物申报手续，提交申请书和交通运输部有关规章要求的证明材料，经海事管理机构批准后，方可进出港口。定船舶、定航线、定货种的船舶可以办理定期申报手续，定期申报期限不超过 30 天。

（2）船舶在运输途中发生危险货物泄漏、燃烧或者爆炸等情况的，应当在办理船舶载运危险货物申报手续时说明原因、已采取的控制措施和目前状况等有关情况，并于抵港后送交详细报告。

（3）海事管理机构应当在受理船舶载运危险货物进出港口申报后 24 小时内做出批准或者不批准的决定；属于定期申报的，应当在 7 日内做出批准或者不批准的决定。不予批准的，应当告知申请人不予批准的原因。海事管理机构应当将有关申报信息通报所在地港口行政管理部门。

（4）拟交付船舶载运的危险货物托运人应当在交付载运前向承运人说明所托运的危险货物种类、数量、危险特性以及发生危险情况的应急处置措施，提交以下货物信息，并报告海事管理机构：

①危险货物安全适运声明书。

②危险货物安全技术说明书。

③按照规定需要进出口国家有关部门同意后方可载运的，应当提交有效的批准文件。

④危险货物中添加抑制剂或者稳定剂的，应当提交抑制剂或者稳定剂添加证明书。

⑤载运危险性质不明的货物，应当提交具有相应资质的评估机构出具的危险货物运输条件鉴定材料。

⑥交付船舶载运包装危险货物的，还应当提交下列材料：

（a）包装、货物运输组件、船用刚性中型散装容器的检验合格证明；

（b）使用船用集装箱载运危险货物的，应当提交《集装箱装箱证明书》；

（c）载运放射性危险货物的，应当提交放射性剂量证明；

（d）载运限量或者可免除量危险货物的，应当提交限量或者可免除量危险货物证明。

⑦交付船舶载运具有易流态化特性的 B 组固体散装货物通过海上运输的，还应当提交具有相应资质的检验机构出具的货物适运水分极限和货物水分含量证明。

承运人应当对上述货物信息进行审核，对不符合船舶适装要求的，不得受载、承运。

（5）船舶载运包装危险货物或者 B 组固体散装货物离港前，应当将列有所载危险货物的装载位置清单、舱单或者详细配载图向海事管理机构报告。

(6)船用集装箱拟拼装运输有隔离要求的两种或者两种以上危险货物,应当符合《国际海运危险货物规则》的规定。危险货物托运人应当事先向海事管理机构报告。

### (五)作业安全管理

(1)载运危险货物的船舶在装货前,应当检查货物的运输资料和适运状况。发现有违反本规定情形的,不得装运。

(2)从事散装危险货物装卸作业的船舶和码头,应当遵守安全和防污染操作规程,建立并落实船岸安全检查表制度,并严格按照船岸安全检查表的内容要求进行检查和填写。载运散装液体危险货物的船舶装卸作业期间,禁止其他无关船舶并靠。使用的货物软管应当符合相关法规、技术规范的要求,并定期进行检验。

(3)从事散装液化气体装卸作业的船舶和码头、装卸站应当建立作业前会商制度,并就货物操作、压载操作、应急等事项达成书面协议。

从事散装液化天然气装卸作业的船舶和码头、装卸站还应当采取装货作业期间在船上设置岸方应急切断装置控制点和卸货作业期间在岸上设置船方应急切断装置控制点等措施,确保在发生紧急情况时及时停止货物输送作业。

协助散装液化气船舶靠泊的船舶应当设置烟火熄灭装置及实施烟火管制。

禁止其他无关船舶在作业期间靠泊液化气码头、装卸站。

(4)船舶进行危险货物水上过驳作业或者载运危险货物的船舶进行洗(清)舱、驱气、置换,应当符合国家水上交通安全和防治船舶污染环境的管理规定及技术规范,尽量远离船舶定线制区、饮用水地表水源取水口、渡口、客轮码头、通航建筑物、大型桥梁、水下通道以及内河等级航道和沿海设标航道,制定安全和防污染的措施和应急计划并保证有效实施。

(5)载运危险货物的船舶进行洗(清)舱、驱气或者置换活动期间,不得检修和使用雷达、无线电发报机、卫星船站;不得进行明火、拷铲及其他易产生火花的作业;不得使用供应船、车进行加油、加水作业。

(6)载运危险货物的船舶在港口水域内从事危险货物过驳作业,应当由负责过驳作业的港口经营人依法向港口行政管理部门提出申请。港口行政管理部门在审批时,应当就船舶过驳作业的水域征得海事管理机构的同意,并将审批情况通报海事管理机构。

船舶在港口水域外从事内河危险货物过驳作业或者海上散装液体污染危害性货物过驳作业,应当依法向海事管理机构申请批准。

船舶进行水上危险货物和散装液体污染危害性货物过驳作业的水域,由海事管理机构发布航行警告或者航行通告。

(7)船舶在港口水域外申请从事内河危险货物过驳作业或者海上散装液体污染危害性货物过驳作业的,申请人应当在作业前向海事管理机构提出申请,告知作业地点,并提交作业方案、作业程序、防治污染措施等材料。

海事管理机构自受理申请之日起,对单航次作业的船舶,应当在 24 小时内做出批准或者不批准的决定;对在特定水域多航次作业的船舶,应当在 7 日内做出批准或者不批准的决定。

(8)船舶从事加注液化天然气及其他具有低闪点特性的气态燃料作业活动,应当遵守有关法规、标准和相关操作规程,落实安全措施,并在作业前将作业的种类、时间、地点、单位和船舶名称等信息向海事管理机构报告;作业信息变更的,应当及时补报。

通过船舶为液化天然气及其他具有低闪点特性的气态燃料水上加注船、趸船补给货物燃料的，应当执行本规定关于水上过驳的要求。

(9)载运危险货物的船舶应当遵守海事管理机构关于航路、航道等区域性的特殊规定。载运爆炸品、放射性物品、有机过氧化物、闪点28摄氏度以下易燃液体和散装液化气的船舶，不得与其他驳船混合编队拖带。

(10)散装液化天然气船舶应当在抵港72小时前(航程不足72小时的，在驶离上一港口时)向抵达港海事管理机构报告预计抵港时间。预计抵港时间有变化的，还应当在抵港24小时前(航程不足24小时的，在驶离上一港口时)报告抵港时间。

(11)散装液化气船舶进出港口和在港停泊、作业，应当按照相关标准和规范的要求落实安全保障措施。在通航水域进行试气试验的，试气作业单位应当制定试验方案并组织开展安全风险论证，落实安全管理措施。

载运散装液化天然气的船舶及载运其他具有低闪点特性的气态燃料的船舶，进出沿海港口和在港停泊、作业，应当通过开展专题论证，确定护航、安全距离、应急锚地、安全警示标志等安全保障措施。

载运散装液化天然气的船舶及载运其他具有低闪点特性的气态燃料的船舶，在内河航行、停泊、作业时，应当落实海事管理机构公布的安全保障措施。海事管理机构根据当地实际情况评估论证，确定护航、合理安全距离、声光警示标志等安全保障措施，征求相关港航管理部门意见后向社会公布。在船舶吨位、载运货物种类、航行区域、航线相同，且周边通航安全条件没有发生重大变化的情况下，不再重新进行评估论证。

(12)载运危险货物的船舶发生水上险情、交通事故、非法排放、危险货物落水等事件，应当按照规定向海事管理机构报告，并及时启动应急预案，防止损害、危害的扩大。

(13)载运散装液体危险货物的内河船舶卸货完毕后，应当在具备洗舱条件的码头、专用锚地、洗舱站点等对货物处所进行清洗，洗舱水应当交付港口接收设施、船舶污染物接收单位或者专业接收单位接收处理。

载运散装液体危险货物的内河船舶，有以下情形之一的，可以免于前款规定的清洗：

①船舶拟装载的货物与卸载的货物一致；

②船舶拟装载的货物与卸载的货物相容，经拟装载货物的所有人同意；

③已经实施海事管理机构确认的可替代清洗的通风程序。

如果卸货港口没有接收能力，船舶取得下一港口的接收洗舱水书面同意，可以在下一港口清洗，并及时报告海事管理机构。

(14)载运危险货物的船舶航行、装卸或者停泊，应当悬挂专用的警示标志，按照规定显示专用信号。

载运散装液化天然气的船舶在内河航行，应当事先确定航行计划和航线。

载运散装液化天然气的船舶由沿海进入内河水域的，应当向途经的第一个内河港口的海事管理机构报告航行计划和航线；始发地为内河港口的，船舶应当将航行计划和航线向始发地海事管理机构报告。

### (六)监督管理

(1)海事管理机构依法对船舶载运危险货物实施监督检查。海事管理机构发现船舶载运危险货物存在安全隐患的，应当责令立即消除或者限期消除隐患；有关单位和个人不立即消除或者逾期不消除的，海事管理机构可以依据法律、行政法规的规定，采取禁止其进港、离港，或者责令其停航、改航、停止作业等措施。

（2）船舶载运危险货物有下列情形之一的，海事管理机构应当责令当事船舶立即改正或者限期改正：

①经核实申报或者报告内容与实际情况不符的；

②擅自在不具备作业条件的码头、泊位或者非指定水域装卸危险货物的；

③船舶或者其设备不符合安全、防污染要求的；

④危险货物的积载和隔离不符合规定的；

⑤船舶的安全、防污染措施和应急计划不符合规定的。

## 五、船舶报告系统管理规定

为保证中国船舶系统的有效运行，提高搜救行动的效率，保障海上人命、财产的安全，保护海洋环境，根据有关法律、法规制定本规定，自 2001 年 6 月 1 日起实施。

### （一）报告系统的作用

船舶报告系统是指船舶使用规定的报告格式和程序向中国船舶报告管理中心报告，各海上搜救中心应用报告信息对遇险船舶组织救助的一种制度。

### （二）报告系统的组成

中国船舶报告系统由中国海上搜救中心、船舶报告管理中心、区域海上搜救中心、报告接收站和参加中国船舶报告系统的船舶组成。

### （三）主管机关

中华人民共和国海事局是中国船舶报告系统的主管机关。

### （四）管理规定

（1）加入中国船舶报告系统的船舶应当按照《中国船舶报告系统船长指南》规定的报告方式、种类、格式、内容和要求进行报告。

（2）船舶所有人、经营人或代理人应通过有效的通信方式，及时、准确地向船舶报告管理中心提供船舶报告信息。

（3）船舶报告管理中心应及时、准确地处理采集的信息。中国海上搜救中心和各区域海上搜救中心根据搜救需要，利用中国船舶报告系统的信息组织搜救。

（4）在船舶或航空器遇险或可能遇险的情况下，各海上搜救中心应根据搜救的需要从船舶报告管理中心调取信息。船舶报告的信息只能用于船舶或航空器遇险救助、航行安全和防止海域污染等海上安全管理。

（5）参加船舶报告和参与救助行动的船舶应保持通信畅通。

### (五)中国船舶报告系统船长指南

1. 中国船舶报告系统(CHISREP)

中国船舶报告系统是一个应急保障系统。中国船舶报告系统提供船舶资料,为组织协调指挥船舶参与搜寻救助提供相关信息,避免或减少海上人员伤亡和财产损失,保障人命安全。

2. 中国船舶报告系统的报告区

中国船舶报告系统的报告区为其他国家领海和内水以外的北纬9°以北、东经130°以西的海域。

3. 适用船舶

(1)航行在中国船舶报告区域内,且航行时间超过6小时的300总吨及以上的中国籍船舶必须加入中国船舶报告系统。

(2)中国政府鼓励外国籍船舶自愿加入中国船舶报告系统。

4. 目的

(1)在没有收到遇险信号时,减少与船舶失去联系和开始搜救工作的时间间隔;

(2)迅速认定能被召来提供援助的船舶;

(3)在遇险人员、船舶的位置不明或不定时,可划定一定范围的搜寻区域;

(4)便于提供紧急医疗援助或咨询。

5. 管理机构

中国船舶报告系统由中华人民共和国海事局通过设在中华人民共和国上海海事局内的中国船舶报告管理中心进行管理。中国船舶报告管理中心是中国船舶报告系统的运行管理机构。

## 六、船舶引航管理规定

为规范船舶引航活动,维护国家主权,保障水上人命财产安全,适应水上运输和港口生产的需要,制定本规定。本规定自2002年1月1日起实施。

### (一)总则

1. 适用范围

在中华人民共和国沿海、内河和港口从事船舶引航活动适用本规定。

2. 主管机关

海事管理机构负责引航安全监督管理工作。

3. 船长责任

船舶接受引航服务,不解除被引船舶的船长驾驶和管理船舶的责任。

### (二)应申请引航的船舶

下列船舶在中华人民共和国引航区内航行或者靠泊、离泊、移泊(顺岸相邻两个泊位之间的平行移动除外)以及靠离引航区外系泊点、装卸站应当申请引航:

(1)外国籍船舶;

(2)为保障船舶航行和港口设施的安全,由海事管理机构经报批程序后确定应当申请引航的中国籍船舶;

(3)法律、行政法规规定应当申请引航的其他中国籍船舶。

除上述船舶以外,其他船舶在引航区内外航行或者靠泊、离泊、移泊,可根据需要申请引航。

## (三)引航申请与实施

(1)申请引航的船舶或者其代理人应当向相应的引航机构提出引航申请。船舶不得直接聘请引航员或者非引航员登船引航。

船舶进、出港或移泊的引航申请和变更,应当在港口主管部门规定的时间向引航机构提出。

(2)引航机构应当满足船舶提出的正当引航要求,及时为船舶提供引航服务,不得无故拒绝或者拖延。

(3)引航机构应当根据船舶状况和通航条件,制定合理的拖船使用方法。被引航船舶应当根据引航机构提供的拖船使用方法的要求安排拖船或者委托引航机构安排拖船。

(4)引航员登船后,应当向被引船舶的船长介绍引航方案;被引船舶的船长应当向引航员介绍本船的操纵性能以及其他与引航业务有关的情况。

(5)在一次连续的引航中,同时有两名或两名以上的引航员在船时,引航机构必须指定其中一人为本次引航的责任引航员。

(6)引航员上船引领时,被引船舶应当在其主桅上悬挂引航旗。任何船舶不得在非引领时悬挂引航旗。

(7)引航员在遇到下列情况之一时,有权拒绝、暂停或者终止引航,并及时向海事管理机构报告:

①恶劣的气象、海况;

②被引船舶不适航;

③没有足够的水深;

④被引船舶的引航梯和照明不符合安全规定;

⑤引航员身体不适,不能继续引领船舶;

⑥其他不适于引航的原因。

引航员在做出上述决定之前,应当明确地告知被引船舶的船长,并对被引船舶当时的安全做出妥善安排,包括将船舶引领至安全和不妨碍其他船舶正常航行、停泊或者作业的地点。

(8)如果使用拖船引航,拖船应当服从引航员的指挥,并保持与引航员通信联系良好。引航员应当注意拖船的安全。

(9)船舶接受引航服务,被引船舶的船长应当遵守下列规定:

①按照 SOLAS 公约的规定,为引航员提供方便、安全的登离船设备,并采取必要的措施确保引航员安全登离船舶;

②为引航员提供工作便利,并配合引航员实施引航;

③回答引航员有关引航的疑问,除有危及船舶安全的情况外,应当采纳引航员的引航指令;

④在离开驾驶台时,指定代职驾驶员并告知引航员,并尽快返回;

⑤船长发现引航员的引航指令可能对船舶安全构成威胁时,可以要求引航员更改引航指令,必要时还可以要求引航机构更换引航员,并及时向海事管理机构报告。

(10)引航员应当将被引船舶从规定的引航起始地点引抵规定的引航目的地。引航员离船时应当向船长或者接替的引航员交接清楚,在双方确认安全的情况下方可离船。

(11)因恶劣的天气或者海况,引航员不能离开船舶时,船长应当合理地等待,或者将船舶驶抵能使引航员安全离开船舶的地点,但事先应当征得海事管理机构的同意。

(12)引航结束时船长和引航员应当准确填写引航签证单。

## 七、中华人民共和国船舶交通管理系统安全监督管理规则

为加强船舶交通管理,保障船舶交通安全,提高船舶交通效率,保护水域环境,根据《中华人民共和国海上交通安全法》《中华人民共和国内河交通安全管理条例》等有关法律、法规,制定本规则。现行规则于 1997 年 9 月 15 日发布,自 1998 年 1 月 1 日起施行。

### (一)总则

1. 适用范围

本规则适用于在中华人民共和国沿海及内河设有船舶交通管理系统(VTS)的区域内航行、停泊和作业的船舶、设施及其所有人、经营人和代理人。

2. 主管机关

中华人民共和国海事局是全国船舶交通管理系统实施安全监督管理的主管机关。

### (二)船舶报告

(1)船舶在 VTS 区域内航行、停泊和作业时,必须按主管机关颁发的《VTS 用户指南》所明确的报告程序和内容,通过甚高频无线电话或其他有效手段向 VTS 中心进行船舶动态报告。

(2)船舶在 VTS 区域内发生交通事故、污染事故或其他紧急情况时,应通过甚高频无线电话或其他一切有效手段立即向 VTS 中心报告。

(3)船舶发现助航标志异常,或有碍航行安全的障碍物、漂流物,或其他妨碍航行安全的异常情况时,应迅速向 VTS 中心报告。

(4)船舶与 VTS 中心在甚高频无线电话中所使用的语言应为汉语普通话或英语。

### (三)船舶交通管理

(1)在 VTS 区域内航行的船舶除应遵守《1972 年国际海上避碰规则》和《中华人民共和国内河避碰规则》外,还应遵守交通部和主管机关颁布的有关航行、避让的特别规定。

(2)船舶在 VTS 区域内航行时,应用安全航速行驶,并应遵守交通部和主管机关的限速规定。

(3)船舶在 VTS 区域内应按规定锚泊,并应遵守锚泊秩序。

(4)任何船舶不得在航道、港池和其他禁锚区锚泊,紧急情况下锚泊必须立即报告 VTS 中心。

(5)船舶在锚地并靠或过驳必须符合交通部和主管机关的有关规定,并应及时通报 VTS

中心。VTS 中心根据交通流量和通航环境情况及港口船舶动态计划实施交通组织。VTS 中心有权根据交通组织的实际情况对航行计划予以调整、变更。

(6)船舶在 VTS 区域内航行、停泊和作业时,应在规定的甚高频通信频道上正常守听,并应接受 VTS 中心的询问。

(7)在 VTS 区域内航行的船舶和船队的队形及尺度等技术参数均应符合交通部和主管机关的有关规定。

### (四)船舶交通服务

(1)各 VTS 中心根据其现有功能应为船舶提供相应服务。

(2)应船舶请求,VTS 中心可向其提供他船动态、助航标志、水文气象、航行警(通)告和其他有关信息服务。

VTS 中心可在固定的时间或其他时间播发上述规定的信息。

(3)应船舶请求,VTS 中心可为船舶在航行困难或气象恶劣环境下,或船舶一旦出现了故障或损坏时,提供助航服务。船舶不再需要助航时,应及时报告 VTS 中心。

(4)为避免紧迫局面的发生,VTS 中心可向船舶提出建议、劝告或发出警告。

(5)VTS 中心认为必要的时候或应船舶或其所有人、经营人、代理人的请求,可为其传递打捞或清除污染等信息和协调救助行动。

(6)应船舶或其所有人、经营人、代理人的请求,有条件的 VTS 中心还可为其提供本规则规定以外的服务。

## 八、船舶升挂国旗管理办法

根据《中华人民共和国国旗法》,我国交通运输部颁布《船舶升挂国旗管理办法》。该办法自 1991 年 11 月 1 日起实施。

### (一)适用范围

本办法适用于中国籍民用船舶,以及进入中华人民共和国内水、港口、锚地的外国籍船舶。

### (二)主管机关

中华人民共和国交通部海事局对船舶升挂和使用中国国旗实施监督管理。

### (三)挂旗及其管理

(1)依照我国有关船舶登记法规办理船舶登记,取得中华人民共和国国籍的船舶,方可将中国国旗作为船旗国国旗悬挂。

(2)除恶劣天气外,下列中国籍船舶应当每日悬挂中国国旗:

①50 总吨及以上的船舶;

②航行在中国领水以外水域和香港、澳门地区的船舶;

③公务船舶。

(3)进入中华人民共和国内水、港口、锚地的外国籍船舶,应当每日悬挂中国国旗。

(4)船舶应按其长度悬挂下列尺度的中国国旗:

①150 米及以上的船舶,应悬挂甲或乙或丙种中国国旗;

②50 米及以上不足 150 米的船舶,应悬挂丙或丁种中国国旗;

③20 米及以上不足 50 米的船舶,应悬挂丁或戊种中国国旗。

外国籍船舶悬挂的中国国旗尺度,一般应不小于其悬挂的船旗国国旗的尺度。

(5)船舶悬挂中国国旗应当早晨升起,傍晚降下。但遇有恶劣天气时,可以不升挂中国国旗。

(6)船舶悬挂的中国国旗应当整洁,不得破损、污损、褪色或者不合规格,不得倒挂。

(7)中国籍船舶应将中国国旗悬挂于船尾旗杆上,船尾没有旗杆的,应悬挂于驾驶室信号杆顶部或右横桁。外国籍船舶悬挂中国国旗,应悬挂于前桅或驾驶室信号杆顶部或右横桁。中国国旗与其他旗帜同时悬挂于驾驶室信号杆右横桁时,中国国旗应悬挂于最外侧。

(8)中国籍船舶在航行中与军舰相遇,需要时可以使用中国国旗表示礼仪。

(9)船舶取得中华人民共和国国旗,第一次升挂中国国旗时,可以举行升旗仪式。中国籍船舶改变国籍,在最后一次降中国国旗时,可以举行降旗仪式。降旗仪式后,船长或船舶其他负责人应将中国国旗妥善保管,送交船舶所有人。船舶遇难必须弃船时,船长或船舶负责人应指定专人降下中国国旗,并携带离船,送交船舶所有人。

(10)遇有《中华人民共和国国旗法》规定的必须下半旗的情形时,海事管理机构应通知或通过船舶代理人、所有人通知船舶。除此之外,船舶非经批准不得将中国国旗降下半旗。

(11)外国籍船舶根据船旗国的规定需要将船旗国国旗降下半旗的,应向海事管理机构报告。

(12)外国国家领导人乘坐、参观中国籍船舶,或我国国家领导人利用中国籍船舶举行欢迎外国国家领导人仪式,需要悬挂两国以上国旗的,按照有关涉外悬挂和使用国旗的规定办理。

(13)对违反《中华人民共和国国旗法》和本规定的船舶和船员,海事管理机构应令其立即纠正,并根据情节,按照《中华人民共和国国旗法》和我国其他有关规定予以处罚。外国籍船舶拒绝按海事管理机构的要求纠正的,可令其驶离中华人民共和国内水、港口、锚地。

# 单元三 船员管理

## 一、中华人民共和国船员条例

为了加强船员管理,提高船员素质,维护船员的合法权益,保障水上交通安全,保护水域环境,制定《中华人民共和国船员条例》。本条例由 2007 年 4 月 14 日国务院令第 494 号公布,于 2007 年 9 月 1 日实施。其间在 2013 年 7 月 18 日进行第一次修订,2013 年 12 月 7 日进行第二次修订,2014 年 7 月 29 日进行第三次修订,2017 年 3 月 1 日进行第四次修订,2019 年 3 月 2 日进行第五次修订,2020 年 3 月 27 日进行第六次修订,2023 年 7 月 20 日进行第七次修订。

### (一)总则

1. 适用范围

中华人民共和国境内的船员注册、任职、培训、职业保障以及提供船员服务等活动,适用本条例。

2. 主管机关

国务院交通主管部门主管全国船员管理工作。

国家海事管理机构依照本条例负责统一实施船员管理工作。

负责管理中央管辖水域的海事管理机构和负责管理其他水域的地方海事管理机构(以下统称海事管理机构),依照各自职责具体负责船员管理工作。

## (二)船员注册和任职资格

1. 本条例所称船员,是指依照本条例的规定取得船员适任证书的人员,包括船长、高级船员、普通船员。

2. 船员应当依照本条例的规定取得相应的船员适任证书。申请船员适任证书,应当具备下列条件:

(1)年满18周岁(在船实习、见习人员年满16周岁)且初次申请不超过60周岁;

(2)符合船员任职岗位健康要求;

(3)经过船员基本安全培训。

参加航行和轮机值班的船员还应当经过相应的船员适任培训、特殊培训,具备相应的船员任职资历,并且任职表现和安全记录良好。

国际航行船舶的船员申请适任证书的,还应当通过船员专业外语考试。

3. 申请船员适任证书,可以向任何有相应船员适任证书签发权限的海事管理机构提出书面申请,并附送申请人符合本条例规定条件的证明材料。对符合规定条件并通过国家海事管理机构组织的船员任职考试的,海事管理机构应当发给相应的船员适任证书及船员服务簿。

4. 船员适任证书应当注明船员适任的航区(线)、船舶类别和等级、职务以及有效期限等事项。

参加航行和轮机值班的船员适任证书的有效期不超过5年。

船员服务簿应当载明船员的姓名、住所、联系人、联系方式、履职情况以及其他有关事项。

船员服务簿记载的事项发生变更的,船员应当向海事管理机构办理变更手续。

5. 中国籍船舶的船长应当由中国籍船员担任。

6. 中国籍船舶在境外遇有不可抗力或者其他特殊情况,无法满足船舶最低安全配员要求,需要由本船下一级船员临时担任上一级职务时,应当向海事管理机构提出申请。海事管理机构根据拟担任上一级船员职务船员的任职资历、任职表现和安全记录,出具相应的证明文件。

7. 曾经在军用船舶、渔业船舶上工作的人员,或者持有其他国家、地区船员适任证书的船员,依照本条例的规定申请船员适任证书的,海事管理机构可以免除船员培训和考试的相应内容。具体办法由国务院交通主管部门另行规定。

8. 以海员身份出入国境和在国外船舶上从事工作的中国籍船员,应当向国家海事管理机构指定的海事管理机构申请中华人民共和国海员证。

申请中华人民共和国海员证,应当符合下列条件:

(1)是中华人民共和国公民;

(2)持有国际航行船舶船员适任证书或者有确定的船员出境任务;

(3)无法律、行政法规规定禁止出境的情形。

9. 中华人民共和国海员证是中国籍船员在境外执行任务时表明其中华人民共和国公民身份的证件。中华人民共和国海员证遗失、被盗或者损毁的,应当向海事管理机构申请补发。船员在境外的,应当向中华人民共和国驻外使馆、领馆申请补发。

中华人民共和国海员证的有效期不超过5年。

### (三)船员职责

1. 船员在船工作期间,应当符合下列要求:

(1)携带本条例规定的有效证件;

(2)掌握船舶的适航状况和航线的通航保障情况,以及有关航区气象、海况等必要的信息;

(3)遵守船舶的管理制度和值班规定,按照水上交通安全和防治船舶污染的操作规则操纵、控制和管理船舶,如实填写有关船舶法定文书,不得隐匿、篡改或者销毁有关船舶法定证书、文书;

(4)参加船舶应急训练、演习,按照船舶应急部署的要求,落实各项应急预防措施;

(5)遵守船舶报告制度,发现或者发生险情、事故、保安事件或者影响航行安全的情况,应当及时报告;

(6)在不严重危及自身安全的情况下,尽力救助遇险人员;

(7)不得利用船舶私载旅客、货物,不得携带违禁物品。

2. 对船长在其职权范围内发布的命令,船舶上所有人员必须执行。高级船员应当组织下属船员执行船长命令,督促下属船员履行职责。

3. 船长管理和指挥船舶时,应当符合下列要求:

(1)保证船舶和船员携带符合法定要求的证书、文书以及有关航行资料;

(2)制订船舶应急计划并保证其有效实施;

(3)保证船舶和船员在开航时处于适航、适任状态,按照规定保障船舶的最低安全配员,保证船舶的正常值班;

(4)执行海事管理机构有关水上交通安全和防治船舶污染的指令,船舶发生水上交通事故或者污染事故的,向海事管理机构提交事故报告;

(5)对本船船员进行日常训练和考核,在本船船员的船员服务簿内如实记载船员的履职情况;

(6)船舶进港、出港、靠泊、离泊,通过交通密集区、危险航区等区域,或者遇有恶劣天气和海况,或者发生水上交通事故、船舶污染事故、船舶保安事件以及其他紧急情况时,应当在驾驶台值班,必要时应当直接指挥船舶;

(7)保障船舶上人员和临时上船人员的安全;

(8)船舶发生事故,危及船舶上人员和财产安全时,应当组织船员和船舶上其他人员尽力施救;

(9)弃船时,应当采取一切措施,首先组织旅客安全离船,然后安排船员离船,船长应当最后离船。在离船前,船长应当指挥船员尽力抢救航海日志、机舱日志、油类记录簿、无线电台日志、本航次使用过的航行图和文件,以及贵重物品、邮件和现金。

4. 船长、高级船员在航次中,不得擅自辞职、离职或者中止职务。

5. 船长在保障水上人身与财产安全、船舶保安、防治船舶污染水域方面，具有独立决定权，并负有最终责任。

船长为履行职责，可以行使下列权力：

（1）决定船舶的航次计划，对不具备船舶安全航行条件的，可以拒绝开航或者续航；

（2）对船员用人单位或者船舶所有人下达的违法指令，或者可能危及有关人员、财产和船舶安全或者可能造成水域环境污染的指令，可以拒绝执行；

（3）发现引航员的操纵指令可能对船舶航行安全构成威胁或者可能造成水域环境污染时，应当及时纠正、制止，必要时可以要求更换引航员；

（4）当船舶遇险并严重危及船舶上人员的生命安全时，船长可以决定撤离船舶；

（5）在船舶的沉没、毁灭不可避免的情况下，船长可以决定弃船，但是，除紧急情况外，应当报经船舶所有人同意；

（6）对不称职的船员，可以责令其离岗。

船舶在海上航行时，船长为保障船舶上人员和船舶的安全，可以依照法律的规定对在船舶上进行违法、犯罪活动的人采取禁闭或者其他必要措施。

### （四）船员职业保障

1. 船员用人单位和船员应当按照国家有关规定参加工伤保险、医疗保险、养老保险、失业保险以及其他社会保险，并依法按时足额缴纳各项保险费用。船员用人单位应当为在驶往或者驶经战区、疫区或者运输有毒、有害物质的船舶上工作的船员，办理专门的人身、健康保险，并提供相应的防护措施。

2. 船舶上船员生活和工作的场所，应当符合国家船舶检验规范中有关船员生活环境、作业安全和防护的要求。船员用人单位应当为船员提供必要的生活用品、防护用品、医疗用品，建立船员健康档案，并为船员定期进行健康检查，防治职业疾病。船员在船工作期间患病或者受伤的，船员用人单位应当及时给予救治；船员失踪或者死亡的，船员用人单位应当及时做好相应的善后工作。

3. 船员用人单位应当依照有关劳动合同的法律、法规和中华人民共和国缔结或者加入的有关船员劳动与社会保障国际条约的规定，与船员订立劳动合同。

船员用人单位不得招用未取得本条例规定证件的人员上船工作。

4. 船员工会组织应当加强对船员合法权益的保护，指导、帮助船员与船员用人单位订立劳动合同。

5. 船员用人单位应当根据船员职业的风险性、艰苦性、流动性等因素，向船员支付合理的工资，并按时足额发放给船员。任何单位和个人不得克扣船员的工资。船员用人单位应当向在劳动合同有效期内的待派船员，支付不低于船员用人单位所在地人民政府公布的最低工资。

6. 船员在船工作时间应当符合国务院交通主管部门规定的标准，不得疲劳值班。

船员除享有国家法定节假日的假期外，还享有在船舶上每工作 2 个月不少于 5 日的年休假。船员用人单位应当在船员年休假期间，向其支付不低于该船员在船工作期间平均工资的报酬。

7. 船员在船工作期间，有下列情形之一的，可以要求遣返：

（1）船员的劳动合同终止或者依法解除的；

(2)船员不具备履行船上岗位职责能力的;

(3)船舶灭失的;

(4)未经船员同意,船舶驶往战区、疫区的;

(5)由于破产、变卖船舶、改变船舶登记或者其他原因,船员用人单位、船舶所有人不能继续履行对船员的法定或者约定义务的。

8. 船员可以从下列地点中选择遣返地点:

(1)船员接受招用的地点或者上船任职的地点;

(2)船员的居住地、户籍所在地或者船籍登记国;

(3)船员与船员用人单位或者船舶所有人约定的地点。

9. 船员的遣返费用由船员用人单位支付。遣返费用包括船员乘坐交通工具的费用、旅途中合理的食宿及医疗费用和30公斤行李的运输费用。

10. 船员的遣返权利受到侵害的,船员当时所在地民政部门或者中华人民共和国驻境外领事机构,应当向船员提供援助;必要时,可以直接安排船员遣返。对于民政部门或者中华人民共和国驻境外领事机构为船员遣返所垫付的费用,船员用人单位应当及时返还。

### (五)船员培训和船员服务

1. 申请在船舶上工作的船员,应当按照国务院交通主管部门的规定,完成相应的船员基本安全培训、船员适任培训。在危险品船、客船等特殊船舶上工作的船员,还应当完成相应的特殊培训。

2. 从事船员培训业务的机构,应当按照国务院交通主管部门规定的船员培训大纲和水上交通安全、防治船舶污染、船舶保安等要求,在核定的范围内开展船员培训,确保船员培训质量。

3. 从事代理船员办理申请培训、考试、申领证书(包括外国海洋船舶船员证书)等有关手续,代理船员用人单位管理船员事务,提供船舶配员等船员服务业务的机构(以下简称船员服务机构)应当建立船员档案,加强船舶配员管理,掌握船员的培训、任职资历、安全记录、健康状况等情况并将上述情况定期报监管机构备案。关于船员劳务派遣业务的信息报劳动保障行政部门备案,关于其他业务的信息报海事管理机构备案。

船员用人单位直接招用船员的,应当遵守前款的规定。

4. 船员服务机构为船员提供服务,应当诚实守信,不得提供虚假信息,不得损害船员的合法权益。

5. 船员服务机构为船员用人单位提供船舶配员服务,应当按照相关法律、行政法规的规定订立合同。船员服务机构为船员用人单位提供的船员受伤、失踪或者死亡的,船员服务机构应当配合船员用人单位做好善后工作。

## 二、中华人民共和国海船船员适任考试和发证规则

为了提高海船船员素质,保障海上人命和财产安全,保护海洋环境,根据《中华人民共和国海上交通安全法》《中华人民共和国船员条例》以及我国缔结或者加入的有关国际公约,制定本规则。本规则自2020年11月1日起施行。

## (一)总则

1. 适用范围

本规则适用于为取得中华人民共和国海船船员适任证书(以下简称适任证书)而进行的考试以及适任证书、适任证书特免证明和外国适任证书承认签证的签发与管理。

2. 主管机关

交通运输部主管全国海船船员适任考试和发证工作。

交通运输部海事局在交通运输部的领导下,对海船船员适任考试和发证工作进行统一管理。

交通运输部海事局所属的各级海事管理机构按照交通运输部海事局确定的职责范围具体负责海船船员适任考试和发证工作。

3. 原则

海船船员适任考试和发证应当遵循公平、公正、公开、便民的原则。

## (二)适任证书

1. 适任证书基本信息

(1)适任证书包含以下基本内容:

①持证人姓名、性别、出生日期、国籍、签名及照片;

②证书编号;

③持证人适任的航区、职务;

④发证日期和有效期;

⑤签发机关名称和签发官员署名;

⑥规定需要载明的其他内容。

参加航行和轮机值班的适任证书还应当包含证书等级、职能,有关国际公约的适用条款,持证人适任的船舶种类、主推进动力装置类型、特殊设备操作等内容。

(2)持证人适任的航区分为无限航区和沿海航区,但无线电操作人员适任的航区分为A1、A2、A3和A4海区。

(3)船员职务分为:

①参加航行和轮机值班的船员:

(a)船长;

(b)甲板部船员:大副、二副、三副、高级值班水手、值班水手,其中大副、二副、三副统称为驾驶员;

(c)轮机部船员:轮机长、大管轮、二管轮、三管轮、电子电气员、高级值班机工、值班机工、电子技工,其中大管轮、二管轮、三管轮统称为轮机员;

(d)无线电操作人员:一级无线电电子员、二级无线电电子员、通用操作员、限用操作员。

②不参加航行和轮机值班的船员。

(4)船长、驾驶员、轮机长、轮机员适任证书分为:

①船长、大副、轮机长、大管轮无限航区适任证书分为两个等级:

(a)一等适任证书:适用于3 000总吨及以上或者主推进动力装置3 000千瓦及以上的

船舶；

(b)二等适任证书：适用于500总吨及以上至3 000总吨或者主推进动力装置750千瓦及以上至3 000千瓦的船舶。

②二副、三副、二管轮、三管轮无限航区适任证书适用于500总吨及以上或者主推进动力装置750千瓦及以上的船舶。

③船长、大副、轮机长、大管轮沿海航区适任证书分为三个等级：

(a)一等适任证书：适用于3 000总吨及以上或者主推进动力装置3 000千瓦及以上的船舶；

(b)二等适任证书：适用于500总吨及以上至3 000总吨或者主推进动力装置750千瓦及以上至3 000千瓦的船舶；

(c)三等适任证书：适用于未满500总吨或者主推进动力装置未满750千瓦的船舶。

④二副、三副、二管轮、三管轮沿海航区适任证书分为两个等级：

(a)一等适任证书：适用于500总吨及以上或者主推进动力装置750千瓦及以上的船舶；

(b)二等适任证书：适用于未满500总吨或者主推进动力装置未满750千瓦的船舶。

(5)值班水手、值班机工适任证书等级分为：

高级值班水手、高级值班机工适任证书适用于500总吨及以上或者主推进动力装置750千瓦及以上的船舶。

①无限航区适任证书适用于500总吨及以上或者主推进动力装置750千瓦及以上的船舶。

②沿海航区适任证书分为两个等级：

(a)一等适任证书：适用于500总吨及以上或者主推进动力装置750千瓦及以上的船舶；

(b)二等适任证书：适用于未满500总吨或者主推进动力装置未满750千瓦的船舶。

(6)电子电气员和电子技工适任证书适用于主推进动力装置750千瓦及以上的船舶。

(7)在拖船上任职的船长和甲板部船员所持适任证书等级与该拖船的主推进动力装置功率的等级相对应。

(8)不参加航行和轮机值班的船员适任证书不分等级。

(9)船员职能根据分工分为：

①航行；

②货物操作和积载；

③船舶作业和人员管理；

④轮机工程；

⑤电气、电子和控制工程；

⑥维护和修理；

⑦无线电通信。

(10)船员职能根据技术要求分为：

①管理级；

②操作级；

③支持级。

(11)适任证书持有人应当在适任证书适用范围内担任职务或者担任低于适任证书适用

范围的职务。但担任值班水手职务的船员必须持有值班水手或者高级值班水手适任证书,担任值班机工职务的船员必须持有值班机工或者高级值班机工适任证书。

2. 适任证书的签发

(1)取得适任证书,应当具备下列条件:

①年满 18 周岁(在船实习、见习人员年满 16 周岁)且初次申请不超过 60 周岁;

②符合船员任职岗位健康要求;

③经过船员基本安全培训;

④通过相应的适任考试。

参加航行和轮机值班的船员还应当经过相应的船员适任培训、特殊培训,具备相应的船员任职资历,并且任职表现和安全记录良好。

国际航行船舶的船员申请适任证书的,还应当通过船员专业外语考试。

(2)不参加航行和轮机值班的海船船员申请适任证书的,应当提交下列材料:

①海船船员适任证书申请表;

②海船船员健康证明;

③身份证件;

④符合海事管理机构要求的照片;

⑤基本安全培训合格证。

(3)参加航行和轮机值班的海船船员初次申请适任证书的,应当取得不参加航行和轮机值班的海船船员适任证书,并提交下列材料:

①海船船员适任证书申请表;

②海船船员健康证明;

③身份证件;

④符合海事管理机构要求的照片;

⑤基本安全培训合格证;

⑥专业技能适任培训合格证;

⑦岗位适任培训证明或者航海教育毕业证书;

⑧船员服务簿;

⑨船上见习记录簿;

⑩适任考试合格证明;

⑪现持有的适任证书。

(4)参加航行和轮机值班的海船船员申请适任证书所载职务晋升、航区扩大、吨位或者功率提高的,应当提交(3)规定的材料。

持有三副、三管轮适任证书申请二副、二管轮适任证书者,免于提交⑦⑨⑩项材料。

按照本规则规定免于船上见习者,免于提交⑨的材料。

对初次申请适任证书的船员,海事管理机构应当同时配发船员服务簿。

(5)参加航行和轮机值班的船员适任证书有效期不超过 5 年,不参加航行和轮机值班的船员适任证书长期有效。适任证书有效期截止日期不超过持证人 65 周岁生日。

(6)持有船长和高级船员适任证书者,满足下列条件之一,可以在适任证书有效期届满前 12 个月内或者届满后 3 个月内向有相应管理权限的海事管理机构申请适任证书再有效:

①从申请之日起向前计算 5 年内具有与其适任证书所记载范围相应的不少于 12 个月的海上服务资历，且任职表现和安全记录良好。其中，无限航区的船员不少于 6 个月是在无限航区的船舶上任职；船长、轮机长担任大副、大管轮或者二副、二管轮担任三副、三管轮的，可以作为原职务适任证书再有效的海上任职资历。

②从申请之日起向前计算 6 个月内具有与其适任证书所记载范围相应的不少于 3 个月的海上服务资历，且任职表现和安全记录良好。

（7）未满足上述规定的船长和高级船员，申请适任证书再有效的，应当符合下列规定：

①未满足海上服务资历，或者适任证书过期 3 个月及以上 5 年以下的，应当参加模拟器培训和知识更新培训，并通过相应的抽查项目的评估；

②适任证书过期 5 年及以上 10 年以下的，应当参加模拟器培训和知识更新培训，并通过相应的抽查科目的理论考试和项目的评估；

③适任证书过期 10 年及以上的，应当参加模拟器培训和知识更新培训，通过相应的抽查科目的理论考试和项目的评估，并在适任证书记载的相应航区、等级范围内按照船上见习记录簿规定完成不少于 3 个月的船上见习。

（8）适任证书损坏或者遗失时，持证人除应当向原证书签发的海事管理机构提交补发申请外，还应提交下列材料：

①海船船员适任证书申请表；

②海船船员健康证明；

③符合海事管理机构要求的照片；

④适任证书损坏的，应当缴回被损坏的证书原件；

⑤适任证书遗失的，应当提交证书遗失说明。

补发的适任证书的有效期截止日期与原适任证书的有效期截止日期相同。

（9）因违反海事行政管理规定被吊销适任证书者，自证书被吊销之日起 2 年后，通过低一级职务的适任考试，按照规定提交相应材料，向原签发适任证书的海事管理机构申请低一级职务的适任证书。

海事管理机构对通过适任考试的，应当签发其相应的适任证书。

（10）曾在内河船舶、海洋渔业船舶或者军事船舶上任职的人员，具备下列条件的，可以按照交通运输部海事局的规定申请相应的适任证书：

①拟申请证书的等级和职务不高于其在内河船舶、海洋渔业船舶或者军事船舶上相应的证书等级和职务，其中可以申请的职务最高为大副或者大管轮；

②在内河船舶、海洋渔业船舶或者军事船舶上的水上任职资历能够与本规则规定的海上任职资历相适应，且任职表现和安全记录良好；

③参加相应的岗位适任培训，并通过与申请职务相应的理论考试和评估。

3. 特殊类型船舶船员的特殊要求

（1）拟在油船、化学品船、液化气船、客船、高速船、使用气体或者其他低闪点燃料船舶等特殊类型船舶或者极地水域船舶上任职的，还应当按照相关规定完成相应的特殊培训，并取得培训合格证。

（2）在两港间航程 50 海里及以上的客船上服务的船长、大副、二副、三副、轮机长、大管轮、二管轮、三管轮，都应当持有适用于相应航区的一等适任证书。

(3)申请适用于两港间航程50海里及以上客船驾驶员、船长适任证书的,应当具备下列条件:

①申请适用于客船三副适任证书者,应当在其他种类的500总吨及以上海船上担任三副满12个月,任职表现和安全记录良好,并至少在客船上任见习三副3个月;或者通过三副适任考试,在客船上完成18个月的船上见习,任职表现和安全记录良好。

②申请适用于客船二副适任证书者,应当在其他种类的500总吨及以上海船上担任二副满12个月,任职表现和安全记录良好,并至少在客船上任见习二副3个月;或者持有客船三副适任证书并在相应航区、船舶等级的海船上担任三副不少于12个月,任职表现和安全记录良好,其中曾经担任客船三副至少6个月。

③申请适用于客船大副适任证书者,应当在其他种类的3 000总吨及以上海船上担任大副满24个月,任职表现和安全记录良好,并至少在客船上任见习大副3个月;或者持有客船二副适任证书并在相应航区、船舶等级的海船上担任二副不少于12个月,其中曾经担任客船二副至少6个月,通过大副考试,至少在客船上任见习大副3个月,任职表现和安全记录良好。

④申请适用于客船船长适任证书者,应当在其他种类的3 000总吨及以上海船上担任船长满24个月,任职表现和安全记录良好,并至少在客船上任见习船长3个月;或者持有客船大副适任证书并在相应航区、船舶等级的海船上担任大副不少于18个月,任职表现和安全记录良好,其中曾经担任客船大副至少6个月,通过船长考试,且至少在客船上任见习船长3个月。

### (三)适任考试

(1)适任考试包括理论考试和评估。

理论考试以理论知识为主要考试内容,重点对海船船员专业知识的掌握和理解程度进行测试。

评估通过对相应船舶、模拟器或者其他设备的操作,国际通用语言听力测验与口试等方式,重点对海船船员专业知识综合运用、操作及应急等能力进行技能测评。

(2)适任考试科目、大纲由交通运输部海事局统一制定并公布。相关海事管理机构应当在职责范围内制定并公布适任考试具体计划,明确适任考试的时间、地点、申请程序等相关信息。

(3)符合本规则附件中申请海船船员适任证书要求,申请参加相应适任考试的,应当按照公布的申请程序向有相应权限的海事管理机构提供下列信息:

①身份证件;

②所申请考试的适任证书类别;

③符合海事管理机构要求的照片;

④相应培训证明和海上任职资历。

(4)海事管理机构应当于适任考试开始5日前向申请人发放准考证,并告知申请人查询适任考试成绩的途径等事项。

(5)适任考试有科目或者项目不及格的,可以在初次适任考试准考证签发之日起3年内申请5次补考。逾期不能通过全部适任考试的,所有适任考试成绩失效。

(6)海事管理机构应当在考试结束后10日内公布成绩。适任考试成绩自全部理论考试和评估成绩均合格之日起5年内有效。

## （四）特免证明

（1）中国籍船舶在境外遇有不可抗力或者其他导致持证船员不能履行职务的特殊情况，无法满足船舶最低安全配员要求，需要由本船下一级船员临时担任上一级职务时，应当到签发该船员适任证书的海事管理机构办理特免证明事宜。

（2）办理船长、驾驶员、轮机长、轮机员特免证明的，应当符合下列条件：

①办理船长、轮机长特免证明的，应当持有大副或者大管轮适任证书，并在自办理之日起前5年内，具有不少于12个月的不低于其适任证书所记载船舶、航区、职务的任职资历，任职表现和安全记录良好，且船长、轮机长不能履行职务的情况是因不可抗力原因造成；

②办理大副、大管轮特免证明的，应当持有二副、二管轮适任证书，并在自办理之日起前5年内，具有不少于12个月的不低于其适任证书所记载船舶、航区、职务的任职资历，且任职表现和安全记录良好；

③办理二副、二管轮特免证明的，应当持有三副、三管轮适任证书，并在自办理之日起前5年内，具有不少于6个月的不低于其适任证书所记载船舶、航区、职务的任职资历，且任职表现和安全记录良好；

④办理三副、三管轮特免证明的，应当持有高级值班水手、值班水手或者高级值班机工、值班机工适任证书，并在自办理之日起前5年内，具有不少于12个月的不低于其适任证书所记载船舶、航区、职务的任职资历，任职表现和安全记录良好。

（3）海事管理机构应当核实有关情况，对符合规定条件的，应当在3日内办理有效期不超过6个月的特免证明，但船长或者轮机长特免证明的有效期不超过3个月。不符合条件的，应当在3日内告知申请人不予办理特免证明的理由。

（4）一艘船舶上同时持特免证明的船长和高级船员总共不得超过3名。

（5）当事船舶抵达中国第一个港口后，特免证明自动失效。失效的特免证明应当及时缴回原办理的海事管理机构。航运公司应当及时为当事船舶安排持相应适任证书的人员补充空缺职位。

## （五）监督管理

（1）海事管理机构应当对船员履行职责、安全记录等情况进行监督检查，加强对船员适任能力的监管。

（2）有下列情形之一的，海事管理机构可以组织对负有责任的船员适任能力进行考核：

①船舶发生碰撞、搁浅或者触礁的；

②在航行、锚泊或者靠泊时，从船上非法排放物质的；

③违反航行规则的；

④以其他危及海上人命、财产安全和海洋环境的方式操作船舶的。

按照①对船员进行适任能力考核的，应当根据本规则规定的船员适任要求通过抽考、现场考核等方式进行。对于考核结果表明船员不再符合适任条件的，海事管理机构应当注销其适任证书或者承认签证。

（3）按照上述被注销适任证书的船员，可以按照海事管理机构的要求参加低一级职务的评估，海事管理机构签发与其考核结果相适应的适任证书。

（4）隐瞒有关情况或者提供虚假材料申请适任证书的，海事管理机构不予受理或者不予签发适任证书，并给予警告；申请人在1年内不得再次申请与前次申请等级、职务资格、航区相同的适任证书。

（5）因违反本规则或者其他水上交通安全法规的规定，被海事管理机构吊销适任证书的，自被吊销之日起2年内，不得申请适任证书。

### （六）附则

1. 本规则下列用语的含义：

（1）海船，是指航行于海上以及江海直达的各类船舶，但不包括军事船舶、渔业船舶、体育运动船舶和非营业性游艇；

（2）无限航区，是指海上任何通航水域，包括世界各国的开放港口和国际通航运河及河流；

（3）沿海航区，是指我国沿海的港口、内水和领海以及国家管辖的一切其他通航海域；

（4）A1海区，是指至少由一个具有连续数字选择呼叫（即DSC）报警能力的甚高频（VHF）岸台的无线电话所覆盖的区域；

（5）A2海区，是指除A1海区以外，至少由一个具有连续DSC报警能力的中频（MF）岸台的无线电话所覆盖的区域；

（6）A3海区，是指除A1和A2海区以外，由具有连续报警能力的国际海事卫星组织（INMARSAT）静止卫星所覆盖的区域；

（7）A4海区，是指除A1、A2和A3海区以外的海区；

（8）非运输船，是指工程船舶、拖船等不从事货物（或者旅客）运输的机动船舶；

（9）安全记录良好，是指自申请之日起向前计算5年内未发生负有主要责任的一般事故及以上等级事故；

（10）实践教学，是指航海类院校或者培训机构组织实施的实验教学、工厂实习教学和船上实习；

（11）航运公司，是指船舶所有人、经营人、管理人或者光船承租人；

（12）相关机构，是指海船船员服务机构和海员外派机构。

2. 下列船舶船员的适任考试和发证不适用本规则，按照交通运输部海事局的相关规定执行：

（1）在两港间航程不足50海里的客船或者滚装客船上任职的船长和高级船员；

（2）在未满100总吨船舶上任职的船长和甲板部船员；

（3）在主推进动力装置未满220千瓦船舶上任职的轮机部船员；

（4）仅在船籍港和船籍港附近水域航行和作业的船舶上任职的船员；

（5）在公务船、水上飞机、地效翼船、非营业性游艇、摩托艇、非自航船上任职的船员。

3. 海船在内河行驶，其船长、驾驶员应当按照交通运输部海事局规定通过相应的考试，并经航线签注，但申请引航的除外。

持有有效适任证书的内河船舶船员，经过相应的培训、考试，并经航线签注，可以在特定航线江海直达船舶上担任相应职务，具体办法由交通运输部海事局制定。

4. 本规则自2020年11月1日起施行。2011年12月27日交通运输部发布的《中华人民共和国海船船员适任考试和发证规则》（交通运输部令2011年第12号），2013年12月24日以交通运输部令 2013 年第 18 号发布的《关于修改〈中华人民共和国海船船员适任考试和发证规则〉的决定》，2017 年 3 月 28 日以交通运输部令 2017 年第 8 号发布的《关于修改〈中华人民共和国海船船员适任考试和发证规则〉的决定》，同时废止。

## 三、中华人民共和国海员船上工作和生活条件管理办法

为了保护海员的合法权益，规范海员的船上工作和生活条件，根据船员条例以及我国缔结或者参加的相关国际条约，交通运输部制定了《中华人民共和国海员船上工作和生活条件管理办法》。本办法自 2013 年 7 月 26 日起施行。2016 年 11 月 12 日，《2006 年海事劳工公约》对我国生效。为推进国内沿海航行船舶履行《2006 年海事劳工公约》，经研究，决定对《中华人民共和国海员船上工作和生活条件管理办法》适用范围进行修订，修订后的办法于 2019 年 1 月 1 日起实施。

### （一）总则

1. 适用范围

在中国籍国际航行船舶和国内沿海航行船舶上的海员工作和生活条件，适用本办法。

军事船舶、公务船舶、渔业船舶、体育运动船艇，以及仅在港区、内河和遮蔽水域及紧邻水域航行、作业的船舶除外。

2. 主管机关

交通运输部海事局负责海员船上工作和生活条件的管理工作。各级海事管理机构根据授权具体负责海员船上工作和生活条件的监督检查工作。

### （二）起居舱室和娱乐设施

（1）船东应当提供保持海员健康的起居舱室环境，应当确保船舶设备、设施的建造要求持续符合船舶检验技术规范的规定，并取得船员舱室设备的证明文件。

（2）船长或者经船长授权的海员应当每周对起居舱室进行检查，确保起居舱室保持健康、卫生和安全舒适的状况，并保存检查记录。

（3）船东应当为海员免费提供船上的娱乐和福利设施。船东为海员提供的船岸电话通信、电子邮件、互联网和邮件的投递，不得收取额外的费用。

（4）船东应当为海员提供可阅读和集中学习的场所和设施。

（5）船东应当采取适当的措施，在满足保安审查的条件下，保证船舶在港口停留期间允许海员的亲属和朋友登船探视。

（6）船东应当在满足船舶安全条件的情况下允许海员的配偶陪同其航海。海员的配偶应当投有充分的人身意外和疾病保险，船东应当为其获得这种保险给予必要的帮助。

（7）船长或者经船长授权的海员应当负责船上娱乐设施的管理和维护。

### （三）膳食服务

（1）在船上从事膳食服务的海员应当具备相应的知识和技能，并按有关要求经过培训。

（2）配员 10 人及以上的船舶应当配备船上厨师。船上厨师因疾病或者死亡等特殊情况无法承担厨师工作的，经海事管理机构同意并签发特免证明后，可由膳食服务辅助人员替代船

上厨师，直到下一个方便的挂靠港或时间不超过 1 个月。

（3）配员少于 10 人的船舶，可不配备船上厨师，由膳食服务辅助人员替代。

（4）船上应当成立膳食委员会，负责船上膳食管理，保证在良好卫生条件下为海员提供符合标准的膳食，并将膳食费用使用情况、食品和饮用水采购情况、膳食安排计划定期向船上全体海员公示。

（5）船东应当考虑海员数量、文化和宗教背景以及航线长度和性质等因素，为船舶配备充分的厨具和餐具，并免费向海员提供数量、质量和营养价值等方面均满足实际需要的食品和饮用水。

（6）船长或者经船长授权的海员应当根据船舶航行的实际情况至少每周对船上食品、饮用水和膳食服务设施等情况进行检查，并保存检查记录。

### （四）医疗和健康保障

（1）船东应当采取积极、有效的预防和保障措施，防止海员在船工作期间发生与职业有关的事故和疾病。船东应当为海员提供职业安全、健康保护及事故预防的培训。

（2）载员 100 人及以上并且航程在 3 天以上的国际航行船舶应当至少配备 1 名专职医生负责船上的医疗服务。

无须配备医生的船舶，应当至少有 1 名海员负责船上的急救、医护和药品管理工作。其中负责船上急救工作的海员应当持有精通急救培训合格证，负责船上医护和药品管理工作的海员应当持有船上医护培训合格证。

（3）船东应当根据船舶的类型、船上人员的数量、航次性质、目的地和航程，按照《船舶与海上设施法定检验规则》的要求为其船舶配备足够的医疗设施和设备，以及国际船舶医疗指南和能获得医疗指导的无线电台清单。

（4）船长或者负责医疗、急救和药品管理的海员应当妥善维护船上配备的医疗设施、设备和指南，每年对全部药品的标签、有效期、存放条件、用法用量以及医疗设备的功能等至少进行一次全面检查，并保持检查记录。

（5）船东应当向在船工作的海员提供免费医疗和健康保护，包括基本的牙科治疗，并及时提供合理的就医便利。

（6）船东应当保证船舶具有通过无线电或者卫星通信获得医疗指导的能力。交通运输部海事局制定标准的中英文对照海员医疗报告表，供船长和相关的岸上和船上医疗人员使用。医疗报告表内容只限于对海员的疾病治疗，接触到医疗报告表的人员应当对内容予以保密。

（7）船东应当按照交通运输部海事局颁布的与海员职业安全健康管理有关的导则建立并实施船上职业安全和健康保护及事故预防的方针和计划，明确规定船东、海员和其他有关人员的责任和义务，并特别注意未成年海员的安全和健康，确保在其船上工作的海员得到职业健康保护，并且能在安全和卫生的船上环境中生活、工作和培训。

（8）船东应考虑到国际有关标准和导则的要求，及时对船上发生的职业事故或职业疾病向第一抵达港和船籍港海事管理机构报告。

（9）发生职业事故的船舶在国内第一抵达港的海事管理机构应在船舶抵港后及时对职业事故进行调查。

（10）船东应每年对职业安全与健康管理情况进行风险评估。配员 5 人及以上的船舶应当成立由船长负责的船舶安全委员会。

（11）船舶安全委员会应当承担履行和实施船舶职业安全和健康方针、计划的具体责任，并对在船上工作的海员定期开展相关职业安全和健康保护及事故预防等内容的培训。

（12）船舶安全委员会会议每 3 个月应当至少举行 1 次，做好会议记录并形成安全委员会报告，由船长签字确认后随船备查。

## （五）工资支付

（1）船东应当至少每月向海员支付一次工资，采取汇款方式支付的，船东、海员用人单位不得收取额外的服务费用。船东应当每月在船上以书面形式告知海员其月薪账目，月薪账目应当至少包括上船协议约定的工资项目、额外报酬、应付报酬、实付数额。

海员确需查询工资实际支付情况的，船东有责任协助海员获得相关的信息，并不得收取额外的服务费。船上支付的劳动报酬采用的货币兑换率应当按照有利于海员的标准确定，且不得低于当日国家银行执行的外汇汇率标准。

（2）海员在船期间需将其工资的全部或者部分转给其家人、受赡养人或者法定受益人时，船东应当为其提供便利。

## （六）上船协议

（1）船东或者船东代表应当与上船工作或者实习、见习的海员订立书面上船协议。上船协议应当由船东与海员协商一致，并经双方在协议文本上签字或者盖章生效。协议文本原件应当由双方各执一份。上船协议和适用的集体合同应具有中英文文本，其正本或者复印件应当随船备查。

（2）船东使用船员服务机构为船舶提供船员配员服务的，应当将船员服务机构许可证复印件、配员协议和配员名单随船备查。

（3）船员服务机构不得利用各种方式、机制或清单来阻止或阻挠海员获得其所称职的工作。

（4）船员服务机构不得因提供就业机会而向海员个人收取费用，也不得要求海员提供抵押金或担保金等，但海员取得健康证书、护照或其他个人旅行证件以及国家法律规定的其他费用除外。海员的签证费用由船东承担。

（5）船员服务机构应当建立一个保护机制，通过保险或适当的等效措施，赔偿由于服务机构或有关船东未能按上船协议履行对海员的义务而可能给海员造成的资金损失。

（6）船东与海员协商一致，可以提前解除上船协议，但应当至少提前 7 天以书面形式通知对方。船东应当将上船协议签订方的名称、协议期限、服务的船名等相关信息报船籍港海事管理机构备案。

## （七）未成年海员的特殊保护

（1）船东仅能安排未成年海员在船上实习或者见习，且实习和见习工作不得危及未成年海员的健康和安全。

（2）船东不得安排未成年海员从事以下范围的实习和见习工作：

①搬运重物作业；

②进入锅炉、液舱和隔离舱；

③置身于有害的噪声和振动中；

④操作起重机械或其他动力设备或器械，或向操作此类机械的人员发信号；

⑤操作系泊中拖缆或锚泊设备；

⑥索具作业；

⑦恶劣天气中在高处或甲板上工作；

⑧电气设备维护；

⑨接触有潜在危害的物质，或诸如危险或有毒物质等有害的物理试剂及受到电离辐射；

⑩清洗厨房机械；

⑪操控小艇。

(3)船东不得安排未成年海员在夜间工作，但是根据交通运输部海事局规定的符合 STCW 公约的船上见习或者实习要求开展的夜航训练除外。

(4)船东不得聘用未成年海员担任船上厨师。

(5)船东应当确保未成年海员在船见习或者实习的时间不能超过每日 8 小时、每周 40 小时，且在日间正餐有至少 1 小时的休息时间以及每连续工作 2 小时后有 15 分钟的休息时间。

由于未成年海员被安排见习和实习的岗位培训的需要不能满足本条前款规定的，船长应当说明原因，做好记录并签名。

(6)未成年海员首次在国际航行船舶上实习或者见习 4 个月后，表现出不适应海上生活的，船东应当尽快安排其在合适的港口遣返。

## 四、中华人民共和国船员违法记分办法

为增强船员遵守法律意识，减少人为因素对水上交通安全的影响，防治船舶污染水域，根据《中华人民共和国船员条例》等有关法律和法规，制定本办法，自 2016 年 1 月 1 日起施行。本办法规定的法规培训及考试，不收取费用。

### (一)总则

1. 适用范围

本办法适用于对船员违反水上交通安全和防治船舶污染水域法律、行政法规行为实施累计记分(以下简称船员违法记分)。

2. 主管机关

中华人民共和国海事局负责统一实施全国船员违法记分管理工作。各级海事管理机构，依照各自职责负责具体实施船员违法记分工作。

### (二)周期和分值

(1)船员累计记分周期(即记分周期)为 1 个公历年，满分 15 分，自每年 1 月 1 日始至 12 月 31 日止。

(2)根据船员违法行为的严重程度，一次船员违法记分的分值为 15 分、8 分、4 分、2 分、1 分五种。

### (三)实施

(1)船员违法记分由船员违法行为发生地的海事管理机构管辖。船员违法行为发生地，

包括船员违法行为的结果发现地、初始发生地和过程经过地。

海事管理机构对船员违法记分管辖发生争议的,报请共同的上一级海事管理机构指定管辖。海事管理机构对不属其管辖的船员违法记分案件,应当移送有管辖权的海事管理机构;受移送的海事管理机构如果认为移送不当,应当报请共同的上一级海事管理机构指定管辖。

(2)海事管理机构发现船员存在依法应当实施船员违法记分行为的,应当进行调查并听取当事人的陈述申辩。船员违法行为事实清楚、证据确凿的,具有管辖权的海事管理机构应按照本办法对其实施船员违法记分,并予以相应记载。

(3)船员一次存在两种以上违法行为的,应当分别计算,累计记分分值。对存在共同违法行为的船员,应当分别实施船员违法记分。对船员的同一违法行为,不得给予两次及以上船员违法记分。

(4)船员在一个记分周期内累计记分达到 15 分的,最后实施船员违法记分的海事管理机构应当扣留其船员适任证书,责令其参加为期 5 日的水上交通安全、防治船舶污染等有关法律、行政法规的培训(以下简称法规培训)并进行相应的考试。

(5)船员在一个记分周期内累计记分未达到 15 分的,记分分值重新起算。

(6)船员在一个记分周期内两次及以上达到 15 分,或在连续两个记分周期内分别达到 15 分,或连续两个记分周期内累计记分达到 40 分的,最后实施船员违法记分的海事管理机构应当扣留其船员适任证书,责令其参加法规培训和考试。考试内容除理论部分外,还包括船员适任能力考核。

### (四)培训和考试

(1)船员需参加法规培训的,可向最后被实施船员违法记分地、船员注册地或船员适任证书签发地的海事管理机构报名。海事管理机构收到船员的报名后,对符合上款规定的应在 15 个工作日内组织培训。

(2)法规培训应包括水上交通安全和防治船舶污染等管理法规、安全知识的教育和海事案例等内容。

(3)被扣留船员适任证书的船员经相应考试合格后,海事管理机构应发还其船员适任证书,记分分值重新起算。

(4)被扣留船员适任证书的船员未经考试合格的,不得在船舶上继续服务。

### (五)附则

**表 5-1 海船船员水上交通安全类违法记分分值标准**

| 代码 | 行为名称 | 对象 | 分值 |
|---|---|---|---|
| 11001 | 船舶、设施上的人员在船上值班期间,体内酒精含量超过规定标准的;在船上履行船员职务,服食影响安全值班的违禁药物的 | 当事船员 | 15 |
| 11002 | 船长在弃船或者撤离船舶时未最后离船的 | 船长 | 15 |
| 11003 | 由他人代替参加考试或者代替他人参加考试的 | 当事船员 | 15 |
| 11004 | 发生海上交通事故的船舶、设施在不严重危及自身安全的情况下,擅自离开事故现场或逃逸的 | 船长 | 15 |

续表

| 代码 | 行为名称 | 对象 | 分值 |
| --- | --- | --- | --- |
| 11005 | 转让、买卖或租借船员职务证书的 | 当事船员 | 15 |
| 11006 | 船舶、设施遇难时,不及时向海事管理机构报告出事时间、地点、受损情况、救助要求以及发生事故的原因的 | 船长 | 8 |
| 11007 | 在事故现场附近的船舶、设施,不听从海事管理机构统一指挥实施救助的 | 船长及值班驾驶员 | 8 |
| 11008 | 船舶、设施不符合安全航行条件而开航的 | 船长 | 8 |
| 11009 | 船舶、设施不符合安全作业条件而作业的 | 船长 | 8 |
| 11010 | 船舶、设施未按照规定进行夜航的 | 船长 | 8 |
| 11011 | 船舶、设施未按规定拖带,或非拖带船从事拖带作业的 | 船长 | 8 |
| 11012 | 船舶、设施储存、装卸、运输危险货物,装运危险货物的船舶擅自在非停泊危险货物船舶的锚地、码头或其他水域停泊的 | 船长 | 8 |
| 11013 | 引航员在引领船舶时,未持有相应的引航员适任证书的 | 当值引航员 | 8 |
| 11014 | 船员在船工作期间,未持有相应的船员适任证书的 | 未持证船员 | 8 |
| 11015 | 船舶、设施不按照规定载运旅客、车辆的 | 船长 | 8 |
| 11016 | 船舶、设施超过核定载重线载运货物的 | 大副 | 8 |
| 11017 | 未按照规定保障船舶的最低安全配员的 | 船长 | 8 |
| 11018 | 伪造船舶服务资历,或者提供虚假材料申请船员证书的 | 责任船员 | 8 |
| 11019 | 船舶无正当理由进入或者穿越禁航区的 | 值班驾驶员 | 8 |
| 11020 | 船员考试作弊的 | 当事船员 | 8 |
| 11021 | 船舶、设施上的人员在船上履行船员职务,未按照船员值班规则实施值班的 | 当事船员 | 8 |
| 11022 | 船舶、设施储存、装卸、运输危险货物,不遵守国家关于危险货物管理和运输规定的 | 当事船员 | 4 |
| 11023 | 船舶、设施上的人员不按规定使用明火的 | 大副或轮机长 | 4 |
| 11024 | 船舶进出港口或通过交通管制区、通航密集区和航行条件受到限制的区域时,不遵守中国政府或海事管理机构公布的特别规定的 | 船长 | 4 |
| 11025 | 引航员未按照水上交通安全和防治船舶污染操作规则引领船舶的 | 当值引航员 | 4 |

续表

| 代码 | 行为名称 | 对象 | 分值 |
| --- | --- | --- | --- |
| 11026 | 船舶、设施上的人员不采用安全速度航行的 | 值班驾驶员 | 4 |
| 11027 | 船舶、设施上的人员不按规定的航路航行的 | 值班驾驶员 | 4 |
| 11028 | 船舶、设施上的人员不遵守避碰规则的 | 值班驾驶员 | 4 |
| 11029 | 船舶、设施上的人员不按照规定停泊、倒车、掉头、追越的 | 值班驾驶员 | 4 |
| 11030 | 船舶、设施上的人员不按规定进行试车、试航、测速、辨校方向的 | 船长 | 4 |
| 11031 | 船舶、设施不遵守强制引航规定的 | 船长 | 4 |
| 11032 | 船舶触碰航标不报告的 | 值班驾驶员 | 4 |
| 11033 | 未按照规定抄收海岸电台播发的海上航行警告的 | 船长、二副或值班驾驶员 | 4 |
| 11034 | 船舶、设施超过核定航区航行的 | 值班驾驶员 | 4 |
| 11035 | 游艇的航行水域超出检验证书所载明的适航范围的 | 游艇操作员 | 4 |
| 11036 | 船长、高级船员在航次中，擅自辞职、离职或者中止职务的 | 当事船员 | 4 |
| 11037 | 船员未如实填写或者记载有关船舶法定文书的 | 当事船员 | 4 |
| 11038 | 引航员在引领船舶时，未携带规定的有效证件的 | 未带证引航员 | 2 |
| 11039 | 船员在船工作期间未携带规定的有效证件的 | 未带证船员 | 2 |
| 11040 | 游艇操作人员操作游艇时未携带合格的适任证书的 | 操艇员 | 2 |
| 11041 | 船舶、设施上的人员不按规定显示信号的 | 值班驾驶员 | 2 |
| 11042 | 船舶、设施不遵守航行通信和无线电通信管理规定的 | 值班驾驶员 | 2 |
| 11043 | 船舶、设施上的人员不按照规定保持船舶自动识别系统处于正常工作状态，或者不按照规定在船舶自动识别系统中输入准确信息，或者船舶自动识别系统发生故障未及时向海事管理机构报告的 | 值班驾驶员 | 2 |

续表

| 代码 | 行为名称 | 对象 | 分值 |
|---|---|---|---|
| 11044 | 船舶、设施违反船舶并靠或者过驳有关规定的 | 船长 | 2 |
| 11045 | 游艇未在海事管理机构公布的专用停泊水域或者停泊点停泊,或者临时停泊的水域不符合《游艇安全管理规定》的要求的 | 操艇员 | 1 |

**表 5-2 海船船员防治船舶污染类违法记分分值标准**

| 代码 | 行为名称 | 对象 | 分值 |
|---|---|---|---|
| 12001 | 因发生事故或其他突发性事件,造成海洋环境污染事故,不立即采取处理措施的 | 船长 | 15 |
| 12002 | 船舶向沿海水域排放《海洋环境保护法》等有关规定禁止排放的污染物或其他物质的 | 大副或轮机长及责任船员 | 15 |
| 12003 | 发生船舶污染事故,船舶、有关作业单位迟报、漏报、瞒报和谎报事故的 | 船长 | 8 |
| 12004 | 船舶超过标准排放污染物的 | 大副或轮机长及责任船员 | 8 |
| 12005 | 未经海事管理机构批准,使用消油剂的 | 船长 | 8 |
| 12006 | 未经海事管理机构批准,船舶载运污染危害性货物进出港口、过境停留、进行装卸的 | 大副 | 4 |
| 12007 | 载运污染危害性货物的船舶不符合污染危害性货物适载要求的 | 大副 | 4 |
| 12008 | 未经海事管理机构批准,船舶进行散装液体污染危害性货物过驳作业的 | 船长 | 4 |
| 12009 | 船舶未按照规定在船舶上留存船舶污染物处理记录的;船舶污染物处理记录与船舶运行过程中产生的污染物数量不符合的 | 船长、大副或轮机长及责任船员 | 4 |

## 五、中华人民共和国船舶最低安全配员规则

为确保船舶的船员配备,足以保证船舶安全航行、停泊和作业,防治船舶污染环境,依据《中华人民共和国海上交通安全法》《中华人民共和国内河交通安全管理条例》和中华人民共和国缔结或者参加的有关国际条约,制定本规则。本规则于 2004 年 6 月 30 日、2014 年 9 月 5 日由交通运输部做出两次修正与发布,最新修正自 2014 年 9 月 5 日起施行。

## （一）总则

（1）适用范围：中华人民共和国国籍的机动船舶的船员配备和管理，适用本规则。本规则对外国籍船舶做出规定的，从其规定。

军用船舶、渔船、体育运动船艇以及非营业的游艇，不适用本规则。

（2）主管机关：中华人民共和国交通运输部海事局是船舶安全配员管理的主管机关。各级海事管理机构依照职责负责本辖区内的船舶安全配员的监督管理工作。

（3）本规则所要求的船舶安全配员标准是船舶配备船员的最低要求。

（4）船舶所有人或者其船舶经营人、船舶管理人，应当按照本规则的要求，为所属船舶配备合格的船员，但是并不免除船舶所有人为保证船舶安全航行和作业增加必要船员的责任。

## （二）最低安全配员原则

（1）确定船舶最低安全配员标准应综合考虑船舶的种类、吨位、技术状况、主推进动力装置功率、航区、航程、航行时间、通航环境和船员值班、休息制度等因素。

（2）船舶在航行期间，应配备不低于按本规则要求所确定的船员构成及数量。高速客船的船员最低安全配备应符合交通运输部颁布的《中华人民共和国高速客船安全管理规则》的要求。

（3）规则附录列明的减免规定是根据各类船舶在一般情况下制定的，海事管理机构在核定具体船舶的最低安全配员数额时，如认为配员减免后无法保证船舶安全，可不予减免或者不予足额减免。

（4）船舶所有人可以根据需要增配船员，但船上总人数不得超过经中华人民共和国交通运输部海事局认可的船舶检验机构核定的救生设备定员标准。

## （三）最低安全配员管理

（1）中国籍船舶配备外国籍船员应当符合以下规定：

①在中国籍船舶上工作的外国籍船员，应当依照法律、行政法规和国家其他有关规定取得就业许可；

②外国籍船员持有合格的船员证书，且所持船员证书的签发国与我国签订了船员证书认可协议；

③雇佣外国籍船员的航运公司已承诺承担船员权益维护的责任。

（2）中国籍船舶应当按照本规则的规定，持有海事管理机构颁发的船舶最低安全配员证书。

在中华人民共和国内水、领海及管辖海域的外国籍船舶，应当按照中华人民共和国缔结或者参加的有关国际条约的规定，持有其船旗国政府主管机关签发的船舶最低安全配员证书或者等效文件。

（3）船舶所有人应当在申请船舶国籍登记时，按照本规则的规定，对其船舶的最低安全配员如何适用本规则附录相应标准予以陈述，并可以包括对减免配员的特殊说明。

海事管理机构应当在依法对船舶国籍登记进行审核时，核定船舶的最低安全配员，并在核发船舶国籍证书时，向当事船舶配发船舶最低安全配员证书。

（4）在境外建造或者购买并交接的船舶，船舶所有人应持船舶买卖合同或者建造合同及交接文件、船舶技术和其他相关资料的副本(复印件)到所辖的海事管理机构办理船舶最低安全配员证书。

(5)海事管理机构核定船舶最低安全配员时,除查验有关船舶证书、文书外,可以对船舶的实际状况进行现场核查。

(6)船舶在航行、停泊、作业时,必须将船舶最低安全配员证书妥善存放在船备查。船舶不得使用涂改、伪造以及采用非法途径或者舞弊手段取得的船舶最低安全配员证书。

(7)船舶所有人应当按照本规则的规定和船舶最低安全配员证书载明的船员配备要求,为船舶配备合格的船员。

(8)船舶所有人应当在船舶最低安全配员证书有效期截止前1年以内,或者在船舶国籍证书重新核发或者相关内容发生变化时,凭原证书到船籍港的海事管理机构办理换发证书手续。

(9)证书污损不能辨认的,视为无效,船舶所有人应当向所辖的海事管理机构申请换发。证书遗失的,船舶所有人应当书面说明理由,附具有关证明文件,到船籍港的海事管理机构办理补发证书手续。

换发或者补发的船舶最低安全配员证书的有效期,不得超过原发的船舶最低安全配员证书的有效期。

(10)船舶状况发生变化需改变证书所载内容时,船舶所有人应当到船籍港的海事管理机构重新办理船舶最低安全配员证书。

(11)在特殊情况下,船舶需要在船籍港以外换发或者补发船舶最低安全配员证书的,经船籍港海事管理机构同意,船舶当时所在港口的海事管理机构可以按照本规定予以办理并通报船籍港海事管理机构。

## 六、中华人民共和国海员外派管理规定

为规范海员外派管理,提高我国外派海员整体素质和国际形象,维护外派海员的合法权益,促进海员外派事业的健康发展,交通运输部制定了《中华人民共和国海员外派管理规定》。该规定为《中华人民共和国船员条例》的配套法规,自2011年7月1日起开始实施。该规定根据2016年4月11日《交通运输部关于修改〈中华人民共和国海员外派管理规定〉的决定》第一次修正;根据2019年11月28日《交通运输部关于修改〈中华人民共和国海员外派管理规定〉的决定》第二次修正;根据2021年8月11日《交通运输部关于修改〈中华人民共和国海员外派管理规定〉的决定》第三次修正;根据2023年9月20日《交通运输部关于修改〈中华人民共和国海员外派管理规定〉的决定》第四次修正。

1. 适用范围

在中华人民共和国境内依法设立的机构从事海员外派活动,适用本规定。

2. 主管机关

(1)交通运输部主管全国海员外派工作。交通运输部海事局负责实施全国海员外派的监督管理工作。交通运输部直属海事管理机构依照各自职责负责具体实施海员外派的监督管理工作。

(2)海员外派遵循"谁派出,谁负责"的原则。从事海员外派的机构应当对其派出的外派

海员负责，做好外派海员在船工作期间及登、离船过程中的各项保障工作。

3. 海员外派机构的责任与义务

（1）海员外派机构应当遵守国家船员管理、船员服务管理、船员证件管理、劳动和社会保障及对外劳务合作等有关规定。

（2）海员外派机构为海员提供海员外派服务，应当保证外派海员与本机构，或境外船东，或我国的航运公司，或其他相关行业单位签订劳动合同。

（3）外派海员与我国的航运公司或者其他相关行业单位签订劳动合同的，海员外派机构在外派海员时，应当事先经过外派海员用人单位同意。外派海员与境外船东签订劳动合同的，海员外派机构应当负责审查劳动合同的内容，发现劳动合同内容存在侵害外派海员利益条款的，应当要求境外船东及时予以纠正。

（4）海员外派机构应当为外派海员购买境外人身意外伤害保险。

（5）海员外派机构应当在充分了解并确保境外船东资信和运营情况良好的前提下，方可与境外船东签订船舶配员服务协议。

（6）海员外派机构与境外船东签订的船舶配员服务协议，应当符合国内法律、法规和相关国际公约的要求，并至少包括以下内容：

①海员外派机构及境外船东的责任、权利和义务。包括外派船员的数量、素质要求，派出频率，培训责任，外派机构对船员违规行为的责任分担等。

②外派海员的工作、生活条件。

③协议期限和外派海员上下船安排。

④工资福利待遇及其支付方式。

⑤正常工作时间、加班、额外劳动和休息休假。

⑥船舶适航状况及船舶航行区域。

⑦境外船东为外派海员购买的人身意外、疾病保险和处理标准。

⑧社会保险的缴纳。

⑨外派海员跟踪管理。

⑩突发事件处理。

⑪外派海员遣返。

⑫外派海员伤病死亡处理。

⑬外派海员免责条款。

⑭特殊情况及争议的处理。

⑮违约责任。

海员外派机构应当将船舶配员服务协议中与外派海员利益有关的内容如实告知外派海员。

（7）海员外派机构应当根据派往船舶的船旗国和公司情况对外派海员进行相关法律法规、管理制度、风俗习惯和注意事项等任职前培训，并根据海员外派实际需要对外派海员进行必要的岗位技能训练。

（8）海员外派机构应当在外派海员上船工作前，与其签订上船协议，协议内容应当至少包括下列内容：

①船舶配员服务协议中涉及外派海员利益的所有条款；

②海员外派机构对外派海员工作期间的管理和服务责任；

③外派海员在境外发生紧急情况时海员外派机构对其的安置责任；

④违约责任。

(9)海员外派机构应当对外派海员工作期间有关人身安全、身体健康、工作技能及职业发展等方面进行跟踪管理，为外派海员履行船舶配员服务协议提供必要支持。

(10)海员外派机构不得因提供就业机会而向外派海员收取费用。海员外派机构不得克扣外派海员的劳动报酬。海员外派机构不得要求外派海员提供抵押金或担保金等。

(11)海员外派机构不得将海员外派到下列公司或者船舶：

①在港口国监督检查中被列入黑名单的船舶；

②非经中国境内保险机构或者国际保赔协会成员保险的船舶；

③未建立安全营运和防治船舶污染管理体系的公司或者船舶。

4. 突发事件的处理

(1)突发事件发生时，海员外派机构应当按照应急处理制度的规定，立即启动应急预案，并及时向海事管理机构报告。

(2)海员外派机构应当与境外船东共同做好突发事件的处置工作。当境外船东未能及时全面履行突发事件责任时，海员外派机构应妥善处理突发事件，避免外派海员的利益受损。

(3)当海员外派机构拒绝承担或者无力承担发生突发事件责任时，可以动用海员外派备用金，用于支付外派海员回国或者接受其他紧急救助所需费用。

# 单元四 海事处理与行政处罚

## 一、中华人民共和国海上交通事故调查处理条例

为了加强海上交通安全管理，及时调查处理海上交通事故，根据《中华人民共和国海上交通安全法》的有关规定，制定本条例。经国务院批准，本条例自1990年3月3日起实施。

### (一)总则

1. 适用范围

(1)本条例适用于船舶、设施在中华人民共和国沿海水域内发生的海上交通事故。

(2)对违反海上交通安全管理法规进行违章操作，虽未造成直接的交通事故，但构成重大潜在事故隐患的，海事管理机构可以依据本条例进行调查和处罚。

2. 主管机关

中华人民共和国港务监督机构是本条例的实施机关。

3. 海上交通事故定义

海上交通事故是指船舶、设施发生的下列事故：

(1)碰撞、触碰或浪损；

(2)触礁或搁浅；

(3)火灾或爆炸；

（4）沉没；

（5）在航行中发生影响适航性能的机件或重要属具的损坏或灭失；

（6）其他引起财产损失和人身伤亡的海上交通事故。

## （二）事故报告

（1）船舶、设施发生海上交通事故，必须立即用甚高频电话、无线电报或其他有效手段向就近港口的海事管理机构报告。报告的内容应当包括：船舶或设施的名称、呼号、国籍、起讫港，船舶或设施的所有人或经营人名称，事故发生的时间、地点、海况以及船舶、设施的损害程度、救助要求等。

（2）船舶、设施发生海上交通事故，除应按规定立即提出扼要报告外，还必须按下列规定向海事管理机构提交《海上交通事故报告书》和必要的文书资料：

①船舶、设施在港区水域内发生海上交通事故，必须在事故发生后24小时内向当地海事管理机构提交。

②船舶、设施在港区水域以外的沿海水域发生海上交通事故，船舶必须在到达中华人民共和国的第一个港口后48小时内向海事管理机构提交；设施必须在事故发生后48小时内用电报向就近港口的海事管理机构报告《海上交通事故报告书》要求的内容。

③引航员在引领船舶的过程中发生海上交通事故，应当在返港后24小时内向当地海事管理机构提交《海上交通事故报告书》。

④对于中国籍船舶在中华人民共和国沿海水域以外发生的海上交通事故，其所有人或经营人应当向船籍港的海事管理机构报告，并于事故发生之日起60日内提交《海上交通事故报告书》。如果事故在国外诉讼、仲裁或调解，船舶所有人或经营人应在诉讼、仲裁或调解结束60日内将判决书、裁决书或调解书的副本或影印件报船籍港的海事管理机构备案。

⑤派往外国籍船舶任职的持有中华人民共和国船员证书的中国籍船员对海上交通事故的发生负有责任的，其派出单位应在事故发生之日起60日内向签发该职务证书的海事管理机构提交《海上交通事故报告书》。

⑥前面①②项因特殊情况不能按规定时间提交《海上交通事故报告书》的，在征得海事管理机构同意后可予以适当延迟。

（3）《海上交通事故报告书》应当如实写明下列情况：

①船舶、设施的概况和主要性能数据；

②船舶、设施所有人或经营人的名称、地址；

③事故发生的时间和地点；

④事故发生时的气象和海况；

⑤事故发生的详细经过（碰撞事故应附相对运动示意图）；

⑥损害情况（附船舶、设施受损部位简图，难以在规定时间内查清的，应于检验后补报）；

⑦船舶、设施沉没的，其沉没概位；

⑧与事故有关的其他情况。

（4）海上交通事故报告必须真实，不得隐瞒或捏造。

（5）因海上交通事故致使船舶、设施发生损害，船长、设施负责人应申请中国当地或船舶第一到达港地的检验部门进行检验或鉴定，并应将检验报告副本送交海事管理机构备案。对于检验、鉴定事项，海事管理机构可委托有关单位或部门进行，其费用由船舶、设施所有人或经营人承担。

船舶、设施发生火灾、爆炸等事故，船长、设施负责人必须申请公安消防监督机关鉴定，并将鉴定书副本送交海事管理机构备案。

### （三）事故调查

（1）在港区水域内发生的海上交通事故，由港区地的海事管理机构进行调查。

（2）在港区水域外发生的海上交通事故，由就近港口的海事管理机构或船舶到达的中华人民共和国的第一个港口的海事管理机构进行调查。必要时，由中华人民共和国港务监督局指定的港务监督机构进行调查。海事管理机构认为必要时，可以通知有关机关和社会组织参加事故调查。

（3）海事管理机构在接到事故报告后，应及时进行调查。调查应客观、全面，不受事故当事人提供材料的限制。根据调查工作的需要，海事管理机构有权：

①询问有关人员；

②要求被调查人员提供书面材料和证明；

③要求有关当事人提供航海日志、轮机日志、车钟记录簿、报务日志、航向记录簿、海图、船舶资料、航行设备仪器的性能说明书以及其他必要的原始文书资料；

④检查船舶、设施及有关设备的证书、人员证书和核实事故发生前船舶的适航状态、设施的技术状态；

⑤检查船舶、设施及其货物的损害情况和人员伤亡情况；

⑥勘查事故现场、搜集有关物证。

（4）海事管理机构因调查海上交通事故的需要，可以令当事船舶驶抵指定地点接受调查。当事船舶在不危及自身安全的情况下，未经海事管理机构同意，不得离开指定地点。

### （四）事故处理

（1）海事管理机构应当根据对海上交通事故的调查，做出《海上交通事故调查报告书》，查明事故发生的原因，判明当事人的责任；构成重大事故的，通报当地检察机关。

（2）对海上交通事故的发生负有责任的人员，海事管理机构可根据其责任的性质和程度依法给予下列处罚：

①对中国籍船员、引航员或设施上的工作人员，可以给予警告、罚款或扣留、吊销职务证书；

②对外国籍船员或设施上的工作人员，可以给予警告、罚款或将其过失通报其所属国家的主管机关。

（3）对海上交通事故的发生负有责任的人员及船舶、设施的所有人或经营人，需要追究其行政责任的，由海事管理机构提交其主管机关或行政监察机关处理；构成犯罪的，由司法机关依法追究刑事责任。

（4）根据海上交通事故发生的原因，海事管理机构可责令有关船舶、设施的所有人、经营人限期加强对所属船舶、设施的安全管理。对拒不加强安全管理或在限期内达到安全要求的，海事管理机构有权责令其停航、改航、停止作业，并可采取其他必要的强制性处置措施。

### (五)事故调解

(1)对船舶、设施发生海上交通事故引起的民事侵权赔偿纠纷,当事人可以申请海事管理机构调解。调解必须遵循自愿、公平的原则,不得强迫。凡已向海事法院起诉或申请海事仲裁机构仲裁的,当事人不得再申请海事管理机构调解。

(2)调解由当事人各方在事故发生之日起30日内向负责该事故调查的海事管理机构提交书面申请。

(3)海事管理机构自收到调解申请书之日起3个月内未能使当事人各方达成调解协议的,可以宣布调解不成。不愿意调解或调解不成的,当事人可以向海事法院起诉或申请海事仲裁机构仲裁。

## 二、中华人民共和国海上船舶污染事故调查处理规定

为了规范船舶污染事故调查处理工作,依据《中华人民共和国海洋环境保护法》《防治船舶污染海洋环境管理条例》等规定,制定本规定。本规定(2011年第10号)自2012年2月1日起施行。

### (一)总则

1. 适用范围

本规定适用于造成中华人民共和国管辖海域污染的船舶污染事故的调查处理。

2. 主管机关

国务院交通运输主管部门主管船舶污染事故调查处理工作。交通运输部海事局负责指导、管理和实施船舶污染事故调查处理工作。各级海事管理机构依照各自职责负责具体开展船舶污染事故调查处理工作。

3. 调查处理原则

船舶污染事故调查处理应当遵循及时、客观、公平、公正的原则,查明事故原因,认定事故责任。

### (二)事故报告

(1)发现船舶及其有关水上交通事故、作业活动造成或者可能造成海洋环境污染的单位和个人,应当立即将有关情况向就近的海事管理机构报告。海事管理机构接到报告后,应当按照应急预案的要求进行报告和通报。

(2)发生污染事故的船舶、有关作业单位,应当在采取应急措施的同时及时、妥善地保存相关事故信息,立即向就近的海事管理机构报告以下事项:

①船舶的名称、国籍、呼号、识别号或者编号;

②船舶所有人、经营人或者管理人、污染损害赔偿责任保险人的名称、地址和联系方式;

③相关水文和气象情况;

④污染物的种类、基本特性、数量、装载位置等情况;

⑤事故原因或者事故原因的初步判断;

⑥事故污染情况;

⑦已经采取或者准备采取的污染控制、清除措施以及救助要求；

⑧签订了船舶污染清除协议的，还应当报告船舶污染清除单位的名称和联系方式；

⑨船舶、有关作业单位认为需要报告的其他事项。

船舶、有关作业单位向海事管理机构报告后，经核实发现报告内容与事实情况不符的，应当立即对报告内容予以更正。

（3）发生污染事故的船舶、有关作业单位，应当在事故发生后24小时内向就近的海事管理机构提交《船舶污染事故报告书》。因特殊情况不能在规定时间内提交《船舶污染事故报告书》的，经海事管理机构同意后可予以适当延迟，但最长不得超过48小时。

《船舶污染事故报告书》至少应当包括以下内容：

①船舶及船舶所有人、经营人或者管理人的有关情况；

②污染事故概况；

③应急处置情况；

④污染损害赔偿责任保险情况；

⑤其他与事故有关的事项。

（4）中国籍船舶在中华人民共和国管辖海域外发生的船舶污染事故，其所有人或经营人应当立即向船籍港所在地直属海事管理机构报告，并在48小时内提交《船舶污染事故报告书》；船舶应当在到达国内第一港口之前提前24小时向船籍港直属海事管理机构报告，并接受调查处理。

（5）船舶污染事故报告后出现的新情况及污染事故的处理进展情况，船舶、有关单位应当及时补充报告。

## （三）事故调查

（1）船舶污染事故调查处理依照下列规定组织实施：

①特别重大船舶污染事故由国务院或者国务院授权国务院交通运输主管部门等部门组织事故调查处理。

②重大船舶污染事故由交通运输部海事局组织事故调查处理。

③较大船舶污染事故由事故发生地直属海事管理机构负责调查处理。

④一般船舶污染事故由事故发生地海事管理机构负责事故调查处理。

⑤船舶污染事故发生地不明的，由事故发现地海事管理机构负责调查处理。事故发生地或者事故发现地跨管辖区域或者相关海事管理机构对管辖权有争议的，由共同的上级海事管理机构确定调查处理机构。

⑥在中华人民共和国管辖海域外发生的船舶污染事故，造成中华人民共和国管辖海域污染的，调查处理机构由交通运输部海事局指定。

⑦中国籍船舶在中华人民共和国管辖海域外发生重大及以上船舶污染事故造成或者可能造成严重影响的，交通运输部海事局可派员开展事故调查。

（2）船舶因发生海上交通事故造成海洋环境污染的，海事管理机构对船舶污染事故的调查应当与船舶交通事故的调查同时进行。

（3）船舶污染事故调查应当由至少两名船舶污染事故调查人员实施。

（4）发生下列情况时，船舶污染事故调查处理机构可以组织开展国际、国内船舶污染事故协查：

①污染事故肇事船舶逃逸的；

②污染事故嫌疑船舶已经开航离港的；

②辖区发生污染事故但暂时无法确认污染来源，经分析可能为过往船舶所为的；

④其他需要组织协查的情况。

(5)船舶污染事故调查处理机构调查船舶污染事故，应当勘验事故现场，检查相关船舶，询问相关人员，收集证据，查明事故原因。

下列材料可以作为船舶污染事故调查的证据：

①书证、物证、视听资料；

②证人证言；

③当事人陈述；

④鉴定结论；

⑤勘验笔录、调查笔录、现场笔录；

⑥其他可以证明事实的证据。

(6)船舶污染事故的当事人和其他有关人员应当配合调查，如实反映情况和提供资料，不得伪造、隐匿、毁灭证据或者以其他方式妨碍调查取证。

(7)船舶污染事故的当事人和其他有关人员提供的书证、物证、视听资料应当是原件原物，提供抄录件、复印件、照片等非原件原物的，应当签字确认；拒绝确认的，事故调查人员应当注明有关情况。

(8)船舶污染事故调查处理机构根据调查处理工作的需要可以行使以下职权：

①责令船舶污染事故当事人提供相关技术鉴定或者检验、检测报告；

②暂扣相应的证书、文书、资料；

③禁止船舶驶离港口或者责令其停航、改航、驶往指定地点、停止作业、暂扣船舶。

### (四)鉴定机构

(1)船舶污染事故调查处理机构应当自事故调查结束之日起20个工作日内制作《船舶污染事故认定书》，并送达当事人。

《船舶污染事故认定书》应当载明事故基本情况、事故原因和事故责任。

海事管理机构在接到船舶污染事故报告或者发现船舶污染事故之日起6个月内无法查明污染源或者无法找到造成污染船舶的，经船舶污染事故调查处理机构负责人批准可以终止事故调查，并在《船舶污染事故认定书》中注明终止调查的原因。

(2)船舶污染事故当事人对事故认定不服的，可以在收到《船舶污染事故认定书》之日起15日内，向船舶污染事故调查处理机构或者其上级机构申请一次重新认定。

(3)造成海洋环境污染的船舶应当在开航前缴清海事管理机构为减轻污染损害而采取的清除、打捞、拖航、引航、过驳等应急处置措施的相关费用或者提供相应的财务担保。财务担保应当是现金担保、由境内银行或者境内保险机构提供的信用担保。

(4)重大以上船舶污染事故的调查处理报告应当向国务院交通运输主管部门备案。对于其中重大以上船舶海上溢油事故的调查处理情况，国务院交通运输主管部门应当向国家海上溢油应急处置部际联席会议通报。

(5)对于船舶污染事故引起的污染损害赔偿争议,当事人可以向海事管理机构申请调解,海事管理机构也可以主动调解。当事人一方拒绝调解的,海事管理机构不得调解。征得所有当事人同意后,可以邀请其他利害关系人参加调解。当事人中途退出调解的,应当向海事管理机构提交退出调解的书面申请,海事管理机构应当终止调解,并及时通知其他当事人。海事管理机构调解不成,或者在 3 个月内未达成调解协议的,应当终止调解。

### (五)法律责任

(1)船舶、有关作业单位违反本规定的,海事管理机构应当责令改正;拒不改正的,海事管理机构可以责令停止作业、强制卸载,禁止船舶进出港口、靠泊、过境停留,或者责令停航、改航、离境、驶向指定地点。

(2)在事故调查结束后,海事管理机构对造成船舶污染事故的责任船舶、有关作业单位按照污染事故直接损失的30%处以罚款,但最高不得超过 30 万元。负有直接责任的主管人员和其他直接责任人员属于国家工作人员的,依法给予行政处分。

(3)直接经济损失是指与船舶污染事故有直接因果关系而造成的财产毁损、减少的实际价值。其包括:

①为防止或者减轻船舶污染损害采取预防措施所发生的费用,以及预防措施造成的进一步灭失或者损害;

②船舶污染事故造成该船舶之外的财产损害;

③对受污染的环境已采取或将要采取合理恢复措施的费用。

## 三、中华人民共和国海上海事行政处罚规定

为规范海上海事行政处罚行为,保护当事人的合法权益,保障和监督海上海事行政管理,维护海上交通秩序,防止船舶污染水域,根据《海上交通安全法》《海洋环境保护法》《行政处罚法》及其他有关法律、行政法规,制定本规定。本规定于 2015 年 5 月 29 日由交通运输部发布,根据 2017 年 5 月 23 日交通运输部《关于修改〈中华人民共和国海上海事行政处罚规定〉的决定》第一次修正,根据 2019 年 4 月 12 日交通运输部《关于修改〈中华人民共和国海上海事行政处罚规定〉的决定》第二次修正。

### (一)总则

1. 适用范围

(1)对在中华人民共和国(简称中国)管辖沿海水域及相关陆域发生的,或者在中国管辖沿海水域及相关陆域外但属于中国籍的海船发生的违反海事行政管理秩序的行为实施海事行政处罚,适用本规定。

(2)中国籍船员在中国管辖沿海水域及相关陆域外违反海事行政管理秩序,并且按照中国有关法律、行政法规应当处以行政处罚的行为实施海事行政处罚,适用本规定。

2. 行政处罚原则

实施海事行政处罚,应当遵循合法、公开、公正,处罚与教育相结合的原则。

3. 主管机关

海事行政处罚,由海事管理机构依法实施。

### （二）海事行政处罚的原则

（1）海事管理机构实施海事行政处罚时，应当责令当事人改正或者限期改正海事行政违法行为。

（2）对有两个或者两个以上海事行政违法行为的同一当事人，应当分别处以海事行政处罚，合并执行。对有共同海事行政违法行为的当事人，应当分别处以海事行政处罚。

（3）实施海事行政处罚，应当与海事行政违法行为的事实、性质、情节以及社会危害程度相适应。

（4）海事行政违法行为的当事人有下列情形之一的，应当依照《行政处罚法》第二十七条的规定，从轻或者减轻给予海事行政处罚：

①主动消除或者减轻海事行政违法行为危害后果的；

②受他人胁迫实施海事行政违法行为的；

③配合海事管理机构查处海事行政违法行为有立功表现的；

④法律、行政法规规定应当依法从轻或者减轻行政处罚的情形。

依法从轻给予海事行政处罚，是指在法定的海事行政处罚种类、幅度范围内给予较轻的海事行政处罚。

（5）海事行政违法行为轻微并及时得到纠正，没有造成危害后果的，不予海事行政处罚。

（6）有海事行政违法行为的中国籍船舶和船员在境外已经受到处罚的，不得重复给予海事行政处罚。

（7）海事行政违法行为的当事人有下列情形之一的，应当从重处以海事行政处罚：

①造成较为严重后果或者情节恶劣；

②一年内因同一海事行政违法行为受过海事行政处罚；

③胁迫、诱骗他人实施海事行政违法行为；

④伪造、隐匿、销毁海事行政违法行为证据；

⑤拒绝接受或者阻挠海事管理机构实施监督管理；

⑥法律、行政法规规定应当从重处以海事行政处罚的其他情形。

从重给予海事行政处罚，是指在法定的海事行政处罚种类、幅度范围内给予较重的海事行政处罚。一年内是指自该违法行为发生日之前12个月内。

（8）对当事人的同一个海事行政违法行为，不得给予两次以上海事行政处罚。

（9）当事人未按照海事管理机构规定的期限和要求改正海事行政违法行为的，属于新的海事行政违法行为。

### （三）海事行政违法行为

1. 不遵守有关海上交通安全的规章制度，包括下列情形：

（1）在船上履行船员职务，未按照船员值班规则实施值班；

（2）未获得必要的休息上岗操作；

（3）在船上值班期间，体内酒精含量超过规定标准；

（4）在船上履行船员职务期间，服食影响安全值班的违禁药物；

（5）不采用安全速度航行；

（6）不按照规定的航路航行；

（7）未按照要求保持正规瞭望；

（8）不遵守避碰规则；

（9）不按照规定停泊、倒车、掉头、追越；

（10）不按照规定显示信号；

（11）不按照规定守听航行通信；

（12）不按照规定保持船舶自动识别系统处于正常工作状态，或者不按照规定在船舶自动识别系统中输入准确信息，或者船舶自动识别系统发生故障未及时向海事管理机构报告；

（13）不按照规定进行试车、试航、测速、辨校方向；

（14）不按照规定测试、检修船舶设备；

（15）不按照规定保持船舱良好通风或者清洁；

（16）不按照规定使用明火；

（17）不按照规定填写航海日志；

（18）不按照规定采取保障人员上下船舶、设施安全的措施；

（19）不按照规定载运易流态化货物，或者不按照规定向海事管理机构备案。

2. 船舶、设施上的人员不遵守有关海上交通安全的规章制度和操作规程，造成海上交通事故的，还应当按照下列规定给予处罚：

（1）造成特别重大事故的，对负有全部责任、主要责任的船员吊销适任证书或者其他适任证件；对负有次要责任的船员扣留适任证书或者其他适任证件 12 个月直至吊销适任证书或者其他适任证件；责任相当的，对责任船员扣留适任证书或者其他适任证件 24 个月，或者吊销适任证书或者其他适任证件。

（2）造成重大事故的，对负有全部责任、主要责任的船员吊销适任证书或者其他适任证件；对负有次要责任的船员扣留适任证书或者其他适任证件 12 个月至 24 个月；责任相当的，对责任船员扣留适任证书或者其他适任证件 18 个月，或者吊销适任证书或者其他适任证件。

（3）造成较大事故的，对负有全部责任、主要责任的船员扣留船员适任证书 12 个月至 24 个月或者吊销船员适任证书；对负有次要责任的船员扣留船员适任证书 6 个月；责任相当的，对责任船员扣留船员适任证书 12 个月。

（4）造成一般事故的，对负有全部责任、主要责任的船员扣留船员适任证书 9 个月至 12 个月；对负有次要责任的船员扣留船员适任证书 6 个月至 9 个月；责任相当的，对责任船员扣留船员适任证书 9 个月。

3. 船舶、设施不遵守有关法律、行政法规和规章，包括下列情形：

（1）不按照规定检修、检测影响船舶适航性能的设备；

（2）不按照规定检修、检测通信设备和消防设备；

（3）不按照规定载运旅客、车辆；

（4）超过核定载重线载运货物；

（5）不符合安全航行条件而开航；

（6）不符合安全作业条件而作业；

（7）未按照规定进行夜航；

（8）强令船员违规操作；

（9）强令船员疲劳上岗操作；

(10)未按照船员值班规则安排船员值班;
(11)超过核定航区航行;
(12)未按照规定的航路行驶;
(13)不遵守避碰规则;
(14)不采用安全速度航行;
(15)不按照规定停泊、倒车、掉头、追越;
(16)不按照规定进行试车、试航、测速、辨校方向;
(17)不遵守航行、停泊和作业信号规定;
(18)不遵守强制引航规定;
(19)不遵守航行通信和无线电通信管理规定;
(20)不按照规定保持船舱良好通风或者清洁;
(21)不按照规定采取保障人员上下船舶、设施安全的措施;
(22)不遵守有关明火作业安全操作规程;
(23)未按照规定拖带或者非拖带船从事拖带作业;
(24)违反船舶并靠或者过驳有关规定;
(25)不按照规定填写航海日志;
(26)未按照规定报告船位、船舶动态;
(27)未按照规定标记船名、船舶识别号;
(28)未按照规定配备航海图书资料。

4. 中国籍国内航行船舶进出港口不按照规定向海事管理机构报告船舶的航次计划、适航状态、船员配备和载货载客等情况的,依照规定处罚。

### (四)海事行政处罚程序

1. 管辖

(1)海事行政处罚案件由海事行政违法行为发生地的海事管理机构管辖,法律、行政法规和本规定另有规定的除外。海事行政违法行为发生地,包括海事行政违法行为的初始发生地、过程经过地、结果发生地。

(2)各级海事局所属的海事处管辖本辖区内的下列海事行政处罚案件:

①对自然人处以警告、1 万元以下罚款、扣留船员适任证书 3 个月至 6 个月的海事行政处罚;

②对法人或者其他组织处以警告、3 万元以下罚款的海事行政处罚。

(3)对海事行政处罚案件管辖发生争议的,报请共同的上一级海事管理机构指定管辖。

2. 简易程序

海事行政违法事实确凿,并有法定依据的,对自然人处以警告或者处以 50 元以下罚款,对法人或其他组织处以警告或者 1 000 元以下罚款的海事行政处罚的,可以当场做出海事行政处罚决定。

3. 一般程序

(1)实施海事行政处罚,除适用简易程序的,应当适用一般程序。

(2)除依法可以当场做出的海事行政处罚外,海事管理机构发现自然人、法人或者其他组织有依法应当处以海事行政处罚的海事行政违法行为，应当自发现之日起 7 日内填写海事行政处罚立案审批表，报本海事管理机构负责人批准。发生水上交通事故应当处以海事行政处罚的，应当自水上交通事故调查结束之日起 7 日内填写海事行政处罚立案审批表，报本海事管理机构负责人批准。

(3)能够证明海事行政处罚案件真实情况的事实，都是证据。

海事行政处罚案件的证据种类如下：

①书证；

②物证；

③视听资料；

④电子数据；

⑤证人的证言；

⑥当事人的陈述；

⑦鉴定意见；

⑧勘验笔录、现场笔录。

(4)进行海事行政处罚案件的调查或者检查，应当由 2 名以上海事行政执法人员担任调查人员。调查人员与本案有直接利害关系的，应当回避。

调查人员询问或者检查，应当出示海事行政执法证件，并制作询问笔录、现场笔录或者勘验笔录。

询问笔录、现场笔录或者勘验笔录经被询问人、被检查人确认无误后，由被询问人、被检查人签名或者盖章。拒绝签名或者盖章的，调查人员应当在笔录上注明情况。

对涉及国家机密、商业秘密和个人隐私的，海事管理机构和调查人员、检查人员应当为其保守秘密。

(5)收集的海事行政处罚案件的书证、物证和视听资料，应当是原件、原物。收集原件、原物确有困难的，可由提交证据的自然人、法人或者其他组织在复制品、照片等物件上签名或者盖章，并注明“与原件一致”字样。

海事管理机构可以使用照相、录音、录像以及法律允许的其他调查手段。

海事管理机构对登记保存的物品，应当在 7 日内做出下列处理决定：

①需要进行技术鉴定的，依照本规定第八十条的规定送交鉴定；

②对不应当处以海事行政处罚的，应当解除先行登记保存，并将先行登记保存的物品及时退还；

③法律、法规、规章规定应当做其他处理的，依法做其他处理。

(6)对自然人罚款或者没收非法所得数额超过 1 万元，对法人或者其他组织罚款或者没收非法所得数额超过 3 万元，以及撤销船舶检验资格、没收船舶、没收或者吊销船舶登记证书、吊销船员职务证书、吊销海员证的海事行政处罚，海事管理机构的负责人应当集体讨论决定。

(7)海事管理机构负责人对海事违法行为调查报告审查后，认为应当处以行政处罚的，海事管理机构应当制作海事违法行为通知书送达当事人，告知拟处以的行政处罚的事实、理由和证据，并告知当事人有权在收到该通知书之日起 3 日内进行陈述和申辩。对依法应当听证的，告知当事人有权在收到该通知书之日起 3 日内提出听证要求。

当事人不在场的，应当依法采取其他送达方式将海事违法行为通知书送达当事人。

(8)海事行政处罚案件应当自立案之日起 2 个月内办理完毕。因特殊需要，经海事管理机构负责人批准可以延长办案期至 3 个月。如 3 个月内仍不能办理完毕，经上一级海事管理机构批准可再延长办案期间，但最长不得超过 6 个月。

4. 听证程序

(1)在做出较大数额罚款、吊销证书的海事行政处罚决定之前，海事管理机构应当告知当事人有要求举行听证的权利；当事人要求听证的，海事管理机构应当组织听证。所称较大数额罚款，是指对自然人处以 1 万元以上罚款，对法人或者其他组织处以 10 万元以上罚款。

(2)有下列情形之一的，主持人可以决定延期举行听证：

①当事人因不可抗拒的事由无法到场的；

②当事人临时申请回避的；

③其他应当延期的情形。

5. 执行程序

(1)海事管理机构及其海事行政执法人员可以当场收缴罚款。罚款以人民币计算，并向当事人出具符合法定要求的罚款收据。当事人无正当理由逾期不缴纳罚款的，海事管理机构依法每日按罚款数额的 3%加处罚款。

(2)被处以扣留证书的，当事人应当及时将被扣留证书送交做出处罚决定的海事管理机构。扣留证书期满后，海事管理机构应当将所扣证书发还当事人，也可以通知当事人领取被扣证书。被处以扣留、吊销证书，当事人拒不送交被扣留、被吊销的证书的，海事管理机构应当公告该证书作废，并通知核发证书的海事管理机构注销。

(3)海事管理机构对船员处以海事行政处罚后，应当予以记载。

(4)对当事人处以没收船舶处罚的，海事管理机构应当依法处理所没收的船舶。

(5)当事人在法定期限内不申请复议或提起诉讼，又不履行海事行政处罚决定的，海事管理机构依法申请人民法院强制执行。

6. 监督程序

(1)自然人、法人或者其他组织对海事管理机构做出的行政处罚有权申诉或者检举。

(2)自然人、法人或者其他组织的申诉或检举，由海事管理机构负责法制工作的内设机构受理和审查，认为海事行政处罚有下列情形之一的，经海事管理机构负责人同意后，予以改正：

①主要事实不清、证据不足的；

②适用依据错误的；

③违反法定程序的；

④超越或滥用职权的；

⑤具体行政行为明显不当的。

### (五)附则

(1)本规定所称沿海水域、船舶、设施、作业，其含义与《海上交通安全法》使用的同一用语的含义相同，但有关法律、行政法规和本规定另有规定的除外。

(2)本规定所称船舶经营人，包括船舶管理人。

(3)本规定所称设施经营人，包括设施管理人。

(4)本规定所称当事人，包括自然人和法人以及其他组织，可以与有海事行政违法行为的船舶所有人、经营人互相替换。

(5)本规定所称船员职务证书,包括船员培训合格证、船员服务簿、船员适任证书及其他适任证件。

(6)本规定所称的船舶登记证书,包括船舶国籍证书、船舶所有权登记证书、船舶抵押权登记证书、光船租赁登记证书。

(7)本规定所称船员,包括船长、轮机长、驾驶员、轮机员、无线电人员、引航员和水上飞机、潜水器的相应人员以及其他船员。

(8)本规定所称危险货物,系指具有爆炸、易燃、毒害、腐蚀、放射性、污染危害性等特性,在船舶载运过程中,容易造成人身伤害、财产损失或者环境污染而需要特别防护的物品,包括危险化学品。

(9)本规定所称的以上、以内包括本数,所称的以下不包括本数,本规定另有规定的除外。

(10)本规定所称日,是指工作日。

(11)本规定所称月,按自然月计算。

(12)本规定所称其他送达方式,是指委托送达、邮寄送达、留置送达、公告送达等《民事诉讼法》规定的方式。

本规定自 2015 年 7 月 1 日起施行。2003 年 7 月 10 日以交通部令 2003 年第 8 号公布的《中华人民共和国海上海事行政处罚规定》同时废止。

# 单元五 国内航行海船法定检验技术规则

(不适用无限航区)

## 一、救生艇筏和救助艇的配备

1. 一般要求

(1)按规定配备的救生艇筏、海上撤离系统(如设有)应尽可能沿船长左右舷均匀分布。

(2)如救生艇及其降落和回收设备也符合对救助艇的要求,则可以接受此救生艇作为救助艇而不必另外配备救助艇,该救生艇的额定乘员人数也可计入要求的救生艇容量之中。

(3)对客船,为船上人员总数弃船所需配备的所有救生艇筏,应能在发出弃船信号后,船上人员集合在指定的集合站,从开始登乘救生艇筏或从海上撤离系统撤离起 30 分钟内,载足全部乘员及属具后降落水面。

(4)对客船以外的船舶,为船上人员总数弃船需配备的救生筏(不包括质量 185 千克及以下的从最轻载航行水线以上少于 4.5 米高度的甲板上登乘的救生筏),应能在发出弃船信号后 10 分钟内,载足全部人员及属具后降落水面。

2. 客船

(1)每艘客船全船配备的救生艇筏、救助艇的乘员定额数与船上总人数的百分比应不小于表 5-3 的规定。

表 5-3　客船救生设备的配备要求

| 船舶等级 | 船长 $L$ | 救生艇 | 气胀式救生筏 | 全船总容量 | 救助艇 |
|---|---|---|---|---|---|
| Ⅰ | — | 30% | 95% | 125% | 1 艘 |
| Ⅱ、Ⅲ | ≥85 米 | 110% | | 110% | 1 艘 |
| | <85 米 | — | 110% | 110% | 1 艘 |

（2）Ⅰ级客船和船长 85 米及以上的Ⅱ级客船，除应符合表 5-3 的规定外，全船救生艇、救助艇（如设有）总数与救生筏的比值不得少于 1∶9。

（3）载客 500 人及以上的Ⅱ级客船，救生设备的配备应符合Ⅰ级客船的规定。

（4）载客 500 人及以上的Ⅲ级客船，救生设备的配备应符合Ⅱ级客船的规定。

（5）载客 1 000 人及以上的Ⅲ级客船，救生设备的配备应符合Ⅰ级客船的规定。

（6）自 2013 年 9 月 1 日起，船舶配备的救生筏换新时，该救生筏应为自扶正救生筏（额定乘员 6 人及以下的救生筏除外）或为带顶篷的两面可用救生筏。对固定航行于珠江口以南的沿海航区的客船，上述带顶篷的两面可用救生筏可使用开敞式两面可用救生筏替代。

（7）海上撤离系统及其配套使用的气胀式救生筏可替代表 5-3 中的等效容量的要求配备吊架降落的救生筏。

3. 货船

1）航行于远海航区的货船，救生艇筏配备要求：

（1）油船、化学品液货船、气体运输船和船长≥85 米的其他货船救生设备的配备要求见表 5-4。

（2）船长<85 米的货船救生设备的配备要求见表 5-5。

（3）船长≤45 米的货船救生设备的配备要求见表 5-6。

表 5-4　油船、化学品液货船、气体运输船和船长≥85 米的其他货船救生设备的配备要求

| 全封闭救生艇 | 气胀式救生筏 | 救助艇 | 附加救生筏（存放间距>100 米） | 总容量 |
|---|---|---|---|---|
| 每舷 100% | 100%（可移动） | 1 艘（不计入总量） | 1～2 艘（不计入总量） | 300% |
| | 每舷 100% | | | 400% |
| 或 | | | | |
| 自由降落救生艇 | 气胀式救生筏 | 救助艇 | 附加救生筏（存放间距>100 米） | 总容量 |
| 100% | 每舷 100% | 1 艘 | 1～2 艘 | 300% |

表 5-5　船长<85 米的货船救生设备的配备要求

| 气胀式救生筏 | 救助艇 | 总容量 |
|---|---|---|
| 每舷 100%（可移动） | 1 艘（如为全封闭救生艇，可计入总量） | 200% |
| 每舷 150%（不可移动） | | 300% |

表 5-6　船长≤45 米的货船救生设备的配备要求

| 气胀式救生筏 | 总容量 |
|---|---|
| 每舷 100%(可移动) | 200% |
| 每舷 150%(不可移动) | 300% |

2)航行于近海航区、沿海航区和遮蔽航区的货船,救生艇应按下列要求配备:

(1)货船和载运闪点超过 60 摄氏度货物的液货船,配备的救生艇筏要求应不低于表 5-7 的规定。

表 5-7　货船和载运闪点超过 60 摄氏度货物的液货船救生设备的配备要求

<table>
<tr><th>航区</th><th>船长(米)</th><th>救生艇</th><th>气胀式救生筏</th><th>总容量</th><th>救助艇</th></tr>
<tr><td rowspan="3">近海航区</td><td>≥85</td><td colspan="2">每舷 100%</td><td>200%</td><td>1 艘</td></tr>
<tr><td><85</td><td>—</td><td>每舷 100%</td><td>200%</td><td>1 艘</td></tr>
<tr><td>≤45</td><td>—</td><td>每舷 100%</td><td>200%</td><td>—</td></tr>
<tr><td>沿海航区、遮蔽航区</td><td>—</td><td>—</td><td>每舷 100%</td><td>200%</td><td>—</td></tr>
</table>

(2)载运闪点不超过 60 摄氏度(闭杯试验)货物的油船、化学品液货船和气体运输船,每舷配备经认可的能容纳船上总人数的耐火救生艇。此外,全船还应配备一艘救助艇和能容纳船上总人数 50%的气胀式救生筏。

(3)载运散发有毒蒸气或毒气的货物的油船、化学品液货船和气体运输船,在每舷配备经认可的有自备空气补给系统的能容纳船上总人数的救生艇。此外,全船还应配备一艘救助艇和能容纳船上总人数 50%的气胀式救生筏。

(4)船长≥85 米的货船以及(2)(3)要求的救生艇筏配备可用以下要求等效替代。

①至少 1 艘能在船尾自由降落下水的救生艇,其总容量能容纳船上人员总数;

②每舷至少配 1 只气胀式救生筏,能容纳船上人员总数,并至少一舷的救生筏使用降落设备;

③1 艘救助艇。

3)对所有货船,如从船首最前端或船尾最末端至最靠近的救生艇筏存放地点最近一端的水平距离超过 100 米,除配备上述要求的救生艇筏外,还应在合理和可行的范围内配备 1 只救生筏,其应尽量靠前或靠后存放;或配备 2 只救生筏,1 只尽量靠前,另 1 只尽量靠后存放。该救生筏或 2 只救生筏可按能用人力脱开的方式系牢,并不必为能用认可的降落设备降落的类型。

## 二、个人救生设备的配备

1. 救生圈

1)Ⅰ级客船救生圈的配备要求见表 5-8。

2)远海航区和近海航区货船救生圈的配备要求见表 5-9。

3)Ⅱ、Ⅲ级客船和沿海航区、遮蔽航区货船救生圈的配备要求见表 5-10。

表 5-8　Ⅰ级客船救生圈的配备要求

| 船长(米) | 最少救生圈只数 |
|---|---|
| <60 | 8 |
| 60~120 | 12 |
| 120~180 | 18 |
| 180~240 | 24 |

表 5-9　远海航区和近海航区货船救生圈的配备要求

| 船长(米) | 最少救生圈只数 |
|---|---|
| <100 | 8 |
| 100~150 | 10 |
| 150~200 | 12 |
| 200 及以上 | 14 |

表 5-10　Ⅱ、Ⅲ级客船和沿海航区、遮蔽航区货船救生圈的配备要求

<table>
<tr><th rowspan="2">船舶类型、等级</th><th rowspan="2">船长(米)</th><th rowspan="2">救生圈只数</th><th colspan="2">带自亮灯</th></tr>
<tr><th>总数</th><th>带烟雾信号</th></tr>
<tr><td rowspan="5">Ⅱ、Ⅲ级客船</td><td>20~45</td><td>4</td><td>2</td><td rowspan="5">每舷至少 1 只</td></tr>
<tr><td>45~60</td><td>8</td><td>4</td></tr>
<tr><td>60~120</td><td>12</td><td>6</td></tr>
<tr><td>120~180</td><td>18</td><td>9</td></tr>
<tr><td>180~240</td><td>24</td><td>12</td></tr>
<tr><td rowspan="6">沿海航区、遮蔽航区货船</td><td>20~45</td><td>4</td><td>1</td><td>—</td></tr>
<tr><td>45~75</td><td>6</td><td>3</td><td>—</td></tr>
<tr><td>75~100</td><td>8</td><td>4</td><td>每舷至少 1 只</td></tr>
<tr><td>100~150</td><td>10</td><td>5</td><td rowspan="3">—</td></tr>
<tr><td>150~200</td><td>12</td><td>6</td></tr>
<tr><td>≥200</td><td>14</td><td>7</td></tr>
</table>

4）船舶每舷应至少有 1 只救生圈设有可浮救生索，其长度不小于其存放处至最轻装载工况航行水线以上高度的 2 倍，或 30 米，取大者。

5）救生圈自亮灯及烟雾信号应按以下要求配备：

（1）对Ⅰ级客船、远海航区和近海航区货船，不少于总数一半的救生圈应设有自亮灯，这些救生圈中不少于 2 只还应带烟雾信号，并能自驾驶室迅速抛投；设有自亮灯的和设有自亮灯及自发烟雾信号的救生圈，应均匀分布在船舶两舷，这类救生圈不应是装有救生索的救生圈。

（2）对Ⅱ、Ⅲ级客船及遮蔽航区货船，救生圈自亮灯及烟雾信号按表5-10配备。

2. 救生衣

（1）除另有规定外，对于所有船舶，船上每人应至少配备1件救生衣。

（2）应为值班人员和在远处的救生艇筏站配备足够数量的救生衣。供值班人员使用的救生衣应存放在驾驶室、机舱控制室和任何其他有人值班的地方。

（3）客船还应配备至少为船上乘客人数5%的适合儿童穿着的救生衣。

（4）客滚船和货船上的每件救生衣应配备1盏救生衣灯，其他客船上50%的救生衣应配备1盏救生衣灯。

3. 救生服

（1）除另有规定外，对于货船，应为每个船员配备1件救生服。

（2）对于客船，救助艇艇员、海上撤离系统的每个工作人员应配备1件救生服。

（3）一直在珠江口以南水域航行的船舶，可不必配备救生服。

# 项目六

# 应急反应

☞［**学习目标**］

根据《海船船员培训大纲(2021 版)》的规定,需要了解和掌握:

1. 应急程序;
2. 船舶碰撞或搁浅初步应急措施;
3. 救助落水人员、协助遇险船舶、港内应急反应应遵循的程序。

本章内容适用于 500 总吨及以上海船的三副。

# 单元一 应急程序

## 一、应急计划介绍

### （一）船舶应急

1. 船舶应急的概念

船舶应急又称为船舶应变，是指在船舶发生各种意外事故和紧急情况时的紧急处置方法和措施。

2. 船舶应急的种类

（1）按目前多数船上配置的船舶应急部署表中的应急部署，船舶应急分为消防、救生（包括弃船和人落水）以及油污应急。

（2）根据ISM规则的要求，船舶应对船上可能发生的各种紧急情况做好应急准备，并建立相应的应急反应程序，包括碰撞、触礁、搁浅、火灾、爆炸、人落水、船舶油污、船舶丧失操纵能力、船体结构损坏、船舶严重横倾、货舱进水、货物移动、货物撒漏污染、围蔽处所进入和救助、临近战争危险、遭遇海盗、遭遇保安威胁、船员伤病、弃船等情况下的应急反应程序。

### （二）船舶应急警报信号

1. 应急警报信号的发出

船上通常采用发出应急警报信号的方式通知全船人员发生紧急情况以及紧急情况的类型。需要注意的是，单纯发出应急警报信号是不够的，特别是对于载有大量旅客的船舶，多数旅客对张贴的告示并不关心，更不会去记应急警报信号的含义和应急行动，所以单纯的应急警报信号并不能告诉旅客如何行动，必须在发出应急警报信号的同时，立即以广播的形式进行指示和说明，并且在进行广播说明的时候应先进行指示，再进行解释说明，即先下达动作指令，再给予理由说明。

2. 我国船舶应急部署表中的各类应急警报信号

（1）消防：警铃或汽笛短声连放1分钟后，另加火灾部位指示信号，一长声表示在船前（首）部；二长声表示在船中部；三长声表示在船后（尾）部；四长声表示在机舱；五长声表示在上层建筑居住区域。

（2）弃船：警铃或汽笛七短声继以一长声，连放1分钟。

（3）人落水：警铃或汽笛三长声，连放1分钟。

（4）油污：警铃或汽笛一短二长一短声，连放1分钟。

（5）堵漏：警铃或汽笛二长一短声，连放1分钟。

### （三）船舶应急准备工作要点

船舶应急准备工作的要点包括：

1. 编制应急计划

根据本船的类型、配员情况等，编制相应的应急计划，包括船舶应变部署表、船舶油污应变部署表、应变任务卡、船舶油污应急计划、船上海洋污染应急计划、船舶应急响应计划等。其中船舶应变部署表、船舶油污应变部署表等应按规定在船上有关场所张贴布置。

2. 制订应急反应程序

根据 ISM 规则的要求,结合本船的类型、航线、挂靠港口、货物情况等,制订相应的应急反应程序,包括船舶火灾应急反应程序、船舶爆炸应急反应程序、船舶碰撞应急反应程序、船舶触礁搁浅应急反应程序、船舶破损进水应急反应程序、船舶油污应急反应程序、弃船应急反应程序、人落水应急反应程序、货物移动应急反应程序、船舶严重倾斜应急反应程序、临近战争危险或遭遇保安威胁应急反应程序、围蔽处所进入和救助应急反应程序等。

3. 熟悉应急岗位职责

通过制订船舶应急计划和应急反应程序,明确规定船员的应急岗位和应急职责,并采取船舶应急演习(练)等适当的方法,使船员熟悉各自的应急岗位和应急职责。

4. 组织各种应急演习(练)

按照有关规定,以一定的时间间隔,进行应急演习(练),包括消防演习、人落水演习、弃船演习、油污演习、应急操舵演习、保安演习等。通过应急演习(练),使船员提高安全意识,熟悉自己的应变岗位与职责,熟练掌握各种应急设备的操作技能,同时检验各类应急器材、设备的技术状态,验证演习(练)程序的适应性和可操作性,发现问题及时解决。

5. 进行应急训练和授课

按照规定对船员进行船舶救生、消防设备用法的船上训练,并向船员讲授船舶消防、救生设备用法和海上救生须知方面的课程。

6. 保持应急设备和器材的有效

按照计划和一定的周期对船上的应急设备和器材进行维护保养、检查和试验,确保这些应急设备和器材处于有效、随时可用的状态。

### (四)船舶应变部署表、应急须知和应变任务卡

1. 船舶应变部署表

(1)船舶应变部署表的概念

将船舶的一些主要应变部署统一编制在一张表格上,并在船上相应的公共场所张贴,我们将这张表格称为船舶应变部署表。

船上张贴的应变部署表主要是货(客)船应变部署表和船舶油污应变部署表。

(2)船舶应变部署表的配置要求

我国规定 200 总吨及以上的中国籍船舶应配备由交通运输部海事局认可的统一印制的货船或客船应变部署表。

(3)船舶应变部署表的编制原则

船舶应变部署表的编制应考虑以下原则:

①应结合本船的船舶条件、船员条件、客货条件以及航区自然条件;

②关键岗位与关键动作应指派技术熟练、经验丰富的人员;

③根据本船的具体情况,可以一职多人或一人多职;

④人员的安排应有利于应急任务的完成。

(4)船舶应变部署表的主要内容

按照SOLAS公约的要求,船舶应变部署表应写明:

①通用紧急警报信号和有线广播的细则,发出警报时船员、乘客应采取的行动,弃船命令如何发出;

②指派给不同船员的应急职责,在客船上还应标明船员在组织旅客应急时的相关职责;

③有关救生、消防设备的配备;

④指明各高级船员负责保证维护救生、消防设备,并使其处于完好和可用状态;

⑤职务与编号、姓名、艇号、筏号对照一览表;

⑥消防应急、弃船救生、放救生艇(筏)的详细分工内容和执行人编号;

⑦航行中驾驶台、机舱、电台固定人员及其任务;

⑧指明关键人员受伤后的替换者,要考虑到不同的应急情况要求不同的行动;

⑨船舶及船公司名称,船长署名及公布日期。

我国海事主管机关认可的统一印制的货船应变部署表包括以下内容:

①船名、船公司、船舶识别号;

②各类应急警报信号;

③救生设备(包括救生衣、救生服、救生圈、双向无线电话、EPIRB、SART、EEBD等)所在位置;

④消防设备(包括消防员装备、二氧化碳间、手提式泡沫枪、消火栓与消防皮龙、应急消防泵、手提灭火器、国际通岸接头、消防控制站等)所在位置;

⑤船员姓名、编号、职务及其应登乘的艇号、筏号对照一览表;

⑥弃船救生动作及执行人;

⑦降放救生艇动作与任务及执行人;

⑧救生部署、消防部署;

⑨关键人员受伤后的替换者;

⑩船长署名及公布日期。

(5)船舶油污应变部署表

船舶油污应变部署表的性质与船舶应变部署表相同,是针对船舶发生油污事故后参加应变的船员的职责和应采取的应急措施所做的明确分工和规定。各船应根据本船的具体情况编制。船舶油污应变部署表应与船舶油污应急计划中的部署表(如有)保持一致。

船舶油污应变部署表的主要内容包括:

①船名;

②油污警报信号;

③油污应变集合地点(通常为主甲板);

④参加油污应变的船员的编号、职务、应变岗位以及应变职责;

⑤船长署名及公布日期等。

(6)船舶应变部署表的编制职责与公布要求

船舶应变部署表应在船舶出航前编制。在船舶应变部署表编制后,如船员有所变动而必须变更应变部署,应修订该表,或编制新表。船舶应变部署表由三副具体编制,大副负责技术指导,经船长审核、签署后公布实施。应变部署表和应急须知应展示在全船各明显之处,包括驾驶台、机舱和船员起居处所。

2. 应急须知和应变任务卡

(1)应为船上每位船员配备一份在紧急情况时必须遵循的、明确的须知。如为客船,这些须知应使用船旗国的语言或船旗国要求的语言以及英语写成。

(2)三副应根据船长批准并公布的应变部署表以及船舶应急程序文件编制应变任务卡,分派给相应的船员,或将其制成床头卡,放置在每个船员床头边的专用卡槽内。

(3)应变任务卡或床头卡上应注明应变时相应船员的应急岗位、应急职责、应急时应携带的器材、弃船时应登乘的救生艇筏的编号,以及各种应急警报信号等。

(4)货船上的应变任务卡至少应包括消防、人落水、弃船、溢油等应急情况下的相应船员的应急任务。

(5)客船上应在旅客舱室、集合地点及其他乘客处所张贴图解和应急须知,向乘客介绍集合地点、应急时必须采取的行动、救生衣穿着方法等。

## 二、各种应急情况下的应急职责和应急措施

船舶应急部署应根据应急的性质,船员的职务、特长、工作能力以及是否有相应的培训合格证书等来安排每个人的岗位和职责。

船长是船舶各类应急的总指挥;大副是船舶各类应急的现场指挥。当事故现场在机舱时,通常由轮机长担任应急的现场指挥,大副在现场协助指挥。

(1)发生船舶消防应急时,船长担任应急总指挥,在驾驶台负责指挥应急和操纵船舶;大副在火灾现场担任现场指挥;二副在驾驶台值班,负责通信联络、传达船长指令、执行船长的操船指令、记录应急过程;三副带领消防队负责灭火,并根据火情进入大型灭火系统控制站做好释放准备。

(2)当有人落水需要应急时,船长担任应急总指挥,在驾驶台负责指挥应急和操纵船舶;大副在主甲板(放艇时在救生艇甲板)担任现场指挥,组织对落水人员的施救;二副在驾驶台值班,负责通信联络、传达船长指令、执行船长的操船指令、记录应急过程;三副准备救生器材,并做好释放救生(助)艇的准备,放艇时,随艇下水,担任艇长。

(3)撤离船舶或弃船时,船长担任应急总指挥,在驾驶台负责指挥应急;货船上的大副和三副担任指定救生艇的艇长,做好救生艇的释放准备工作;二副在驾驶台值班,负责通信联络、传达船长指令、执行船长的操船指令、记录应急过程;轮机长应率领轮机员做好弃船前的机舱设备的规定保护动作。

(4)油污应急时,船长担任应急总指挥,在驾驶台或现场负责指挥应急;轮机长担任油污现场指挥,组织清除溢油;大副在油污现场会同轮机长担任现场指挥;二副在驾驶台值班,负责通信联络、传达船长指令,或在现场做好现场记录;三副在油污现场,准备消防和防污器材与设备,如需要,指挥放艇回收溢油。

## 三、客船上保护旅客的职责

### （一）在紧急情况下保护船上人命安全的行动

1. 保护人命安全的行动应遵循的原则

船舶在紧急情况下，最优先的措施是保证人命安全，因此应遵循下列原则：首先检查是否有人员伤亡；然后判断是否需要救助；最后决定是否需要撤离船舶或弃船。

2. 保护人命安全的行动要点

（1）将人员撤离至安全区域

船舶发生碰撞、火灾、爆炸等紧急情况时，除迅速采取必要的应急措施外，应将旅客撤离事故现场，转移至安全区域。遭遇海盗袭击时，如有必要及可能，应将船员、旅客迅速撤至预先设定的安全区域（如安全舱）。对于武装海盗，在船员生命尚未受到严重威胁时，应审时度势，不应鲁莽或盲目地进行抵抗，以避免遭受不必要的报复和人员伤亡。

（2）伤员救治

船舶发生紧急情况后，当有人员受伤时，若在港内，可立即联系送往医院治疗；若在海上，可根据船舶的具体情况，按照船舶医疗指南的指导，由负责的驾驶员进行治疗。当因伤势严重或船上条件限制等原因无法进行有效治疗时，应在请示船舶所有人后，选择申请直升机救助，或弯航驶往港口寻求医疗。

（3）争取外界援助

船舶发生紧急情况，特别是发生比较严重的海事时，首先应立足于自救，即按应急部署表尽力采取必要的应急措施进行自救。如果船舶受损程度已超出自救的可能范围，或经自救努力之后仍无转危为安的希望，则应在继续采取自救措施以争取时间的同时寻求外界的援助。

（4）决定撤离船舶或弃船

当船舶遇险并严重危及船上人员的生命安全时，船长可以决定撤离船舶；在船舶可能沉没、毁灭的情况下，船长可以决定弃船。撤离船舶或弃船时，应按先旅客、后船员、船长最后离船的原则，有秩序地安全、迅速离船。客船决定弃船后，应按应急部署表的规定，指派船员专门负责指导、引导和保护旅客，包括：

①向旅客告警；

②指导、检查旅客穿好衣服和救生衣；

③召集旅客到各登乘点并登艇；

④维持通道及梯道上的秩序；

⑤控制旅客的动向；

⑥保证将毛毯送到艇上；

⑦检查旅客舱室有无遗漏人员等。

### （二）非弃船情况下应急状态的人群管理

客船发生火灾、碰撞、人落水、触礁时，无论其下沉与否，都属于紧急状态。当确认船舶无沉没危险，即非弃船情况发生时，营救行动便有足够时间，但也应引起足够重视，严格按应急部署行事。和弃船求生时一样,旅客秩序的管理都是拥挤人员管理的关键问题。因此,船员应使用减少和防止旅客恐慌的程序开展工作。对没有处于危险包围中的旅客舱室,要求旅客一律回到自己的客舱,不准在走廊、楼梯和通道处停留。工作人员应安慰并禁止急于寻找亲人的旅客企图奔向出事现场。

1. 旅客舱室着火

(1)敲碎距离失火舱室最近的消防警报护罩玻璃,启动手动火警按钮。

(2)一面呼救,一面抢救火场受阻的旅客。

(3)客运人员应迅速行动,各自按照应变部署表规定的任务各就各位,要有顺序有秩序,不能慌乱。

(4)对有能力逃生的旅客,助其自动逃生。如有老弱病残旅客,应帮助其逃离,在条件允许的情况下,尽量拿出旅客的财物。

(5)查明舱内确无旅客后,迅速关闭门窗,切断通风,防止风助火势向下风蔓延。

(6)转移隔壁舱室的旅客及其随身行李至安全地带。

(7)小范围失火,如个别舱室发生火灾,不宜马上广播通知旅客,以免引起不必要的恐慌。客运主任根据消防队长的指示精神,随时采取措施,保护旅客生命、财产的安全。

2. 人落水

(1)航行中人落水

①船舶在航行中若旅客不慎落水,发现后应立即报告驾驶台,就近抛下救生圈。

②船上医生立即穿好救生衣,携带急救药箱准备随艇下水救人,救生艇应在5分钟内降落水面。

③应备好毛毯,并组织人员送到艇上。

(2)停泊时人落水

停泊时,如有人落水,就近抛下救生圈,抛投者应一手握住救生索,另一手将救生圈抛在落水人员的下流方向;无流而有风时应抛在上风,以便落水者攀拿(注意不能打到落水旅客身上),也可以将救生索系在栏杆上,两手同时抛投救生圈。

(3)人落水警报发出后对客运部人员的要求

①有旅客在船时,客运部所有人员都应按照应变部署表和应变任务卡的要求,分工负责维持好旅客秩序,不准旅客出客房,客房外的旅客都要回到自己的客房内,防止旅客因拥挤观望而妨碍救生行动的顺利进行。

②客运部准备提供热饮料,如牛奶、白糖开水等。如旅客在被救前已长时间没有进食,则应将饮料冲淡,并根据患者的体质及恢复情况逐渐增加牛奶和糖的浓度。

③切忌给患者喝酒或含酒精的饮料,也绝不能用按摩、药物或酒精涂擦方法来促进患者的血液流通。此外,采用局部加温或烤火的办法也是绝对错误的。

④遇险获救的旅客,如神志尚清醒并能叙述自己的经历,尽管颤抖得厉害,也要脱去全部潮湿的衣服,换上干衣服或裹上毛毯,并在不超过20摄氏度的环境中休息,即可逐渐恢复体温。

⑤如果是旅客落水,不管救上来是生还是死,都应填写客运记录,并要有两人以上旁证记录,向到达港客运站交接清楚,并报告公司主管部门。

### （三）弃船时拥挤人群管理

在船舶发生碰撞、触礁、火灾、爆炸、台风袭击、船壳漏水等严重危险情况，船舶经抢救无效，外援又不可能的情况下，船长宣布弃船命令。

1. 弃船时应知应做的事项

（1）在船长发出弃船命令后，全体船员应按应变部署表和应变任务卡规定的任务，各就各位。

（2）广播员在接到命令后，向旅客广播弃船应急声明。要反复发出安定人心的通知、指示，切勿使用过激语言引起旅客混乱。客运员要在自己主管的舱室指导旅客做弃船的准备。

（3）用广播指导每位船员应急时的具体工作。

2. 安定人心为首要任务

应急声明应以安定人心为主，因为紧急情况比较明显，旅客很快就会知道。为了便于管理和营救，安定人心成为首要任务。客运人员都应根据自己所负责的客舱范围，向旅客发出安定人心的命令，如“旅客请安静”“请旅客按照我们的指示行事”“旅客们不要慌张”“我船的救生设施很齐全”等。

3. 组织并协助旅客快速到达集合地点

船员应根据应变部署的要求，组织并协助旅客快速到达集合地点。旅客撤离时，应有船员在前面领路，或在一些必要的位置，如拐角，做相应的引导指示。撤离过程中，应尽可能组织好旅客的秩序，以免发生堵塞、踩踏等现象。对于残疾人员和需要特别协助的人员应给予帮助。

到达集合地点后，应尽快清点人数，并安排专人搜索旅客舱室，以发现仍然滞留在客舱内的旅客。人员全部到齐后，便可离开大船。在弃船时，船员要严守纪律，保持镇静，切不可慌乱失措，首先让旅客安全离船，船员在旅客之后离船，不得与旅客争抢登艇筏。

4. 弃船求生时应注意的问题

无论是船员还是旅客，弃船求生时都应注意如下问题：

（1）如果时间允许，应多穿衣服，戴上手套及帽子等以减少人体热量散发，多带毛毯、淡水及食品等。

（2）应迅速穿好救生衣，因救生衣能使求生者在落水后保持面部向上的漂浮姿势，并能使落水者即使在昏迷情况下仍可保持仰浮状态。

（3）保持身体干燥，让旅客自船上直接登上救生艇筏，要保持良好的秩序，待救生艇筏降至登艇甲板才允许旅客登艇筏，让旅客依次登艇筏，避免争先恐后发生混乱。

（4）万不得已需要跳水时，应尽量选择低处，查看舷外及水面有无障碍物后再跳入水中，尽量避免从 5 米以上高度跳入水中。

（5）求生者可直接跳入救生筏的出入口，但高度不能超过 4.5 米，并应注意不能碰撞筏内人员。

（6）缩短在水中停留的时间，尽快登上艇筏，一时登不上艇筏，不要做不必要的游泳运动以免人体热量的耗失。如穿有救生衣应尽可能静止不动，但在低温水域为防冻僵，手脚应经常活动。

（7）入水后要保护好手脚及身体各部位，切勿被物体损伤出血，以免引来鲨鱼。遇到鲨鱼宜避开为妙，不能避开时可大叫大嚷惊跑它或打它的最敏感部位（鼻子），切不可与它搏斗。

鱼类有趋光性，因此手表、手心或脚掌应避免裸露。

(8) 当水面有火时，应选择从上风入水，在水下向上风潜游，换气时手先探出水面，拨开水面火焰，头部露出水面时脸转向下风。

(9) 如果水面有油，则应尽量使头部高出水面，紧闭住口，切勿让油入口下腹，注意防止油溅入眼中。

# 单元二 船舶碰撞或搁浅初步应急措施

## 一、抢滩程序、操作和注意事项

船舶碰撞后大量进水，排水速度跟不上进水速度，又无法进行堵漏，且预计有沉没危险而附近有浅水区时，可考虑采取抢滩措施，以减少损失。

选择抢滩地点应注意的事项：

(1) 抢滩处海底底质：泥、沙、沙砾底均可，但软泥底应注意防止船体下陷；礁石底不可抢滩。

(2) 抢滩处坡度：若条件允许，应尽量选择适合于本船的坡度，一般小型船选择 1∶15 的坡度，大型船选择 1∶17 的坡度。

(3) 抢滩处水深：抢滩后船体主甲板应露出水面。

(4) 抢滩处风、流和波浪：若条件允许，抢滩处流速应较缓，风和波浪的影响应较小。

(5) 抢滩处周围环境：应有利于系固船舶，且尽可能远离航道，便于出滩和施救作业。

## 二、搁浅前后应采取的应急措施

搁浅是指船舶搁在水深小于其吃水的浅滩上或因故搁在河床浅处，失去浮力，不能行驶的事故。

### (一) 出现搁浅危险时的紧急措施

航行中的船舶，无论何种原因致使搁浅或触礁不可避免时，切忌惊慌失措，应设法采取减轻搁浅程度、避免船体损伤的应急措施：

(1) 及时用倒车或抛锚来控制船舶惯性冲程，避免或减小船舶搁浅或触礁的程度。

(2) 当搁浅或触礁不可避免时，应尽量避开礁石，使船搁在较平坦的沙滩上。

(3) 当搁浅或触礁不可避免时，宁使船首受损也要保护好船尾的螺旋桨和舵设备。

(4) 如果船已搁浅，应立即停车，迅速查明情况，然后决定是自力脱浅还是请求援助脱浅，切勿存在侥幸心理，盲目用车、用舵操纵船舶。

### (二) 搁浅或触礁后的应急措施

1. 切忌盲目动车

如果盲目动车，可能导致船体、螺旋桨和舵设备受损加重，即使能够脱浅或离开礁石，也可能再次搁浅或触礁。如果搁置在石角上，则还可能扩大破损，致使船舶因大量进水而倾覆或沉没。

2. 显示信号

船舶搁浅后，应按《国际海上避碰规则》的规定，白天显示号型（在桅杆的横桁上垂直悬挂三个黑球），夜间显示号灯（锚灯和垂直两盏红色环照灯），使来往船舶注意。

3. 紧急报告

船舶发生搁浅或触礁后，应立即电告船公司和就近的海事管理机构，如实详细地记入航海日志，经常与船公司及海事机构保持联系，以取得指导及援助。

4. 水密工作

立即检查或关闭与海底相通的水密门盖，如管弄水密盖、水压计程仪舱盖、双层底舱（包括管盖及货舱污水井在机舱内测深管的速闭阀或管盖等）。要十分清楚任何水密门盖漏水，都等于丧失双层底的功能。

5. 调查情况

（1）测定船位

船舶发生搁浅后，首要的任务是弄清船舶搁浅的船位，要利用可靠物标测出搁浅船位和态势，并每间隔一定时间进行一次测定，以判断船位的变化情况。

（2）查清船底破损及进水情况

测量淡水舱、压载舱、双层底、艏艉尖舱的水深以及油舱的液位，以判断船舶是否破损或进水。若船舶破损，必须找出破损的位置，及时排水、堵漏。

（3）弄清船舶吃水和周围的水深及底质

弄清船舶的吃水和周围的水深可判定搁浅的部位，决定船舶脱浅的方向，为他船前来救助提供安全路线。测量船边水深可自船首向两舷每隔 10 米测一个点，将所测得的水深及底质标明在平面图上。

（4）观察水位与潮汐

船舶搁浅后，应根据潮汐资料预测当天和未来几天的高低潮潮时、潮高及潮流的方向和大小，为选择脱浅时间做好准备。搁浅的船舶应随时注意风、流的大小和方向，防止搁浅船舶受风、流影响而扩大损失。

（5）查清螺旋桨、舵及其他动力的情况

在船舶搁浅后，查清螺旋桨、舵等操纵设备是否受到严重损坏，若损坏严重，船舶将失去动力，无法利用本船动力自行脱浅。查清船舶供水、供电设施是否完好，其对绞锚脱浅或卸载脱浅具有决定性作用。因此，船舶搁浅后应尽可能保证这些设备处于良好状态。

（6）关注未来天气情况

收听近期天气预报，力争在天气变坏前救船脱浅。应立即采取措施，防止因风、流、浪的影响而使船舶搁浅更加严重。

6. 保护船体

船舶搁浅后可能发生墩底、向岸漂移或打横。因此，搁浅后应设法固定和保护船体。

搁浅后可利用本船所配备的锚、锚链、各种缆绳及装卸索具来固定船体，以防止船舶受风、流、波浪的影响，造成漂移、打横。当搁浅船舶的船身与岸线垂直或接近垂直时，应从船尾两边各成45°方向抛出主锚固定船体。当搁浅船舶的船身与岸线平行时，应从船舶首尾分别向外各成45°方向抛出主锚固定船体。

## (三)搁浅后的脱浅方法

1. 自力脱浅

①使用主机脱浅

适用条件：若船舶搁浅程度甚微，船尾部有足够的水深，可在确定脱浅线路后，运用主机倒车脱浅。

操纵方法：倒车时，一般应从慢速逐渐增至快速，当快倒车无效时，可改用半速进车并配合左右满舵来扭动船体；若是双螺旋桨船，则可开一进车一倒车，使船舶左右动，减少船底与海底间的接触面积和摩擦力，然后再快倒车；如底质是泥沙，倒车时应注意泥沙可能在船体周围堆积妨碍脱浅。

②调整吃水差脱浅

适用条件：船舶的一端或一舷搁浅，另一端或另一舷有足够的水深，可考虑用调整和转移压载物的方法脱浅。

操纵方法：采用移动船用燃料油、淡水、压舱水、货物的方法，减轻搁浅一端(或一舷)的压力，再配合用主机使船脱浅。如船首搁浅，可将船舶首部的压载水或燃料油移至船尾，使船首浮起而脱浅。移载时，要进行计算，以免脱浅后产生较大的纵倾或横倾，使船舶发生危险。

③绞锚脱浅

适用条件：若绞锚产生的拉力足以使船舶脱浅，则可采用绞锚脱浅法。因为锚能产生持续而强大的拉力，且拖力方向确定。这种方法仅适用于小型船舶。

操纵方法：用小艇将主锚或预备锚运出抛投，出锚的方向要根据在船舶周围测深的情况、船体和浅滩相对位置、风向和流向来确定。锚索最好连接在绞辘上，开动锚机或绞车，通过绞动锚索，同时配合用车脱浅。

绞锚的缆最好用一节锚链加钢缆组合，钢缆的长度要视抛锚点与船的距离而定，但必须保持足够小的角度，使锚的抓力充分发挥。绞辘在船上的着力点，必须是可靠的舱口或甲板室的围壁。为了防止失锚，抛锚前必须在锚环上系一根钢丝做好锚浮标，如绞锚时锚缆绷断，则可以通过浮在水面的锚标，重新将锚绞起。在施绞过程中配合使用车、舵时，应防止锚缆打损车叶。

④卸载脱浅

适用条件：在上述几种方法均不能使船脱浅时，可采用卸载脱浅。

操纵方法：为了减轻搁浅船舶的载重，减小船舶吃水，增加浮力脱浅，可请求从附近港口调来船队协助，采用卸货的方法脱浅。卸货过驳前应认真进行估算，即卸哪些舱的货物效果大，卸哪些货种最迅速、方便，应卸多少等。卸出的重量应是船舶本身拉力、拖船拉力及绞锚拉力或移载等不足的数量。一般先卸去多余的燃油、压载水，再卸货物。

2. 他船协助脱浅

(1)请求他船协助脱浅的条件：

①船体破损严重，已失去漂浮能力；

②螺旋桨、舵损坏，无法操纵船舶；

③经过计算，船舶本身无法自行脱浅；

④船舶搁浅后水位陡退，要求尽快脱浅等。

(2)搁浅船应向救助船提供的资料

①主要船舶结构图、主要尺度、船舶载重量、搁浅后船舶首尾吃水差变化等。

②货种、质量及分舱图，油、水的数量及部位。如有危险货物，则应特别详列舱位、吨数和注意事项。

③搁浅前的航向、航速及搁浅时间，现在的船舶首向。

④搁浅前后的吃水，以及搁浅后吃水是否出现变化。

⑤主机、甲板机械的功率及现时技术状况。

⑥搁浅后曾采取的措施和收到的效果以及对援助工作的建议。

⑦本船船位，船边水深、底质，当地潮汐的水流情况等。

### (四)脱险救助的注意事项

(1)拖缆、拖带装置和系缆柱的强度是否可靠，应注意人身的安全和钢丝绳缠绞螺旋桨桨叶。

(2)应注意所抛出的锚和锚链位置，防止锚链打损螺旋桨。

(3)应向深水区一侧拖带，拖缆应带在搁浅船上离搁着点最远的位置，以产生最大的摆动力矩，使船脱浅。

(4)救助船在用车前，应观察拖缆的松弛程度，切忌拖缆骤然受力。

(5)掌握恰当时机敲钩脱缆。拖船敲钩脱缆时要果断，力争一锤成功。

(6)主拖船事先要考虑将拖缆安全收回的方法。

(7)搁浅船脱浅后，防止碰到救助船。

## 三、碰撞前后应采取的应急操船措施

### (一)碰撞事故的原因

碰撞是指船舶与船舶之间或船舶与水上移动式装置之间发生接触造成损害的事故。船舶发生碰撞的原因很多，其中95%是由人为因素造成的，主要是由驾驶人员的责任心不强、思想麻痹、没有严格地履行职责及违反规章制度等引起的。

(1)两船对驶或追越互不相让或强行追越，临近时避让不及而引起碰撞。

(2)不按《国际海上避碰规则》的要求鸣放(或显示)信号，造成互相误会而未及时采取措施或采取错误的措施。

(3)在航或停泊中，疏忽瞭望，未能及时判断来船的动态，以致迟误采取措施的时机。

(4)驾驶员对风压、流压估计不足，以致避让措施不够及时、适当和主动。

(5)未正确使用雷达等助航设备。

(6)在能见度不良时，未使用安全航速。

(7)不服从海事管理机构的指挥，违章航行。

(8)船舶设备(如车、舵、锚)保养不良，操纵失灵。

(9)在紧迫危险时惊慌失措或者措施不当。

### （二）预防碰撞事故的措施

1. 预防碰撞事故的措施

（1）严格遵守《国际海上避碰规则》中的避让原则，两船相遇有碰撞危险时，让路船应早让、宽让、主动让，被让路船应当协同配合操作。

（2）两船对驶相遇，有碰撞危险时，应及早交换信号，转向避让；两船横向交叉相遇，应根据相对位置的变化来判断是否能安全通过，按照规则谨慎避让；两船追越相遇，追越船应征得前船同意，方可追越，被追越船应协同操作。

（3）对来船所发信号或灯光显示有怀疑时，应先采取减速措施，弄清来船动态后，再常速前进。

（4）避免在狭窄、弯曲、浅滩、桥梁等航段会船或追越。

（5）在雾中航行应使用安全航速，按章鸣放雾号，加强瞭望和测深，谨慎驾驶。若能见度严重不良，航行环境比较复杂，船长对安全航行没有把握，可选择在锚地抛锚，切忌冒险航行。

2. 船舶在紧迫危险时的避碰措施

（1）立即停车、倒车，必要时抛下双锚制动，通知旅客及无关人员避开险区。

（2）两船迎面相遇，船位已经逼近，应先操外舵使船首避开，再向来船一侧操内舵，以避开船尾。交叉相遇应避免一船首部对着另一船中部。

（3）在紧迫危险时，应以减少损失为原则。有时为了避免碰撞，可搁浅避让。

### （三）船舶碰撞后操纵船舶的应急措施和注意事项

1. 本船船首撞入他船船体时应采取的措施

不论在撞入前是进车还是已采取倒车措施，撞入后，在不影响本船安全的情况下，都应首先开微速进车顶住被撞船，待被撞船采取堵漏应急措施，并征得同意之后方可倒车脱开。脱离后，应滞留在附近，一方面检查本船受损情况，另一方面随时准备给予对方各方面的救援。当确信对方已脱离险境可以继续航行时，本船方可离去。

2. 本船船体被他船撞入时应采取的措施

（1）应尽可能使本船停住，避免前进或后退，以减少进水量。

（2）关闭破洞舱室前后的水密装置，在各项堵漏器材准备妥善后，方可同意对方倒车脱出。

（3）碰撞发生后，大副应亲率水手到现场检查船体破损程度及邻近舱室损坏情况，并立即向船长报告。

（4）为保护破损部位及便于进行防水堵漏作业，应操纵船舶使破损位置处于下风侧。

3. 应变部署

发生碰撞后，应按照应变部署进行防水堵漏的抢救工作。

（1）船长应命令大副和轮机长检查破损部位的受损情况，有无人员伤亡、进水、油污染情况及程度。及时对各压载水舱及污水沟进行测量。

（2）机舱人员除应检查主、辅机情况外，还应将全部排水泵及备用发电机准备好，随时准备按命令排水或送电。

（3）按船长指示，发出求救信号。

(4)碰撞后,应立即电告公司,并按船舶海事处理程序办理相关事宜,报告事故的性质、原因、经过及结果。

### (四)排水与堵漏

1. 排水

破损部位确定后,应立即关闭邻近舱室的水密门窗,立即通知机舱运用各种水泵(包括应急水泵、压载水泵、污水泵等),全力进行排水。

2. 堵漏

船体破损部位、漏洞大小和形状确定后,应立即采取堵漏措施。对于较小的破洞,可用毛毯、木塞等堵住;对于较大的破洞,可用堵漏毯或堵漏板或堵漏水泥箱堵住,并将舱内积水排出;对于具有相当破口面积的破洞,仅凭堵漏毯往往难以奏效,因而必须对进水邻近舱壁进行加固,以防止水压过大造成舱壁破损而波及邻舱。

## 四、堵漏器械和堵漏方法

当船舶由于碰撞、触礁、搁浅、爆炸等原因而使船体破损进水时,存在船舶丧失了浮性与稳性而导致沉没的危险。因此,当船舶发生海损事故造成船体破舱进水时,及时采取正确的抢险措施,正确进行堵漏,才能避免沉没。利用船舶专用器材堵塞破损漏洞的各种应急措施,称为船舶堵漏。

### (一)堵漏器材的种类

根据船舶破损情况及堵漏方法的不同,常用的堵漏器材有如下几种:

1. 堵漏毯

堵漏毯又称防水席,船舶破损时,用以从舷外遮挡破洞,限制进水流量,是为进一步采取堵漏措施而使用的临时应急器材。堵漏毯有轻型和重型两类。尺寸规格一般有 2 米×2 米、2.5 米×2.5 米和 3 米×3 米等。轻型堵漏毯由三层 2 号帆布重叠,按经纬缝法制成,四周有白棕绳,并嵌有眼圈供连接绳索用。其备有四根钢管,必要时可插入堵漏毯中特制的夹袋内,使用时防止堵漏毯被压吸入破洞。重型堵漏毯是用钢丝编制成的正方形网,两面都用帆布缝牢,其中一面有绳绒附着物,四周有钢丝绳。使用时以绳绒一面紧贴漏洞以增加水密程度。重型堵漏毯大而重,操作不便。一般船舶都备有 2.5 米×2.5 米的轻型堵漏毯。

2. 堵漏板

堵漏板是用以堵周围平整的中小型破洞、裂口的板件,由两层木板以纹理纵横交叉的方式重叠钉成。其规格大小不一,但宽度须小于肋骨间距,厚度应随规格的增大而增大,一般船舶备有 300 毫米×300 毫米×10 毫米以下的木板制成的堵漏板。堵漏时,应在板和破洞间放置软垫,以增加水密程度。也可在板中先钻好孔,然后用堵漏螺丝杆扣紧在破损部位。因结构不同,堵漏板分为软边堵漏板、活页堵漏板等。

3. 堵漏盒

堵漏盒是用木材或钢板制成的无底方盒,开口的四周镶有橡皮垫,上盖板中间开有小孔以便与螺丝杆连接,适用于船舶破洞向舱内翻卷的洞口。使用时将堵漏盒盖住洞口,并用支柱或螺丝杆固定。钢板堵漏盒必要时可用角铁焊牢在船体上。

4. 堵漏螺丝杆

堵漏螺丝杆是在船舶破损堵漏时，用以固定和扣紧堵漏板或堵漏盒的螺杆夹紧器，有下列几种：

(1)活动堵漏螺丝杆

在螺丝杆一端装设活动横杆，使用时，可以折合后插进不同形状的破洞。一般螺丝杆与横杆的长度均为600毫米。其特点是操作方便。

(2)T形堵漏螺丝杆

其用途与活动堵漏螺丝杆相似。横杆垂直固定于螺杆，一般长度仅为500毫米。其缺点是横杆不能活动，操作不便，堵塞漏洞的大小亦受限制。

(3)钩头堵漏螺丝杆

钩头堵漏螺丝杆的螺杆前端弯成钩形。使用时，用结实木板或铁板垫上软垫子，选几个适当的位置钻孔，将钩头穿出孔外，钩在漏洞外周围的船壳钢板上，上紧蝶形螺帽。其特点是便于堵塞卷边向舷外的漏洞。

5. 堵漏木塞

堵漏木塞是以质软、不易劈裂的橡木或杉木制成，用来堵塞5~150毫米的圆形或近似圆形的破洞、铆钉孔或破损管的器材，使用时便于打紧，被水浸泡膨胀后将卡得更紧，不易滑脱。堵漏木塞分为平头和尖头两种。堵漏木塞顶角以5°为宜。

6. 堵漏木楔

堵漏木楔是用以垫塞支撑柱两端和船体结构间的空隙、加固堵漏器材或堵塞船体裂缝的木楔，用松木等轻质木料制成，分为尖头和平头两种。堵漏木楔角度不宜过大，一般以5°为宜，否则会使缝隙继续扩展，并且在受到振动时或在水的压力下容易发生松脱。

7. 堵漏支撑柱

堵漏支撑柱是用于临时支撑堵漏器材的木柱，一般与堵漏垫木、堵漏木楔等配合使用。堵漏支撑柱一般为用松木制成的圆形或方木的长条木材，要求干燥、无裂缝、无虫伤、端部平整。

8. 堵漏垫板

堵漏垫板是垫在堵漏器材背面或下面的木板，一般厚25~50毫米。其作用是加强堵漏用具的强度，并使支撑柱顶端的力平均分布在堵漏用具上；或使支撑柱底端的力平均分布在甲板及其他支撑结构上。

## (二)堵漏器材的保管要求

船舶配备的堵漏器材必须妥善保管，即使“备而不用”也必须“常备不懈”。其保管要求如下：

(1)对堵漏器材的保管实行“三专”，即指定专人负责保管和保养各种堵漏器材；堵漏器材存放在专门规定的地点；任何堵漏器材专用于船舶堵漏，平时不准移作他用。

(2)对铁制堵漏器材，应经常保养，防止生锈，活动部分应经常加润滑油，以保持灵活。

(3)所有纤维材料，如堵漏毯、帆布、麻絮、棉絮、破布等，要经常晾晒、通风，保持干燥，防止霉烂。

(4)木质器材,如木楔、木塞、木支柱等,不可存放在高温或潮湿的地方,以防烘脆和霉烂。

(5)水泥应放在空气畅通的干燥地方,以防受潮变质。每6个月检查一次,发现变质应立即更换,并制订定期更新计划且确保实施。

(6)橡胶部分不可涂油。

## (三)各种堵漏方法的要点

船舶堵漏分为舱内堵漏和舷外堵漏,视船舶破损情况选择使用,提高堵漏效率。舱内堵漏必须正确进行舱内进水量的估算,并同时采取排水、隔离和保持船舶平衡等相关措施。

1. 进水量及孔洞水压力估算

对于何处破损进水,进水量及孔洞水压力可用听、看、测等方法来估算:

(1)双层底舱进水,空气管和测水管会有出气声;大舱进水,可从舱口听到流水声;邻舱进水,可根据敲击舱壁板发出的声音来判定水位。

(2)在舱内可查看到水位的动向;当进水水位超过破口时,水面会冒出气泡,从气泡的位置可确定破口的肋骨号数;由气泡的大小和间隔时间可推测破洞的大小。

(3)全面测量各污水沟和压水舱,可确定何舱进水。如舱内装满了货物,无法测定破口的确切部位,则可用带长柄的寻漏网或薄铁板在舷外水面下探测破口位置。寻漏网又称漏洞探测器,是从舷外探查船体漏洞准确位置的工具。使用时,从甲板上顺着船舷将漏洞探测器置于舷外水面以下,紧贴船壳板上下左右移动,感觉有吸扰现象时,即为漏洞所在。根据察看到的杆上深度标记(可根据标记高度估算出孔洞水压力大小)及该处肋骨号数,便可确定漏洞的准确位置。

2. 排水和保持船舶平衡的方法

(1)排水方法

发现船体破损进水后,应立即通知机舱对破损舱室进行排水。一般舱底水系统的排水能力由排水总管的内径大小来确定。平时应对排水总管单位时间的排水能力有明确的数据概念,以方便应急时进行估算。

例如,根据相关估算,若排水总管内径为100毫米,则每小时可排水56.6吨,每秒钟可排水0.015吨。显然排水量是有限的。在严重破损而堵漏未及时奏效的情况下,单靠舱底泵排水是无济于事的,所以堵漏工作必须分秒必争,破损后应立即将漏洞堵上,或没有全部堵住,只留一个小洞。例如,破洞中心至水面高度为3米,破洞面积为0.1平方米,进水速度约为0.5吨/秒。如果将破洞面积限制到0.01平方米,则漏洞进水速度只有0.05吨/秒左右,这样就能用排水泵来控制,然后进一步将破洞堵好。

(2)保持船舶平衡的方法

船体破损进水后如发生过大的横倾或纵倾,易使船舶丧失稳性而发生倾覆的危险。船长必须密切注视是否发生倾斜,及早采取措施,保持船舶平衡。通常有下列三种方法:

①移载法

利用燃油和水来调整倾斜,即将油水驳到破漏的相反一侧。这种方法不消耗储备浮力,但必须配备强大的动力,否则效率较低。

②排出法

用抛弃燃油和水来调整倾斜,即将倾斜一侧油舱或水舱内的油、水排出。这种方法同样需要强大的动力。抛弃时首先考虑上层的和自由液面较大的，以保证稳性。

③对称灌注法

向破损舱室对称位置的舱室内灌水。此法效率高，但损失储备浮力，只适用于水密分舱多的船舶。灌注时，先灌低的、小的舱室。

以上三种方法也可先后采用或同时采用，进行综合平衡。当船舶处于紧急倾覆危险状态时，宁可消耗储备浮力以换取稳性来赢得时间，以便抢救文件和贵重物品以及放下救生工具救助人员脱险。

3. 堵漏方法与要点

(1)舷外堵漏法

①堵漏毯堵漏法

先将堵漏毯的正面朝上铺在破口上方的甲板上，将堵漏毯底索(附有链条)自船首套到船底，沿两舷拉到破洞处。前后张索由舷侧绕过船首与船尾并固定在船首尾的甲板上。将底索的一端和堵漏毯一角的眼环相连，在相对的一舷绞收底索的另一端，使堵漏毯沿船舷缓缓沉入水中。此时堵漏毯另一角的管制索控制堵漏毯的下沉深度，直到盖住破洞处，然后固牢管制索，并收紧底索和前后张索即可阻止水进舱内。

②空气袋堵漏法

船舶破损时，用以堵漏水线附近漏洞的充气袋形堵漏用具叫空气袋，用坚韧的橡胶帆布等效材料制成，有球形和圆柱形两种。袋面有突出的打气气嘴。使用时将空气袋塞入漏洞，利用水空气泵将空气打入袋内，空气袋膨胀后即将漏洞口严密地堵住，可以抵挡浪涌冲击力，减少进水量。

③瓦斯袋堵漏法

瓦斯袋是用坚韧的橡胶帆布或其他等效材料制成的，为圆球形，袋里有一个产生一氧化碳气体的药筒，在受到摇动后立即放出一氧化碳，将瓦斯袋膨胀起来以堵住漏洞。为了预防瓦斯袋因压力过大而破裂，袋上还装设有一个安全保险阀。

(2)舱内堵漏法

①螺丝杆堵漏垫堵漏法

将一个直径 360 毫米、厚 140 毫米的圆形软垫和两块同样直径的厚木垫板穿在一根活动螺丝杆上，将螺丝杆的横杆与螺丝杆并拢成一直线，伸出漏洞外，再使横杆张开，紧靠外板，旋紧蝶形螺帽，压紧软垫以堵塞漏洞。

②活页堵漏板堵漏法

活页堵漏板可用来堵塞卷边向内的破洞。先将堵漏板折叠起来送出漏洞外，然后打开堵漏板拉紧，并将螺丝杆套上撑架，旋紧蝶形螺丝帽即可将漏洞堵塞。它一般用于直径 300 毫米以下的圆形或近似圆形的漏洞。

③支撑堵漏法

支撑堵漏法是在破洞处填上棉絮或床垫等，再压以垫板，然后用撑木撑紧，支撑方式按破洞位置和舱内纵横构件的具体情况而定。必须注意，凡撑木柱两端要以面连接，不能以线连接，否则撑不紧固。

④水泥堵漏法

水泥堵漏法是目前船上使用最广泛的堵漏方法，不仅适用于前述各种破洞堵塞，而且对于舱角、角钢等难以堵塞的破漏也能解决。水泥凝固后有良好的水密性和一定的强度。

水泥堵漏时，先排除积水，再用前述各种方法堵塞破洞。然后，以 400 号或 500 号优质水泥、黄沙、盐或小苏打，按三者 1∶1∶1%的比例加水拌成水泥浆，倒入特制的水泥模板框箱内捣固。倒入时，可择水弱处先填，逐步包围，形成一支或一股水时，用竹筒斜插进去作为泄水管，将水引出箱外；而后将箱内水泥捣实，待约 24 小时，水泥凝结或竹筒中余水流净，用木塞裹上棉絮将竹筒堵死即告完成。水泥模板框箱是按破洞处的船体具体情况制成的无底无盖的长方形木框，也可能是仅由三个面构成的“[”形框架。

⑤各种小洞堵漏法

用布或棉絮包住木塞，塞住洞口，用木槌打紧，在敲打时，不能用力过大，以防将木塞打碎。将浸过油漆的小块棉絮塞入洞内，再配以大小适宜的堵漏盒箱，紧贴漏洞处，然后用撑木支撑。遇不规则洞孔，可先用适当木塞塞牢，再用木楔裹上浸过油漆的布或棉絮，一一塞满空隙。

⑥裂缝堵塞法

先在裂缝两端各钻一个小孔，用浸过油漆的破布或棉絮包裹木楔，然后用锤子一个一个地顺次打入裂缝，直到全部漏水现象消失为止。

# 单元三　救助落水人员、协助遇险船舶应遵循的程序

## 一、救助落水人员的应急行动

1. 发现落水人员时的紧急处置

（1）发现者应立即投下就近的救生圈，白天尽可能抛下带自发烟雾信号的救生圈，夜间抛下带自亮浮灯的救生圈。

（2）发现者立即向值班驾驶人员报告，并继续瞭望，不使目标丢失。

（3）值班驾驶人员在向船长报告的同时，确认落水者位置后应立即：

①采取操船措施，避开落水者；

②发出人落水警报，实施人落水应变部署，有关人员应做好放下机动救生艇准备；

③指派专人登高瞭望。

2. 驶近落水者的操船方法

（1）单旋回法（一次旋回法、安德森旋回法）

单旋回法是一种 270°回转的方法，适用于发现落水者较早并可见时，即适用于“立即行动”的情况。其特点是能以最短的时间（与其他旋回方法比较）驶向落水者。

（2）威廉逊旋回法

该方法最适用于发现落水者尚早，但采取行动较晚，落水者难以看到时，即适用于“延迟行动”的情况。该方法能够使船舶较准确地回到原航向的相反航向上，在夜间或能见度不良时是有效的接近落水者的操船方法。

（3）斯恰诺旋回法

该方法适用于海上航行发现本船有失踪者，或已知有人落水但发现较晚，而船已驶出相当距离且根本看不到落水者时，即适用于“人员失踪”的情况。该法不适用于“立即行动”的情

况。该方法与威廉逊旋回法相比,驶回原航向相反航向不够准确,但可节省1~2海里的航程。

3. 放艇救助

(1)根据船长指令做好放艇前的准备工作。

(2)本船驶向落水者的上风一侧,准备释放下风舷的救生艇(或救助艇,下同)。

(3)最好是在本船停住后放艇。本船前进中放艇,则船速应小于2节。

(4)艇准备好后,2人登艇,放艇时艇员集中于艇的中部并抓住救生索。

(5)按规定降放救生艇。

(6)在救生艇降落下水前,发动艇机,以便艇在降落至水面后可迅速驶离。

(7)当波峰即将到达时,将艇降至水面,在下两个波峰来临之前,同时解脱前后吊艇钩。如不能同时脱钩,应先脱后钩,并解去艇缆,用外舷舵进车驶离大船。

(8)救助。

①救生艇最好从落水者下风一侧接近,将落水者置于上风舷,利用救生圈或网具将落水者救至艇内,然后送上本船(施救船,下同)。

②若需立即将落水者送上本船,如风浪较大,救生艇难于驶回本船,本船应驶至救生艇的上风舷侧,放出艇缆,救生艇驶向艇缆并带好。由本船绞动救生艇缆,将救生艇绞至本船边,再使用本船吊货装置或网具从艇内将遇险人员吊起。

## 二、救助遇险船舶、遇险艇筏上人员以及救助海上漂浮遇险人员的应急行动

### (一)救助海上遇险船上的人员的应急行动

(1)如果遇险船不能放艇,而需要本船释放救生艇救助遇险船上的人员,本船应驶向遇险船的上风一侧,自本船下风舷放艇;收艇时,本船应绕航至遇险船的下风侧,待救生艇驶靠本船的下风舷后,再行收起。

(2)如果遇险船可放出救生艇或救生筏,本船应驶往遇险船的下风侧停留,并等待对方救生艇驶来;也可驶至遇险船的船首或船尾的近距离处,使本船位于遇险船的上风侧,以便遇险船放下的救生艇筏来靠本船的下风舷。

(3)作为救助作业的场所,应在本船的下风舷侧张挂攀网,并在两侧备好软梯,以便遇险人员攀上本船;还应根据需要及早备好系艇筏用的绳索,以缓解艇筏靠上以后的振荡。

### (二)救助遇险艇筏上的人员的应急行动

1. 到达载有遇险人员的艇筏之前的准备工作

在船舶到达载有遇险人员的艇筏之前,船长应督促大副带领船员做好下列准备工作:

(1)在本船两舷沿水线从船首到船尾各系好一条供艇筏系靠用的大缆;

(2)在本船两舷各备妥一根吊杆以及吊货网、吊货盘;

(3)在本船的最低开敞甲板两侧备妥撇缆、软梯、攀网;

(4)备妥一只用作登船点的救生筏,但在到达现场前不要充气;

(5)备好抛绳器和一根引缆、一根大缆,以便连接遇险艇筏;

(6)准备至少两根有足够强度的吊艇钢索(两端琵琶头或一端为吊钩);

(7)应采用使本船非常容易地被遇险艇筏看到的措施，如昼烟夜灯、鸣放汽笛等；

(8)做好医疗、担架准备。

2. 到达后的工作

(1)在到达载有遇险人员的救生艇筏后，一般应将救生艇筏置于下风，但若艇筏漂移快而难以靠近，可考虑将艇筏置于本船的上风舷。

(2)本船和救生艇筏之间慢慢地靠近。

(3)在救生艇筏靠拢本船后，为艇筏带上艏缆、艉缆和横缆。

(4)风浪不大时，可让艇筏上的人员经由软梯、攀网登船，将其余力竭人员用吊货网、吊货盘吊上本船或直接将艇吊上本船。

(5)在风浪大、干舷高、艇上人员体能差的情况下，船长应当下令释放用作登船点的救生筏。船长可指派经验丰富、身体健壮的水手身穿救生衣经该救生筏登艇，系好吊艇钢索并指挥本船直接将救生艇吊上本船。

(6)救生艇筏上体健的人员可由软梯或攀网直接登上本船或攀爬上本船，力竭和伤病人员在本船派出水手的协助下用吊货网、吊货盘等器材被吊上本船。对有吊放环的救生筏，可直接吊上本船。

## (三)救助海上漂浮遇险人员的应急行动

1. 到达现场前的准备工作

在船舶到达现场前，船长应督促大副带领船员做好下列准备工作：

(1)在本船的两舷各备妥一根吊杆以及吊货网、吊货盘；

(2)在本船最低开敞甲板两侧备妥撇缆、软梯、攀网；

(3)做好救生艇筏的施放准备工作；

(4)指派经验丰富、身体健壮的水手穿好救生衣，以便能进入水中援助海上漂浮遇险人员；

(5)做好医疗急救的准备工作。

2. 到达现场后

(1)通常考虑将本船驶到漂浮人员的下风不远处。

(2)对仅有少量的海上漂浮遇险人员，可采取类似于救助落水人员的应急行动，放艇进行救助。

(3)对有大量的海上漂浮遇险人员，则应：

①释放救生艇筏；

②让救生艇筏拖曳各种浮具在海上漂浮遇险人员的上风处旋回，让漂浮人员抓附；

③帮助抓住浮具的海上漂浮遇险人员登上救生艇筏；

④将登上救生艇筏的遇险人员转移到本船。

(4)对距本船较远的漂浮遇险人员，可用抛绳枪向其抛掷带浮体的救生索，让其抓附，再设法对其进行救助。

(5)对本船周围的那些尚有一定体能的海上漂浮遇险人员，可采用类似于救助落水人员的应急行动放艇进行救助，首先让这些海上漂浮遇险人员登上救生艇筏，然后通过软梯、攀网自行攀爬上本船，或直接将救生艇筏吊上本船。

(6)恶劣天气时,应考虑使用植物油、动物油或滑油来镇浪。但除非无其他办法、否则不得使用燃油,因为燃油对海上漂浮遇险人员有害。试验表明在船舶缓慢前进的情况下,通过一个橡胶皮龙靠近海面慢慢排放200升滑油,可以在5 000平方米左右的海面有效地镇浪。

# 参考文献

[1] 中华人民共和国海事局. 船舶与海上设施法定检验规则,2020.
[2] 中华人民共和国海事局. 国内航行海船法定检验技术规则,2020.
[3] 中华人民共和国海事局. 国内航运公司安全管理体系文件编写指南,2019.
[4] 卜仁祥. 船舶管理(二/三副). 大连:大连海事大学出版社,2021.
[5] 陈秋妹. 船舶管理(船长/大副). 大连:大连海事大学出版社,2018.
[6] 王才范. 船舶管理(操作级). 北京:人民交通出版社,2022.